SCHÄFFER
POESCHEL

FSC
www.fsc.org
MIX
Papier aus verantwortungsvollen Quellen
Paper from responsible sources
FSC® C105338

Thomas Fritz

Gezielte Vermögensnachfolge durch Testament und Schenkung

4. Auflage

2017
Schäffer-Poeschel Verlag Stuttgart

Bibliografische Information der Deutschen Nationalbibliothek
Die Deutsche Nationalbibliothek verzeichnet diese Publikation in der Deutschen Nationalbibliografie; detaillierte bibliografische Daten sind im Internet über < http://dnb.d-nb.de > abrufbar.

Gedruckt auf chlorfrei gebleichtem, säurefreiem und alterungsbeständigem Papier

Print: ISBN 978-3-7910-3968-8 Bestell-Nr. 20237-0002
ePDF: ISBN 978-3-7910-3969-5 Bestell-Nr. 20237-0152
ePub: ISBN 978-3-7910-3970-1 Bestell-Nr. 20237-0100

www.schaeffer-poeschel.de
service@schaeffer-poeschel.de

Umschlagentwurf: Goldener Westen, Berlin
Umschlaggestaltung: Kienle gestaltet, Stuttgart (Bildnachweis: Shutterstock.com)
Satz: Olaf Mangold Text&Typo, Stuttgart
Druck und Bindung: BELTZ Bad Langensalza GmbH, Bad Langensalza
Printed in Germany

Juni 2017

Schäffer-Poeschel Verlag Stuttgart
Ein Tochterunternehmen der Haufe Gruppe

SCHÄFFER POESCHEL myBook

Ihr Online-Material zum Buch

Im Online-Bereich stehen für Buchkäufer die folgenden Musterformulare zur Verfügung:

- Vorsorgevollmacht
- Patientenverfügung
- Checkliste »Notfallkoffer«

So funktioniert Ihr Zugang

- Gehen Sie auf das Portal **sp-mybook.de** und geben den Buchode ein, um auf die Internetseite zum Buch zu gelangen.
- Wählen Sie im Online-Bereich das gewünschte Material aus.
- Oder scannen Sie den QR-Code mit Ihrem Smartphone oder Tablet, um die Startseite direkt aufzurufen.

SP myBook:
www.sp-mybook.de
Buchode: 3968fritz

Der Autor

Dr. Thomas Fritz
E-Mail: mail@drthomasfritz.de
Internet: www.drthomasfritz.de

Jahrgang 1952. Nach einer Ausbildung zum Rechtsanwalt in einer international tätigen Großkanzlei wechselte Dr. Fritz zum Bundesverband der Deutschen Industrie, Landesverband Bayern, bei der er die Interessen der Industrie, insbesondere gegenüber der Regierung, den Ministerien und dem Parlament, vertrat. Aufgabengebiet war unter anderem, die Interessen der Unternehmer in verschiedenen Rechtsgebieten zu formulieren und in die politischen Entscheidungsprozesse einzubringen. In diese Zeit fallen auch die ersten Arbeiten zum Thema Unternehmensnachfolge mit dem Ziel stabiler und erfolgreicher Unternehmenskontinuität.

Nach seiner Tätigkeit im unternehmenspolitischen Raum spezialisierte sich Dr. Fritz auf die Bereiche Erbrecht, Schenkungsrecht und Unternehmensnachfolge einschließlich der Gebiete Erbschaft- und Schenkungsteuerrecht.

Auf diesen Gebieten schreibt er seit vielen Jahren zahlreiche Veröffentlichungen und hält regelmäßig Vorträge. Er betreibt in München eine entsprechend spezialisierte Kanzlei.

Vorwort

Seit dem Erscheinen der 3. Auflage dieses Buches im Jahr 2014 sind einige wesentliche Änderungen erfolgt, welche die vorliegende Neuauflage erforderlich gemacht haben.

Die wohl spektakulärste und seit langem erwartete Veränderung war die Erbschaftsteuerreform, streng rechtlich formuliert »das Gesetz zur Anpassung des Erbschaftsteuer- und Schenkungsteuergesetzes an die Rechtsprechung des Bundesverfassungsgerichts«. Neu verfasst und für alle Unternehmer interessant sind die sogenannten Verschonungsregelungen.

Diese Reform war durch die Appellentscheidung des Bundesverfassungsgerichtes vom 17.12.2014 veranlasst und ist nach langwierigen Diskussionen und Verhandlungen im Bundestag und Bundesrat erst nach Ablauf der vom Bundesverfassungsgericht bis zum 30.06.2016 gesetzten Frist zur Umsetzung rückwirkend zum 01.07.2016 in Kraft getreten.

Während unsere 3. Auflage noch sehr wenige Details über die Verschonungsregelungen von Betriebsvermögen beinhaltete, bieten das aktuelle Urteil und die Gesetzesreform den Anlass, das Thema umfassend aufzuarbeiten. In der jetzigen, 4. Auflage wird jedoch nicht lediglich die neue Rechtslage dargestellt, sondern vielmehr auch umfassend zur alten Rechtslage Stellung genommen und das Urteil des Bundesverfassungsgerichts analysiert. Zwar mag es für einen Praktiker auf den ersten Blick unverständlich erscheinen, weshalb eine nicht mehr gültige Rechtslage und das dessen Verfassungswidrigkeit feststellende Urteil aufgearbeitet und dargestellt werden. Die Ausführungen in dieser Neuauflage zeigen aber deutlich, dass die Kenntnisse zum alten Recht unerlässlich sind für das Verständnis der Reform und der neuen Rechtslage (die zudem in vielen Teilen der alten Rechtslage gleicht).

Das Gesetz bezweckt – wie bekannt – den Ausgleich zwischen dem Unternehmerinteresse an geringer Besteuerung zwecks Erhaltung des Betriebes einerseits und dem allgemeinen Interesse an einer gerechten Beteiligung der Unternehmer am Steueraufkommen anlässlich von Unternehmensübertragungen andererseits. Die politische Diskussion dürfte durch den Erlass dieses Gesetzes nicht beendet worden sein. Es gibt aber jetzt zumindest für einige Zeit zuverlässige Rahmenbedingungen für die Unternehmen, wobei allerdings auch hier Rechtsstreitigkeiten vor den Finanzgerichten über die richtige Anwendung dieses Gesetzes im Einzelfall erwartet werden dürfen.

Aber auch weitere Neuerungen gaben Anlass für diese Neuauflage. Bereits in der Vorauflage hatten wir einen Ausblick auf die Europäische Erbrechtsverordnung gegeben, die zwischenzeitlich, nämlich seit dem 17.08.2015, gilt und die für grenzüberschreitende Erbfälle in allen Ländern der Europäischen Union – mit Ausnahme von Großbritannien, Irland und Dänemark – Anwendung findet. Diese Verordnung hat letztlich zu einer Vereinheitlichung der anzuwendenden Regelungen des länderübergreifenden Erbrechts innerhalb der

Europäischen Union und damit zu einer Harmonisierung und Vereinfachung der Regelungen zwischen den einzelnen Ländern geführt. Die Auswirkungen der Europäischen Erbrechtsverordnung auf die einzelnen grenzüberschreitenden Erbfälle in der Praxis sind in der vorliegenden Auflage anhand von Fallbeispielen ausführlich dargestellt.

Ein besonderes Augenmerk wird in der 4. Auflage auch nochmals auf die sogenannten Vorsorgeverfügungen gelegt. Vorsorge darf sich nicht auf Regelungen für den Todesfall durch Testamente oder vorweggenommene Erbfolge beschränken, sondern muss auch die Fälle umfassen, in denen die Geschäftsunfähigkeit aufgrund von Unfall oder altersbedingter Demenz eintritt, d. h., dass der bzw. die Betroffene zwar noch lebt, aber nicht mehr für sich selbst und gegebenenfalls auch nicht mehr für sein bzw. ihr Unternehmen sorgen kann. Zu diesem Thema enthält die vorliegende Neuauflage im Vergleich zur Vorauflage weitere ergänzende Ausführungen. Neu hinzugekommen sind zudem Ausführungen zu der Frage, was zu tun ist, wenn sich Personen – privat und/oder geschäftlich – regelmäßig in mehreren Staaten aufhalten, denn die sogenannten Vorsorgeverfügungen (Generalvollmachten, Vorsorgevollmachten, Kontrollvollmachten, Patientenverfügungen etc.) sind in den einzelnen Staaten – auch in den einzelnen Staaten der EU – teilweise so unterschiedlich geregelt, dass beispielsweise in Österreich deutsche Vorsorgevollmachten und Patientenverfügungen nicht oder nur sehr eingeschränkt anerkannt und ausgeführt werden. Wie sich der verehrte Leser aufgrund dieser Verschiedenartigkeit der Regelungen richtig verhält, was er tun muss und lassen kann, wird in dieser Neuauflage ausgeführt.

Notwendig wurde im Bereich der Vorsorgeverfügungen zudem eine intensive Beschäftigung mit dem notwendigen Inhalt deutscher Patientenverfügungen. Der Bundesgerichtshof hat mit seinem Urteil vom Juli 2016 eine grundlegende Entscheidung gefällt, die dazu führt, dass ein Großteil der bisher verfassten Patientenverfügungen ungültig ist, mit anderen Worten: Die meisten Patientenverfügungen in Deutschland müssen neu erstellt werden. Warum dies so ist und wie die Formulierungen zukünftig aussehen müssen, wird in der vorliegenden Neuauflage ausführlich behandelt.

Abgerundet werden die Ausführungen zu den Vorsorgeverfügungen durch eine Übersicht »Die 20 wichtigsten Tipps betreffend Vorsorgevollmachten und Patientenverfügungen«.

Mein großer Dank gilt meinen Kolleginnen und Kollegen, insbesondere Joachim Merschdorf, Constanze Zientek und Meike Rothkopf, ohne die die 4. Auflage nicht in dem uns selbst vorgegebenen knappen Zeitrahmen hätte fertiggestellt werden können.

München, im Mai 2017
Der Verfasser

Inhaltsverzeichnis

Abkürzungsverzeichnis

a. a. O.	am angegebenen Ort
Abs.	Absatz
AEUV	Vertrag über die Arbeitsweise der Europäischen Union
a. F.	alte Fassung
AG	Aktiengesellschaft
AO	Abgabenordnung
BewG	Bewertungsgesetz
BGB	Bürgerliches Gesetzbuch
BGBl	Bundesgesetzblatt
BGH	Bundesgerichtshof
Brüssel-Ia-VO	Verordnung des Europäischen Parlaments und des Rates vom 12. Dezember 2012 über die gerichtliche Zuständigkeit und die Anerkennung und Vollstreckung von Entscheidungen in Zivil- und Handelssachen
BSHG	Bundessozialhilfegesetz
BT-Drs.	Bundestagsdrucksache
Buchst.	Buchstabe
BV	Betriebsvermögen
BVerfG	Bundesverfassungsgericht
BVerfGE	Bundesverfassungsgericht – Entscheidungen
BvL	Bundesamt für Verbraucherschutz und Lebensmittelsicherheit
bzw.	beziehungsweise
Durchführungs-VO EU	Durchführungsverordnung der Europäischen Union
EGBGB	Einführungsgesetz zum Bürgerlichen Gesetzbuch
EGHGB	Einführungsgesetz zum Handelsgesetzbuch
ErbGleichG	Gesetz zur erbrechtlichen Gleichstellung nichtehelicher Kinder
ErbStG	Erbschaft- und Schenkungsteuergesetz
ErbStR	Erbschaft- und Schenkungsteuerrichtlinie
ErbStRG	Gesetz zur Reform des Erbschaftsteuer- und Bewertungsrechts
EStG	Einkommensteuergesetz
ESÜ	Übereinkommen über den internationalen Schutz Erwachsener
etc.	et cetera
EU	Europäische Union

EuErbVO	Europäische Erbrechtsverordnung
EuGH	Europäischer Gerichtshof
EuGVVO	Verordnung über die gerichtliche Zuständigkeit und die Anerkennung und Vollstreckung von Entscheidungen in Zivil- und Handelssachen
FamFG	Gesetz über das Verfahren in Familiensachen und in den Angelegenheiten der freiwilligen Gerichtsbarkeit
FGG-Reform	Gesetz zur Reform des Verfahrens in Familiensachen und in den Angelegenheiten der freiwilligen Gerichtsbarkeit
GG	Grundgesetz
GmbH	Gesellschaft mit beschränkter Haftung
ggf.	gegebenenfalls
HTestFÜ	Haager Testamentsformübereinkommen
HGB	Handelsgesetzbuch
HS	Halbsatz
IntErbRVG	Internationales Erbrechtsverfahrensgesetz
InsO	Insolvenzordnung
IPR	Internationales Privatrecht
IPRG	Bundesgesetz über das internationale Privatrecht in der Schweiz
i. H. v.	in Höhe von
i. S. d.	im Sinne des
i. V. m.	in Verbindung mit
KG	Kommanditgesellschaft
KGaA	Kommanditgesellschaft auf Aktien
KO	Kostenordnung
KStG	Körperschaftsteuergesetz
LPartG	Lebenspartnerschaftsgesetz
n. F.	neue Fassung
OHG	Offene Handelsgesellschaft
PaPkG	Preisangaben- und Preisklauselgesetz
Rom I-VO	Verordnung (EG) Nr. 593/2008 des Europäischen Parlaments und des Rates vom 17. Juni 2008 über das auf vertragliche Schuldverhältnisse anzuwendende Recht
Rz.	Randziffer

S.	Seite
SGB	Sozialgesetzbuch
s. o.	siehe oben
sog.	sogenannte/s/r/n
StÄndG	Steueränderungsgesetz
u. a.	unter anderem
u. U.	unter Umständen
vgl.	vergleiche
z. B.	zum Beispiel
ZPO	Zivilprozessordnung

Kapitel I

Allgemeine Grundlagen des Erbrechts

Als Grundgedanken des Erbrechts sieht das Bürgerliche Gesetzbuch (BGB) die Familiengebundenheit des Vermögens, die Testierfreiheit sowie die Gesamtrechtsnachfolge. In erster Linie hat das deutsche Erbrecht die Aufgabe, den Zusammenhang von Vermögen und Familie auch nach dem Tod des ursprünglichen Vermögensinhabers sicherzustellen. Diese Familiengebundenheit zeigt sich vor allem in der gesetzlichen Erbfolge, welche die Abkömmlinge sowie den Ehegatten des Verstorbenen als dessen direkte Nachfolger für dessen Vermögen bestimmt.

Die sog. Testierfreiheit hingegen gibt dem Erblasser, das heißt demjenigen, der nach seinem Tod sein Vermögen hinterlässt, die freie Verfügungsmöglichkeit über sein Vermögen auch nach seinem Tod. Er kann dabei selbst frei entscheiden, ob er sein Vermögen seinen gesetzlichen Erben überlässt oder, ohne sich an diese gesetzlich vorgegebene Erbfolge zu binden, anderen Personen bzw. Einrichtungen. Diese Freiheit des Erblassers ist eine Ausformung der im Zivilrecht geltenden Privatautonomie auf dem Gebiet des Erbrechts. Jedoch ist er dabei aber an Grenzen gebunden, die ihm das Gesetz vorgibt: Typenzwang, Formzwang und das Gebot der Höchstpersönlichkeit (Näheres dazu siehe Kapitel III).

Die Gesamtrechtsnachfolge beinhaltet die Fortsetzung der Stellung des Erblassers durch den Erben. Der Erbe tritt somit in die Fußstapfen des Erblassers mit allen Rechten und Pflichten.

1 Grundsatz der Gesamtrechtsnachfolge

Die Gesamtrechtsnachfolge, auch Universalsukzession genannt, beinhaltet in erster Linie die Fortsetzung der Rechts- und Pflichtstellung des Erblassers mit demselben Inhalt durch dessen Erben. Damit tritt der Erbe unmittelbar an die Stelle des Erblassers. Ihm fällt das Vermögen formlos, ohne Zwischenschritt und ohne eigenes Zutun zu. Wie der Begriff »Gesamtrechtsnachfolge« bereits beinhaltet, geht das hinterlassene Vermögen auf den Erben im »Gesamten«, das heißt im Ganzen über. Damit schließt das Gesetz grundsätzlich eine Teilung des Erbes in einzelne Gegenstände aus und erlaubt diese nur innerhalb enger Grenzen, die eigens festgelegt sind. Auch durch Verfügungen von Todes wegen kann der Erblasser nur bedingt diesen Grundsatz durchbrechen: der Erbe wird damit unmittelbar Inhaber der gesamten Vermögensmasse des Erblassers, jedoch kann er im Wege der Verfügung von Todes wegen (etwa Testament oder Erbvertrag) dazu verpflichtet sein, einzelne Gegenstände der Erbmasse an Dritte weiterzugeben. Zunächst wird aber immer der Erbe Inhaber des Vermögens.

Vor dem Hintergrund dieses Grundsatzes ist es nicht möglich, jemanden zum Erben einzelner Gegenstände des hinterlassenen Vermögens zu berufen. Dies würde den im Gesetz verankerten Grundsatz durchbrechen.

Ausnahmen vom Grundsatz der Gesamtrechtsnachfolge können im Wege der sog. Singularsukzession aber individuell vereinbart werden, etwa durch eine Teilungsanordnung.

Beispiel:

Thomas Haller besitzt fünf Hotels und eine kleine private Fluggesellschaft. Sein ältester Sohn ist Pilot und soll die Fluggesellschaft übernehmen, der andere Sohn hat im Hotelfach gelernt und wird die Hotels übernehmen. Dementsprechend testiert Thomas Haller:
»Hiermit bestimme ich im Wege der Teilungsanordnung: die Fluggesellschaft bekommt Ernst, die Hotels bekommt Fritz. Die Erbquoten meiner beiden Söhne bestimmen sich dabei nach dem Wert der ihnen überlassenen Vermögenswerte zueinander.«

2 Der Nachlass

Jeder Einzelne erlangt im Laufe seines Lebens Eigentum an irgendwelchen Gegenständen oder Rechten. Dies können Häuser, ein Familienunternehmen, Schmuck, Wertpapiere oder auch nur die persönlichen Gegenstände wie Kleidung sein. Die Gesamtheit dieser Gegenstände und Rechte, die zum Zeitpunkt des Todes dem Einzelnen gehören, werden als Nachlass bzw. Erbschaft bezeichnet. Wer nun Inhaber dieser Gegenstände und Rechte nach dem Tod des Erblassers ist, regelt in Grundzügen das BGB.

In der Praxis entstehen aber oft Probleme dabei, die als Erbe bestimmte Person sofort aufzufinden. Sei es, dass der Erbe zum Zeitpunkt des Todes des Erblassers einen anderen Namen trägt als im Testament zum Beispiel benannt, sei es, dass dieser im Laufe der Jahre umgezogen ist und die neue Adresse nicht bekannt ist. Das Auffinden solcher Personen bereitet vor allem Schwierigkeiten, wenn diese ins Ausland gezogen sind. Bis zum Auffinden des richtigen Erbens ist das Vermögen in den Händen des Erbschaftsbesitzers (§ 857 BGB). Das kann zum Beispiel der Bruder des Erblassers sein, der in dessen Haus lebt und zunächst Besitzer dieses Erbschaftsgegenstandes ist.

Nicht nur das Auffinden einzelner Erben kann Schwierigkeiten bereiten, auch das Herausfinden des wahren Erben führt in der Praxis häufig zu erheblichen Problemen. Zum Beispiel, wenn mehrere widersprüchliche Testamente oder Erbverträge bestehen, ist zunächst zu bestimmen, wer tatsächlich Erbe des Nachlasses wird. Diese Aufgaben nimmt in Deutschland das Nachlassgericht wahr. Dieses kann auch für den Fall, dass keine Person die zwischenzeitliche Verwaltung des Nachlasses bis zur endgültigen Bestimmung des Erben übernehmen kann, einen sog. Nachlasspfleger bestellen. Dieser hat die Aufgabe, den Nachlass für die Übergangszeit so gut wie möglich zu verwalten, das heißt etwa für die Instandhaltung etwaiger Immobilien oder die sichere Anlage von Geldern zu sorgen.

3 Das eheliche Güterrecht

3.1 Allgemeines

Unter dem ehelichen Güterrecht versteht man allgemein die Regelungen über die Vermögensverhältnisse der Ehegatten. Die Beteiligung am Vermögen hat Auswirkungen auf die Eigentumsverhältnisse des jeweiligen Ehepartners an Vermögensgegenständen, auf das jeweilige Recht zur Verwaltung des Vermögens und auf wechselseitige Ausgleichsansprüche während und nach einer Ehe. Die Wahl des Güterrechts hat Auswirkungen auf die erbrechtliche Stellung der Ehegatten untereinander und gegenüber Dritten.

Im BGB werden die drei Güterstände der Zugewinngemeinschaft (§§ 1363 ff. BGB), der Gütertrennung (§ 1414 BGB) und der Gütergemeinschaft (§ 1415 f. BGB) unterschieden.

Die Zugewinngemeinschaft ist der gesetzliche Regelfall. Er gilt kraft Gesetzes, wenn die Ehepartner nicht durch notariell beurkundeten Ehevertrag etwas anderes, also Gütertrennung, Gütergemeinschaft oder sonstige Abweichungen von der gesetzlichen Zugewinngemeinschaft vereinbart haben. Die gesetzlichen Vorschriften über die Zugewinngemeinschaft gelten also dann nicht, wenn die Ehepartner durch Ehevertrag ihre ehelichen Vermögensverhältnisse und die daraus entstehenden Rechte und Pflichten besonders regeln.

HINWEIS

Entgegen der weit verbreiteten Meinung stellt der gesetzliche Güterstand der Zugewinngemeinschaft bereits eine Art der Gütertrennung dar. Der wesentliche Unterschied zur Gütertrennung liegt darin, dass es einen Zugewinnausgleich und einen erhöhten Erbteil gibt.

Maßgeblicher Zeitpunkt zur Differenzierung der unterschiedlichen Güterstände ist der der Eheschließung. Die einzelnen Güterstände werden danach unterschieden, was mit den vor der Eheschließung getrennt bestehenden Vermögensmassen der Ehegatten und dem in der Ehe erwirtschafteten Vermögen während und gegebenenfalls nach der Ehe geschehen soll.

3.2 Die Güterstände im Einzelnen

3.2.1 Gütertrennung

Bleiben die Vermögensmassen von Frau und Mann auch nach der Eheschließung getrennt, spricht man von Gütertrennung (§ 1414 BGB). Während der Ehe wirtschaftet jeder Ehegatte ausschließlich für sein Vermögen. Es entsteht kein gemeinschaftliches Ehevermögen, weshalb die Ehepartner in diesem Fall keinerlei Ausgleichsansprüche gegeneinander erwerben. Die Regelungen über den gesetzlichen Zugewinnausgleich und den erhöhten Erbteil sind ausgeschlossen. Jeder Ehegatte verfügt selbständig ohne Mitspracherechte des anderen über sein Vermögen. Erforderlich zur Begründung des Güterstands der Gütertrennung ist ein notariell beurkundeter Ehevertrag (§ 1408 BGB).

Vorteil dieser Regelung ist die einfache Vermögensauseinandersetzung für den Fall der Auflösung der Ehe und der Erhalt jeden Vermögens nach seinem vollen Wert.

Es können sich jedoch Nachteile ergeben, wenn ein Ehepartner durch die Beiträge des anderen viel Vermögen während der Ehe erwirbt. Dieser ist dann an dem Vermögenszuwachs des anderen nicht beteiligt.

3.2.2 Gütergemeinschaft

Sollen ab der Eheschließung die Vermögensmassen nicht mehr getrennt bestehen, sondern beide Vermögensmassen ab dem Zeitpunkt der Ehe zusammenfließen, und diese neue Vermögensmasse während der Ehe als solche weiter bestehen, liegt Gütergemeinschaft (§ 1415 ff. BGB) vor. Von diesem dadurch entstehenden sog. Gesamtgut bleibt den Ehepartnern jedoch ihr jeweiliges Sondergut und Vorbehaltsgut als jeweils eigenständiges Vermögen erhalten.

Diese verschiedenen, nebeneinander bestehenden Vermögensmassen (maximal fünf: Gesamtgut, Sonder- und Vorbehaltsgut der Frau, Sonder- und Vorbehaltsgut des Mannes) können zu Schwierigkeiten bei der Auseinandersetzung führen. Dies hat dazu geführt, dass der Güterstand der Gütergemeinschaft in der erb- und familienrechtlichen Praxis kaum noch anzutreffen ist.

Gesamtgut	Sondergut	Vorbehaltsgut
	des Mannes bzw. der Frau	des Mannes bzw. der Frau
§ 1416 BGB	§ 1417 BGB	§ 1418 BGB
Gemeinschaftsvermögen beider Ehegatten	Vermögensgegenstände, die nicht durch Rechtsgeschäft übertragen werden können, z. B. unpfändbare Gehaltsforderungen, Nießbrauch, Schmerzensgeldanspruch	Vermögensgegenstände, über die jeder Ehegatte frei verfügen kann
im Erbfall hälftiger Nachlass	im Erbfall Nachlass des jeweiligen Ehegatten (ausgenommen Nießbrauch)	im Erbfall Nachlass des jeweiligen Ehegatten

(Quelle: Heil: Erbrecht, Erbschaftsteuer, Schenkungsteuer, Schäffer-Poeschel Verlag, Stuttgart, 4. Auflage 2017, S. 15)

3.2.3 Zugewinngemeinschaft

Die Zugewinngemeinschaft (§§ 1363 ff. BGB) ist der gesetzliche Regelfall. Bestehen keine Vereinbarungen der Ehegatten über ihren Güterstand, leben sie automatisch kraft Gesetzes im gesetzlichen Güterstand der Zugewinngemeinschaft.

Die Zugewinngemeinschaft stellt einen besonderen Fall der Gütertrennung dar. Hier wie dort bleiben die Vermögensmassen unabhängig von der Eheschließung getrennt. Die Ehegatten behalten ihre vor der Ehe getrennt bestehenden Vermögen auch während der Ehe. Im Fall der Auflösung der Ehe durch Scheidung bestehen zwischen den Ehegatten im Gegensatz zur reinen Gütertrennung jedoch Ausgleichsansprüche. Nach wertmäßigem Abzug des jeweiligen sog. Anfangsvermögens werden die während der Ehe erwirtschafteten Vermögensmassen der Eheleute gegenübergestellt. Die Hälfte der wertmäßigen Differenz ist die Höhe des Ausgleichsanspruchs, die der weniger vermögende Ehegatte gegen den anderen hat.

Wird die Ehe durch Tod beendet, wird der Zugewinn grundsätzlich durch eine pauschale Leistung ausgeglichen, nämlich der Erhöhung des gesetzlichen Erbteils um 25 %, also ein Viertel. Allerdings besteht für den Überlebenden die Möglichkeit, die sog. »güterrechtliche Lösung« zu wählen und den Zugewinn in der oben beschriebenen Weise berechnen zu lassen. Näheres hierzu unter Kapitel II 2.1.1.1.

4 Annahme und Ausschlagung der Erbschaft

Mit dem Erbfall tritt der Erbe in die vermögensrechtliche Position des Erblassers ein. In seiner Person verschmilzt sein bisheriges Vermögen mit dem des Nachlasses. Dies kann dazu führen, dass der Erbe im Fall eines verschuldeten Nachlasses für die gegen den Erblasser bestehenden Forderungen nicht nur mit dem Nachlass, sondern auch mit seinem eigenen Vermögen gegenüber diesen Gläubigern haftet. Das Erbrecht lässt nur unter bestimmten Voraussetzungen eine Trennung von Nachlass und bisherigem Vermögen des Erben zu (§§ 1967 ff. BGB).

Jeder Erbe hat daher das Recht, diesem Haftungsrisiko durch Ausschlagung der Erbschaft zu entgehen (§ 1943 BGB).

> HINWEIS
>
> Schlägt der Erbe die Erbschaft aus, so gilt der Anfall an den Ausschlagenden als nicht erfolgt. Das Gesetz fingiert also die erbrechtliche Nichtexistenz des Ausschlagenden. An seine Stelle tritt derjenige, der stattdessen Erbe wäre (§ 1953 BGB).

4.1 Annahme

Die Ausschlagung ist ausgeschlossen, wenn der zum Erben Berufene die Erbschaft angenommen hat. Nach der gesetzlichen Systematik ist die Annahme der Erbschaft der Regelfall und bedarf keiner ausdrücklichen Erklärung.

Die Annahme ist dann erfolgt, wenn der Erbe objektiv zum Ausdruck bringt, dass er Erbe ist und das Erbe behalten will. Dies kann durch ausdrückliche Erklärung oder durch entsprechendes Verhalten, durch das der Annahmewille zum Ausdruck kommt, geschehen.

Eine schlüssige Annahme der Erbschaft liegt vor, wenn die gesetzliche Sechs-Wochen-Frist, innerhalb der die Ausschlagung erfolgen muss, abgelaufen ist. Die Erbschaft gilt als angenommen (§ 1943 BGB), die Ausschlagung ist nicht mehr möglich. Die Ausschlagungsfrist beginnt mit der Kenntniserlangung vom Anfall der Erbschaft und dem Berufungsgrund (gesetzliche oder gewillkürte Erbfolge) durch den Erben. Bis zum Ablauf dieser Frist besteht ein Schwebezustand, wodurch der Erbschaftserwerb zunächst nur vorläufig ist.

HINWEIS

Vor der Annahme einer Erbschaft sollte sich der als Erbe Berufene unbedingt mit den Vermögensverhältnissen des Erblassers vertraut machen. Häufig kann die Ausschlagung der Erbschaft das einzige Mittel sein, um eine persönliche Haftung gegenüber den Gläubigern des Erblassers auszuschließen.

4.2 Ausschlagung

Die Ausschlagung ist stark formalisiert. Die Erklärung der Ausschlagung muss innerhalb der Sechs-Wochen-Frist gegenüber dem Nachlassgericht erfolgen (§ 1945 BGB). Um den Schwebezustand eindeutig zu beenden, ist die Ausschlagung bedingungs- und befristungsfeindlich. Eine nur teilweise Ausschlagung ist ebenfalls nicht möglich.

Ein durch Testament berufener Erbe hat jedoch die Möglichkeit, sein Erbe aus dem Testament auszuschlagen, es aber als gesetzlicher Erbe anzunehmen (§ 1948 BGB), wenn er zugleich gesetzlicher Erbe ist. Das kann für den Ehegatten unter bestimmten Umständen ratsam sein, der aufgrund des pauschalierten Zugewinnausgleichs seinen Vermögensanteil an dem Nachlass erhöhen kann (vgl. Kapitel II 2.1.1.1.1).

4.3 Verfügungen über die Ausschlagung

Der Erblasser kann das Recht zur Ausschlagung oder den Fristbeginn der Ausschlagungsfrist nicht durch letztwillige Verfügung ausschließen. Er kann jedoch die Ausschlagungsfrist dadurch verkürzen oder verlängern, dass er den Erben unter der Bedingung einsetzt, dass dieser die Annahme innerhalb eines bestimmten Zeitraums erklärt.

4.4 Anfechtung von Annahme und Ausschlagung

Die Annahme oder die Ausschlagung kann im Fall des Irrtums, der Drohung oder der Täuschung angefochten werden. Ein sog. Eigenschaftsirrtum, der sich auf den Nachlass beziehen muss, kommt insbesondere im Fall der Überschuldung des Nachlasses in Betracht.

4.5 Rechtsverhältnis zwischen wahrem und vorläufigem Erben

Zwischen dem als Erben Berufenen und dem wahren Erben können für den Fall der Ausschlagung für Auf- und Verwendungen, die innerhalb des Schwebezustands getätigt werden, Ausgleichspflichten nach den Regeln der Geschäftsführung ohne Auftrag bestehen.

5 Verjährung

In der Regel müssen alle Ansprüche in Zusammenhang mit einer Erbschaft innerhalb von drei Jahren geltend gemacht werden.

Kapitel II

Das gesetzliche Erbrecht

Die gesetzliche Erbfolge ist unbeachtlich, wenn der Erblasser seinen Nachlass durch Verfügung von Todes wegen, also durch Testament oder Erbvertrag, im Rahmen der gesetzlichen Gestaltungsmittel auf seine Erben überträgt. Sollten einzelne gesetzliche Erben testamentarisch nicht bedacht sein, gilt für sie nicht das gesetzliche Erbrecht. Ihre Ansprüche richten sich nach dem Pflichtteilsrecht.

In der Praxis sind jedoch die Fälle nicht selten, in denen keine letztwillige Verfügung existiert oder eine bestehende letztwillige Verfügung unwirksam ist. In diesen Fällen folgen die Rechte am Nachlass der gesetzlichen Erbfolge.

Im Rahmen der Testierfreiheit hat der Erblasser mehrere Möglichkeiten seinen Nachlass nach seinem Tod weiterzugeben. Hat der Erblasser jedoch weder ein Testament hinterlassen noch einen Erbvertrag geschlossen, legt das Gesetz genau fest, wer Erbe des hinterlassenen Vermögens wird. Im Rahmen des Grundsatzes der Familiengebundenheit des Vermögens berücksichtigt das BGB nur Verwandte des Verstorbenen als gesetzliche Erben, das bedeutet Personen, die von denselben Vorfahren abstammen. Als einzige Ausnahme davon gilt auch der Ehegatte als gesetzlicher Erbe, obwohl er nicht dieselben Vorfahren hat. Dies hat der Gesetzgeber vor dem Hintergrund dessen so festgelegt, dass gerade der Ehegatte dem Verstorbenen meist am nächsten steht und durch die Heirat auch rechtlich zur Familie des Erblassers gehört. Sind keine Verwandten des Verstorbenen mehr vorhanden, tritt auf der letzten Stufe als gesetzlicher Erbe der Staat ein.

Möchte der Erblasser seinen Verwandten hingegen nur einen Teil seines Vermögens oder etwa nichts hinterlassen, ist er gezwungen, ein Testament oder einen Erbvertrag zu verfassen, um andere ihm nahestehenden Personen mit seinem Vermögen zu bedenken. Dies ist oft der Fall bei Lebenspartnern, die nicht verheiratet sind, oder bei Personen, die nach liebevoller Pflege durch einen anderen diesem etwas Gutes tun möchten. Unterlässt der Erblasser eine solche sog. Verfügung von Todes wegen, kann keine Person, außer den gesetzlich festgelegten Erben, Inhaber seines Vermögens nach seinem Tod werden. Im Folgenden wird auf die Regelungen eingegangen, die dann zur Geltung kommen, wenn der Erblasser keinerlei letztwillige Verfügung trifft.

1 Das Verwandtenerbrecht

Um die Familiengebundenheit des Vermögens auch nach dem Tod des Erblassers sicherzustellen, hat der Gesetzgeber das Verwandtenerbrecht als gesetzliche Erbfolge vorgesehen. Im BGB sind die Verwandten in verschiedene Ordnungen aufgeteilt. Dieser Aufbau wird auch Parentelsystem genannt. Dieser Begriff ist abgeleitet vom lateinischen Wort »parens« (= Elternteil) und stellt auf das Vorhandensein derselben Ahnen ab. Die Ordnung oder Parentel bezeichnet demnach Personen, die von derselben Person abstammen. Das bedeutet nicht, dass diese Personen derselben Generation angehören, auch Enkel und Urenkel gehören zur selben Ordnung. Eingestuft werden die Verwandten des Erblassers in diese unterschiedlichen Ordnungen, je nachdem, ob sie vom Erblasser selbst, dessen Eltern, Großeltern oder Urgroßeltern usw. abstammen.

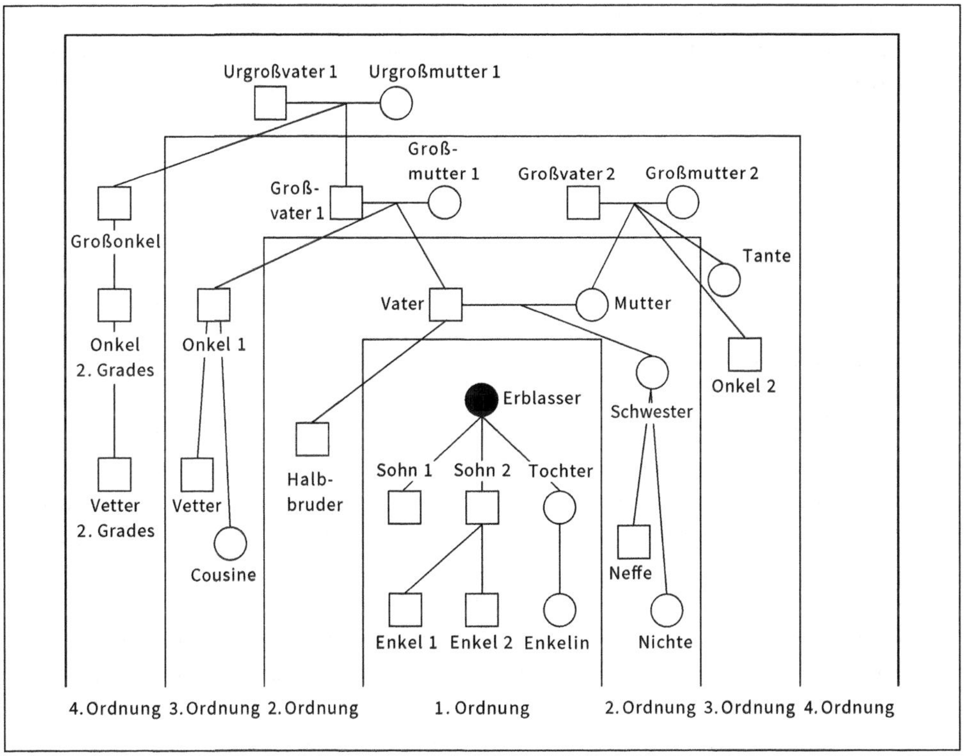

(Quelle: Heil: Erbrecht, Erbschaftsteuer, Schenkungsteuer, Schäffer-Poeschel Verlag, Stuttgart, 4. Auflage 2017, S. 13)

1.1 Das Verwandtschaftsrecht

Es gibt vier Ordnungen dieser Art, innerhalb derer die Verwandten nach Stämmen und innerhalb der einzelnen Stämme nach Köpfen geordnet sind. Zwischen den Ordnungen besteht eine festgelegte Rangfolge: Verwandte sind danach nicht zum Erben berufen, solange auch nur ein Verwandter einer vorhergehenden Ordnung vorhanden ist. Das bedeutet, dass ein Erbe erster Ordnung allen anderen Erben, sei es zweiter, dritter oder vierter Ordnung, vorgeht. Ebenso geht ein Erbe zweiter Ordnung allen Erben nachfolgender Ordnungen vor, soweit kein Erbe erster Ordnung mehr vorhanden ist.

Beispiel:

Klara Kauf stirbt und hinterlässt ihren Enkel Paul und ihren kinderlosen Bruder Markus. Weitere Verwandte gibt es nicht. Ein Testament oder ein Erbvertrag sind nicht vorhanden. Wer sind Klaras Erben?

Lösung:

Hier ist nur Paul Erbe, da er als Klaras Abkömmling Erbe erster Ordnung ist. Markus wird dagegen kein Erbe, obwohl er im Grad der Verwandtschaft der Erblasserin näher steht. Er ist nur Erbe zweiter Ordnung, da er Abkömmling der Eltern von Klara und ihm ist. Nur wenn es Paul zum Zeitpunkt des Erbfalls nicht gäbe, also ein Erbe erster Ordnung nicht mehr vorhanden wäre, würde Markus Klaras Erbe werden.

1.1.1 Erben erster Ordnung

Die Erben erster Ordnung stehen an erster Stelle der gesetzlichen Erbfolge. Es sind die Abkömmlinge des Erblassers in direkter Linie, das bedeutet dessen Kinder, Enkel, Urenkel usw. Zu den Abkömmlingen gehören aber nicht nur leibliche Kinder, sondern auch adoptierte Kinder.

In den vergangenen 20 Jahren stellte sich die Frage, da immer mehr Eltern nicht verheiratet sind bzw. waren, ob auch nichteheliche Kinder als Abkömmlinge in diesem Sinne zu verstehen sind. Am 01.04.1998 ist das sog. Erbrechtsgleichstellungsgesetz (ErbGleichG) in Kraft getreten, auf Grund dessen seit dem 01.04.1998 durch Streichung der bisherigen Sonderregelungen der §§ 1934a bis 1934e, 2338a BGB a. F. die vollständige Angleichung des Erbrechts der nichtehelichen Kinder an das der ehelichen auch auf dem Gebiet der alten Bundesländer erreicht wurde. Diese erbrechtlichen Besonderheiten, die nun weggefallen sind, betrafen aber lediglich das erbrechtliche Verhältnis zwischen Vater und dem nichtehelichen Kind. Zwischen Mutter und nichtehelichem Kind galten diese Besonderheiten nicht. Für Erbfälle vor dem 01.04.1998, die nichteheliche Kinder betreffen, gelten bestimmte

Besonderheiten. Tritt der Erbfall jedoch erst nach dem 01.04.1998 ein, ist das nichteheliche Kind in ganz Deutschland erbrechtlich dem ehelichen Kind gleichgestellt.

Keine Abkömmlinge sind dagegen Stiefkinder, Pflegekinder sowie Patenkinder.

Beispiel:

Erblasserin Klara hinterlässt ihre Mutter Martha, ihre verheiratete Tochter Tanja und deren Kinder Laura und Hannah, ihren ledigen und kinderlosen Sohn Sascha sowie zwei Enkelkinder namens Franz und Xaver, die von ihrem verstorbenen Sohn Sebastian stammen. Wer sind Klaras Erben?

Lösung:

Zu den Erben erster Ordnung gehören Klaras Abkömmlinge, folglich ihre Kinder und Enkelkinder. Martha ist dagegen als Klaras Mutter Erbin zweiter Ordnung und aufgrund der vorhandenen Erben erster Ordnung keine Erbin.

Innerhalb der noch verbleibenden Erben erster Ordnung schließt der zur Zeit des Erbfalles lebende Abkömmling die durch ihn mit der Erblasserin verwandten Abkömmlinge aus. Das bedeutet, dass die noch lebende Tochter Tanja ihre Kinder Laura und Hannah von der Erbfolge ausschließt. Diese erben also nicht. Lebt ein Abkömmling zur Zeit des Erbfalles nicht mehr, treten an dessen Stelle die durch ihn mit der Erblasserin verwandten Abkömmlinge. Das heißt, dass durch Sebastians Tod dessen Kinder Franz und Xaver Klaras Erben werden. Da Klaras zwei Enkel an die Stelle ihres Vaters treten, erben sie dessen Erbteil gemeinsam. Neben Tanja und den Enkeln Franz und Xaver erbt auch Sascha als Erbe erster Ordnung.

Alle Kinder erben zu gleichen Teilen. Bei drei Kindern erbt demnach jedes 1/3. Da das Drittel, das dem verstorbenen Sebastian zustehen würde, nach dessen Tod nun an dessen Kinder Franz und Xaver gemeinsam übergeht, steht Franz und Xaver jeweils 1/6 – die gleichen Anteile von 1/3 – zu.

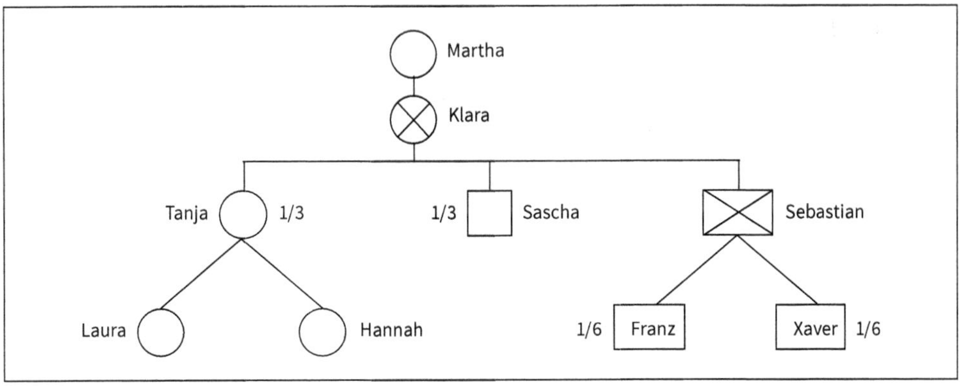

1.1.2 Erben zweiter Ordnung

Erben zweiter Ordnung sind die Eltern des Erblassers sowie deren Abkömmlinge, das heißt die Geschwister, Neffen und Nichten des Erblassers. Auch innerhalb dieser Ordnung schließt der zur Zeit des Erbfalls noch lebende Abkömmling seine eigenen Abkömmlinge hinsichtlich der Erbfolge aus.

Beispiel:

Erblasserin Klara hinterlässt ihre Eltern Martha und Michael sowie ihren Bruder Markus. Wer sind Klaras Erben?

Lösung:

Erben erster Ordnung sind hier nicht vorhanden. Klaras Eltern sind Erben zweiter Ordnung, aber auch Markus ist als Abkömmling der gemeinsamen Eltern Erbe zweiter Ordnung. Da die Eltern aber ihre eigenen Abkömmlinge in der Erbfolge ausschließen, sind Martha und Michael Erben zu gleichen Teilen.

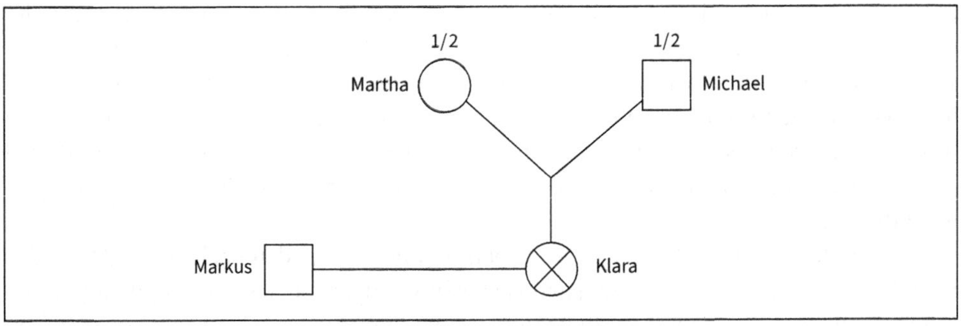

1.1.3 Erben dritter Ordnung

Hierzu gehören die Großeltern des Erblassers sowie deren Abkömmlinge, d. h. die Tanten, Onkel, Cousinen und Cousins des Erblassers.

Beispiel:

Erblasserin Klara hinterlässt außer ihrer Tante Tina und deren Tochter Claudia, ihrem Onkel Otto und einer weiteren Tante Tanja keine weiteren Verwandten. Wer sind die Erben?

Lösung:

Alle sind als Abkömmlinge der gemeinsamen Großeltern Erben dritter Ordnung. Da Tina aber innerhalb ihrer Ordnung ihre eigene Tochter als Erben ausschließt, erbt sie neben Otto und Tanja Klaras Nachlass zu 1/3.

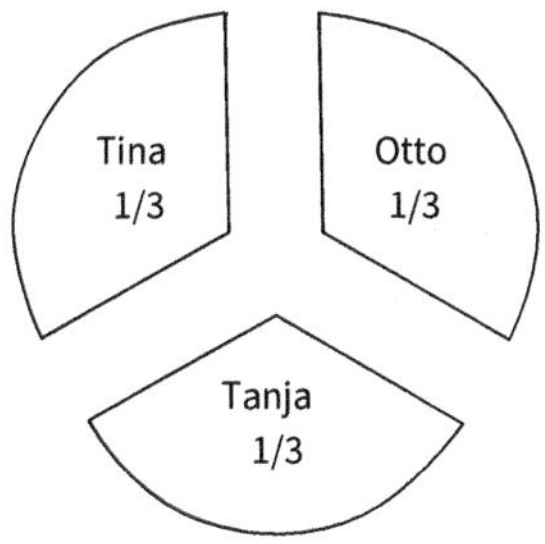

1.1.4 Erben vierter Ordnung

Sofern keine Verwandten erster, zweiter oder dritter Ordnung vorhanden sind, kommen die Verwandten vierter Ordnung an die Reihe. Dazu zählen die Urgroßeltern des Erblassers und deren Abkömmlinge, also Großtanten, Großonkel und deren Kinder. Innerhalb dieser Ordnung verhält es sich ebenso wie in den vorangegangenen Ordnungen.

1.1.5 Weitere Erbfolge

Für den Fall, dass keine Verwandten der vier Ordnungen vorhanden sind, kommen die noch weiter entfernten Verwandten zum Zuge wie etwa Cousinen oder Cousins dritten oder vierten Grades, von deren Existenz der Erblasser in den meisten Fällen wahrscheinlich keine Ahnung haben wird. In der Praxis wird die Suche nach eventuellen entfernten Verwandten nach einiger Zeit aus Kostengründen, selbstverständlich erst nach einer umfassenden und gründlichen Recherche, aufgegeben. In diesen Fällen wird dann letztendlich der Staat gesetzlicher Erbe.

1.2 Annahme als Kind

Maßgeblich für das gesetzliche Erbrecht ist nicht die blutsmäßige Verwandtschaft, sondern die rechtliche Verwandtschaft.

Blutsmäßig verwandt ist ein Kind, mit der Frau, die es geboren hat und mit dem Mann, der es gezeugt hat. Dieses Kind ist damit hinsichtlich beider Elternteile erbberechtigt.

Entscheidend ist aber in der Praxis die rechtliche Vaterschaft. Vater ist nach § 1592 BGB der Mann, der zum Zeitpunkt der Geburt mit der Mutter verheiratet ist, der die Vaterschaft anerkannt hat oder dessen Vaterschaft gerichtlich festgestellt wurde.

Allerdings besteht auch die Möglichkeit der Annahme eines Kindes mittels Adoption. Es besteht dann eine rechtliche Verwandtschaft. Das 1976 in Kraft getretene Adoptionsgesetz unterscheidet zwischen der Annahme Minderjähriger und der Annahme Volljähriger. Der angenommene Minderjährige und dessen Abkömmlinge werden voll in die Familie des Annehmenden aufgenommen. Durch die Annahme gelten der Minderjährige und seine Nachkommen als mit dem Annehmenden verwandt, während die Verwandtschaft mit den leiblichen Eltern durch die Adoption erlischt.

Dagegen werden der angenommene Volljährige und dessen Abkömmlinge nur mit dem Annehmenden selbst verwandt, nicht mit dessen Verwandten. Im Gegensatz zur Adoption eines Minderjährigen bleibt auch die Verwandtschaft mit den leiblichen Eltern bestehen.

Die angenommene Person erhält als Geburtsnamen – unabhängig davon ob minderjährig oder volljährig – den Familiennamen des Annehmenden. Der Antrag auf Annahme muss vom Annehmenden und Anzunehmenden höchstpersönlich beim Vormundschaftsgericht gestellt werden und bedarf der notariellen Beurkundung. Hinsichtlich des Erbrechts gilt das angenommene Kind als Abkömmling des Erblassers und damit als Erbe erster Ordnung.

ACHTUNG

Es gibt erhebliche Unterschiede bei der Annahme von Minderjährigen und Volljährigen als Kind: Volljährige werden nur verwandt mit dem Annehmenden selbst, Minderjährige mit der gesamten Verwandtschaft des Annehmenden!

2 Das Ehegattenerbrecht

Ehegatten sind nicht verwandt. Das gesetzliche Erbrecht des überlebenden Ehegatten folgt also nicht dem oben dargestellten Verwandtenerbrecht, sondern tritt neben dieses.

2.1 Das Zusammentreffen mit Verwandten des Erblassers

Entsprechend der oben dargestellten Systematik der gesetzlichen Erbfolge erhöht sich der gesetzliche Erbteil des überlebenden Ehegatten, je weiter entfernt die Verwandtschaft zwischen den sonstigen gesetzlichen Erben und dem Erblasser ist.

2.1.1 Erbteil gegenüber Erben erster Ordnung

Erben der ersten Ordnung sind die Abkömmlinge des Erblassers. Die Höhe des Erbteils des überlebenden Ehegatten beträgt 1/4 (§ 1931 Abs. 1 BGB) und ist im Übrigen abhängig vom jeweiligen ehelichen Güterstand.

2.1.1.1 Zugewinngemeinschaft

Bei der Zugewinngemeinschaft werden die erbrechtliche und die güterrechtliche Lösung unterschieden.

2.1.1.1.1 Pauschalierter Zugewinnausgleich bei Erbenstellung (erbrechtliche Lösung)

Für den Fall, dass zwischen den Ehegatten der gesetzliche Güterstand der Zugewinngemeinschaft bestand und die Ehe durch den Tod eines Ehegatten und nicht durch Scheidung aufgelöst wird, sieht § 1371 BGB einen pauschalierten Zugewinnausgleich vor, indem der Zugewinn pauschal mit einem Viertel der Erbschaft angesetzt wird (Erbrechtliche Lösung). Unerheblich ist aber im Vergleich zur Scheidung, ob tatsächlich ein Zugewinn entstanden ist (§ 1371 Abs. 1 letzter HS BGB). Zu dem Viertel nach § 1931 Abs. 1 BGB kommt ein Viertel nach § 1371 Abs. 1 BGB hinzu.

Beispiel:

Die Ehefrau (EF) hinterlässt ihren Ehemann (EM) und zwei Kinder Thomas und Franziska. Es galt der Güterstand der Zugewinngemeinschaft. Wie ist der Sachverhalt zu beurteilen?

Lösung:

Der Ehemann erhält ein Viertel des Nachlasses. Zusätzlich hat er Anspruch auf den pauschalierten Zugewinn in Höhe von einem weiteren Viertel, insgesamt also 1/2. Den Kindern verbleibt jetzt nur noch jeweils ein Viertel.

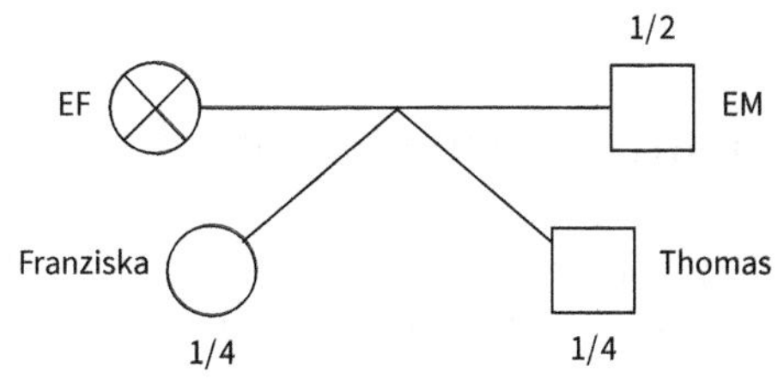

Man spricht vom gesetzlich erhöhten Erbteil. Der für den Fall der Scheidung vorgesehene komplizierte Vermögensvergleich entfällt also.

HINWEIS

Die erbrechtliche Lösung gilt nur, wenn der überlebende Ehegatte gesetzlicher Erbe wird. § 1931 BGB ist nicht anwendbar, wenn ein wirksames Testament existiert.

2.1.1.1.2 Rechnerischer Zugewinnausgleich ohne Erbenstellung (güterrechtliche Lösung)

Sollte der überlebende Ehegatte weder gesetzlicher noch testamentarischer Erbe oder Vermächtnisnehmer werden, weil er bei der Testamentserrichtung übergangen wurde, bleibt es ihm unbenommen, den tatsächlichen Zugewinnausgleich, der höher, aber auch niedriger als der pauschalierte sein kann, und den ihm zustehenden kleinen Pflichtteil in Höhe eines Achtels (Hälfte von 1/4, § 1931 Abs. 1 BGB in Verbindung mit § 2303 Abs. 1 Satz 2 BGB) zu verlangen (güterrechtliche Lösung). Im Gegensatz zur erbrechtlichen Lösung muss also ein Testament vorliegen, das den Ehegatten enterbt.

2.1.1.1.3 Ausschlagung

Die güterrechtliche Lösung gilt auch, wenn der überlebende Ehegatte das ihm zugeteilte (gesetzliche oder testamentarische) Erbe ausgeschlagen hat. Da die Ausschlagung bewirkt, dass der Ausschlagende für die Erbfolge wegfällt, steht ihm eigentlich auch kein Pflichtteil zu. Davon macht § 1371 Abs. 3 BGB eine Ausnahme, wenn Zugewinngemeinschaft bestand. Er kann in dem Fall den rechnerischen Zugewinn verlangen und daneben den kleinen Pflichtteil in Höhe eines Achtels. Der eigentlich erbende Ehegatte kann also wählen, ob er das ihm als Erbe Zugewandte annimmt oder ausschlägt und dann den kleinen Pflichtteil sowie den Zugewinn geltend macht. Wurde kein Zugewinn erzielt oder wäre der überlebende Ehegatte ausgleichspflichtig, erhält er nichts. Auch hier steht ihm insoweit kein Wahlrecht zu.

Die **güterrechtliche** Lösung kommt insbesondere dann in Betracht, wenn der Zugewinnausgleich den Wert des Nachlasses wertmäßig übersteigt. Diese Abweichung von der **erbrechtlichen** Lösung wird der überlebende Ehegatte wählen, wenn er an den Nachlassgegenständen kein persönliches Interesse hat. Denn mit der Ausschlagung der Erbschaft verliert er seine Rechte am Nachlass. Er kann nur noch die Zahlung von Geld, nicht jedoch einzelne Nachlassgegenstände verlangen.

Beispiel:

Die Ehefrau Frieda hinterlässt ihren Ehemann Manfred und zwei Kinder. Es gilt der Güterstand der Zugewinngemeinschaft. Ein Testament existiert nicht. Die Ehefrau hat während der Ehe 400.000 € erwirtschaftet, der Ehemann nichts. Die 400.000 € stellen zugleich den Nachlass dar. Wie ist der Sachverhalt steuerlich zu beurteilen?

Lösung:

Nach der gesetzlichen Erbfolge erhält Manfred 200.000 €. Die Kinder erhalten jeweils 100.000 €. **Schlägt Manfred dagegen die Erbschaft aus**, kann er den rechnerischen Zugewinnausgleich gemäß der §§ 1373 ff. BGB (also die güterrechtliche Lösung) in Höhe von 200.000 € und den kleinen Pflichtteil in Höhe eines Achtels (1/2 von 1/4) des Nachlasses, also 50.000 €, insgesamt 250.000 €, verlangen. Jedem Kind verbleiben 75.000 €.
Der überlebende Ehegatte erhält also 50.000 € mehr.

Kommen wir zurück auf den oben stehenden Satz: »Die güterrechtliche Lösung kommt insbesondere dann in Betracht, wenn der Zugewinnausgleich den Wert des Nachlasses wertmäßig übersteigt.« Was jedoch soll geschehen, wenn in der Ehe kein Zugewinn erzielt wurde oder der überlebende Ehegatte ausgleichspflichtig wäre?

Ihm würde nur der Pflichtteil verbleiben, wobei dann jedoch fraglich ist, anhand welchem Maßstab sich dieser Pflichtteil errechnet. So könnte sich nämlich die Frage stellen, ob der Pflichtteil lediglich 1/8 beträgt (= 1/2 × 1/4 gem. § 1931 Abs. 1 BGB) oder ob der Pflichtteil 1/4 beträgt, wenn man den gesetzlichen Erbteil in Höhe von 1/4 um den pauschalierten Zugewinnausgleich aus § 1371 Abs. 1 BGB um ein weiteres Viertel erhöht.

Die letztgenannte Lösung ist vom Gesetzgeber gerade jedoch nicht gewollt. Wie sich aus dem Wortlaut sowie dem Sinn und Zweck des § 1371 Abs. 1 BGB ergibt, soll der pauschalierte Zugewinnausgleich allein dem gesetzlichen Erben zugutekommen. Der Pflichtteil errechnet sich bei einer Ausschlagung des Ehegatten also stets aus der Hälfte des nicht erhöhten gesetzlichen Erbteils (sog. kleiner Pflichtteil) und nicht anhand des um 1/4 erhöhten gesetzlichen Erbteils (sog. großer Pflichtteil).

Schlägt also der Ehegatte selbst aus, findet der pauschalierte Zugewinnausgleich keine Berücksichtigung bei der Berechnung des Pflichtteils, der somit in jedem Fall lediglich 1/8 beträgt und nicht weiter erhöht wird.

2.1.1.2 Gütertrennung

Bestand im Zeitpunkt des Erbfalls der Güterstand der Gütertrennung und sind neben dem überlebenden Ehegatten nur ein oder zwei Kinder des Erblassers als gesetzliche Erben eingesetzt, so erben der überlebende Ehegatte und jedes Kind zu gleichen Teilen (§ 1931 Abs. 4 BGB).

Da Gütertrennung als Güterstand vereinbart wurde, kommt ein Zugewinnausgleich nicht in Betracht.

Sind aus der Ehe drei oder mehr Kinder hervorgegangen und diese auch als Erben berufen, gilt die allgemeine Regel des § 1934 Abs. 1 BGB:

Der überlebende Ehegatte erhält ein Viertel. Der Ehegatte wird also immer zu mindestens 1/4 am gesamten Nachlass beteiligt.

2.1.1.3 Gütergemeinschaft

Bei der Gütergemeinschaft gilt ebenfalls § 1931 Abs. 1 BGB, wonach der überlebende Ehegatte des Erblassers neben den Verwandten erster Ordnung zu 1/4, neben den Verwandten der zweiten Ordnung oder neben den Großeltern zu 1/2 als gesetzlicher Erbe berufen ist.

2.1.2 Erbteil gegenüber Erben zweiter Ordnung und Großeltern

Gegenüber Erben der zweiten Ordnung und Großeltern ist der Ehegatte zur Hälfte berechtigt (§ 1931 Abs. 1 BGB). Die andere Hälfte ist nach den gesetzlichen Regeln über die gesetzliche Erbfolge unter den Berechtigten zu verteilen. Die Ausführungen zum Zugewinnausgleich gelten entsprechend.

2.1.3 Erbteil gegenüber sonstigen Verwandten

Die Verwandten der dritten Ordnung, also die Abkömmlinge der Großeltern, und die Verwandten der vierten Ordnung werden am Nachlass nicht beteiligt. Der Ehegatte erbt allein.

2.2 Der »Voraus« des Ehegatten

Ist der überlebende Ehegatte neben Verwandten der zweiten Ordnung oder neben Großeltern gesetzlicher Erbe, so kann er außer dem Erbteil die zum ehelichen Haushalt gehörenden Gegenstände, soweit sie nicht Zubehör eines Grundstücks sind, und die Hochzeitsgeschenke als »Voraus« verlangen (§ 1932 BGB). Die dem »Voraus« unterliegenden Gegenstände werden also nicht in die Berechnung des Nachlasswertes und des Erbteils einbezogen. Sie gebühren dem überlebenden Ehegatten voll. Der »Voraus« stellt also eine Form des gesetzlichen Vorausvermächtnisses dar.

2.3 Folgen von Ehescheidung, Eheaufhebung und Trennung

Im Fall der Scheidung der Ehe ist das gesetzliche Erbrecht kraft Gesetzes ausgeschlossen (§ 1933 BGB), da die Ehe nicht mehr besteht. Das Gleiche gilt, wenn zur Zeit des Erbfalls, also des Todes des Erblassers, die Voraussetzungen für die Scheidung vorlagen und der Erblasser die Scheidung beantragt oder ihr zugestimmt hat.

Das gesetzliche Erbrecht ist ebenfalls ausgeschlossen, wenn der Erblasser berechtigt war, die Aufhebung der Ehe zu beantragen. Aufhebung bedeutet die Beseitigung der Folgen einer fehlerhaften Ehe mit Wirkung für die Zukunft.

Ohne Auswirkung ist dagegen die Trennung der Ehegatten. Die Trennung ist im deutschen Recht für den Bestand der Ehe unbeachtlich und hat daher keinen Einfluss auf das Erbrecht des Ehegatten.

3 Die Ausgleichspflichten unter Abkömmlingen

Nach dem Gebot der Gleichberechtigung im BGB gilt, dass Kinder auch bei der Erbfolge gleich zu behandeln sind. Das bedeutet im Einzelnen, dass alle Zuwendungen, die der Erblasser zu Lebzeiten seinen Abkömmlingen hat zukommen lassen, als Vorausgabe auf den künftigen Erbteil angesehen werden. Darunter sind nicht nur unentgeltliche Zuwendungen zu verstehen, sondern jeder wirtschaftliche Vorteil, dem keine entsprechende Gegenleistung gegenübersteht. Dies gilt vor allem, wenn der Erblasser seinen Kindern zu Lebzeiten Zuwendungen zur Aussteuer, zur Vorbildung für einen Beruf, bei besonderer Mitarbeit oder Pflegetätigkeit des Kindes geleistet hat oder wenn dies speziell durch den Erblasser bei der Zuwendung bestimmt wurde.

Grundgedanke dieser Vorschriften ist, dass der Gesetzgeber davon ausgeht, dass der Erblasser das Prinzip der Gleichberechtigung bei der Stammeserbfolge nicht durchbrechen möchte.

In der Praxis kommt es häufig zu Situationen, in denen Kinder zu Lebzeiten des Erblassers von diesem erhebliche Zuwendungen erhalten, um etwa eine Privatschule zu finanzieren oder ein Startkapital für die erste eigene Wohnung zu ermöglichen. Dann ist dasjenige Kind, das die Zuwendungen erhalten hat, im Erbfall verpflichtet, gegenüber den anderen Kindern des Erblassers diesen »Voraus« auszugleichen. Die Zuwendungen zu Lebzeiten des Erblassers werden später durch Zurechnung ihres Wertes zur Erbmasse berücksichtigt. Das bedeutet, dass die Zuwendung selber in den Händen des Empfängers verbleibt, deren Gegenwert aber der Erbmasse fiktiv hinzugerechnet wird. Auf die genaue Anrechnung wird später noch ausreichend eingegangen.

Ausgleichspflichtig sind die Abkömmlinge des Erblassers untereinander, soweit sie als gesetzliche Erben gelten. Alle übrigen Abkömmlinge, die etwa wegen Erbverzicht oder Erbunwürdigkeit von der gesetzlichen Erbfolge ausgeschlossen wurden, fallen nicht in den Kreis der Ausgleichspflichtigen. Stirbt ein Abkömmling vor Eintritt des Erbfalles, trifft die Pflicht ersatzweise dessen Ersatzerben, etwa seine eigenen Abkömmlinge.

Ausgleichsberechtigt sind wiederum nur die Abkömmlinge des Erblassers, die keine entsprechende Zuwendung zu Lebzeiten des Erblassers erhalten haben.

In folgenden Fällen kann eine Ausgleichspflicht in Betracht kommen:

- Erhalt einer Aussteuer,
- Zuschüsse und Aufwendungen zur Berufsvorbildung,

- Anordnung des Erblassers,
- bei besonderer Mitarbeit oder Pflegetätigkeit eines Abkömmlings.

Existiert eine Anordnung zum Zeitpunkt der Zuwendung nicht, die diese Zuwendung als Voraus des Erbes deklariert, dann gilt Folgendes.

3.1 Ausgleichspflicht für die Aussteuer

Zunächst hat der Abkömmling, der eine Aussteuer bzw. Ausstattung vom Erblasser erhalten hat, gegenüber seinen Geschwistern eine entsprechende Ausgleichspflicht. Zur Ausstattung gehören etwa Zuwendungen, die im Hinblick auf eine Heirat oder eigene Lebensführung gegeben wurden. Darunter fallen auch solche Zuwendungen, die nach Begründung der eigenständigen Lebensstellung zu dessen Erhaltung bzw. Fortführung gewährt wurden.

3.2 Ausgleichspflicht für Zuschüsse und Aufwendungen zur Berufsvorbildung

Unter Zuschüsse fallen solche Einkünfte, deren wiederholte Zahlung beabsichtigt war, ohne Entstehung einer Rechtspflicht zur weiteren Zahlung. Einmalig getätigte Zuschüsse, etwa zu einer Reise oder einem Auto, sind dagegen nicht ausgleichspflichtig.

Aufwendungen für die Vorbildung zu einem Beruf sind beispielsweise die Finanzierung eines Hochschulstudiums oder die Übernahme von Promotionskosten. Nicht darunter fällt dagegen die Übernahme der Kosten einer höheren Schule, da diese zur allgemeinen Schulausbildung und nicht zur Berufsvorbildung gehören.

Beide Zuwendungsarten unterliegen jedoch nur der Ausgleichspflicht, wenn sie als übermäßig anzusehen sind. Maßstab ist dabei der Vermögensstand des Erblassers. Übersteigen die Zuwendungen die Vermögensverhältnisse des Erblassers erheblich, dann gelten sie als übermäßig.

3.3 Sonstige Zuwendungen des Erblassers

Darunter sind alle weiteren Zuwendungen zu verstehen, bei deren Leistung der Erblasser die Ausgleichspflicht vor Bewirken der Zuwendung angeordnet hat. Damit erhält der Empfänger die Möglichkeit, diese Zuwendung bereits zu Lebzeiten des Erblassers im Hinblick auf die spätere Ausgleichspflicht abzulehnen. Nachträglich kann der Erblasser nur noch durch Testament selbst die Ausgleichung in Form eines Vermächtnisses für die übrigen Miterben herbeiführen.

3.4 Ausgleichspflicht bei besonderer Mitarbeit oder Pflegetätigkeit eines Abkömmlings

Der Gesetzgeber wollte aber auch besondere Leistungen der Abkömmlinge gegenüber seinen Eltern im Wege der Ausgleichspflicht honorieren. Hat ein Abkömmling demnach im elterlichen Haushalt mitgearbeitet bzw. seine Eltern im Alter gepflegt, ohne dafür ein entsprechendes Entgelt erhalten zu haben, ist er berechtigt, von den übrigen Geschwistern, die neben ihm gesetzliche Erben sind, einen Ausgleich zu verlangen.

Dies gilt allerdings nur für eigene Abkömmlinge (also z. B. nicht für die Schwiegertochter) und nur dann, wenn gesetzliche Erbfolge gilt. Sobald ein (wirksames) Testament vorhanden ist, gibt es hiernach keine Ausgleichspflicht mehr. Das kann insbesondere bei gemeinschaftlichen Testamenten zu unerwünschten Ergebnissen führen, wenn der überlebende Ehegatte, der an das Testament gebunden ist, gepflegt wird. In diesen Fällen sollte versucht werden, noch zu Lebzeiten eine Regelung zur Ent- und Belohnung des pflegenden Kindes zu finden.

3.5 Durchführung des Ausgleichs

Als erster Schritt muss festgestellt werden, welche Miterben nicht an der Ausgleichung beteiligt sind. Die Werte der Erbteile dieser nicht beteiligten Miterben werden vorweg nach dem vorhandenen Nachlass berechnet und bleiben somit außen vor.

Im zweiten Schritt findet dann die Auseinandersetzung nur unter den ausgleichsbeteiligten Miterben statt. Das heißt im Einzelnen, dass der Wert sämtlicher Zuwendungen, die auszugleichen sind, dem Wert der jeweiligen Nachlassteile zugerechnet wird, der den beteiligten Miterben insgesamt zukommt. Was kompliziert scheint, ist relativ einfach selber zu errechnen. An folgenden Beispielen wird dies dargestellt:

Beispiel:

Anton Weiss hinterlässt seiner Ehefrau Barbara, mit der er im gesetzlichen Güterstand lebt, und seinen drei Kindern Christian, Doris und Eva einen Gesamtnachlass von 100.000 €. Doris hat eine Aussteuer im Wert von 20.000 € erhalten, Christian hat ebenfalls 20.000 € als ausgleichspflichtigen Zuschuss erhalten.

Lösung:

Barbara erhält als gesetzlichen Erbteil 1/4 des Nachlasses und wiederum 1/4 als Zugewinnausgleich, das bedeutet insgesamt die Hälfte des Nachlasses, demnach 50.000 €. Dem verbleibenden Betrag von 50.000 € werden die jeweiligen Zuwendungen im Wert von jeweils 20.000 € an

Doris und Christian hinzugerechnet, sodass sich ein auszugleichender Nachlasswert von 90.000 € ergibt, der die Grundlage der Ausgleichsberechnung bildet:

Gesamtnachlass der Kinder	50.000 €
zuzüglich Aussteuer von D	20.000 €
zuzüglich Zuwendung an C	20.000 €
Nachlasswert	90.000 €

Jedem der drei Kinder steht nach der Erbquote jeweils ein Drittel dieses Nachlasses zu, demnach steht jedem 30.000 € zu. Doris und Christian müssen jedoch die Zuwendungen, die sie im Vorfeld erlangt haben, von ihrem Erbteil abziehen.

Ausgleichspflichtiger Nachlass	90.000 €
davon 1/3 (Erbquote von D)	30.000 €
abzüglich der erhaltenen Aussteuer	20.000 €
Erbteil von D	10.000 €

Somit stehen Eva, die keinerlei Zuwendung erhalten hat, 30.000 € zu. Doris und Christian stehen nach Abzug ihrer Zuwendungen nur noch je 10.000 € zu.

Wenn ein Miterbe im Vorfeld eine höhere Zuwendung erhalten hat, als ihm aufgrund seines Erbteils zusteht, ist er nicht ausgleichspflichtig. Die anderen Miterben müssen den Verlust mittragen.

Beispiel:

Anton hinterlässt seinen Kindern wieder 50.000 €, gibt seiner Tochter Doris aber eine Aussteuer in Höhe von 40.000 €. Eva und Christian erhalten im Vorfeld keine Zuwendung.

Lösung:

Gesamtnachlass der Kinder	50.000 €
zuzüglich der Aussteuer an Doris	40.000 €
Ausgleichpflichtiger Gesamtnachlass	90.000 €
davon 1/3 (Erbteil von Doris, Christian und Eva)	30.000 €

Von diesem Erbteil muss jetzt Doris ihre Aussteuer in Höhe von 40.000 € abziehen, sodass sie 10.000 € mehr erhalten hat, als ihr eigentlich zustehen. Sie ist aber nicht verpflichtet, diesen Überschuss an die übrigen Miterben zurückzuzahlen. Christian und Eva erhalten nun den restlichen Nachlass in Höhe von 50.000 € unter sich zu gleichen Teilen, das bedeutet, dass Eva und Christian jeweils 25.000 € bekommen.

Eine besondere Berechnung wird bei den Zuwendungen angewandt, die wegen besonderer Mitarbeit im elterlichen Haushalt erlangt wurden:

Beispiel:

Anton hat seinen drei Kindern einen Gesamtnachlass von 50.000 € hinterlassen. Die Tochter Eva jedoch soll aufgrund ihrer langjährigen Mitarbeit im Haushalt und ihrer hingebungsvollen Pflege ihrer todkranken Mutter einen Betrag von 20.000 € erhalten.

Lösung:

In diesem Fall wird die Zuwendung dem Gesamtnachlass nicht zugerechnet wie bei den anderen Zuwendungen, sondern abgezogen:

Gesamtnachlass der Kinder	50.000 €
abzüglich Zuwendung an Eva	20.000 €
Ausgleichspflichtiger Gesamtnachlass	30.000 €
Erbteil von 1/3 (jeweils von Doris, Christian und Eva)	10.000 €

Eva erhält nun zum einen die 20.000 € als Zuwendung und nochmals 10.000 € als Erbteil, demnach insgesamt 30.000 €. Doris und Christian erhalten nun noch jeweils 10.000 €, also weniger als ohne Zuwendung an Eva.

3.6 Ausschluss der Ausgleichspflicht

Diese Ausgleichspflicht, die nur unter Abkömmlingen eintreten kann, kann jederzeit durch Testament bzw. Erbvertrag ausgeschlossen werden. Es besteht aber auch die Möglichkeit, den Ausschluss direkt bei der jeweiligen Zuwendung vorzunehmen. Um einem eventuell später entfachenden Streit zwischen den Geschwistern vorzubeugen, sollten die nicht bedachten Abkömmlinge aber informiert werden und der Ausschluss sollte aus Beweisgründen schriftlich abgefasst werden.

4 Das Pflichtteilsrecht

Das Pflichtteilsrecht beschränkt die Testierfreiheit des Erblassers, indem es Anordnungen einer wertmäßig geringen Erbeinsetzung oder der Enterbung teilweise ignoriert und konterkariert. Ziel des Pflichtteilsrechts ist es, der Vermutung gerecht zu werden, dass jeder Erblasser zu seinem Ehegatten, seinen Kindern und Eltern ein enges persönliches Verhältnis hatte, was ihm bei seiner Vermögensbildung indirekt zugutegekommen ist. Dem Gesetzgeber erschien es deshalb unbillig, diese Personenkreise am Nachlass völlig rechtlos zu stellen. Für den Fall also, dass Eltern, Kinder oder der Ehegatte durch Verfügung von Todes wegen von der Erbfolge ausgeschlossen werden, steht ihnen der Pflichtteil gegen die Erben in Höhe des hälftigen gesetzlichen Erbteils in Form eines schuldrechtlichen Anspruchs auf Zahlung einer Geldsumme zu.

Die Voraussetzungen, nach denen eine Entziehung des Pflichtteils möglich ist, sind in § 2333 BGB geregelt. Dies ist nur unter engen Voraussetzungen wie z. B. bei Straftaten oder schweren Verfehlungen gegenüber dem Erblasser möglich. Die Entziehung erfolgt in testamentarischer Form. Bei Anordnung der Entziehung müssen die Voraussetzungen hierfür vorliegen und genannt werden (§ 2336 BGB).

4.1 Voraussetzungen und Inhalt des Pflichtteilsanspruchs

Der Pflichtteilsanspruch hat unterschiedliche Voraussetzungen, die zu dessen Geltendmachung erforderlich sind:

4.1.1 Die beteiligten Personen

An einem Pflichtteilsanspruch gibt es mehrere Beteiligte: denjenigen, der den Anspruch auf einen Pflichtteil hat, der sog. Pflichtteilsberechtigte, und denjenigen, der mit diesem Anspruch belastet ist.

4.1.1.1 Berechtigter

Pflichtteilsberechtigte nach § 2303 BGB sind die Abkömmlinge, die Eltern und der Ehegatte, soweit sie durch Verfügung von Todes wegen von der Erbfolge ausgeschlossen sind. Für die Eltern und die Enkel gilt dies jedoch nur dann, wenn sie auch gesetzliche Erben wären. Das Pflichtteilsrecht spielt also nur bei der gewillkürten Erbfolge eine Rolle, ist jedoch ein gesetzlicher Anspruch. Pflichtteilsberechtigt ist jedoch nicht, wer sein Erbe – vorbehaltlich eines Zusatzpflichtteils – angenommen oder auf sein Pflichtteilsrecht verzichtet hat.

Gem. § 2309 BGB sind entfernte Abkömmlinge und die Eltern des Erblassers insoweit nicht pflichtteilsberechtigt, wenn ein Abkömmling, der sie im Falle der gesetzlichen Erbfolge ausschließen würde, den Pflichtteil verlangen kann oder das ihm Hinterlassene annimmt.

4.1.1.2 Verpflichteter

Anspruchsgegner und mit den Pflichtteilsansprüchen belastet sind die Erben (§ 2303 Abs. 1 Satz 1 BGB). Mehrere Erben haften als Gesamtschuldner für die Begleichung der Pflichtteilsforderungen (§ 421 BGB). Der Pflichtteilsberechtigte kann also von jedem den gesamten Pflichtteil verlangen, insgesamt jedoch nur einmal. Ob der in Anspruch Genommene seinen gegenüber den anderen Erben bestehenden Ausgleichsanspruch durchsetzen kann, fällt nicht in die Risikosphäre des Pflichtteilsberechtigten.

4.1.2 Höhe des Pflichtteilanspruchs

Der Höhe nach entspricht der Pflichtteilsanspruch der Hälfte des jeweiligen gesetzlichen Erbteils. Der Anspruch besteht jedoch nur in einem Anspruch auf Zahlung einer diesem hälftigen Erbteil entsprechenden Geldsumme. Die Pflichtteilsberechtigten sind nicht unmittelbar, z. B. als Miteigentümer oder als Mitforderungsinhaber, am Nachlass beteiligt. Sie können also nicht die Übereignung bestimmter Familienerbstücke verlangen.

HINWEIS

Je mehr gesetzliche Erben bei der Verteilung des Nachlasses durch Testament unberücksichtigt bleiben, desto höher sind die Belastungen des Nachlasses mit Pflichtteilsansprüchen.

4.1.3 Anrechnung

Freigiebige Zuwendungen des Erblassers unter Lebenden in Form von Ausstattungen oder Schenkungen können den Pflichtteil verringern, wenn der Erblasser vor oder bei der Zuwendung die anspruchsmindernde Anrechnung angeordnet hat.

Eine nachträgliche Bestimmung durch Testament ist nur noch möglich, wenn ein Pflichtteilsentziehungsgrund vorliegt.

4.1.4 Ausgleichung

Unter Abkömmlingen können Ausgleichspflichten nach §§ 2050 ff. bestehen, die sich auf den Pflichtteil auswirken (vgl. Kapitel II 3).

4.1.5 Restpflichtteil

Ist einem Pflichtteilsberechtigten ein Erbteil hinterlassen, der geringer ist als die Hälfte des gesetzlichen Erbteils, so kann er von den Miterben als Pflichtteil den Wert des an der Hälfte fehlenden Teiles verlangen (§ 2305 BGB).

Gleiches gilt für den Vermächtnisnehmer, wenn er sein Vermächtnis nicht ausschlägt. Er kann nur dann den vollen Pflichtteil verlangen, wenn er von seinem Ausschlagungsrecht Gebrauch macht.

4.2 Voraussetzungen und Inhalt des Pflichtteilsergänzungsanspruchs

Neben den Pflichtteilsanspruch kann ein Pflichtteilsergänzungsanspruch treten. Während Ersterer allein auf den gesetzlichen Erbteil bezogen ist und Anrechnungs- und Ausgleichspflichten regelt, kommt Letzterem die Funktion zu, nachlassmindernde Verfügungen zu Lebzeiten des Erblassers, die dadurch den Pflichtteil des Berechtigten wirtschaftlich verringern, auszugleichen (§§ 2325 ff. BGB).

Schenkungen, die der Erblasser an Dritte macht, werden daher fiktiv dem Nachlass hinzugerechnet und erhöhen so den Pflichtteilsanspruch gegen den oder die Erben.

Die fiktive Nachlasserhöhung erfolgt jedoch nur dann, wenn die Schenkung zeitlich weniger als 10 Jahre vor dem Todesfall liegt. Ist die Schenkung an den Ehegatten des Erblassers erfolgt, so beginnt die Frist nicht vor der Auflösung der Ehe. Für jedes Jahr, das die Schenkung zurückliegt, sinkt der Anspruch um 10 %, sodass er sich nach 10 Jahren auf null reduziert.

Beispiel:

Wenn der Erblasser drei Jahre nach der Schenkung verstirbt, reduziert sich der Anspruch auf 70 %, nach sechs Jahren auf 40 % usw.

Zu beachten ist, dass die Frist erst zu laufen beginnt, wenn der Beschenkte die wirtschaftliche Nutzung aufgegeben hat. Das bedeutet, dass z. B. ein vereinbartes Nießbrauchsrecht an einer verschenkten Immobilie dazu führt, dass die Frist nicht zu laufen beginnt und keine Verringerung des Pflichtteilsergänzungsanspruchs eintritt. Zu den Einzelheiten besteht eine detaillierte Rechtsprechung.

4.3 Auskunfts- und Wertermittlungsanspruch

Zur genauen Ermittlung seines Pflichtteilsanspruchs kann der Berechtigte von dem oder den Erben Auskunft über den Bestand des Nachlasses und den Wert der Nachlassgegenstände verlangen (§ 2314 BGB).

4.4 Grenzen des Pflichtteilsanspruchs

Der Pflichtteilsanspruch kann unter engen Voraussetzungen jedoch beschränkt oder ganz entzogen werden.

4.4.1 Pflichtteilsentziehung

Da die zwingenden Regeln über den Pflichtteilsanspruch die Testierfreiheit des Erblassers kraft Gesetzes beschränken, kann eine Pflichtteilsentziehung nur in Ausnahmefällen erfolgen. In § 2333 BGB ist die Entziehung des Pflichtteils zu Lasten von Abkömmlingen, der Eltern und des Ehegatten geregelt. Die dort genannten Tatbestände sind abschließend.

Gründe für eine Pflichtteilsentziehung müssen im Zeitpunkt der Errichtung des (Änderungs-)Testaments bestehen (§ 2336 Abs. 2 BGB). Solche Gründe sind z. B. verübte Delikte gegen das Leben oder die körperliche Unversehrtheit des Erblassers, Verbrechen oder schwere Vergehen zu seinen Lasten sowie die böswillige Verletzung der gegenüber dem Erblasser bestehenden Unterhaltspflichten.

4.4.2 Pflichtteilsbeschränkung in guter Absicht

Eine Pflichtteilsbeschränkung kommt des Weiteren in Betracht, um den Abkömmling vor seiner Verschwendungssucht oder Überschuldung zu schützen. Die Beschränkung erfolgt dergestalt, dass nach dem Tode des Abkömmlings dessen gesetzliche Erben das ihm Hinterlassene oder den ihm zustehenden Pflichtteil als Nacherben oder als Nachvermächtnisnehmer nach dem Verhältnis ihrer gesetzlichen Erbteile erhalten sollen. Die Verwaltung des Pflichtteils kann auch einem Testamentsvollstrecker übertragen werden.

4.4.3 Form der Entziehung

Sowohl die Pflichtteilsentziehung (§ 2336 Abs. 1 BGB) als auch die Pflichtteilsbeschränkung in guter Absicht (§§ 2338 Abs. 2, 2336 Abs. 1 BGB) müssen durch letztwillige Verfügung unter Angabe der Gründe erfolgen.

4.4.4 Stundung des Pflichtteilsanspruchs

Der Erbe kann die Stundung des Pflichtteils verlangen, wenn die sofortige Erfüllung eine unbillige Härte bedeuten würde, etwa die Veräußerung des Familienheims erfordern würde (§ 2331a BGB). Bei dieser Frage sind aber auch die Interessen des Pflichtteilsberechtigten angemessen zu berücksichtigen. So kommt es auch auf die persönlichen Einkommens- und Vermögensverhältnisse des Pflichtteilsberechtigten an. Hatte dieser zum Beispiel bis zum Tod des Verstorbenen von diesem Unterhalt oder sonstige Unterstützung erhalten, kann eine Stundung unbillig sein. Über die Zulässigkeit der Stundung entscheidet das Nachlassgericht.

5 Die Erbunwürdigkeit

Bei besonders schweren Verfehlungen eines Erben gegenüber dem Erblasser verlangt es das Gerechtigkeitsempfinden, dass dieser Erbe vom Erbrecht ausgeschlossen wird. Diese Konstellation bezeichnet das Gesetz als Erbunwürdigkeit und setzt dazu genaue Gründe fest, aufgrund derer ein Erbe sein Erbrecht verwirkt:

Erbunwürdig ist derjenige Erbe, der

- den Erblasser vorsätzlich und widerrechtlich getötet hat;
- den Erblasser vorsätzlich und widerrechtlich in einen Zustand versetzt hat, infolgedessen der Erblasser bis zu seinem Tode unfähig war, ein Testament oder einen Erbvertrag zu verfassen;
- den Erblasser vorsätzlich und widerrechtlich daran gehindert hat, ein Testament oder einen Erbvertrag zu errichten oder aufzuheben;
- den Erblasser durch arglistige Täuschung oder Drohung dazu veranlasst hat, ein Testament oder einen Erbvertrag entweder zu errichten oder aufzuheben oder
- der sich in Ansehung einer testamentarischen Verfügung des Erblassers eines Urkundendelikts schuldig gemacht hat, wie etwa einer Fälschung.

Liegt einer dieser Tatbestände vor, ist der betroffene Erbe vom Erbrecht ausgeschlossen. In manchen Fällen kann jedoch trotz Vorliegen eines dieser Tatbestände die Erbunwürdigkeit ausgeschlossen sein:

- Hat der Erbe zwar den Erblasser durch arglistige Täuschung zur Errichtung bzw. Aufhebung bewogen oder sich durch Begehung eines Urkundendeliktes strafbar gemacht, ist er nicht erbunwürdig, wenn die Verfügung des Erblassers vor dem Erbfall unwirksam geworden ist.
- Als erbunwürdig ist der Erbe auch dann nicht mehr anzusehen, wenn er zwar den Erblasser durch arglistige Täuschung zur Aufhebung eines Testamentes bewogen hat, aber dieses vor Eintreten des Erbfalles unwirksam geworden ist – etwa durch Versterben des darin bedachten Alleinbedachten.
- Ferner ist die Erbunwürdigkeit ausgeschlossen, wenn der Erblasser dem Erben verziehen hat. Das bedeutet insbesondere, dass der Erblasser zu erkennen gibt, dass er aus dem Verhalten des Erben keine nachteiligen Folgerungen ziehen will.

6 Das Höferecht

In den Bundesländern Hamburg, Niedersachsen, Schleswig-Holstein und Nordrhein-Westfalen gelten noch die Besonderheiten des sog. Höferechts. Weitere landesrechtliche Sonderregelungen gibt es darüber hinaus noch in Bremen, Hessen, Rheinland-Pfalz und Baden-Württemberg. In den übrigen Bundesländern sind solche Anerbenrechte nicht mehr zu finden.

Diese Höfeordnungen regeln eine Sondererbfolge für solche Höfe, die im Alleineigentum einer natürlichen Person oder im gemeinschaftlichen Eigentum von Ehegatten stehen. Des Weiteren muss die natürliche Person die sog. Hoffähigkeit besitzen, die dann vorliegt, wenn der Hof einen nach bestimmten steuerlichen Bewertungsvorschriften festzustellenden Wirtschaftswert von mindestens 10.000 € aufweist.

Durch diese Sondererbfolge wird die Testierfreiheit des Erblassers in unterschiedlicher Hinsicht eingeschränkt. Denn der Hof kann immer nur an einen Erben oder Übernehmer oder an Eheleute vererbt bzw. übergeben werden. Dies ist grundsätzlich auch nicht durch eine letztwillige Verfügung von Todes wegen oder einen Hofübergabevertrag abdingbar. Allein durch Instrumentarien wie die Anordnung einer sog. Vor- und Nacherbfolge oder einer Testamentsvollstreckung kann dies eingeschränkt werden.

Des Weiteren wird die Testierfreiheit derart eingeschränkt, dass der Hofeigentümer zwar den Hoferben bzw. -übernehmer frei wählen kann, jedoch nur unter der Bedingung, dass dieser wirtschaftsfähig ist. Bei einem Ehegattenhof darf hingegen keiner der Ehegatten über seinen Eigentumsanteil am Hof verfügen ohne den anderen von Todes wegen oder mittels Übergabe zu Lebzeiten zu bedenken.

Im Mittelpunkt dieser Höfeordnungen steht der Bestand des Hofes auch in Zukunft. Eine Zerschlagung eines solch lange erarbeiteten Gutes soll durch diese Einschränkungen verhindert werden.

7 Die Beschränkung der Nachlasshaftung

Eine besondere Problematik ergibt sich in der Situation, in der der Erblasser seinen Erben kein Vermögen, sondern nur Schulden hinterlässt. Es besteht dann die Gefahr, dass die Gläubiger, sobald der Erbfall eintritt und die Erben ihr Erbe antreten, ihre Forderungen gegenüber den Erben geltend machen. Dies ist sicherlich nicht im Sinne des Erblassers und kann diesen unter Umständen dazu bewegen, eine Person hinsichtlich seines Nachlasses nicht zu bedenken, um diesen nicht der Gefahr einer solchen Forderung auszusetzen. Es ist also vor dem Abfassen einer letztwilligen Verfügung, etwa eines Testamentes, zu überlegen, welche Möglichkeiten bestehen, um den Erben dem Zugriff der Gläubiger zu entziehen. Dabei ist zu unterscheiden zwischen pflichtteilsberechtigten und nicht pflichtteilsberechtigten Personen. Wie in Kapitel II 4.1.1.1 bereits angesprochen, sind nur die Verwandten in gerader Linie zum Erblasser und der Ehegatte pflichtteilsberechtigt. Zum einen sind dies die direkten Abkömmlinge des Erblassers, zum anderen die Eltern des Erblassers, wenn keine Abkömmlinge mehr vorhanden sind.

7.1 Der Schutz der Kinder und Kindeskinder

Auch umgekehrt stellt sich die Problematik, nämlich wenn die potenziellen Erben überschuldet sind und ein Zugriff deren Gläubiger auf das Erbe droht. Dabei ist auch der Pflichtteil der Kinder dem Zugriff der Gläubiger ausgesetzt. Der Erblasser hat aber die Möglichkeit, den Pflichtteil in guter Absicht zu beschränken. Dies kommt insbesondere in den Fällen in Frage, in denen es sich um einen Abkömmling handelt, der in hohem Maße verschwenderisch lebt oder in erhöhtem Maß überschuldet ist. Hintergrund dessen ist zum einen der Schutz des Unterhalts des Abkömmlings, zum anderen wird der Pflichtteil vor Verschwendung und Verschuldung geschützt.

Beispiel:

Der millionenschwere Unternehmer Gustav Ganter hat nur eine einzige Tochter. Diese ist aber der Spielsucht seit langem verfallen und hat sich deshalb in hohe Schulden gestürzt. Seine Tochter ist alleinerziehende Mutter und hat drei Kinder, für die Gustav schon zu Lebzeiten mehr oder weniger sorgt. Nun möchte er testamentarisch festlegen, dass sein Vermögen den zahlreichen Gläubigern seiner Tochter nicht zum Opfer fällt und seine drei Enkelkinder aber auch nach seinem Tod noch gut durch sein Vermögen versorgt werden.

In diesem Zusammenhang hat der Erblasser drei Möglichkeiten, die einzeln, aber auch in Verbindung miteinander verwendet werden können:

1. Der Pflichtteil des berechtigten Abkömmlings kann durch das Instrument der Nacherbeneinsetzung zum einen vor sich selbst geschützt werden, da dieser den Stamm seines Pflichtteils nicht anrühren darf, sondern nur dessen Früchte; zum anderen vor dem Zugriff der Gläubiger, da eine Zwangsvollstreckung in das Vermögen des Vorerben in der Regel unwirksam und daher nicht möglich ist, da dadurch der Nachlass des Nacherben wesentlich beeinträchtigt wird.
2. Der Pflichtteil des berechtigten Abkömmlings kann auch durch das Instrument des Nachvermächtnisses in gleicher Weise wie bei der Nacherbeneinsetzung geschützt werden.
3. Es wird Testamentsvollstreckung für die Lebenszeit des berechtigten und betroffenen Abkömmlings in der letztwilligen Verfügung des Erblassers angeordnet.

Durch solche Anordnungen kann aber nur der Stamm des hinterlassenen Vermögens vor dem Erben und den Gläubigern geschützt werden. Die Reinerträgnisse des Nachlasses stehen hingegen dem Erben ohne Einschränkung zu, sodass sich auch ein eventueller Gläubiger darauf Zugriff verschaffen kann.

Lösung:

Gustav Ganter sollte seine Tochter als nichtbefreiten Vorerben einsetzen, da diese als solche nur über die Erträgnisse aus dem Nachlass, etwa Zinsen oder Mieteinnahmen, frei verfügen kann. Der Stamm seines Vermögens bleibt von ihr und etwaigen Gläubigern unberührt. Als Nacherben sollten die drei Enkelkinder zu gleichen Teilen eingesetzt werden, die mit Eintritt des Nacherbfalls (dem Tod der Mutter) frei über das Vermögen und dessen Erträgnisse verfügen können. Zusätzlich sollte Gustav noch einen Testamentsvollstrecker ernennen, der die Vor- und Nacherbfolge überwacht und zur Zeit des Vorerbfalls den Stamm des Nachlasses ordnungsgemäß und sicher verwaltet. Dadurch sind das Vermögen und damit auch die Enkelkinder ausreichend abgesichert.

7.2 Der Schutz der übrigen Pflichtteilsberechtigten und der nicht pflichtteilsberechtigten Erben

Neben den direkten Abkömmlingen des Erblassers sind auch der Ehegatte und die Eltern des Erblassers pflichtteilsberechtigt, letztere allerdings nur, wenn keine Abkömmlinge mehr vorhanden sind. Nicht pflichtteilsberechtigt sind hingegen die Großeltern oder Geschwister des Erblassers.

Der Schutz der Eltern bzw. des Ehegatten sowie der nicht pflichtteilsberechtigten Erben vor Gläubigern ist auf den ersten Blick nur schwer mit den im Gesetz zur Verfügung stehenden Regelungsinstrumenten möglich. Einzig sichere Möglichkeit ist deren Enterbung. Allerdings kann durch eine gute Testamentsgestaltung dem überschuldeten Erben eine Reihe von Vorteilen verschafft werden, die nicht im Wege einer Zwangsvollstreckung pfändbar sind:

- Zum einen kann zu Gunsten des überschuldeten Erben ein höchstpersönliches Wohnrecht an einer Immobilie (soweit vorhanden) im Wege des Vermächtnisses eingeräumt werden. Dieses Recht ist nicht pfändbar und daher vor dem Zugriff der Gläubiger geschützt.
- Zum anderen kann dem Erben ein Nießbrauchsrecht am Mobiliar des Erblassers eingeräumt werden. Dieses Mobiliar kann zwar in gewissem Umfang gepfändet werden, in der Praxis erfolgt dies allerdings – außer bei besonders wertvollen Antiquitäten – sehr selten.

Durch diese Regelungen kommt dem überschuldeten Erben ganz persönlich etwas zugute, ohne dass dies in die Hände der Gläubiger fallen könnte. Jedoch sollte dieses Vorgehen vor Einräumung solcher weitgehenden Rechte in einer letztwilligen Verfügung mit den übrigen Miterben abgesprochen werden. Gegebenenfalls sollte auch ein Rechtsanwalt oder Notar hinzugezogen werden. Denn sollte es einmal zu einem Notfall bei den Erben des Nachlasses kommen und ein Verkauf der Immobilie notwendig werden, bereitet ein eingetragenes Wohnrecht erhebliche Probleme. Die Löschung eines Wohnrechtes ist nur schwer zu erreichen und ein Haus mit einem Wohnrecht zu Gunsten eines Dritten zu verkaufen, ist so gut wie unmöglich.

8 Der Erb- und Pflichtteilsverzichtsvertrag

8.1 Gegenstand des Verzichts

Gem. § 2346 Abs. 1 Satz 1 BGB ist Gegenstand des Erbverzichtsvertrags das gesetzliche Erbrecht. Gem. § 2346 Abs. 2 BGB kann der Verzicht auf das Pflichtteilsrecht beschränkt werden. Gem. § 2352 BGB kann durch Vertrag mit dem Erblasser auf eine Zuwendung von Todes wegen verzichten, wer bereits durch Testament als Erbe eingesetzt oder mit einem Vermächtnis bedacht ist. Dies gilt ebenso für Zuwendungen, die auf einem Erbvertrag beruhen.

8.2 Wirksamkeitsvoraussetzungen

Der Erbverzichtsvertrag kommt durch entsprechende Willenserklärungen des Erblassers und des Verzichtenden zustande und bedarf zwingend der notariellen Beurkundung (§ 2346 BGB). Für die Voraussetzungen des § 2347 BGB ist die vormundschaftliche Genehmigung des Erbverzichts bzw. des Pflichtteilsverzichts erforderlich. Gleiches gilt für den Verzicht auf Zuwendungen.

8.3 Auswirkungen auf die übrigen Erben

Gem. § 2346 Abs. 1 Satz 2 BGB wird der Verzichtende von der gesetzlichen Erbfolge ausgeschlossen, wie wenn er zur Zeit des Erbfalls nicht mehr gelebt hätte Der Anfall der Zuwendung unterbleibt, wie wenn der Verzichtende den Erblasser nicht überlebt hätte. Es erhöhen sich folglich die gesetzlichen Erbteile der übrigen Erben. Der Erbverzicht wirkt damit auch gegebenenfalls pflichtteilserhöhend für die anderen Pflichtteilsberechtigten. Verzichtet ein Abkömmling oder ein Seitenverwandter des Erblassers auf das gesetzliche Erbrecht, so erstreckt sich die Wirkung des Verzichts auf seine Abkömmlinge, sofern nicht etwas anderes bestimmt ist.

Kapitel III

Die gewillkürte Erbfolge durch Testament

1 Die Testierfähigkeit

Testierfähigkeit ist die Fähigkeit, ein Testament zu errichten, abzuändern oder aufzuheben. Sie muss während der gesamten Testamentserrichtung uneingeschränkt in der Person des Erblassers bestehen.

Testierfähig nach § 2229 BGB ist, wer das 16. Lebensjahr vollendet hat, selbstbestimmt zu handeln vermag und eigenverantwortlich entscheiden kann. Minderjährige, also 16- bis 18-Jährige, bedürfen zur Errichtung eines Testaments nicht der Zustimmung ihres gesetzlichen Vertreters, also in der Regel ihrer Eltern. Testierunfähig ist dagegen, wer das 16. Lebensjahr noch nicht vollendet hat. Für ihn kann auch sein gesetzlicher Vertreter kein Testament verfassen.

Wer wegen krankhafter Störung der Geistestätigkeit, wegen Geistesschwäche oder wegen Bewusstseinsstörung nicht in der Lage ist, die Bedeutung einer von ihm abgegebenen Willenserklärung einzusehen und nach dieser Einsicht zu handeln, kann ebenfalls kein Testament errichten.

2 Die formwirksame Testamentserrichtung

Die wirksame Errichtung von Testamenten ist nur in den vom BGB vorgesehenen Formen möglich.

Das BGB sieht drei Formen der Testamentserrichtung vor:

- öffentliche Testamente,
- eigenhändige Testamente,
- Nottestamente.

2.1 Das öffentliche Testament

Das öffentliche oder notarielle Testament wird zur Niederschrift eines Notars errichtet, indem der Erblasser dem Notar seinen letzten Willen mündlich erklärt und das vom Notar in rechtlich eindeutiger Form verfasste Dokument unterschreibt (§ 2232 BGB). Als weitere Möglichkeit kann der Erblasser dem Notar eine Schrift mit der Erklärung übergeben, dass diese Schrift seinen letzten Willen enthalte. In diesem Fall ist zu beachten, dass diese Schrift nicht eigenhändig vom Erblasser geschrieben zu sein braucht (§ 2232 BGB). Die Beurkundung des Notars stellt den Abschluss der Testamentserrichtung dar.

2.2 Das eigenhändige Testament

Die in der Praxis häufigste Form ist das eigenhändig geschriebene Testament (§ 2247 BGB). Der Text des Testaments muss dabei zwingend handschriftlich vom Erblasser selbst abgefasst und eigenhändig unterschrieben sein. Nicht ausreichend ist es also, wenn das Testament am Computer oder mit der Schreibmaschine getippt und lediglich unterschrieben wurde.

Die Unterzeichnung muss nicht in dem Namenszug bestehen. Jede Art, zum Beispiel auch ein Kürzel oder der Spitzname, ist zulässig, wenn sich daraus die Identität des Erblassers und die Ernstlichkeit hinsichtlich Testierwille und Testamentsinhalt ergeben, insbesondere eine bloße Entwurfsfassung ausgeschlossen ist.

Angaben zu den Personalien des Erblassers oder Zeit und Ort der Abfassung sind demgegenüber nicht Wirksamkeitsvoraussetzungen, jedoch ratsam, da sie über die Identität des Erblassers und die zeitliche Einordnung bei mehreren Testamenten Aufschluss geben und so unter Umständen von Einfluss auf die Beurteilung der Gültigkeit der letztwilligen Verfügung sein können. Da der Erblasser seinen Willen jederzeit ändern und daher in einem neuen Testament anderweitig ausüben kann, gilt immer das zeitlich jüngste Testament.

HINWEIS

Ohne Einfluss auf die Wirksamkeit des Testaments ist dessen Aufbewahrungsort. Um es vor Zerstörung, Beschädigung oder sonstigen Beeinträchtigungen zu schützen, empfiehlt sich die Aufbewahrung bei einem Rechtsanwalt oder Notar. Auch die Aufbewahrung direkt bei Gericht ist möglich.

Ein eigenhändiges Testament ist auch das gemeinschaftliche Ehegattentestament. Hier ist eine Formerleichterung dergestalt gegeben, dass die eigenhändige Abfassung des Testamentstextes durch einen der Ehegatten ausreicht, und nur die Unterzeichnung durch beide zwingend erfolgen muss.

2.3 Das Nottestament

Eine besondere, wenn auch nicht sehr häufige Form der Testamentserrichtung ist das Nottestament (§§ 2249, 2250 BGB). Sollte der Erblasser durch einen schweren Unfall beispielsweise an der eigenhändigen Abfassung und Unterzeichnung gehindert und nur noch zu einer mündlichen Kundgabe seines letzten Willens in der Lage sein, bliebe ihm nur das notarielle Testament. Wenn im Fall des drohenden Todes ein Notar nicht mehr erreichbar ist, kann das Testament zur Niederschrift vor dem Bürgermeister der Gemeinde in der Gegenwart zweier Zeugen errichtet werden. Zeuge kann nicht sein, wer durch die letztwillige Verfügung bedacht werden soll.

In besonderen Notsituationen kann das Testament auch vor drei Zeugen mündlich errichtet werden.

HINWEIS

Welche Testamentsform Sie wählen, ob öffentlich oder eigenhändig, hängt zum einen von den Kosten ab, die damit zusammenhängen. Zum anderen sollte ein eigenhändiges Testament – gerade bei größeren Vermögen – unter Absprache mit einem Rechtsanwalt errichtet werden, um ungewollte Konsequenzen im Erbfall zu vermeiden.

3 Testamentarische Gestaltungsmittel

Dem Erblasser stehen mehrere Möglichkeiten zur Verfügung, mit deren Hilfe er sein eigenes Testament gestalten kann. Verschiedene Konstellationen haben verschiedene Auswirkungen. Es sollte immer vom Ziel des Erblassers ausgegangen werden und das testamentarische Mittel gewählt werden, mit dem dieses Ziel am besten erreicht werden kann.

Mögliche Gestaltungsmittel im Testament:

- Voll- und Schlusserbschaft,
- Vor- und Nacherbschaft,
- Vermächtnis,
- Teilungsanordnung,
- Auflage,
- Testamentsvollstreckung,
- familienrechtliche Anordnungen.

3.1 Die Testierfreiheit und ihre Grenzen

Wie im gesamten Privatrecht gilt auch im Erbrecht der Grundsatz der Privatautonomie. Ein Ausdruck dieses Grundprinzips ist im Erbrecht vor allem die Testierfreiheit. Im Einzelnen bedeutet dies, dass jeder Erblasser durch eine Verfügung von Todes wegen, etwa ein Testament, selbst frei bestimmen kann, an welche Person bzw. Personen er bei seinem Tod sein Vermögen weitergibt.

Aber auch dieser Grundsatz unterliegt in gesetzlich genau festgelegten Fällen Beschränkungen.

3.1.1 Gesetzes- und sittenwidrige Verfügungen von Todes wegen

Im Interesse der Allgemeinheit ist ein Testament dann unwirksam, wenn dessen Inhalt gegen ein gesetzliches Verbot verstößt. In Betracht kommen hier vor allem Fälle, in denen das Testament das Heimgesetz verletzt. Diese Konstellationen treten in der Praxis relativ häufig auf und werden deshalb hier gesondert hervorgehoben.

In diesem Zusammenhang sind Testamente unwirksam, in denen dem Träger eines Alten- oder Pflegeheims bzw. einem Beschäftigten dieses Heims durch den Heimbewohner als Erblasser geldwerte Leistungen versprochen werden. Die Testierfreiheit wird in diesem Fall zum Schutz alter und pflegebedürftiger Menschen eingeschränkt. Diese alten Menschen, die meist keine anderen Verwandten mehr haben, denen sie etwas hinterlassen wollen, werden häufig in ihrer Arg- und Wehrlosigkeit ausgenutzt und dazu veranlasst, ihr Testament entsprechend zu Gunsten des Heims oder eines bestimmten Mitarbeiters zu gestalten. Oft werden aber den Heimbewohnern besondere Behandlung und Bevorzugung versprochen, sobald der zuständige Heimmitarbeiter entsprechend im Testament bedacht wird. Beide Konstellationen sind aber gesetzwidrig und damit unwirksam.

Ferner sind Testamente unwirksam, die gegen die guten Sitten verstoßen. Im Fachterminus sind dies Testamente, die gegen das Anstandsgefühl aller billig und gerecht Denkenden verstoßen. Maßgeblich sind dabei nicht die subjektiven Anschauungen eines Einzelnen, sondern nur die Anschauungen eines anständigen Durchschnittsmenschen. Beispielsweise ist die Enterbung der Tochter in manchen Gesellschaftskreisen als verwerflich anzusehen, es ist aber für sich allein als nicht sittenwidrig anzusehen. Auf der anderen Seite ist es für manche Menschen nicht als anstößig zu betrachten, wenn der Erblasser seine Geliebte nur als Erbin einsetzt, um mit dieser, solange er will, das Verhältnis fortsetzen zu können. Solch eine Erbeinsetzung dürfte aber nach Ansicht eines Durchschnittsmenschen als ein Verstoß gegen die guten Sitten anzusehen sein. Es ändert nichts an der Unwirksamkeit solcher Testamente, wenn der Erblasser die Sittenwidrigkeit nicht kennt.

3.1.2 Bestimmung durch Dritte

Grundsätzlich darf nur der Erblasser selbst seine Erben bestimmen. Das Institut der Stellvertretung ist im Erbrecht verboten. Die Geltung eines Testamentes darf demnach nicht von der Willensentscheidung eines Dritten abhängig gemacht werden. Der Erblasser hat nicht die Möglichkeit, einem Dritten in die Hand zu legen, ob eine seiner erbrechtlichen Verfügungen gültig sein soll oder nicht.

Beispiel:

Erblasser Erwin setzt seinen Neffen Norbert zum alleinigen Erben ein, jedoch nur unter der Bedingung, dass sein Freund Manfred dem zustimmt.

Lösung:

Eine solche Bestimmung ist unwirksam.

Nicht unwirksam sind aber Verfügungen, in denen der Erblasser die letztendliche Entscheidung zwar einem Dritten überlässt, aber das Verhalten des Dritten in seinem eigenen Interesse steht.

Beispiel:

Erblasser Erwin setzt seine Enkelin Eva als Erbin unter der Bedingung ein, dass deren Mann ihn im Alter pflegt und sich um ihn kümmert.

Lösung:

Diese Bestimmung und damit auch die Verfügung ist wirksam, obwohl die Erbeinsetzung von dem Willen von Evas Ehemann abhängt.

3.1.3 Unwirksamkeit bei Scheidung

Des Weiteren ist eine Verfügung des Erblassers unwirksam, in der der Ehegatte als Erbe eingesetzt wird, die Ehe aber durch Richterspruch, also etwa im Fall einer Scheidung, aufgelöst worden ist. Hintergrund dessen ist, dass der Erblasser bei Einsetzung seines Ehegatten davon ausgeht, dass seine Ehe bis zu seinem Tode besteht. Anderenfalls wäre der Ehegatte wohl auch nicht bedacht worden. Das Motiv des Erblassers ist demnach hinfällig und damit auch dessen Erbeinsetzung. Im Hinblick auf die Testierfreiheit des Erblassers bedeutet das, dass der Erblasser zwar seinen Ehegatten in seinem Testament frei bedenken kann, allerdings unter oben genannten Gründen diese Erbeinsetzung auch wieder unwirksam sein kann.

Die gleiche Wirkung tritt ein, wenn zum Zeitpunkt des Todes des Erblassers die Voraussetzungen einer Scheidung vorliegen und bereits eine Scheidung beantragt wurde oder wenn der Erblasser seinen verlobten Partner im Testament bedacht hat und diese Verlobung vor dem Eintritt des Erbfalls aufgelöst wurde.

3.1.4 Enterbung der Pflichtteilsberechtigten

Der Erblasser ist auch insoweit in seiner Testierfreiheit beschränkt, als dass er pflichtteilsberechtigte Personen nicht enterben kann. Zwar kann er diese als Erben, aber nicht vollständig von der Vermögensnachfolge ausschließen. Den Pflichtteilsberechtigten bleibt immer der gesetzliche Pflichtteil, auch wenn dies gegen den Willen des Erblassers ist. Zwar kann dem pflichtteilsberechtigten Angehörigen sein Pflichtteil entzogen werden, aber nur unter genau festgelegten Bedingungen (vgl. Kapitel II 4.4.1).

3.2 Formen der Erbeinsetzung

Unter dem Begriff der Erbeinsetzung versteht man die Bestimmung einer Person, mehrerer Personen oder einer Einrichtung zum Gesamtrechtsnachfolger des Erblassers. Die Feststellung, ob jemand Erbe oder etwa nur Vermächtnisnehmer ist, hat vor allem im Hinblick auf die Rechte und Pflichten der eingesetzten Person Bedeutung. Ist die bedachte Person nur Vermächtnisnehmer, ist sie nicht Rechtsnachfolger des Erblassers und kann auch nicht Inhaber des Vermögens des Erblassers werden, einen Erbschein beantragen oder für die Nachlassverbindlichkeiten haften. Dies steht nur dem Erben zu.

Häufig ist die Feststellung, ob eine Erbeinsetzung vorliegt oder nicht, sehr schwierig. Das Testament ist in solchen Fällen durch Ermittlung des wirklichen Willens des Erblassers auszulegen. Dabei sind der Wortlaut und die äußeren Umstände heranzuziehen. Ergibt sich daraus kein eindeutiges Ergebnis, ist die Vermutungsregel heranzuziehen:

Hat der Erblasser einer Person sein gesamtes Vermögen oder einen nicht unerheblichen Bruchteil seines Vermögens hinterlassen, gilt dies als Erbeinsetzung. Ein festzustellender entgegenstehender Wille kann dies aber jederzeit widerlegen.

Bestehen danach weitere Zweifel, gilt wiederum die gesetzliche Vermutungsregel (§ 2087 Abs. 2 BGB), dass im Zweifel keine Erbeinsetzung anzunehmen ist.

3.2.1 Erbeinsetzung

3.2.1.1 Vollerbeneinsetzung

Durch die Einsetzung als sog. Vollerbe wird der Erbe in dem ihm zugesprochenen Umfang Erbe des Nachlasses und zwar ohne Einschränkungen. Er muss weder eine Bedingung erfüllen, um Erbe zu werden, noch bestehen etwaige Beschränkungen in seiner Verfügungsmacht über das Erbe. Über das ihm vererbte Vermögen kann er nach seinem eigenen Willen verfügen.

Vollerbe ist jeder, der als Erbe bezeichnet wird – unabhängig ob durch gesetzliche oder gewillkürte Erbfolge. Die Bezeichnung Vollerbe ist mehr rechtstechnischer Natur und wird in der Praxis nur in Abgrenzung zu anderen Erbeinsetzungen wie etwa der Ersatzerbschaft oder Vor- und Nacherbschaft verwendet. Ist demnach keinerlei Einschränkung des Erben erkennbar, handelt es sich immer um einen Vollerben.

Beispiel:

Das Ehepaar Kunze setzt in seinem gemeinschaftlichen Testament ohne weitere Zusätze seinen Sohn Martin als Alleinerben seines Vermögens ein.

Lösung:

Martin ist damit Vollerbe und kann frei über den Nachlass nach dem Versterben seiner Eltern verfügen.

3.2.1.2 Bedingte Erbeinsetzung

Eine Erbeinsetzung kann auch von einer Bedingung abhängig gemacht werden. Dabei ist zu unterscheiden zwischen einer aufschiebenden und einer auflösenden Bedingung:

Bei der aufschiebenden Bedingung fällt die Erbschaft erst mit Eintritt der vom Erblasser geforderten Bedingung an. Tritt diese nicht wie gewünscht ein, wird der Betroffene nicht Erbe.

Beispiel:

Harald Kunze testiert Folgendes:
»Nach meinem Tode werden meine Kinder Martin und Roswitha jeweils meine Erben zu 1/2. Sollte mein Sohn Martin bis zu meinem Tode nicht geheiratet haben, wird meine Tochter Roswitha Alleinerbin meines Vermögens.«

Hingegen ist bei der auflösenden Bedingung maßgeblich, ob der eingesetzte Erbe seinen Erbteil behalten darf. Eine solche auflösende Bedingung darf aber nur vom eigenen Willen des Erben abhängig gemacht werden, nicht von dem einer dritten Person. Der eingesetzte Erbe wird zwar zunächst Erbe, darf seinen Erbteil aber nur behalten, wenn er die Bedingung des Erblassers in gewünschter Form erfüllt. Da erst mit Erfüllung der Bedingung feststeht, ob er das Erhaltene behalten darf, hat er insoweit die Stellung eines Vorerben.

Lösung:

Harald Kunze legt Folgendes in seinem Testament nieder:
»Erben je zur Hälfte werden meine Kinder Martin und Roswitha. Meine Tochter Roswitha wird aber nur unter der Bedingung Erbe, dass sie auch nach meinem Tod noch ihre Tante Martha bis zu deren Versterben pflegt.«

3.2.2 Die Ersatzerbeneinsetzung

Allerdings geht im Leben nicht immer alles so, wie man es sich vorstellt. Oft genug kann die Situation eintreten, dass eine als Erbe eingesetzte Person, aus welchen Gründen auch immer, sei es durch Versterben vor dem Erblasser oder durch Ausschlagen der Erbschaft, als Erbe wegfällt. Sollte solch eine Situation eintreten, wäre die Erbeinsetzung unwirksam und die gesetzlichen Erben würden den Nachlass erhalten. Wären mehrere Erben eingesetzt, würde der Erbteil des weggefallenen Erben den anderen Miterben im Verhältnis ihrer Erbteile »anwachsen«.

Deshalb stellt ein vorausdenkender Erblasser bereits bei Errichtung seiner letztwilligen Verfügung die Überlegung an, wer in solch einem Fall ersatzweise für den berufenen Erben »einspringt«. Hier wiederum ist der Erblasser in seiner Testierfreiheit nicht beschränkt und kann als Ersatzerben benennen, wen er möchte.

Beispiel:

Eine solche Formulierung könnte folgendermaßen aussehen:
»Als Ersatzerben für meinen Sohn Martin bestimme ich meine Nichte Maria Baumgartner.«

3.2.3 Die Vor- und Nacherbeneinsetzung

3.2.3.1 Eintritt des Vor- und Nacherbfalles

Ein Erbe kann vom Erblasser in der Weise eingesetzt werden, dass dieser erst Erbe wird (sog. Nacherbe), nachdem eine andere Person vorher Erbe geworden ist (sog. Vorerbe). Diese Erbeinsetzung stellt eine Form der bereits erwähnten bedingten Erbeinsetzung dar; der Nacherbe wird unter der Bedingung Erbe, dass der Vorerbe vorher Erbe des gleichen Erblassers geworden ist und eine vom Erblasser vorgegebene Bedingung eingetreten ist.

Beispiel:

»Meine Tochter Marita setze ich zur Alleinerbin ein. Nach ihrem Tod wird meine Tochter Martina Alleinerbin.« oder
»Meine Tochter Marita bestimme ich zur Alleinerbin meines Vermögens bis meine andere Tochter Martina 25 Jahre alt ist. Mit Eintritt ihres 25. Lebensjahres wird Martina die Alleinerbin meines Vermögens.«

In diesen Fällen ist jeweils Marita Vorerbin und Martina Nacherbin geworden, nur unter dem Vorbehalt unterschiedlicher Bedingungen.

Hintergrund dessen ist zum einen die Erhaltung der Nachlasssubstanz für den Nacherben und damit auch oft die Erhaltung des Familienvermögens. Zum anderen kann der Erblasser dadurch auf längere Zeit den Verbleib seines Vermögens bestimmen, denn die Anordnung von Vor- und Nacherbschaft kann beliebig oft hintereinander geschaltet werden.

Beispiel:

»Meine Tochter Marita bestimme ich zur Alleinerbin meines Vermögens. Nach ihrem Tode wird meine andere Tochter Martina Alleinerbin. Im Falle des Todes meiner Tochter Martina bestimme ich meinen Neffen Anton zum Alleinerben.«

Dadurch wird Marita Vorerbin und Martina Nacherbin. Gleichzeitig ist aber Martina wiederum Vorerbin und Anton deren Nacherbe.

Mit dem Tod des Erblassers wird der Vorerbe Erbe des Nachlasses. Mit dem Eintritt der vom Erblasser genannten Bedingung wird der Nacherbe Erbe des Nachlasses. Beide werden keine Miterben, sondern sie sind beide Gesamtrechtsnachfolger des Erblassers, da sie nacheinander erben. Der Nacherbe wird nach dem Tod des Erblassers nur bedingter Erbe, was in der Konsequenz auch etwaige Pflichtteilsansprüche seinerseits ausschließt.

3.2.3.2 Beschränkungen des Vorerben

Mit Eintritt des Vorerbfalles entstehen dem Vorerben zwei zu unterscheidende Vermögensmassen, zum einen sein eigenes Vermögen und zum anderen die Vorerbmasse (sog. Trennungsprinzip). Über sein Eigenvermögen darf der Vorerbe natürlich Verfügungen von Todes wegen treffen, nicht aber über die Vorerbmasse, da dadurch der Nacherbe geschädigt werden würde.

Grundsätzlich hat der Vorerbe seine Erbmasse ordnungsgemäß zu verwalten und die notwendigen Erhaltungskosten zu tragen. Im Gegenzug dazu stehen ihm aber auch die Nutzungen daraus zu. Nun gibt es die Möglichkeit, den Vorerben in einem weiten oder engen Rahmen in seiner Verfügungsbefugnis zu beschränken:

- Im Rahmen der nicht befreiten Vorerbschaft darf zwar der Vorerbe über die Erbschaftsgegenstände frei verfügen, da er Eigentümer dieser Gegenstände oder Rechte ist. Um allerdings sicherzustellen, dass dem Nacherben noch sein Erbe im Zeitpunkt des Nacherbfalls wirklich zugutekommt, kann der Erblasser den Vorerben in seinen Befugnissen beschränken. In einem solchen Fall ist dieser dann ein sog. nicht befreiter Vorerbe.
- Diese einschränkbaren Befugnisse gibt das Gesetz vor, sodass insbesondere unentgeltliche Verfügungen (z. B. Schenkungen an Dritte) oder Verfügungen über Grundstücke nicht vom Vorerben durchgeführt werden dürfen. Das Recht des Nacherben soll dadurch nicht vereitelt bzw. wesentlich beeinträchtigt werden. Entgeltliche Geschäfte über bewegliche Sachen, wie etwa den Verkauf eines Fahrzeuges kann der Vorerbe hingegen weitgehend ungehindert vornehmen. Stimmt der Nacherbe den Verfügungen des Vorerben jedoch zu, ist die getätigte Verfügung wirksam.
- Im Rahmen der befreiten Vorerbschaft kann der Erblasser den Vorerben entweder nur von einzelnen der gesetzlichen Beschränkungen oder auch von allen befreien. Einzige Ausnahme ist dabei das Verbot der unentgeltlichen Verfügung.

Die Konstruktion der Vor- und Nacherbeneinsetzung wird häufig bei sog. behindertengerechten Testamenten verwendet (s. hierzu Kapitel V 4.2).

3.3 Das Vermächtnis

Dem Erblasser steht es offen, einer Person einen Vermögensvorteil, etwa eine Geldsumme oder einen Gegenstand zuzuwenden, ohne diesen gleich als Erben einzusetzen. Diese Art von Zuwendung hat der Gesetzgeber »Vermächtnis« genannt.

Der Vorteil eines solchen Vermächtnisses liegt vor allem darin, dass eine Reihe einschränkender Bestimmungen, denen die Erbeinsetzung unterliegt, auf Vermächtnisse nicht zutrifft. Beim Vermächtnis kann etwa – im Gegensatz zur Erbeinsetzung – die Person des Bedachten in gewissem Umfang von einer dritten Person abhängig gemacht werden.

Beispiel:

Die Eheleute Kunze haben ein erhebliches Vermögen im Laufe ihres Lebens erwirtschaftet. Ihre große Leidenschaft gehört der Malerei, sodass ein Teil ihres Vermögens aus wertvollen Bildern besteht. Von einem besonderen Bild mit dem Titel »Der Mondschein« war schon immer ihre Haushaltshilfe Maria fasziniert, die schon seit etlichen Jahren den beiden zur Seite steht. Nun möchten die beiden ihr gesamtes Vermögen ihrem einzigen Sohn Martin, dieses Bild jedoch Maria hinterlassen.

Lösung:

Um nun Maria nicht als Erbe einsetzen zu müssen, setzt das Ehepaar Kunze ihren Sohn Martin als Alleinerben ein und verfasst in ihrem Testament ein Vermächtnis zu Gunsten von Maria, in dem ihr das Bild »Der Mondschein« zugesprochen wird. Dadurch hat Maria dem Erben Martin gegenüber das Recht, dieses Bild von diesem herauszuverlangen. Folgendermaßen könnte das Ehepaar testieren:
»Unseren Sohn Martin bestimmen wir als unseren Alleinerben. Maria erhält jedoch als Vermächtnis das Bild »Der Mondschein«.«

Da das Vermächtnis in verschiedenen Konstellationen angewendet werden kann, werden im Folgenden die verschiedenen Formen des Vermächtnisses kurz erläutert:

- **Gattungsvermächtnis**
  Für den Erblasser besteht die Möglichkeit, sich auf den vermachten Gegenstand nur der Gattung nach zu beschränken. Die Bestimmung kann wiederum dem Beschwerten, dem Bedachten oder einem Dritten auferlegt werden.
  Formulierungsbeispiel:
  »Meinem Neffen Friedrich vermache ich eine Armbanduhr.«

- **Stückvermächtnis**
  Im Gegensatz zum Gattungsvermächtnis kann auch nur ein ganz genau bezeichneter Gegenstand vermacht werden.

Formulierungsbeispiel:
»Meiner Haushaltshilfe Maria vermache ich das Bild mit dem Titel »Der Mondschein«.

- **Vorausvermächtnis**
  Dieses Vermächtnis enthält die zusätzliche Zuweisung eines Vermögensvorteils an den Erben außerhalb des Erbteils und über den Erbteil hinaus. Diese Gestaltung findet man häufig bei behindertengerechten Testamenten.
  Formulierungsbeispiel:
  »Mein Erbe wird mit folgendem Vorausvermächtnis beschwert: Mein Sohn Markus erhält im Voraus ein lebenslanges Wohnrecht an dem Anwesen in der Beethovenstr. 3 in Karlsruhe (Flur-Nr. ...).«

- **Wahlvermächtnis**
  Der Erblasser ordnet an, dass der Bedachte von mehreren Gegenständen nur einen erhalten soll. Der Bedachte, der mit dem Vermächtnis Beschwerte oder ein Dritter kann selber bestimmen welchen.
  Formulierungsbeispiel:
  »Meinem Sohn Markus vermache ich einen meiner drei Pkw. Er kann auswählen, welchen er behalten möchte, den Jaguar, den BMW oder den Mercedes.«

- **Zweckvermächtnis**
  Der Erblasser kann sich auch darauf beschränken, bei Anordnung des Vermächtnisses dessen genauen Zweck festzulegen. Hier kann auch der Erblasser selber den Zweck bestimmen, aber auch der Beschwerte oder eine dritte Person. Dieses Recht hat jedoch nicht der Vermächtnisnehmer inne.
  Formulierungsbeispiel:
  »Meiner Nichte vermache ich einen Geldbetrag in Höhe von 20.000 €. Dafür soll sie sich einen Pkw kaufen. Welchen Pkw sie kauft, entscheidet meine Schwester Hilde.«

- **Gemeinschaftliches Vermächtnis**
  Dem Erblasser steht es auch frei, einen Gegenstand zwei oder mehreren Personen gemeinsam zu vermachen.
  Formulierungsbeispiel:
  »Meinen Pelzmantel vermache ich meinen beiden Schwestern Hilde und Gudrun.«

- **Verschaffungsvermächtnis**
  Probleme ergeben sich beim Vermachen von Gegenständen, die zur Zeit des Erbfalles nicht (mehr) zum Nachlass gehören. Ein solches Vermächtnis ist nach dem Gesetz grundsätzlich unwirksam. Ist jedoch der Gegenstand genau für den Fall dem Bedachten zugewendet, dass dieser sich nicht mehr im Nachlass befindet, ist dies rechtlich möglich und wird Verschaffungsvermächtnis genannt.
  Formulierungsbeispiel:
  »Ich vermache meinem Enkel Fridolin einen neuen BMW Z4. Diesen Pkw hat mein Sohn Martin aus den Mitteln seiner Erbschaft zu kaufen und an Fridolin zu übergeben.«

- **Forderungsvermächtnis**
  Durch dieses Vermächtnis erlangt der Bedachte gegen den Beschwerten einen Anspruch auf alle ihm vermachten Forderungen nebst Zinsen und etwaigen Nebenrechten.
  Formulierungsbeispiel:
  »Meiner Freundin Margot vermache ich das gesamte Guthaben auf meinem Sparbuch (Konto-Nr. 1234 56 78) bei der Kreissparkasse München-Starnberg.«

- **Untervermächtnis**
  Der Erblasser hat weiter die Möglichkeit, den Vermächtnisnehmer selber mit einem weiteren Vermächtnis zu beschweren. Dieses sog. Untervermächtnis ist aber erst dann zu erfüllen, wenn der Vermächtnisnehmer selber aus seinem ihm zustehenden Vermächtnis berechtigt ist.
  Formulierungsbeispiel:
  »Mein Sohn Martin erhält vermächtnishalber mein Grundvermögen in der Hubertusstraße 8, 80336 München, eingetragen im Grundbuch des Amtsgerichtes München, Grundbuch von ..., Blatt ... der Gemarkung, Flur..., Flurstück ..., mit allen Rechten, Pflichten und Bestandteilen. Als Untervermächtnis erhält meine Ehefrau ein lebenslanges Wohnrecht hinsichtlich der sich im 1. Stock befindlichen 2-Zimmer-Wohnung.«

- **Ersatzvermächtnis**
  Für den Fall, dass der ursprüngliche Vermächtnisnehmer sein Vermächtnis ausschlägt oder aus anderen Gründen wegfällt, kann der Erblasser einen Ersatzvermächtnisnehmer einsetzen. Das bedeutet, dass der Erbe mit dem Vermächtnis beschwert ist. Diese Konstellation ist vergleichbar mit der Einsetzung eines Ersatzerben.
  Formulierungsbeispiel:
  »Meinen BMW Z4 vermache ich meinem Sohn Martin, ersatzweise dessen Ehefrau Marlene.«

- **Nachvermächtnis**
  Dieses Vermächtnis ist ein Fall des bedingten Vermächtnisses und vergleichbar mit der Anordnung der Vor- und Nacherbfolge. Mit Eintritt der vom Erblasser bestimmten Bedingung tritt der Nachvermächtnisfall ein. Im Gegensatz zum Ersatzvermächtnis ist hier der Vermächtnisnehmer beschwert und nicht der Erbe.
  Formulierungsbeispiel:
  »Mein Sohn Martin erhält als Vorvermächtnis meinen BMW Z4. Nachvermächtnisnehmer sind dessen eheliche Abkömmlinge.«

- **Universalvermächtnis**
  In diesem Fall kann der Erblasser seinen (nahezu) gesamten Nachlass einer oder mehreren Personen zuwenden. Diese Regelung wird vor allem bei Unternehmertestamenten verwendet, da im Vermächtnis die Möglichkeit der Bestimmung durch einen Dritten besteht.

Formulierungsbeispiel:
»Meiner Ehefrau Marlene vermache ich mein gesamtes Vermögen. Mein Fuhrunternehmen in der Palästrinastraße 34, 80636 München, vermache ich meinen Söhnen Martin und Markus. Wer von diesen beiden den Betrieb erhalten soll, bestimmt meine Tochter Martina.«

- **Quotenvermächtnis**
  Der Erblasser hat auch die Möglichkeit, ein Vermächtnis auf einen Bruchteil seines Vermögens zu beschränken.
  Formulierungsbeispiel:
  »Meine Ehefrau Marlene wird Alleinerbin. Für den Fall ihrer Wiederverheiratung hat sie unseren gemeinschaftlichen Abkömmlingen einen ihrem gesetzlichen Erbteil entsprechenden Anteil an meinem Nachlass in Form von Bargeld zu bezahlen.«

3.4 Anordnungen über die Nachlassauseinandersetzung

Sind in einer letztwilligen Verfügung mehrere Erben eingesetzt, wird der Nachlass zum gemeinschaftlichen Vermögen der sog. Miterben. Dies hat zur Konsequenz, dass der Miterbe über einzelne Nachlassgegenstände nicht allein verfügen darf, sondern nur mit Zustimmung der übrigen Miterben. Da dies in der Praxis in den meisten Fällen zu erheblichen Streitigkeiten führt, bestehen für den Erblasser mehrere Möglichkeiten, diesen bereits im Vorfeld aus dem Weg zu gehen:

3.4.1 Teilungsanordnung

Der Erblasser kann in seiner letztwilligen Verfügung bereits bestimmen, welcher Miterbe welchen Nachlassgegenstand erhält. Dies erleichtert in erheblichem Maße die Auseinandersetzung der Miterben im Erbfall.

In den meisten Fällen werden sich jedoch die zugewiesenen Gegenstände wertmäßig nicht mit dem dem Miterben zustehenden Erbteil decken. Das bedeutet, der Nachlassgegenstand ist entweder weniger oder mehr wert, als dem Miterben gemäß seiner Erbquote eigentlich zusteht. In solchen Fällen wird innerhalb der Teilungsanordnung eine Ausgleichspflicht angeordnet. Ist der Wert des zugewiesenen Gegenstandes in Hinsicht auf seine Erbquote zu gering, wird den anderen Miterben die Pflicht auferlegt, die Differenz dem betroffenen Miterben in bar auszugleichen.

Dadurch ist die gleichmäßige Verteilung der Erbteile ausreichend gesichert. Für den Fall, dass der zugesprochene Nachlassgegenstand mehr wert ist als dem Miterben laut letztwilliger Verfügung zukommen soll, wird dieser wiederum verpflichtet, den wertmäßigen Überschuss den anderen Miterben zu gleichen Teilen in bar auszubezahlen.

Beispiel:

1. *»Meine Tochter Martina erhält nach meinem Tode mein Haus mit dem dazugehörigen Grundstück in der Menzelallee 54 in Berlin mit den darin enthaltenen Einrichtungsgegenständen.*
2. *Meine Tochter Marita erhält meinen Pkw Rolls Royce und mein gesamtes Aktien- und Barvermögen.*
3. *Sollte der Wert eines Nachlassgegenstandes den jeweiligen Erbteil des Miterben übersteigen, ist der betroffene Miterbe verpflichtet, dem anderen Miterben den Überschuss in bar auszugleichen.«*

Es besteht aber auch die Möglichkeit für den Erblasser, das Ungleichgewicht der zugewiesenen Gegenstände dadurch aufzufangen, dass er die Erbquoten der Teilung des Nachlasses anpasst:

Beispiel:

»Meine Kinder Markus, Martina und Marita sind meine Erben. Markus erhält mein Fuhrunternehmen (genaue Adresse), Martina mein Haus im Schwarzwald (genaue Adresse) und Marita mein Wohnhaus in Düsseldorf (genaue Adresse). Die Erbquoten bestimmen sich nach dem Wert der genannten Nachlassgegenstände.«

3.4.2 Auseinandersetzungsverbot

Sind mehrere Erben in einer letztwilligen Verfügung eingesetzt, entsteht mit dem Erbfall eine sog. Erbengemeinschaft. Nach dem Gesetz kann jeder Miterbe eine Auseinandersetzung der Erbengemeinschaft verlangen. Ist beispielsweise eine Immobilie einziger Inhalt des Nachlasses, ist jeder Miterbe seinem Erbteil entsprechend Miteigentümer an dieser Immobilie. Nun kann grundsätzlich jeder von der Erbengemeinschaft verlangen, dass diese Immobilie entweder verkauft wird und der Erlös entsprechend den Erbteilen ausbezahlt wird oder dass einer der Miterben Alleineigentümer der Immobilie wird, die anderen Miterben aber auszahlt.

Um eine solche Zerschlagung des Nachlasses zu verhindern, kann der Erblasser ein sog. Auseinandersetzungsverbot aussprechen. Er kann dies in seiner letztwilligen Verfügung hinsichtlich des gesamten Nachlasses, aber auch nur hinsichtlich einzelner Nachlassgegenstände anordnen. Dabei kann dieses Verbot auf eine bestimmte Zeit oder auf Dauer angelegt werden. Nach Ablauf von dreißig Jahren nach dem Erbfall wird ein solches Verbot allerdings von Gesetzes wegen unwirksam, es sei denn, es ist bis zum Eintritt eines bestimmten Ereignisses, etwa dem Eintritt der Volljährigkeit eines Miterben, angeordnet.

In solchen Fällen ist es auch zu empfehlen, einen objektiven Testamentsvollstrecker zur Überwachung des Verbotes einzusetzen. Die Formulierung könnte wie folgt aussehen:

Beispiel:

»Wir schließen die Auseinandersetzung unter unseren Miterben hinsichtlich des gesamten Nachlasses aus, bis der jüngere der beiden Miterben das 18. Lebensjahr erreicht hat. Eine Auseinandersetzung kann auch nicht durch das Einverständnis beider Miterben erfolgen.
Zum Testamentsvollstrecker wird Herr XY ernannt. Sollte Herr XY das Amt des Testamentsvollstreckers nicht führen können, so wird Frau XY Ersatztestamentsvollstreckerin. Einzige Aufgabe des Testamentsvollstreckers ist es, die Überwachung des Auseinandersetzungsverbotes zu überwachen. Der jeweilig tätige Testamentsvollstrecker erhält die übliche Vergütung.«

3.4.3 Übernahmerecht

Eine Sonderform der Teilungsanordnung stellt das Übernahmerecht dar. Bei diesem ist der Miterbe nicht verpflichtet, den in der Teilungsanordnung zugewiesenen Gegenstand zu übernehmen. Das bedeutet, der Miterbe kann ohne die gesamte Erbschaft ausschlagen zu müssen, den zugewiesenen Gegenstand nicht annehmen. In einem solchen Fall wird der Gegenstand unter den gesamten Miterben geteilt.

Beispiel:

»Erben werden meine Kinder Markus, Martina und Marita. Meine Tochter Martina ist berechtigt, meine Gemäldesammlung zu übernehmen. Für den Fall, dass der Wert der Gemäldesammlung den ihrer Erbquote entsprechenden Wert übersteigt, ist sie verpflichtet, den Überschuss an die anderen beiden Miterben zu gleichen Teilen in bar auszugleichen.«

3.4.4 Testamentarisches Bestimmungsrecht Dritter

Dem Erblasser steht es ebenso frei, einem Dritten die Auseinandersetzung der Erbengemeinschaft testamentarisch aufzuerlegen (§ 2048 BGB). Dieser ist darin – soweit er nicht unbillig vorgeht – frei in seinen Handlungen. Dritter kann dabei sogar ein Miterbe sein.

Dieses Bestimmungsrecht wird im Rahmen der Teilungsanordnung festgelegt:

Beispiel:

»Nach dem Tod des Letztversterbenden von uns werden unsere Söhne Roland und Christian Miterben zu gleichen Teilen. Wir ordnen an, dass unserer Sohn Roland bestimmen soll, welche Nachlassgegenstände entsprechend dem Wert der jeweiligen Erbquote welchem Miterben zukommen sollen.«

3.5 Die Auflage

Durch das Instrument der Auflage kann der Erblasser äußerst flexibel Erben oder Vermächtnisnehmer mit einer Leistung beschweren. Im Vergleich zum Vermächtnis muss der Inhalt der Auflage weder begünstigend sein noch einem Dritten zu einem Vermögensvorteil verhelfen. Derjenige, der zur Vollziehung einer solchen Auflage berechtigt ist, hat einen gerichtlich durchsetzbaren Anspruch auf den Vollzug der Auflage durch den Beschwerten. Die Vollziehung wird entweder durch den Erben gegenüber einem beschwerten Vermächtnisnehmer oder durch jeden Miterben gegenüber einem anderen Miterben oder Vermächtnisnehmer überwacht und durchgesetzt.

Beispiel:

»Dem Überlebenden von uns beiden sowie unserem Sohn Martin nach dem Tod des Letztersterbenden von uns beiden wird folgende Auflage auferlegt:
Der Beschwerte ist verpflichtet, unserer Tochter Martina bis zum Eintritt ihres 25. Lebensjahres monatlich 200 € in bar zuzuwenden. Dies soll als Zuschuss zu ihren allgemeinen Lebenshaltungskosten dienen.«

In Anlehnung an das Vermächtnis ist auch innerhalb der Auflage – im Gegensatz zur Erbeinsetzung – Drittbestimmung möglich und zwar wesentlich ausgedehnter als beim Vermächtnis. So kann der Erblasser in einer Auflage die Bestimmung der dadurch beschwerten Person einem Dritten, etwa auch einem Testamentsvollstrecker (Näheres dazu in Kapitel III 3.6), überlassen.

Um die Erfüllung der Auflage sicherzustellen, hat der Erblasser die Möglichkeit, eine Person als Testamentsvollstrecker zu bestimmen. Dieser hat die Aufgabe, den Beschwerten bei der Durchführung der auferlegten Leistung zu überwachen und die Durchsetzung der Auflage gegebenenfalls auch gerichtlich geltend zu machen.

Folgende Punkte sollten bei der Abfassung einer Auflage beachtet werden:

- Ausdrückliche Anordnung einer Auflage in der letztwilligen Verfügung,
- Bestimmung der Leistung,
- Bestimmung des Begünstigten, des Beschwerten und des Vollziehungsberechtigten,
- eventuelle Absicherung der Auflagenerfüllung durch einen Testamentsvollstrecker.

3.6 Die Testamentsvollstreckung

Zweck der Testamentsvollstreckung ist die Ausführung und Sicherstellung der letztwilligen Verfügungen des Erblassers. Gerade in Fällen, in denen Uneinigkeit unter den Erben zu erwarten ist oder die Erben etwa im Ausland leben, ist eine solche Regelung zu empfehlen. Die dazu vom Erblasser bestimmte Person ist der sog. Testamentsvollstrecker, dessen Aufgabe darüber hinaus auch darin besteht, den Erben in dem in der letztwilligen Verfügung bestimmtem Umfang das Verwaltungs- und Verfügungsrecht über den Nachlass zu nehmen. In den meisten Fällen wird der Testamentsvollstrecker von Seiten des Erblassers eine Person benennen, die sein besonderes Vertrauen sowohl in persönlicher als auch in finanzieller Hinsicht genießt.

Die Testamentsvollstreckung kann in einem Testament und – entgegen ihrer Bezeichnung auch in einem Erbvertrag – angeordnet werden (im Erbvertrag jedoch nicht als vertragsmäßige und in einem gemeinschaftlichen Testament nicht als wechselbezügliche Verfügung). Davon zu unterscheiden ist die Ernennung der Person des Testamentsvollstreckers. Diese kann durch den Erblasser selbst innerhalb seiner letztwilligen Verfügung erfolgen, aber eben auch durch einen Dritten, soweit er dazu vom Erblasser in dessen letztwilliger Verfügung ermächtigt ist.

Es besteht aber auch die Möglichkeit, gerade für die Fälle, in denen ein Testamentsvollstrecker wegfällt (etwa dadurch, dass er das Amt des Testamentsvollstreckers nicht annimmt), den Testamentsvollstrecker zu Ernennung seiner Nachfolger zu ermächtigen. Schließlich ist auch ein Nachlassrichter dazu berechtigt, auf Anordnung des Erblassers hin, einen Testamentsvollstrecker zu ernennen.

Im Grunde kann jede natürliche, aber auch jede juristische Person Testamentsvollstrecker sein. Sie muss allerdings voll geschäftsfähig sein und nicht der Betreuung in Vermögensangelegenheiten unterstellt sein. Seinen minderjährigen Sohn kann ein Erblasser demnach nicht zum Testamentsvollstrecker benennen; zumindest nicht vor Eintritt der Volljährigkeit. Auch die Benennung mehrerer Testamentsvollstrecker ist möglich, die dann nach innen und außen ihr Amt gemeinschaftlich durchführen.

Die Dauer der Testamentsvollstreckung kann vom Erblasser festgelegt werden. Auch die Anordnung einer Dauertestamentsvollstreckung ist möglich – zur weiteren Verwaltung des Nachlasses –, wenn sie ausdrücklich angeordnet wird.

Der Gesetzgeber hat die Höchstdauer auf 30 Jahre begrenzt, um den Erben nicht den Nachlass für immer zu entziehen. Ist dies nicht erfolgt, endet sie, wenn

- der Testamentsvollstrecker stirbt,
- der Testamentsvollstrecker kündigt,
- der Testamentsvollstrecker seine Geschäftsfähigkeit verliert,
- der Testamentsvollstrecker durch das Nachlassgericht entlassen wird,
- die festgelegte Zeit abgelaufen ist oder
- der Testamentsvollstrecker alle seine ihm auferlegten Aufgaben erledigt hat.

Der Testamentsvollstrecker hat darüber hinaus die Pflicht gegenüber den Erben, ein Nachlassverzeichnis zu führen und den Nachlass ordnungsgemäß zu verwalten. Sollte dies nicht der Fall sein, besteht von Seiten des Testamentsvollstreckers gegenüber den Erben eine entsprechende Schadensersatzpflicht.

Selbstverständlich werden dem Testamentsvollstrecker alle Aufwendungen ersetzt, die ihm bei der Erfüllung seiner Aufgaben anfallen. Wenn der Erblasser nichts ausdrücklich Gegenteiliges in seiner letztwilligen Verfügung festlegt, hat der Testamentsvollstrecker zusätzlich noch einen Anspruch auf angemessene Vergütung seiner Tätigkeit. Sollte der Testamentsvollstrecker nichts in der letztwilligen Verfügung – etwa in Form eines Vermächtnisses – zugesprochen bekommen haben, empfiehlt sich eine solche Vergütungsregelung, um dieser Person für deren Mühe und Arbeit einen gewissen Ausgleich zu gewähren.

Letztlich ist der Testamentsvollstrecker aber frei in seiner Entscheidung, ob er dieses verantwortungsvolle Amt annimmt oder nicht. Um die benannte Person vor ungewollten Pflichten zu schützen, ist eine unbedingte und unbefristete Annahmeerklärung des Testamentsvollstreckers gegenüber dem Nachlassgericht notwendig. Mit Abgabe dieser Erklärung beginnt sein Amt als Testamentsvollstrecker.

4 Sonstige testamentarische Verfügungen

4.1 Familienrechtliche Anordnungen

Der Erblasser kann in begrenztem Umfang in einer letztwilligen Verfügung familienrechtliche Anordnungen treffen, die sich auf erbrechtliche Sachverhalte beziehen.

4.1.1 Anordnungen über die Vermögenssorge

4.1.1.1 Beschränkung oder Ausschluss der elterlichen Vermögenssorge

Die elterliche Sorge umfasst die Sorge für die Person und das Vermögen des Kindes (§ 1626 BGB). Die Vermögenssorge erstreckt sich jedoch nicht auf das Vermögen, welches das Kind von Todes wegen erwirbt, wenn der Erblasser durch letztwillige Verfügung bestimmt hat, dass die Eltern das Vermögen nicht verwalten dürfen (§ 1638 BGB). Das Gleiche gilt für unentgeltliche Zuwendungen unter Lebenden, wenn der Zuwendende hinsichtlich der Vermögenssorge der Eltern bei der Zuwendung Entsprechendes angeordnet hat.

Die Vermögenssorge kann dabei nur beschränkt oder ganz ausgeschlossen werden oder sich nur auf einen Elternteil beziehen.

Hauptanwendungsfall ist die Verhinderung des Zugriffs auf das Vermögen gemeinsamer Kinder durch den geschiedenen Ehegatten.

Für den Fall, dass beide Eltern ausgeschlossen werden, ist vom Familiengericht ein Pfleger zu bestellen, den der Erblasser benennen kann.

Die Anordnung über die Vermögenssorge kann mit der Testamentsvollstreckung kombiniert werden.

4.1.1.2 Befreiung von der Inventarisierungspflicht

Die Eltern eines erbenden (minderjährigen) Kindes sind bei einem Vermögenswert, der über 15.000 € liegt, verpflichtet, beim Familiengericht ein Vermögensverzeichnis zu hinterlegen. Von dieser Pflicht kann der Erblasser die Eltern jedoch durch Verfügung von Todes wegen befreien (§ 1640 Abs. 2 Nr. 2 BGB).

4.1.2 Anordnungen über eine Vormundschaft

Eltern oder ein Elternteil können durch Verfügung von Todes wegen für ihre minderjährigen Kinder einen Vormund benennen (§ 1777 Abs. 3 BGB). Dadurch können Kinder für den Fall des Todes der Eltern in die Obhut von Personen gestellt werden, zu denen die Eltern ein besonderes Vertrauen haben. Voraussetzung für die rechtswirksame Benennung eines Vormunds ist das Sorgerecht des anordnenden Elternteils.

Benennen die Eltern unterschiedliche Personen als Vormund, gilt die Benennung durch den zuletzt verstorbenen Elternteil.

HINWEISE

An die Anordnung über die Vormundschaft kann insbesondere bei gefährlichen Hobbys oder Berufen gedacht werden.
Da in gemeinschaftlichen Testamenten und Erbverträgen nur Erbeinsetzungen, Vermächtnisse und Auflagen mit bindender Wirkung angeordnet werden können, gilt dies nicht für die Vormundbestellung. Ein verwitweter Ehegatte kann Anordnungen über die Vormundschaft vorbehaltlich von Auflagen jederzeit ändern.

Gehören Grundstücke oder Grundstücksrechte zum Nachlass, kann es sinnvoll sein, den Vormund zugleich als Testamentsvollstrecker einzusetzen, da Letzterer anders als der Vormund bei seinen Verfügungen nicht dem Erfordernis einer vormundschaftsgerichtlichen Genehmigung unterliegt.

4.1.3 Anordnungen über das Güterrecht

Lebt der Bedachte im – selten gewählten – Güterstand der Gütergemeinschaft, kann der Erblasser letztwillig verfügen, dass das zugewandte Vermögen nicht Bestandteil des Gesamtguts, sondern das Vorbehaltsgut des Bedachten wird.

Das Vorbehaltsgut ist das Vermögen, das dem in Gütergemeinschaft lebenden Ehegatten selbst gehört und daher seiner Alleinverwaltung untersteht. So kann der Erblasser einseitig Vermögen zuwenden und es gleichzeitig der alleinigen Verwaltung des Bedachten zum Beispiel zu seiner Absicherung unterstellen.

4.2 Wertsicherungsklauseln

Wertsicherungsklauseln dienen der zeitgerechten Bewertung von Forderungen oder sonstigen geldmäßigen Beträgen durch den Einbezug der Veränderung der Lebenshaltungskosten. Dadurch kann eine Steigerung der Lebenshaltungskosten Wert erhaltend berücksichtigt werden. Dabei ist die Wertsicherung für die Zeit zwischen Testamentserrichtung und

Erbfall nicht bei der Bundesbank genehmigungspflichtig und kann daher jederzeit vom Erblasser in letztwilligen Verfügungen von Todes wegen angeordnet werden.

Einer Genehmigung durch die Bundesbank bedürfen lediglich Wertsicherungsklauseln, die für die Zeit nach Eintritt des Erbfalles eine Wertsicherung gewährleisten sollen, § 2 PaPkG. Die Wertsicherung kann sich zum Beispiel auf Geldvermächtnisse und Geldauflagen, auf sachwertabhängige Teilungsanordnungen oder auf die Bestimmungen über die Anrechnung von Vorausempfängen beziehen.

Verbraucherpreisindex für Deutschland

1995	1996	1997	1998	1999	2000	2001	2002	2003	2004
80,5	81,6	83,2	84,0	84,5	85,7	87,4	88,6	89,6	91,0
2005	**2006**	**2007**	**2008**	**2009**	**2010**	**2011**	**2012**	**2013**	
92,5	93,9	96,1	98,6	98,9	100,0	102,1	104,1	105,7	

(Quelle: Statistisches Bundesamt, Basisjahr 2010, Angaben ohne Gewähr)

Die Beseitigung der Testamentswirkung kann durch Aufhebung durch den Erblasser oder durch Anfechtung durch Dritte, insbesondere die Erben, erreicht werden.

4.3 Aufhebung durch Widerruf

Die Möglichkeit zur Aufhebung durch Widerruf steht nur dem Erblasser zu. Er kann sich dazu aber eines Dritten bedienen oder einen Dritten bevollmächtigen.

Vernichtet jemand anderes als der Erblasser ohne dessen Wissen das Testament, entfaltet dieses weiter Wirkung. Dem Täter droht jedoch ein Strafverfahren wegen Urkundenunterdrückung (§ 274 Abs. 1 Nr. 1 StGB).

Dem Erblasser stehen dabei zur Aufhebung bzw. zum Widerruf verschiedene Alternativen zur Verfügung.

4.3.1 Reines Widerrufstestament

Der Erblasser kann sein Testament oder einzelne darin enthaltene Verfügungen, vorbehaltlich der Bindungswirkung beim Ehegattentestament, jederzeit durch Widerruf aufheben (§ 2253 BGB). Der Widerruf kann zunächst durch Errichtung eines reinen Widerrufstestaments erfolgen (§ 2254 BGB). Das Testament enthält dabei nur den Widerruf an sich.

Beispiel:

»Hiermit widerrufe ich mein Testament vom 21.03.1992.
Erblasser«

Der Erblasser wird diese Form des Widerrufs wählen, wenn er seinen Nachlass nach der gesetzlichen Erbfolge verteilen will oder ein älteres Testament wieder Gültigkeit erhalten soll.

Gem. § 2257 BGB ist der Widerruf des Widerrufs möglich. Das widerrufene Testament ist also im Zweifel wirksam, wie wenn es nicht widerrufen worden wäre.

4.3.2 Vernichtung

Der Erblasser kann sein Testament auch durch Vernichtung oder ähnliche schlüssige Handlungen widerrufen (§ 2255 BGB). Erforderlich ist also objektiv die körperliche Veränderung des Testaments und subjektiv die Widerrufsabsicht des Erblassers.

Ein Widerruf mangels entsprechender Absicht liegt nicht vor, wenn das Testament versehentlich vernichtet wird oder verloren geht. Das Testament entfaltet weiterhin Wirkung. Die Begünstigten sind jedoch im Streitfalle mit Beweisproblemen belastet.

4.3.3 Rücknahme aus amtlicher Verwahrung

Bei der Rücknahme aus der amtlichen Verwahrung gilt das öffentliche Testament als widerrufen (§ 2256 BGB). Öffentliche Testamente sind nur die vor einem Notar oder vor einem Bürgermeister als Nottestamente errichteten Testamente.

Die erneute Verbringung in amtliche Verwahrung beseitigt diese Folge nicht. Es muss also ein neues öffentliches Testament errichtet werden.

4.3.4 Inhaltlich neues Testament

In der Praxis am häufigsten ist der Fall der Errichtung eines inhaltlich neuen Testaments durch den Erblasser. Das frühere Testament wird insoweit aufgehoben, als das spätere Testament mit dem früheren in Widerspruch steht, § 2258 BGB. Es müssen also mindestens zwei Testamente vorhanden sein. Wird das spätere Testament widerrufen, so ist im Zweifel das frühere Testament in gleicher Weise wirksam, wie wenn es nicht aufgehoben worden wäre.

Der Fall des § 2258 ist von §§ 2254, 2257 BGB (siehe Kapitel III 5.1.1) grundverschieden. Während im Fall des § 2254 BGB nur der Widerruf erklärt wird, wird bei § 2258 BGB inhaltlich ein neues Testament mit neuen Verfügungen von Todes wegen errichtet.

4.4 Anfechtung durch Erben oder Dritte

Gem. §§ 2075 ff. BGB können letztwillige Verfügungen durch die Erben oder Dritte angefochten werden.

4.4.1 Wirkung der Anfechtung

Die wirksame Anfechtung hat die Nichtigkeit der angefochtenen Verfügung von Anfang an zur Folge. Die Anfechtung kann sich auf einzelne Teile des Testaments beziehen. Es ist also nicht stets zwingend das gesamte Testament nichtig, sondern nur, wenn anzunehmen ist, dass der Erblasser die anderen Verfügungen nicht ohne die angefochtene getroffenen haben würde (§ 2085 BGB).

Wenn durch die Anfechtung nicht ein früheres Testament wieder in Kraft gesetzt wird, das dann die Erbfolge bestimmt, soweit die Anfechtung reicht, gilt die gesetzliche Erbfolge.

4.4.1.1 Anfechtungsgründe

Das Testament kann nach dem Tod des Erblassers beim Vorliegen eines gesetzlichen Anfechtungsgrundes angefochten werden. Der Irrtum des Erblassers kann sich dabei auf eine Tatsache oder eine Rechtsfolge beziehen. Maßgeblich ist immer, dass die den Anfechtungsgrund begründenden Umstände ursächlich, wenigstens mitbestimmend für die letztwillige Verfügung des Erblassers gewesen sind.

4.4.1.2 Erklärungsirrtum

Ein Inhalts- oder Erklärungsirrtum des Erblassers liegt vor (§ 2078 Abs. 1 BGB), wenn sein Wille und das von ihm Erklärte objektiv auseinanderfallen und anzunehmen ist, dass er die Erklärung bei Kenntnis der Sachlage nicht abgegeben haben würde.

4.4.1.3 Motivirrtum

Vom Motivirrtum spricht das Gesetz, wenn der Erblasser bei der Abfassung des Testaments vom Eintreten oder Nichteintreten gewisser Umstände ausgegangen ist, sich diese Erwartung jedoch nicht erfüllt (§ 2078 Abs. 2 BGB). Ein Irrtum liegt dann nicht vor, wenn der Erblasser die künftige Entwicklung selbst als ungewiss ansah. Nachträgliche Irrtümer sind unbeachtlich. Als Beispiele für einen Motivirrtum können das gute Verhältnis zwischen Erblasser und Erbe, das tatsächlich in Streit endet, oder das enttäuschte Wohlverhalten des Erben gegenüber dem Erblasser genannt werden.

Die allgemeinen Veränderungen nach der Wiedervereinigung 1989 von BRD und ehemaliger DDR berechtigen jedoch nur dann zur Anfechtung wegen Motivirrtums, wenn die früheren Verhältnisse nach dem Testament der Beweggrund dafür waren, d. h. der Erblasser bei der Errichtung des Testaments davon ausgegangen ist, dass die in der ehemaligen

DDR verbliebenen Grundstücke aufgrund der politischen Situation im Wesentlichen wertlos seien.

4.4.1.4 Widerrechtliche Drohung

Wurde der Erblasser durch widerrechtliche Drohung zu einer bestimmten Verfügung von Todes wegen bestimmt, stellt dies ebenfalls einen Anfechtungsgrund dar (§ 2078 Abs. 2 BGB).

4.4.1.5 Unbewusste Übergehung eines Pflichtteilsberechtigten

Eine letztwillige Verfügung kann auch dann angefochten werden, wenn der Erblasser einen zur Zeit des Erbfalls vorhandenen Pflichtteilsberechtigten übergangen hat, dessen Vorhandensein ihm bei der Errichtung der Verfügung nicht bekannt war oder der erst nach der Errichtung geboren oder pflichtteilsberechtigt geworden ist (§ 2079 BGB). Etwas anderes gilt nur dann, wenn anzunehmen ist, dass der Erblasser den Pflichtteilsberechtigten auch bei Kenntnis der wahren Umstände nicht berücksichtigt hätte.

4.4.2 Anfechtungsberechtigter

Anfechtungsberechtigt ist jeder, dem der Wegfall der letztwilligen Verfügung unmittelbar zustattenkommen würde (§ 2080 Abs. 1 BGB).

Soll das Übergehen eines Pflichtteilsberechtigten geltend gemacht werden, ist nur dieser zur Anfechtung berechtigt (§ 2080 Abs. 3 BGB).

Kapitel IV

Der Erbvertrag

1 Inhalt und Wirksamkeitsvoraussetzungen des Erbvertrags

Eine weitere vom Gesetz vorgesehene Möglichkeit, eine Verfügung über den Nachlass zu treffen, ist der Abschluss eines Erbvertrags (§§ 2274 ff. BGB).

1.1 Inhalt

Jeder Erbvertrag hat die vertragsmäßige Erbeinsetzung, Vermächtnis- oder Auflagenanordnung, durch die der Erblasser nach § 2289 BGB gebunden wird, zum Inhalt. Der Erblasser kann im Gegensatz zum Testament seine Verfügung nicht frei widerrufen.

Jeder Erbvertrag muss also kraft Gesetzes mindestens eine solche Verfügung enthalten. Enthält er sie nicht, ist er nicht per se unwirksam, sondern kann gegebenenfalls durch Auslegung (§ 133 BGB) als Testament aufrechterhalten werden. Ob noch weitere Verfügungen von Todes wegen oder anderweitige Abmachungen zwischen den Vertragspartnern getroffen werden, spielt demgegenüber keine Rolle.

Seiner Rechtsnatur nach ist der Erbvertrag also Vertrag und Verfügung von Todes wegen zugleich. Ein entgeltlicher Erbvertrag liegt vor, wenn sich der Vertragspartner zu einer Gegenleistung gegenüber dem Erblasser verpflichtet.

Der Art nach werden verschiedene Erbvertragstypen unterschieden.

1.1.1 Einseitige Verfügungen

Der einseitige Erbvertrag enthält nur eine vom Erblasser getroffene Verfügung von Todes wegen. Der Vertragspartner ist also kein Erblasser.

Beispiel:

»Erbvertrag:
›Im Gegenzug für die aufopfernde Pflege setze ich, A, meine Bekannte B als Alleinerbin ein.‹

Erblasser
Beglaubigungsvermerk«

1.1.2 Zweiseitige Verfügungen

Ein zweiseitiger Erbvertrag liegt vor, wenn beide Teile als Erblasser über ihren Nachlass letztwillig verfügen.

Beispiel:

»Erbvertrag
›1. Hiermit setze ich, A, meine Tochter C als meine Alleinerbin ein.
2. Hiermit setze ich, B, die Tochter meines Lebensgefährten A, C, als meine Alleinerbin ein.‹

A und B
Beglaubigungsvermerk«

Gem. § 2298 Abs. 1 BGB ist beim Erbvertrag die eine Verfügung unwirksam, wenn es auch die andere ist, es sei denn, es ist ein anderer Wille der Erblasser anzunehmen (§ 2298 Abs. 3 BGB). Im Gegensatz zum Ehegattentestament ist beim Erbvertrag stets von der wechselseitigen Abhängigkeit auszugehen.

1.1.3 Gegenseitige oder mehrseitige Verfügungen

Der zweiseitige Erbvertrag ist gegenseitig, wenn sich die Erblasser gegenseitig bedenken; mehrseitig, wenn mindestens drei Erblasser letztwillige Verfügungen treffen.

Beispiel:

»Erbvertrag
›1. Hiermit setze ich, A, meine Lebensgefährtin B als Alleinerbin ein.
2. Hiermit setze ich, B, meinen Lebensgefährten A als Alleinerben ein.‹

A und B
Beglaubigungsvermerk«

Wie beim Testament treten die Wirkungen des Erbvertrags erst mit dem Tod des vertragsmäßig gebundenen Erblassers ein, während die Leistungspflicht des Vertragserben beim einseitigen Erbvertrag bereits zu Lebzeiten bestehen kann. Die im Erbvertrag vereinbarten Leistungen stehen also nicht in einem synallagmatischen Verhältnis nach §§ 320 ff. BGB. Auch sind die §§ 328 ff. BGB auf den Erbvertrag nicht anwendbar, da erbvertragsmäßige Verfügungen (Erbeinsetzung, Vermächtnis, Auflage) keine Verpflichtungen zur Leistung darstellen.

1.2 Wirksamkeitserfordernisse

Die Wirksamkeit des Erbvertrags setzt seine notarielle Beurkundung voraus (§ 2276 BGB). Im Gegensatz zum Ehegattentestament sind also strengere Voraussetzungen bei der Errichtung zu erfüllen. Andererseits steht der Erbvertrag jedem Erblasser und nicht nur Ehegatten als erbrechtliches Gestaltungsmittel zu Verfügung.

Ein Erbvertrag kann durch den Erblasser nur persönlich geschlossen werden und setzt die unbeschränkte Geschäftsfähigkeit des Erblassers voraus.

HINWEISE

Gem. § 2276 BGB können Erb- und Ehevertrag in einer Urkunde zusammengefasst werden. Nach § 46 Abs. 3 KO hat dies die Gebührenfreiheit der Beurkundung des Erbvertrags zur Folge und ist daher für Ehegatten eine kostengünstige Möglichkeit, ihre Verhältnisse für die Zeit der Ehe und den Todesfall zu regeln.
Unbeschränkte Geschäftsfähigkeit erreicht jeder Mensch kraft Gesetzes mit Vollendung des 18. Lebensjahres. Sie ist die Fähigkeit, Rechtsgeschäfte selbständig vollwirksam abzuschließen. Die Testierfähigkeit tritt mit Vollendung des 16. Lebensjahres ein und ist die Fähigkeit, Testamente, also nicht Erbverträge, zu errichten, aufzuheben oder abzuändern. Davon zu unterscheiden ist die Beschränkung der Testierfreiheit durch Erbvertrag.

1.3 Der Verfügungsunterlassungsvertrag

Der Erbvertrag beschränkt nicht die Verfügungsmacht des Erblassers zu seinen Lebzeiten (§ 2286 BGB). Verfügungen des Erblassers, zum Beispiel die Übereignung von Gegenständen an Dritte, sind wirksam, auch wenn sie zu Lasten des Vertragserben gegen den Erbvertrag verstoßen.

Es ist also ein entsprechendes beschränkendes Rechtsgeschäft zwischen den Vertragspartnern nötig, das als Verfügungsunterlassungsvertrag bezeichnet wird. Der Erblasser verpflichtet sich gegenüber dem Bedachten, zu seinen Lebzeiten nicht über den Gegenstand, der Inhalt der letztwilligen Verfügung ist, zu verfügen (§ 137 Satz 2 BGB). Der Verfügungsunterlassungsvertrag dient also der Sicherung der testamentarischen und erbvertraglichen Verfügungen.

Das bedeutet jedoch nicht, dass die Verfügung unwirksam würde (§ 137 Satz 1 BGB). Ein Verstoß gegen diese vertragliche Unterlassungsverpflichtung kann zu Schadensersatzansprüchen des Vertragserben gegen den Dritten in Form der Rückgängigmachung der Verfügung führen. Die Rechtsstellung des Vertragserben wird also verbessert.

Ist Gegenstand des Erbvertrags ein Grundstück oder ein Recht an einem Grundstück, bedarf der Verfügungsunterlassungsvertrag der notariellen Beurkundung (§ 313 BGB), wenn er mit dem Erbvertrag eine Einheit bildet.

HINWEIS

Der Anspruch auf Unterlassung einer das Grundstück betreffenden Verfügung sollte durch eine im Grundbuch einzutragende Vormerkung abgesichert werden. Gegenstand der Vormerkung ist ein bedingter Rückübertragungsanspruch bei verbotswidriger Verfügung zu Lasten des Vertragserben.

Beim Verfügungsunterlassungsvertrag handelt es sich nicht um eine erbvertragliche Verfügung, sondern nur ein Rechtsgeschäft unter Lebenden zur Absicherung des durch die letztwillige Verfügung Begünstigten. Er kann jedoch in der Erbvertragsurkunde enthalten sein.

Beispiel:

»Hiermit verpflichte ich, A, mich gegenüber meinem Vertragserben C, über den Pkw, Marke X, Fahrzeugnummer …, nicht zu seinen Lasten zu verfügen.«

2 Eintritt der Bindungswirkung und ihre Folgen

2.1 Inhalt der Bindungswirkung

Gem. § 2289 BGB wird durch den Erbvertrag eine frühere letztwillige Verfügung des Erblassers aufgehoben, soweit sie das Recht des vertragsmäßig Bedachten beeinträchtigt würde. In gleichem Umfang ist eine spätere Verfügung von Todes wegen unwirksam.

Mit Abschluss des Erbvertrags ist der Erblasser in seiner Testierfreiheit hinsichtlich seiner vertraglichen Verfügungen von Todes wegen beschränkt. Vertragsmäßige Verfügungen sind ausschließlich die Erbeinsetzung, das Vermächtnis und die Auflage. Hinsichtlich derer tritt für den Erblasser, soweit diese Inhalt eines Erbvertrages sind, eine absolute Bindungswirkung ein, der er sich nur schwer entziehen kann. Im Gegensatz zum gemeinschaftlichen Testament kann der Erblasser seine vertragsmäßigen Verfügungen auch nicht einseitig widerrufen.

HINWEIS

Soweit in dem Erbvertrag einseitige Verfügungen von Todes wegen, die nicht Erbeinsetzung, Vermächtnis oder Auflage sind, enthalten sind, gelten die allgemeinen Vorschriften. Darunter fallen etwa die Teilungsanordnung oder die Anordnung einer Testamentsvollstreckung.

Diese einseitigen Verfügungen können wie beim gemeinschaftlichen Testament vom Erblasser im Gegensatz zu den vertragsmäßigen widerrufen werden.

Der Vertragserbe hat zu Lebzeiten eine Erwerbsanwartschaft.

2.2 Folgen für Rechtsgeschäfte unter Lebenden

Tätigt der Erblasser Rechtsgeschäfte, die den Vertragserben in seinem Recht beeinträchtigen, so sind diese trotzdem grundsätzlich wirksam, weil der Erblasser durch den Erbvertrag nicht in seiner Verfügungsbefugnis beeinträchtigt wird (§ 2286 BGB), siehe Kapitel IV 1.3 unter Verfügungsunterlassungsvertrag.

Eine analoge Anwendung des § 2289 Abs. 1 Satz 2 BGB, der die Unwirksamkeit nachträglicher Verfügungen von Todes wegen vorsieht, auch auf Rechtsgeschäfte unter Lebenden ist aus Gründen der Rechtssicherheit nicht möglich.

Im Falle beeinträchtigender Schenkungen steht der Vertragserbe jedoch nicht gänzlich rechtlos dar. Hatte der Erblasser eine Beeinträchtigungsabsicht, was vom Vertragserben zu beweisen ist, kann dieser mit Eintritt des Erbfalls vom beschenkten Dritten den Schenkungsgegenstand nach den Vorschriften über die ungerechtfertigte Bereicherung herausverlangen (§ 2287 BGB). Ist der Dritte jedoch entreichert im Sinne von § 818 Abs. 3 BGB, geht der Vertragserbe leer aus. Die Surrogathaftung gem. § 285 BGB ist ausgeschlossen.

Dem durch Zerstörung oder Beschädigung beeinträchtigten Vertragsvermächtnisnehmer steht demgegenüber gegen den Erben gem. § 2288 Abs. 1 BGB ein Wertersatzanspruch, im Fall der entgeltlichen Veräußerung oder Belastung ein Verschaffungsanspruch zu (§ 2288 Abs. 2 Satz 1 BGB).

3 Beseitigung der Bindungswirkung

Da der Erbvertrag ähnlich dem gemeinschaftlichen Testament eine Bindungswirkung des Erblassers entfaltet, kann die Bindungswirkung nur erschwert beseitigt werden durch:

- Rücktritt,
- Aufhebung oder
- Anfechtung.

Gem. § 2279 Abs. 2 BGB in Verbindung mit § 2077 BGB wird der Erbvertrag auch dann unwirksam und gegenstandslos, wenn die Ehe, die Lebenspartnerschaft oder das Verlöbnis der Erbvertragsparteien aufgelöst wird. Dies gilt jedoch nicht für die eheähnliche Lebensgemeinschaft.

3.1 Rücktritt

Unter den Voraussetzungen der §§ 2293 ff. BGB kann der Erblasser vom Erbvertrag zurücktreten und sich so von der Bindungswirkung befreien. Es wird zwischen vertraglichem und gesetzlichem Rücktritt unterschieden.

3.1.1 Vertraglicher Rücktritt

Gem. § 2293 BGB kann der Erblasser vom Erbvertrag zurücktreten, wenn er sich den Rücktritt im Vertrag vorbehalten hat. Ein solcher Vorbehalt bedarf einer entsprechenden Einigung der Vertragspartner und bietet sich vor allem in den Fällen der nichtehelichen Lebensgemeinschaft an, wenn sie sich anders als durch Tod eines der beiden Lebensgefährten, also durch Trennung, auflöst.

Der Vorbehalt kann zeitlich beschränkt bis zum Tod des Erblassers gewährt werden oder sich im Falle des zweiseitigen Erbvertrags auch noch auf die Zeit nach dem Tod des Erstversterbenden erstrecken.

3.1.2 Gesetzlicher Rücktritt

Ohne die Aufnahme eines Rücktrittsvorbehalts in den Erbvertrag kann der Erblasser vom Vertrag zurücktreten, wenn sich der Bedachte einer Verfehlung schuldig macht, die den Erblasser zur Entziehung des Pflichtteils berechtigt oder die, falls der Bedachte nicht zu den Pflichtteilsberechtigten gehört, zu der Entziehung berechtigen würde, wenn der Bedachte ein Abkömmling des Erblassers wäre (§ 2294 BGB).

Gem. § 2295 BGB ist der Erblasser auch zum Rücktritt berechtigt, wenn die Verfügung mit Rücksicht auf eine rechtsgeschäftliche Verpflichtung des Bedachten, dem Erblasser für dessen Lebenszeit wiederkehrende Leistungen zu entrichten, insbesondere Unterhalt zu gewähren, getroffen ist und die Verpflichtung vor dem Tode des Erblassers aufgehoben wird.

Das Rücktrittsrecht steht nur dem Erblasser zu.

3.1.3 Formanforderungen an den Rücktritt

Der Rücktritt erfolgt durch Erklärung gegenüber dem anderen Vertragsteil und bedarf der notariellen Beurkundung. Der Rücktritt ist bei Vorliegen eines Rücktrittsrechts dann durch Testament möglich, wenn der andere Vertragsteil vorverstorben ist.

3.2 Aufhebung

Das BGB sieht verschiedene Möglichkeiten vor, den Erbvertrag aufzuheben.

3.2.1 Aufhebung durch Vertrag

Gem. § 2290 Abs. 1 BGB können die Parteien des Erbvertrags diesen oder nur einzelne vertragsmäßige Verfügungen durch Vertrag aufheben. Der Aufhebungsvertrag ist dabei notariell zu beurkunden (§ 2290 Abs. 4 BGB).

Ausgeschlossen ist jedoch ein Erbverzichtsvertrag zwischen dem Erblasser und dem vertragsmäßig als Erben eingesetzten Vertragspartner. Diese können ihre vertragliche Bindung also nur in Form des § 2290 BGB, nicht in der des § 2346 BGB auflösen. Möglich ist ein Erbverzichtsvertrag nur mit einem als Erben eingesetzten Dritten, der nicht zugleich Vertragspartner ist (§ 2352 Satz 2 BGB). Die Zustimmung des Vertragspartners ist nicht erforderlich.

Beispiel:

Frau F hat sich gegenüber Erblasser E erbvertragsmäßig zur lebenslangen Pflege verpflichtet. Da sie selbst jedoch abgesichert ist, ist ihre Tochter T als Dritte als Erbin eingesetzt.

Für die Aufhebung eines Erbvertrags können die Vertragspartner verschiedene Gründe haben. So können Änderungen der persönlichen und tatsächlichen Verhältnisse die Parteien zu Änderungen und Nachbesserungen veranlassen.

3.2.2 Aufhebung durch Testament

Gem. § 2291 Abs. 1 BGB kann durch Aufhebungstestament eine vertragsmäßige Verfügung aufgehoben werden.

Diese Befugnis ist jedoch auf die Aufhebung von Vermächtnissen und Auflagen beschränkt. Zudem ist die Wirksamkeit von der Zustimmung des anderen Vertragsteils abhängig.

Während das Testament den allgemeinen Formanforderungen, also eigenhändige Abfassung und Unterschrift, genügen muss, bedarf die Zustimmung des anderen Vertragsteils der notariellen Beurkundung.

3.2.3 Aufhebung durch gemeinschaftliches Testament

Soweit Ehegatten einen Erbvertrag geschlossen haben, können sie diesen durch gemeinschaftliches Testament aufheben (§ 2292 BGB). Zulässig ist es auch, den Erbvertrag nur zu ergänzen.

HINWEIS

Wie in 1.2 dargestellt, können die Ehegatten beim Abschluss eines Erbvertrags zur vollständigen Regelung ihrer ehelichen Verhältnisse zugleich gebührenfrei einen Ehevertrag abschließen. Bei einer Änderung der Sachlage kann also wiederum kostengünstig – das gemeinschaftliche Testament muss im Gegensatz zum Erbvertrag nicht notariell beurkundet werden – eine erbrechtliche Verfügung getroffen werden, ohne den Bestand des Ehevertrags zu gefährden.

3.3 Anfechtung

Die Voraussetzungen der Anfechtung des Erbvertrags sind in den §§ 2281 ff. BGB geregelt.

3.3.1 Anfechtung durch den Erblasser

Für den Fall eines Irrtums oder einer Drohung (§ 2078 BGB) oder der unbewussten Übergehung eines Pflichtteilsberechtigten (§ 2079 BGB) kann der Erblasser den Erbvertrag anfechten. Der Erblasser kann sich bei der Anfechtung nicht vertreten lassen. Für einen geschäftsunfähigen Erblasser kann sein gesetzlicher Vertreter mit Genehmigung des Vormundschaftsgerichts den Erbvertrag anfechten (§ 2282 BGB). Die Anfechtung hat binnen Jahresfrist ab Kenntnis des Anfechtungsgrundes, in den Fällen der Drohung mit Beendigung der Zwangslage, zu erfolgen (§ 2283 BGB).

Handelt es sich um einen zweiseitigen Erbvertrag, steht das Anfechtungsrecht jedem der Erblasser für seine Verfügung von Todes wegen zu.

3.3.2 Anfechtung durch Dritte

Auch beim Erbvertrag sind Dritte dann zur Anfechtung berechtigt, soweit ihnen die Aufhebung der letztwilligen Verfügung unmittelbar zustattenkommen würde. Das Anfechtungsrecht entsteht erst mit dem Erbfall, also dem Tod des Erblassers. Gem. § 2285 BGB ist das Anfechtungsrecht jedoch abhängig von dem des Erblassers. Hat dieser sein Anfechtungsrecht wegen Bestätigung, Fristversäumung, Verzicht oder durch rechtsmissbräuchliche Verursachung des Anfechtungsgrundes verloren, so wirkt sich das zu Lasten des Dritten aus.

3.3.3 Anfechtung durch den Vertragspartner

Da der Vertragsgegner, der nicht Erblasser oder Dritter ist, keine letztwillige Verfügung von Todes wegen trifft, kann er seine Willenserklärung nur nach den allgemeinen Vorschriften, also wegen Täuschung, Drohung und Erklärungs- bzw. Inhaltsirrtums, nicht jedoch wegen eines Motivirrtums anfechten.

Kapitel V

Spezielle Interessen

1 Das gemeinschaftliche Testament

Als besondere Form des Testaments hat das BGB das gemeinschaftliche Testament geregelt (§§ 2265 ff. BGB).

Hauptzweck des gemeinschaftlichen Testaments ist die Absicherung des überlebenden Ehegatten durch das gemeinsam in der Ehe erwirtschaftete Vermögen.

1.1 Die erleichterte Errichtung

§ 2267 BGB schafft eine erleichterte Errichtung des Ehegattentestaments. Zur eigenhändigen Errichtung genügt es im Gegensatz zu § 2247 BGB, wenn einer der Ehegatten das Testament in der dort vorgeschriebenen Form errichtet und der andere Ehegatte die gemeinschaftliche Erklärung eigenhändig mit unterzeichnet.

HINWEIS

Wenn auch die eigenhändige Abfassung durch einen der beiden Ehegatten genügt, ist immer noch die Unterzeichnung durch beide erforderlich. Erst so kommt der Wille zur Errichtung eines gemeinschaftlichen Testaments rechtsgültig zum Ausdruck.

1.2 Bindungswirkung des Ehegattentestaments

Der Umfang der Bindungswirkung ist abhängig von der Art der letztwilligen Verfügungen, welche die Ehegatten treffen.

1.3 Das einfache Ehegattentestament

Inhaltlich sind die Verfügungen der Ehegatten unabhängig voneinander. Die Ehegatten machen nur Gebrauch von der erleichterten Errichtung. Eine Bindungswirkung besteht nicht.

1.4 Das gegenseitige Ehegattentestament

Zwischen den Verfügungen der Ehegatten besteht ein inhaltlicher Zusammenhang, ohne dass jedoch der Bestand der einen Verfügung von Todes wegen von dem der anderen abhängig wäre.

1.5 Das wechselbezügliche Ehegattentestament

1.5.1 Wechselbezüglichkeit

Von Wechselbezüglichkeit wird gesprochen, wenn die Rechtswirksamkeit der Verfügung des einen Ehegatten von der Rechtswirksamkeit der Verfügung des anderen Ehegatten abhängen soll.

Die Wechselbezüglichkeit hat dabei eine doppelte Auswirkung. Zunächst hat die Nichtigkeit oder der Widerruf einer Verfügung auch die Unwirksamkeit der anderen zur Folge (§ 2270 Abs. 1 BGB). Zweitens wird mit dem Tod des ersten Ehegatten die Verfügung des Überlebenden bindend mit der Folge, dass dieser nicht mehr rechtswirksam anderweitige Verfügungen von Todes wegen verfassen kann, soweit darin Erbeinsetzungen, Vermächtnisse oder Auflagen enthalten sind, die den Verfügungen des wechselbezüglichen Ehegattentestaments widersprechen würden. Andere Verfügungen sind dagegen immer noch möglich.

Nicht erforderlich für die Wechselbezüglichkeit ist, dass sich die Ehegatten gegenseitig als Erben einsetzen. Die Einsetzung eines Dritten ist möglich.

1.5.2 Auslegungsregel des § 2270 BGB

Wann von der Wechselbezüglichkeit in Ehegattentestamenten auszugehen ist, ist abhängig vom Willen der Erblasser und daher nicht immer eindeutig. Ein entsprechender Wille muss sich unabhängig von der Wortwahl zweifelsfrei ergeben.

Das Gesetz stellt jedoch in § 2270 Abs. 2 BGB eine Auslegungsregel zur Verfügung. Danach sind im Zweifel, also nur, wenn sich ein anderer Wille nicht ermitteln lässt, Verfügungen von Todes wegen dann wechselbezüglich, wenn sich die Ehegatten gegenseitig bedenken oder wenn dem einen Ehegatten von dem anderen eine Zuwendung gemacht und für den Fall des Überlebens des Bedachten eine Verfügung zu Gunsten einer Person getroffen wird, die mit dem anderen Ehegatten, also dem erstversterbenden Ehegatten, verwandt ist oder ihm nahesteht. Als Gegenleistung für die Einsetzung als Erbe wird für den Fall des eigenen Versterbens eine dem Erstversterbenden nahestehende Person als Erbe eingesetzt. Die Wechselbezüglichkeit kann sich dabei nur auf einzelne Verfügungen beschränken.

Vor Errichtung eines gemeinschaftlichen Testamentes sollten die Ehegatten sich des Zieles bewusst sein, das sie mit dem Testament verfolgen. Davon hängt die genaue Ausgestaltung des Testamentes ab:

- Wollen die Ehegatten völlig voneinander unabhängig sein und nur von der Formerleichterung des Ehegattentestamentes profitieren, reicht das einfache Ehegattentestament aus.
- Wollen die Ehegatten inhaltlich ihre Verfügungen voneinander abhängig machen, aber nicht völlig in ihrer Verfügungsfreiheit beschränkt sein, ist das gegenseitige Ehegattentestament zu empfehlen.
- Steht hingegen bei den Ehegatten vor allem der Bindungsgedanke des jeweils anderen im Vordergrund, sollten diese das wechselbezügliche Ehegattentestament wählen.

1.5.3 Auslegungsregel des § 2269 BGB – »Berliner Testament«

In § 2269 BGB ist das sog. »Berliner Testament« geregelt, das keine Sonderform des gemeinschaftlichen Ehegattentestaments darstellt, sondern nur eine weitere besondere Auslegungsregel eines solchen enthält. Das Ehegattentestament kann dabei gegenseitig oder wechselbezüglich sein.

Ehegatten, die ihr Vermögen als Einheit ansehen, wollen häufig, dass der Nachlass auch als Gesamtheit dem überlebenden Ehegatten ohne den Zugriff anderer Erben erhalten bleibt. Dafür stehen ihnen zwei Möglichkeiten offen:

a) Vor- und Nacherbschaft (Trennungslösung)
   Bestimmt jeder Ehegatte, dass sein Vermögen für den Fall seines Vorversterbens zunächst dem überlebenden Ehegatten als Vorerben und dann dem Dritten als Nacherben zukommen soll und dass für den Fall seines Überlebens der Dritte Ersatzerbe wird, liegen weiterhin zwei getrennte Vermögensmassen beider Ehegatten vor, die getrennt auf den Dritten übergehen.
   Der überlebende Ehegatte behält sein Vermögen getrennt von dem des Erstversterbenden, dessen Vermögen er als Vorerbe übernimmt, weiter. Unter Umständen gelten hier die Beschränkungen der Vorerbschaft. Beim Tod des Überlebenden wird der Dritte hinsichtlich seines Vermögens Ersatzerbe – der ursprünglich als (Vor-)Erbe eingesetzte Ehegatte ist durch sein Vorversterben als Erbe weggefallen – und hinsichtlich des Vermögens des Erstversterbenden dessen Nacherbe.
   In der Person des Dritten vereinigen sich also mit dem Tod des letzten Ehegatten drei Vermögensmassen:
   - das Eigenvermögen des Dritten,
   - das vom überlebenden Ehegatten als Ersatzerbe erlangte Vermögen,
   - das vom erstversterbenden Ehegatten als Nacherbe erlangte Vermögen.
b) Voll- und Schlusserbschaft (Einheitslösung)
   Bei der sog. Einheitslösung setzt jeder Ehegatte für den Fall seines Vorversterbens den überlebenden Ehegatten als Alleinerben ein. Der überlebende Ehegatte wird also unbeschränkter Vollerbe seines Ehepartners. Da der überlebende Ehegatte als Alleinerbe

eingesetzt ist, verschmelzen in seiner Person sein eigenes Vermögen und das des Erstversterbenden.

Zusätzlich ist die Verfügung jedes Ehegatten erforderlich, dass der Dritte erst erben soll, wenn auch der überlebende Ehegatte verstorben ist. Der Dritte ist dann Schlusserbe des Nachlasses des zuletzt versterbenden Ehegatten.

HINWEIS

§ 2113 BGB, der die Verfügungsbefugnis des Vorerben über Grundvermögen beschränkt, gilt bei der Einheitslösung nicht, da gerade keine Vorerbschaft besteht. Ein Veräußerungsverbot kann nur durch Testamentsvollstreckung oder Unterlassungsvertrag nach § 137 Satz 2 BGB erreicht werden.

In der Person des Dritten vereinigen sich mit dem Tod des Letztversterbenden nur zwei Vermögensmassen:

- sein Eigenvermögen,
- das Vermögen des zuletzt versterbenden Ehegatten, wie es im Zeitpunkt seines Todes bestanden hat. Darin ist – allerdings untrennbar – auch das Vermögen des Erstverstorbenen enthalten.

Im Zweifel gilt die Einheitslösung.

Haben die Ehegatten in einem gemeinschaftlichen Testament, durch das sie sich gegenseitig als Erben einsetzen, bestimmt, dass nach dem Tod des Überlebenden der beiderseitige Nachlass an einen Dritten fallen soll, so ist im Zweifel anzunehmen, dass der Dritte für den gesamten Nachlass als Schlusserbe des zuletzt versterbenden Ehegatten eingesetzt ist.

Dies gilt nur, wenn Zweifel am wahren Willen der Erblasser bestehen. Haben die Ehegatten ausdrücklich die Trennungslösung angeordnet, und wird diese Anordnung von den Absichten der Erblasser getragen, besteht kein Raum für die Zweifelsregelung des § 2269 BGB.

§ 2269 BGB enthält also keine gesetzliche Vermutung, wonach zunächst von der Einheitslösung auszugehen ist.

Zweifel an der Trennungslösung bestehen dann nicht, wenn die Auslegung des Testaments ergibt, dass nach dem Willen der Erblasser die beiden Vermögensmassen nach dem Tod des Erstversterbenden getrennt weiter bestehen sollen. Einen entsprechenden Willen könnten die Ehegatten gehabt haben, wenn das Vermögen des überlebenden Ehegatten zu dessen Absicherung ausreicht und die jeweiligen Vermögensmassen den jeweiligen Verwandten der Erblasser zufallen sollen.

1.5.4 Beseitigung der Bindungswirkung beim wechselbezüglichen Testament

Die an sich strenge Bindungswirkung kann jedoch unter bestimmten Voraussetzungen beseitigt werden durch:
- Auflösung der Ehe,
- einseitigen Widerruf oder
- Anfechtung.

1.5.4.1 Auflösung der Ehe

Ein gemeinschaftliches Testament ist seinem ganzen Inhalt nach unwirksam, wenn die Ehe vor dem Tod des Erstversterbenden geschieden, aufgehoben oder für nichtig erklärt wird oder wenn der Erstversterbende bereits einen Antrag auf Scheidung oder Aufhebung gestellt hat (§§ 2077, 2268 BGB).

Etwas anderes gilt nur dann, wenn das Testament auch für den Fall der Auflösung der Ehe durch Scheidung oder Aufhebung Bestand haben soll. Maßgeblich ist jedoch, dass ein entsprechender Aufrechterhaltungswille im Fall wechselbezüglicher Verfügungen bei beiden Ehegatten im Zeitpunkt der Testamentserrichtung vorliegt, sonst nur beim Verfügenden.

1.5.4.2 Einseitiger Widerruf

Hinsichtlich der Möglichkeit des Widerrufs wechselbezüglicher Verfügungen von Todes wegen ist zwischen der Zeit vor und nach dem Tod des ersten Ehegatten zu unterscheiden. Für die jederzeit mögliche Aufhebung letztwilliger Verfügungen, die nicht wechselbezüglich sind, gilt das Folgende nicht.

Ein besonderer Widerrufsgrund ist nicht erforderlich. Die Widerrufsmöglichkeit ist der entscheidende Unterschied zum Erbvertrag, von dem eine Lösung nur durch Rücktritt möglich ist.
- Vor dem Tod des Erstversterbenden
  Wechselbezügliche Verfügungen können zu Lebzeiten des anderen Teils nur durch notariell beurkundete Erklärung gegenüber dem anderen Teil, die diesem auch zugehen muss, widerrufen werden (§§ 2271 Abs. 1 Satz 1, 2296 BGB). Während also die Errichtung eines gemeinschaftlichen Testaments formfrei möglich ist, ist seine Aufhebung zum Schutz des anderen Ehegatten, der auf die Wirksamkeit des Ehegattentestaments vertraut, nur unter besonderen Voraussetzungen möglich.
  Ein nachfolgendes Testament, das inhaltlich in Widerspruch zum gemeinschaftlichen Testament steht, hat keine aufhebende Wirkung (§ 2271 Abs. 1 Satz 2 BGB).
- Nach dem Tod des Erstversterbenden
  Das Recht zum Widerruf erlischt mit dem Tode des anderen Ehegatten (§ 2271 Abs. 2 Satz 1 BGB). Der überlebende Ehegatte kann jedoch seine Verfügung aufheben und neu testieren, wenn er das ihm Zugewandte ausschlägt (§ 2271 Abs. 2 Satz 2 BGB).

Da die Ehegatten die Bindungswirkung beschränken oder ausschließen können, können sie auch die Widerruflichkeit wechselbezüglicher Verfügungen erweitern und dem überlebenden Ehegatten ein unbeschränktes Widerrufsrecht einräumen. Ein solcher Änderungsvorbehalt kann sich auch durch Auslegung des Testaments ergeben.

1.5.4.3 Anfechtung

Zur Anfechtung, die erst nach dem Tod eines Ehegatten erfolgen kann, ist der überlebende Ehegatte oder ein Dritter berechtigt.

- Anfechtung durch den überlebenden Ehegatten
  Solange eine Widerrufsmöglichkeit besteht, ist die Anfechtung entbehrlich und daher ausgeschlossen.
  Zu differenzieren ist zwischen der Anfechtung der eigenen Verfügung und der des erstverstorbenen Ehegatten. Hinsichtlich der Anfechtungsgründe gilt das zum allgemeinen Anfechtungsrecht Gesagte (siehe Kapitel III 5.2).
  Die wirksame Anfechtung der eigenen Verfügung oder der des erstverstorbenen Ehegatten bewirkt die Unwirksamkeit der eigenen testamentarischen Anordnung wie die der anderen (§ 2270 Abs. 1 BGB).
- Anfechtung durch Dritte
  Dritte können die wechselbezüglichen Verfügungen in gemeinschaftlichen Testamenten bei Vorliegen der gesetzlich vorgesehenen Anfechtungsvoraussetzungen anfechten, jedoch nur nach dem Tod des jeweiligen Ehegatten.

1.5.5 Die Rechtswirkung für den überlebenden Ehegatten

1.5.5.1 Einfaches und gegenseitiges Testament

Die Aufhebung eigener Verfügungen von Todes wegen, die nicht der Bindungswirkung wegen Wechselbezüglichkeit unterliegen, ist jederzeit möglich.

1.5.5.2 Wechselbezügliches Testament

Mit dem Tod des Erstversterbenden wird die Testierfreiheit des überlebenden Ehegatten beschränkt. Er kann seine wechselbezügliche Verfügung von Todes wegen nur noch unter Ausschlagung des ihm Zugewandten aufheben oder abändern. Dies berücksichtigt das Vertrauen des Erstversterbenden, der seine Verfügung nur unter der Voraussetzung der anderen getroffen hat.

1.6 Ehegatten mit gemeinsamen Kindern

Ehegatten mit gemeinsamen Kindern haben bestimmte Interessen und Wünsche für die Regelung ihres Nachlasses, für die ihnen jedoch nur die erbrechtlichen Gestaltungsmittel zur Verfügung stehen. Die Interessen bedürfen einer erbrechtlichen Ausgestaltung.

1.6.1 Problemstellung

Ehegatten mit gemeinsamen Kindern werden sich bei der Ausgestaltung ihrer letztwilligen Verfügungen vor allem Gedanken über die Absicherung des überlebenden Ehegatten und den Erhalt des Vermögens für ihre Kinder machen.

Dabei sind häufig Gradwanderungen und schwierige Abwägungen vorzunehmen.

Eine größtmögliche Absicherung des Ehegatten hat dessen weitgehende Verfügungsfreiheit zur Folge. Die Kinder können sich dann nur schwer gegen eine etwaige Verschwendung zur Wehr setzen. Die Absicherung des Ehegatten ist andererseits gefährdet, wenn die Kinder ihre Pflichtteilsansprüche beim Tod des ersten Ehegatten und Elternteils geltend machen. Jeder Ehegatte wird auch ein Interesse daran haben, dass im Falle seines Erstversterbens der überlebende Ehegatte nicht im Falle der Wiederheirat den Nachlass unter Ausschluss der Kinder auf den neuen Ehegatten überträgt.

Beispiel:

Das Ehepaar Josef und Carola Heinze, beide 42 Jahre alt, lebt im gesetzlichen Güterstand der Zugewinngemeinschaft. Ihre beiden Kinder Anne und Florian sind 16 bzw. 12 Jahre alt. Herr Heinze ist angestellter Bauingenieur. Frau Heinze ist gelernte Hotelfachfrau und seit Annes Geburt in Teilzeit beschäftigt.
Ihr gemeinsames Einfamilienhaus im Wert von 400.000 € steht im hälftigen Miteigentum von Josef und Carola und ist noch mit einer Grundschuld in Höhe von 70.000 € belastet. Sie besitzen zudem ein gemeinsames Sparbuch mit einem Guthaben von 15.000 €. Herr Heinze ist Eigentümer einer Münzsammlung im Wert von 50.000 €.

Lösung:

Existiert kein Testament, erben im Falle des Todes von Herrn oder Frau Heinze der überlebende Ehegatte 1/2 des Nachlasses, wenn er es beim pauschalierten Zugewinnausgleich belässt, und die Kinder jeweils ein 1/4.
Der überlebende Ehegatte und die Kinder bilden eine Erbengemeinschaft, die sich entsprechend der gesetzlichen Quoten auseinanderzusetzen hat. Diese Auseinandersetzung kann zu Streitigkeiten führen, da völlig offen ist, wie der Nachlass zu verteilen ist.
Zum Nachlass zählen ein halber ideeller Miteigentumsanteil am Haus im Wert von 200.000 €, abzüglich der ideellen Hälfte der Grundschuld in Höhe von 35.000 €, die Münzsammlung mit

50.000 € und Sparguthaben im Wert von 7.500 €, insgesamt 222.500 €. Wie soll dieser Wert verteilt werden?
Es ist sicher nicht im Interesse von Josef Heinze, dass seine Münzsammlung im Falle seines Vorversterbens zerschlagen wird, wenn sich eines seiner Kinder für diese Leidenschaft begeistern kann. Im gleichen Fall wäre Carola Heinze gezwungen, mit ihrer Teilzeitbeschäftigung die hohe Grundschuld abzuzahlen. Sie läuft Gefahr, das Haus verkaufen zu müssen.

Die Folgen der gesetzlichen Erbfolge können zu teilweise hohen Belastungen der Erben führen und entsprechen häufig nicht dem Willen der Ehegatten. Dem kann durch ein Testament begegnet werden.

1.6.2 Absicherung und Bindung des überlebenden Ehegatten

Die Ehegatten können zur Regelung ihrer gemeinsamen letztwilligen Verfügungen ein gemeinschaftliches Testament errichten.

1.6.2.1 Berliner Testament

Wie in Kapitel V 1.5.3 dargestellt, können Ehegatten ein gemeinschaftliches Testament dergestalt abschließen, dass sich die Ehegatten gegenseitig als Erben einsetzen, und bestimmen, dass nach dem Tod des Erstversterbenden dessen Vermögen – die Zugewinngemeinschaft ist eine besondere Form der Gütertrennung – zunächst auf den überlebenden Ehegatten übergehen soll. Der überlebende Ehegatte ist Vollerbe und daher in der Verfügungsbefugnis über den Nachlass unbeschränkt. Des Weiteren ist die Verfügung notwendig, dass nach dem Tod des letztversterbenden Ehegatten der gesamte Nachlass an einen Dritten, regelmäßig die Kinder, fallen soll.

Beispiel:

Josef und Carola Heinze können also wie folgt testieren:
»Hiermit setzen wir uns gegenseitig als Alleinerben des zuerst versterbenden Ehegatten ein. Nach dem Tod des Letztversterbenden soll das Vermögen unseren Kindern zu je ein Halb zufallen.«

Damit ist rechtlich die Absicherung des überlebenden Ehegatten gewährleistet. Er wird Vollerbe des Nachlasses des Erstversterbenden. Die Kinder sind Erbe des Letztversterbenden, bekommenalso seinen Nachlass, wie er nach seinem Tod besteht.

Das Ehegattentestament gewährleistet auch, dass der überlebende Ehegatte an gemeinschaftliche Erbeinsetzungen, Vermächtnisse und Auflagen in dem Testament gebunden ist. Der erstversterbende Ehegatte kann also sicher sein, dass die von ihm getroffenen Erbeinsetzungen, Vermächtnisse und Auflagen nach seinem Tod nicht mehr abänderbar sind.

Steuerlich nachteilig wirkt sich aus, dass der Nachlass des Erstversterbenden bei seinem Tod und dem des letztversterbenden Ehegatten zweimal versteuert wird. Dies gilt gem. § 6 ErbStG jedoch auch für die Trennungslösung, wo Vor- und Nacherbschaft angeordnet ist. Diese teilweise Doppelbesteuerung lässt sich allenfalls bei einer Direktvererbung auf die Kinder vermeiden, woran aber möglicherweise die Absicherung des überlebenden Ehegatten scheitert.

Zudem bleiben die den Kindern bereits beim ersten Erbfall zustehenden Freibeträge, wären sie Erben, ungenutzt. Dies lässt sich nur dadurch vermeiden, dass durch die Anordnung von Vermächtnissen an die Schlusserben, die zwar mit einer Nachlassminderung zu Lasten des überlebenden Ehegatten verbunden ist, die Freibeträge aktiviert werden.

1.6.2.2 Pflichtteilsstrafklauseln

Durch das gemeinschaftliche Testament wird der überlebende Ehegatte abgesichert, indem ihm allein das Vermögen des Erstversterbenden als Nachlass zufällt. Da er dazu als Alleinerbe eingesetzt werden muss, bedeutet dies zugleich die Enterbung der Kinder. Diese sind also beim Tod des Erstversterbenden pflichtteilsberechtigt.

Machen die Kinder ihre Pflichtteile gegenüber dem überlebenden Ehegatten geltend, muss dieser Zahlungen in Höhe des hälftigen gesetzlichen Erbteils leisten.

Beispiel:

Der Sachverhalt entspricht dem Beispiel unter 1.6.1.

Lösung:

Der überlebende Ehegatte Heinze müsste also jedem Kind 1/8 des Nachlasses des Erstversterbenden auszahlen. Verstirbt Josef Heinze zuerst, kann jedes Kind 27.812,50 € verlangen.

Die Pflichtteilsberechtigten können ein großes Interesse an einem Zugriff auf den Nachlass bereits beim ersten Erbfall haben, obwohl sie beim zweiten Erbfall als Erben eingesetzt sind. Unter Umständen haben die Kinder kein Interesse an den Nachlassgegenständen, sondern wollen lieber gleich eine Geldsumme für eigene Investitionen. Pflege- und Krankenkosten für den überlebenden Ehegatten können den Nachlass aufzehren, sodass beim zweiten Erbfall wertmäßig weniger geerbt werden kann. Unter Umständen bevorzugt der überlebende Ehegatte ein Kind oder einen Dritten und überträgt ihm zu Lebzeiten Vermögensgegenstände aus dem Nachlass. Wenn sich die Kinder und der überlebende Ehegatte nicht verstehen oder gar verfeindet sind, besteht die Gefahr, dass der überlebende Ehegatte den Nachlass zum Nachteil der Kinder verprasst.

Es stehen sich also, je nach tatsächlicher Lage, verschiedene Interessen gegenüber.

Da das Pflichtteilsrecht zwingend ist, können die Erblasser davon nicht abweichen. Die Geltendmachung des Pflichtteils kann jedoch durch erbrechtliche Gestaltungsmittel verhindert werden. Denkbar ist ein Pflichtteilsverzichtsvertrag. Dieser muss jedoch notariell beurkundet werden. Zudem wird als Gegenleistung regelmäßig eine Ausgleichszahlung in

Höhe des Pflichtteils verlangt werden. Das Ziel, eine Vermögensminderung zu verhindern, kann dadurch nicht erreicht werden.

Es besteht aber die Möglichkeit, durch Pflichtteilsstrafklauseln die beim ersten Erbfall enterbten Kinder von der Einforderung des Pflichtteils abzuhalten. Ziel ist es, die Geltendmachung wirtschaftlich uninteressant zu machen und diejenigen Schlusserben zu begünstigen, die beim ersten Erbfall auf die Geltendmachung der ihnen an sich zustehenden Pflichtteile verzichtet haben.

Es werden verschiedene Formen der Pflichtteilsstrafklausel unterschieden. Entweder wird der Pflichtteilsberechtigte verpflichtet, sich den beim Tod des ersten Ehegatten erhaltenen Pflichtteil auf seinen Erbteil nach dem Letztversterbenden anrechnen zu lassen.

Gebräuchlich sind auch die härter wirkenden Ausschlussklauseln, wonach derjenige Pflichtteilsberechtigte, der bereits beim ersten Erbfall seinen Pflichtteil fordert, für den zweiten Erbfall, dem Tod des Letztversterbenden, auf den Pflichtteil gesetzt, also enterbt wird. Die Enterbung kann bereits im Testament enthalten sein, oder lediglich fakultativ dem überlebenden Ehegatten als Enterbungsrecht eingeräumt werden. Zu beachten ist jedoch, dass unter den Voraussetzungen des § 2306 Abs. 1 Satz 1 BGB die Pflichtteilsstrafklausel in Form der Ausschlussklausel als auflösend bedingte Erbeinsetzung unwirksam ist, wenn der Schlusserbteil kleiner als die eigentliche Pflichtteilsquote ist.

Eine dritte Form ist die sog. Jastrow'sche Klausel, wonach der zweite Pflichtteil, also der nach dem Tod des zweiten Ehegatten, der Höhe nach begrenzt werden kann. Für den Fall, dass ein Pflichtteilsberechtigter seinen Pflichtteil nach dem ersten Erbfall geltend macht, werden den übrigen Pflichtteilsberechtigten, die auf die Geltendmachung verzichtet haben, Geldvermächtnisse in Höhe ihrer gesetzlichen Erbteile nach dem Tod des Erstversterbenden zugesprochen, deren Fälligkeit jedoch bis zum Tod des Letztversterbenden hinausgeschoben ist (§ 2181 BGB). Dadurch wird der Nachlass nach dem Letztversterbenden um diese Vermächtnisse und so wertmäßig auch der Pflichtteil des fordernden Pflichtteilsberechtigten reduziert.

Beispiel:

Folgende Pflichtteilsstrafklausel in Form der Jastrow'schen Klausel kann das Ehepaar Heinze in sein Testament einfügen:
»Sollte eines unserer Kinder seinen Pflichtteil bereits beim Tod des Ersten von uns fordern, wird dieses enterbt und zu Gunsten des anderen, das auf die Geltendmachung seines Erbteils beim ersten Erbfall verzichtet, ein Vermächtnis in Höhe seines gesetzlichen Erbteils angeordnet, das jedoch erst mit dem Tod des Letztversterbenden fällig wird.«

In einer Variante kann dem Letztversterbenden das Recht zur Enterbung eingeräumt werden. In der Klausel kann auch eine Verzinsung des Vermächtnisses angeordnet werden, die den Nachlass und damit den Pflichtteil des fordernden Schlusserben weiter schmälert.

Pflichtteilsstrafklauseln können jedoch nur bedingt und nicht vollständig die Geltendmachung der Pflichtteile verhindern. Die abschreckende Wirkung bleibt beispielsweise aus, wenn nach dem Tod des Erstversterbenden ein Vermögenszuwachs beim überlebenden Ehegatten eintritt und der Berechtigte zwei Mal einen Pflichtteil erhält.

Die Jastrow'sche Klausel scheitert zudem dann, wenn nur ein Dritter Schlusserbe wird oder alle Schlusserben ihren Pflichtteil fordern. Zudem ergeben sich steuerliche Nachteile. In der Fälligkeit aufgeschobene Vermächtnisse werden als vom überlebenden Ehegatten angeordnete Vermächtnisse angesehen und daher wie eine Nacherbschaft behandelt, sodass zum einen nach § 6 Abs. 4, 2 Satz 4 ErbStG Freibeträge eingeschränkt werden und zum anderen kein Abzug nach § 10 Abs. 5 Nr. 2 ErbStG erfolgen kann.

1.6.2.3 Partielle Testierfreiheit des überlebenden Ehegatten

Beim gemeinschaftlichen Testament sind Erbeinsetzung, Vermächtnisanordnung und Auflagen bindend. Wenn die Erblasser diese strenge Bindung wollen, können sie klarstellend im Testament eine entsprechende Anordnung treffen.

Manchmal wird diese Bindung auch als zu hart empfunden. Zu Lebzeiten nämlich kann eine Lösung von der Bindungswirkung nur durch notariell beurkundete Erklärung gegenüber dem anderen erfolgen. Nach dem Tod des Erstversterbenden sind die Anordnungen dann nicht verbindlich, wenn der überlebende Ehegatte das ihm vom Erstversterbenden Zugewendete ausschlägt.

Da diese starre Bindung oftmals nicht den Interessen der Ehegatten entspricht, zum Beispiel im Fall großer Altersunterschiede der Ehegatten, kann die Bindungswirkung eingeschränkt oder modifiziert werden.

Beispielsweise können die Ehegatten erklären, dass nur die gegenseitige Erbeinsetzung, nicht aber die Schlusserbenanordnung bindend sein soll. Auch kann dem überlebenden Ehegatten die Möglichkeit eröffnet werden, hinsichtlich der Schlusserbschaft eine neue Anordnung zu treffen, solange sie sich nur auf die gemeinsamen Kinder bezieht.

Beispiel:

Der Sachverhalt entspricht dem Beispiel aus 1.6.1. Das Ehepaar Heinze könnte daher Folgendes verfügen:
»Der letztversterbende Ehegatte ist berechtigt, die von uns beiden getroffene Anordnung über die Erbquoten unserer Kinder zu ändern. Zu anderen Änderungen ist er nicht befugt.«
Überlebt Frau Heinze, kann sie zum Beispiel für die Pflege durch eines der Kinder dessen Quote auf 2/3 heraufsetzen.

Auch die nachträgliche Anordnung von Vermächtnissen durch den überlebenden Ehegatten kann im Ehegattentestament ermöglicht werden.

1.6.2.4 Erhalt des Familienbesitzes

Häufig haben Ehegatten, die sich im Laufe ihres Lebens ein Lebenswerk aufbauen konnten oder alte Familienerbstücke beisammenhalten und erhalten konnten, ein Interesse daran, dass diese Vermögensgegenstände aufgrund ihres ideellen Wertes nachkommenden Generationen erhalten bleiben.

Am einfachsten ist es, dieser Generation die Gegenstände sofort zu vermachen. Wird das Vermögen jedoch gleich auf die Kinder oder Enkelkinder übertragen, ist die Absicherung des überlebenden Ehegatten gefährdet. Da beim Berliner Testament nach der Einheitslösung der überlebende Ehegatte Vollerbe wird, steht ihm die unbeschränkte Verfügungsbefugnis zu. Er ist also trotz der Schlusserbeinsetzung nicht an der Veräußerung der Familienerbstücke gehindert. Aus Versorgungsgründen kann er dazu sogar gezwungen sein.

Der Erblasser kann zur Sicherung des Nachlasses vor Zerschlagung und Gesamtveräußerung die Erben mit Auflagen in Form von Veräußerungsverboten beschweren und zugleich zur Durchsetzung dieser Verbote Testamentsvollstreckung anordnen. Bei Grundstücken kann den Schlusserben für den Fall der Veräußerung ein durch Vormerkung gesichertes Auflassungsrecht oder nur ein dingliches Vorkaufsrecht gewährt werden. Tauglich ist auch die Anordnung der Vor- und Nacherbschaft, wenn der überlebende Ehegatte, der dadurch in seiner Verfügungsbefugnis beschränkt würde, durch eigenes Vermögen ausreichend abgesichert ist.

Ein Verfügungsunterlassungsvertrag nach § 137 Satz 2 BGB kann nicht durch eine testamentarische Anordnung ersetzt werden.

1.6.3 Absicherung und Bindung der Kinder

Entsprechend dem Interesse des Erblassers, seine Kinder einerseits abzusichern, sie aber auch an seine Wünsche zu binden, stehen ihm verschiedene Instrumente zur Verfügung.

1.6.3.1 Verfügungen des Erblassers über die Teilung des Nachlasses

Da nach der Einheitslösung des gemeinschaftlichen Testaments zunächst der überlebende Ehegatte alleiniger Vollerbe wird, übernimmt er als Gesamtrechtsnachfolger den gesamten Nachlass als einziger. Eine Aufteilung des Nachlasses ist nicht erforderlich, auch dann nicht, wenn nur ein Schlusserbe, beispielsweise das einzige Kind des Ehepaares, vorhanden ist.

Anders liegt der Fall, wenn mehrere Schlusserben testamentarisch bedacht sind. Diese treten zusammen als Gesamtrechtsnachfolger die Nachfolge in den Nachlass an und bilden dadurch eine Erbengemeinschaft. Diese Erbengemeinschaft erhält als Ganzes den Nachlass. Nach den Erbquoten hat jeder Erbe ein entsprechendes ideelles Recht am gesamten Nachlass. Nicht geklärt ist, wie der Nachlass zu verteilen ist, wie sich dann also die Erbengemeinschaft auseinanderzusetzen hat.

Über die Verteilung des Nachlasses können die gemeinschaftlichen Erblasser jedoch Anordnungen treffen. Dabei können beispielsweise bestimmte Interessen der Kinder an Vermögensgegenständen, ihre Hobbys oder ihr etwaiger dauerhafter Wohnsitz im Ausland einbezogen und so einem möglichen Streit bei der Auseinandersetzung und Verteilung des Nachlasses begegnet werden. Durch Teilungsanordnungen bringen die Erblasser auch zum Ausdruck, wie nach ihren Vorstellungen eine gerechte Verteilung des Nachlasses aussehen könnte.

Beispiel:

Das Ehepaar Heinze hat die Erbquoten ihrer Kinder auf jeweils 1/2 festgelegt. Hat Anne ein besonderes Interesse an dem Haus, im Gegensatz zu Florian, der sich zu einem nicht sesshaften Leben entschlossen hat, können die Eltern Folgendes verfügen:
»Unser gemeinsames Familienhaus soll Anne gehören, das Geld, die Wertgegenstände und das Mobiliar gehen an Florian.«

Sollten den Erblassern die Wünsche ihrer Kinder nicht genau bekannt sein oder ist mit deren Änderung zu rechnen, können die Teilungsanordnungen in Form von Übernahmerechten formuliert werden. Die Bedachten können dann über die Annahme der von den Erblassern getroffenen Teilungsverfügungen frei entscheiden.

Beispiel:

Das Ehepaar Heinze könnte wie folgt verfügen:
»Anne kann das gemeinsame Familienhaus für sich beanspruchen. Wenn Florian möchte, gehen das Geld, die Wertgegenstände und das Mobiliar an ihn.«

Dies kann trotz der gleichen Erbquote wertmäßig zu ungerechten Ergebnissen führen. Die Erblasser können daher Ausgleichungspflichten unter den Schlusserben anordnen. Wird nicht über den gesamten Nachlass eine Teilungsanordnung getroffen, sondern nur bestimmte Gegenstände zugeteilt, kann auch eine Anrechnungspflicht auf den Erbteil angeordnet werden.

Wichtig ist, dass Teilungsanordnungen in gemeinschaftlichen Testamenten nicht wechselbezüglich sind und daher vom überlebenden Ehegatten jederzeit geändert werden können, wenn sich die Ehegatten nicht durch Auflage an die Teilungsverfügungen gebunden haben. Da die Teilungsanordnungen nur die Erben im Innenverhältnis binden und keine Verpflichtung gegenüber den Erblassern enthalten, können sich die Erben nach dem Schlusserbfall jederzeit einvernehmlich über die Anordnungen hinwegsetzen.

Wollen die Erblasser keine Anordnungen treffen, weil sie die Wünsche ihrer Schlusserben nicht kennen, aber bei der Auseinandersetzung Streit vermeiden wollen, können sie die Auswahl der vermachten Nachlassgegenstände für die einzelnen Schlusserben einem

Dritten, zum Beispiel einem Testamentsvollstrecker, überlassen. Wie dieser die Verteilung vorzunehmen hat, kann durch Anordnung der Erblasser über die Art und Weise der Verteilung verfügt werden.

1.6.3.2 Testamentsvollstreckung zu Lasten des überlebenden Ehegatten

In vielen Fällen herrscht zwischen Ehepartnern trotz langer Ehe und gemeinschaftlichen Testaments Misstrauen über den Umgang mit dem gemeinsamen Vermögen nach dem Tod des Erstversterbenden. Auch besteht die Möglichkeit, dass einer der Ehegatten sich für sein Überleben mit der Vermögensverwaltung ohne die Hilfe des anderen überfordert sieht. Vielleicht besteht auch die Gefahr, dass Dritte den überlebenden Ehegatten durch Manipulation zu Vermögensverfügungen zu ihren Gunsten bewegen wollen, denen der Erstversterbende nie zugestimmt hätte.

Um zu verhindern, dass dem Nachlass durch Verprassung oder Fehlwirtschaft Schaden zugefügt wird und die Schlusserben der Willkür des überlebenden Ehegatten ausgesetzt sind, kann die Verfügungsbefugnis des überlebenden Ehegatten durch Testamentsvollstreckung eingeschränkt werden.

Beispiel:

Wenn Frau Heinze in der Gutmütigkeit ihres Mannes eine Gefahr sieht, kann sie für ihren Nachlass im gemeinschaftlichen Testament Testamentsvollstreckung anordnen.
»Sollte ich als Erste versterben, ordne ich für die Verwaltung des Nachlasses Testamentsvollstreckung an.«

Die Möglichkeiten der Anordnungen über die Testamentsvollstreckung sind jedoch in zweierlei Hinsicht eingeschränkt. Ist in einem Ehegattentestament Testamentsvollstreckung angeordnet, kann jeder Erblasser sie zu seinen Lebzeiten, also auch als überlebender Ehegatte, widerrufen (§ 2253 BGB), soweit es sich um seine eigene Anordnung handelt, da die Anordnung der Testamentsvollstreckung nicht der Wechselbezüglichkeit unterliegt. Etwas anderes ergibt sich nur, wenn eine Auflage die Unwiderruflichkeit der Testamentsvollstreckungsanordnung vorschreibt.

Zum anderen kann der überlebende Ehegatte nicht nachträglich als Ergänzung des gemeinschaftlichen Testaments die Testamentsvollstreckung über die Schlusserben oder sonstige Bedachte anordnen, da die Anordnung der Testamentsvollstreckung die wechselbezügliche Einsetzung der Schlusserben beeinträchtigen würde, dies nach dem Tod des ersten Ehegatten wegen der dann eingetretenen Bindungswirkung jedoch nicht mehr erfolgen darf. Etwas anderes gilt nur, wenn sich die Ehegatten im Testament die Anordnung gestattet haben.

1.6.3.3 Absicherung minderjähriger Kinder

Nach den allgemeinen Vorschriften des Verwandtenunterhalts (§§ 1601 BGB) sind die Eltern ihren minderjährigen Kindern zur Leistung von Unterhalt verpflichtet. Die gleiche Verpflichtung gilt gegenüber volljährigen Kindern, solange sie sich in der Ausbildung befinden.

Wollen Kinder ein Hochschulstudium oder allgemein eine höhere Ausbildung ergreifen und dabei nicht auf ein eigenes Einkommen während des Studiums beschränkt sein, kann es bei der Finanzierung allein durch den überlebenden Ehegatten zu Engpässen kommen, da es bei dem Wegfall eines Ehegatten regelmäßig zu Einkommenseinbußen kommt.

Eltern können jedoch einen Teil ihres Nachlasses ihren Kindern zu Ausbildungszwecken im Wege eines Vermächtnisses zur Verfügung stellen. Um andererseits sicher zu gehen, dass die Kinder das Geld auch tatsächlich nur zu Ausbildungszwecken verwenden, kann das Vermächtnis durch Testamentsvollstreckung gesichert werden. Um die Ausbildung tatsächlich abzusichern, werden die Erblasser die Vermächtnissumme als monatliche Zahlungen ausgestalten. Ist das Vermächtnis wertmäßig nicht begrenzt, sondern sind nur monatliche Zahlungen verfügt, können die Zahlungen auch einer zeitlichen Grenze unterworfen werden.

Beispiel:

Das Ehepaar Heinze wird Folgendes verfügen:
»Wenn sich Anne oder Florian im Zeitpunkt des Todes des Erstversterbenden noch in Ausbildung befinden, wird ihr bzw. ihm in diesem Zeitpunkt ein Vermächtnis in Höhe von 150 € monatlich bis zum Ende der Ausbildung, spätestens bis zu dem Monat, in dem sie oder er das 25. Lebensjahr vollenden, ausgesetzt.«

Dieses Vermächtnis ist vorbehaltlich der Freibeträge steuerpflichtig. Gem. § 13 Abs. 1 Nr. 12 Alt. 2 ErbStG sind Zuwendungen unter Lebenden zur Ausbildung des Bedachten steuerfrei. Wird dem in der Ausbildung stehenden Kind durch Vermächtnis die Ausbildung finanziert, muss der Betrag voll versteuert werden. Erblasser, die ihrem Kind die Finanzierung der Ausbildung sichern wollen, können dies nur zu Lebzeiten steuerfrei tun.

1.6.3.4 Bevorzugung und Ausschluss von Kindern

Setzen Eltern ihre Kinder als Schlusserben ein, ist damit keine Pflicht verbunden, dass alle Kinder den gleichen Anteil erhalten. Die Motive, einem Kind mehr zuzuwenden oder andererseits ganz von der Erbfolge auszuschließen, können vielfältig sein.

Häufig sind Überwerfungen der Eltern mit einem ihrer Kinder die Ursache dafür, es von der Erbfolge auszuschließen oder nur in geringem Maße zu beteiligen. Ist ein Kind gesundheitlich benachteiligt, kann ihm zu seiner Absicherung mehr Vermögen als den anderen Kindern zugesprochen werden. Häufig kann auch aus Dankbarkeit für aufopfernde Pflege ein Kind begünstigt werden. Die Affinität für einen bestimmten Vermögensgegenstand, der aber viel Pflege und Engagement beansprucht, wie etwa eine Pferde- oder Bienenzucht, kann durch seine Zuwendung zusätzlich zum eigenen Erbteil belohnt werden.

Eine Bevorzugung kann durch eine Erbquotelung und Teilungsanordnungen, die mit Anrechnungs- und Ausgleichungspflichten kombiniert werden, erreicht werden.

Beispiel:

Soll Florian einmal die Münzsammlung erhalten und sein Engagement dafür besonders belohnt werden, kann das Ehepaar Heinze wie folgt testieren:
»Als Schlusserben setzen wir unsere Kinder Anne und Florian zu je ein Halb ein. Florian soll jedoch ohne Anrechnung auf seinen Erbteil und ohne Ausgleichungspflicht die Münzsammlung bekommen.«

Lösung:

Florian erhält also die Münzsammlung. Der restliche Nachteil wird entsprechend den Erbquoten hälftig zwischen Anne und Florian aufgeteilt.

Schwierigkeiten bei der Belohnung für die Pflege eines Elternteils können sich ergeben, wenn diese Pflege den überlebenden Ehegatten betrifft, eine entsprechende Verfügung jedoch nicht im Testament enthalten ist, etwa weil die Ehegatten diesen Fall nicht bedacht haben. Verstirbt der erste Ehegatte, kann der Überlebende aufgrund der dann bindend gewordenen Erb- und Vermächtnisanordnungen nicht nach seinem Willen verfügen.

Es besteht jedoch die Möglichkeit, dem überlebenden Ehegatten eine entsprechende Befugnis einzuräumen, um die Bindungswirkung zu lockern. Jeder Ehegatte wird aber für den Fall seines Erstversterbens ein Interesse daran haben, dass seine Verfügungen, die er ja im Vertrauen auf die Verfügungen des anderen tätigte, nicht einseitig abgeändert werden. Die erweiterte Testierfreiheit des Überlebenden kann zu diesem Zweck an Bedingungen geknüpft und beispielsweise auf Vermächtnisse oder auf bestimmte Summen beschränkt werden.

Beispiel:

»Sollte eines unserer Kinder die Pflege des länger lebenden Ehegatten übernehmen, ist dieser berechtigt, zu dessen Gunsten ein Vermächtnis, das wertmäßig 30.000 € nicht übersteigt, anzuordnen.«

Der Ausschluss eines Kindes von der Erbfolge kann nur nach den Grundsätzen über den Erb- und Pflichtteilsentzug erfolgen. Soll der Nachlass vor Zugriffen der Gläubiger eines verschuldeten Kindes geschützt werden, kann Testamentsvollstreckung angeordnet werden.

Haben die Ehegatten Interesse daran, dass ihre Schwiegerkinder nicht an ihrem Nachlass beteiligt werden, sind sie gezwungen, das eigene Kind als Vorerben und die Enkelkinder als Nacherben einzusetzen. Schwiegersohn oder -tochter würden jedoch trotzdem erben, wenn sie ihren Ehegatten und ihre eigenen Kinder überleben.

Wollen die Ehegatten ganz sicher gehen, muss das eigene Kind enterbt und die Enkelkinder als Vorerben, deren Kinder als Nacherben eingesetzt werden. Bei dieser Gestaltung sind jedoch die für die Enkelkinder wesentlich ungünstigeren Steuerklassen und geringeren Freibeträge unvermeidlich.

1.6.3.5 Absicherung durch Wiederverheiratungsklauseln

Da die Ehegatten in den seltensten Fällen gleichzeitig versterben und die individuelle Lebensspanne nicht prognostiziert werden kann, ist es gerade bei einem frühen Versterben eines Ehegatten oder bei großen Altersunterschieden nicht ausgeschlossen, dass sich der Überlebende im Alter noch einmal einem neuen Lebenspartner zuwendet, heiratet und mit ihm den Lebensabend verbringt. Auch wenn jeder Ehegatte für den Fall seines Erstversterbens dem anderen sicherlich das »späte Glück« gönnen wird, wird er trotzdem verhindern wollen, dass der überlebende Ehegatte den Nachlass an den Nachkommen vorbei auf den neuen Ehegatten überträgt, oder, dass der Nachlass nicht durch die Einflussnahme des neuen Ehegatten verschleudert wird. Das Vermögen soll in der Familie bleiben.

Erforderlich ist eine juristisch nicht immer leicht zu vollziehende Gratwanderung, die immer die jeweiligen Verhältnisse des Einzelfalls berücksichtigen muss. Das Interesse des überlebenden Ehegatten an der Absicherung durch seine Verfügungsfreiheit und an Bevorzugung eines seiner Kinder durch über den Tod des Erstversterbenden hinaus bestehende Testierfreiheit steht oft den Erhaltungs- und Sicherungsabsichten gegenüber. Zudem ist die Entwicklung der Vermögensverhältnisse nur schwer zu prognostizieren.

Um zu verhindern, dass der neue Ehegatte Erbe wird, sollte das Testament keine die Erbquotelung betreffende Testierfreiheit enthalten. Dass der neue Ehegatte durch die erneute Heirat trotzdem pflichtteilsberechtigt wird, lässt sich nicht vermeiden. Der neue Ehegatte kann höchstens gegenüber dem Überlebenden auf den Pflichtteil verzichten.

Durch sog. Wiederverheiratungsklauseln kann die Wiederheirat des überlebenden Ehegatten aber erbrechtlich sanktioniert werden.

In ihrer schärfsten Form wird für den Fall der Wiederverheiratung die Übertragung des vom Erstversterbenden erhaltenen Nachlasses an die als Schlusserben eingesetzten Personen angeordnet. Die Vollerbeneinsetzung ist dann auflösend bedingt. In diesem Fall sind aber zugleich der überlebende Ehegatte aufschiebend bedingt als Vorerbe, der Dritte als aufschiebend bedingter Nacherbe eingesetzt. Im Fall der Wiederheirat kann der überlebende Ehegatte über sein eigenes Vermögen dann wieder frei verfügen und testieren, da bei der eingetretenen Vorerbschaft keine Vermögensverschmelzung stattfindet. Klarstellend können die Ehegattenerblasser in das Testament die Klausel aufnehmen, dass die Anordnungen ihre bindende Wirkung verlieren sollen.

Beispiel:

Das Ehepaar Heinze kann wie folgt testieren:
»Für den Fall der Wiederheirat des überlebenden Ehegatten ist er verpflichtet, den vom Erstversterbenden erlangten Nachlass als Vorerbe an Anne und Florian herauszugeben. Die bindenden Verfügungen in diesem Testament sollen dann keinen Bestand haben.«

Möglich ist auch, die Herausgabe des Nachlasses des erstversterbenden Ehegatten und die Auseinandersetzung mit den als Erben eingesetzten Dritten anzuordnen

Soll es bei der unbedingten Vollerbeinsetzung bleiben, kann der überlebende Ehegatte für den Fall der Wiederheirat mit einem für diesen Fall aufschiebend bedingten Vermächtnis belastet werden, dass ein Teil des Nachlasses an den als Schlusserben eingesetzten Dritten herauszugeben ist.

Beispiel:

Das Ehepaar Heinze kann folgendermaßen testieren:
»Für den Fall der Wiederheirat durch den überlebenden Ehegatten setzen wir bereits jetzt für jedes unserer Kinder ein mit der Wiederheirat fällig werdendes Vermächtnis in Höhe des gesetzlichen Erbteils am Nachlass des Erstversterbenden aus.«

Dadurch wird die Absicherung des überlebenden Ehegatten aufgeweicht, weil er zum Beispiel im Falle einer Krankheit zur Finanzierung der Behandlungskosten nicht mehr auf den gesamten Nachlass zurückgreifen kann.

1.6.4 Weitere regelungsbedürftige Punkte

Die Regelung der folgenden Punkte kann im Interesse der Ehegatten liegen:

1.6.4.1 Sicherung der Pflege im Alter

Um dem überlebenden Ehegatten im Alter den finanziellen Aufwand für eine Krankenbehandlung und die erforderliche Pflege zu sichern, wird er, wie oben dargestellt, als Vollerbe eingesetzt und kann daher unbeschränkt auf den Nachlass zurückgreifen.

Dies ist nur dann gefährdet, wenn die als Schlusserben eingesetzten Abkömmlinge ihren Pflichtteil schon beim Tod des Erstversterbenden aus dessen Nachlass verlangen.

Um dies zu verhindern, kann der fordernde Abkömmling für den zweiten Erbfall auf den Pflichtteil gesetzt werden bzw. der Pflichtteil für den zweiten Erbfall durch die Anordnung von Vermächtnissen für den Fall des Versterbens des zweiten Ehegatten zu Gunsten der anderen Abkömmlinge geschmälert werden (Pflichtteilsstrafklausel).

1.6.4.2 Dank an Pflegepersonen

Haben nicht die Kinder, sondern Dritte die Pflege des überlebenden Ehegatten übernommen, kann zum Dank ein entsprechendes Vermächtnis angeordnet werden. Soll dem überlebenden Ehegatten eine entsprechende Befugnis erteilt werden und vertrauen die Ehegatten einander, dass der Nachlass nicht verschleudert werde, kann der überlebende Ehegatte für diesen Fall von der Bindungswirkung der Erbeinsetzung und Vermächtnisanordnung befreit werden.

Von diesem Grundsatz macht jedoch § 14 Abs. 1, 5 HeimG eine Einschränkung. Der Träger eines Heimes und Personen, die mit der Pflege von Menschen in Heimen betraut sind, dürfen sich, um einem Missbrauch vorzubeugen, von Bewohnern keine Geld- oder geldwerten Leistungen über das vereinbarte Entgelt hinaus versprechen oder gewähren lassen. Ausnahmen bestehen nur bei geringwertigen Aufmerksamkeiten (als ungefährer Richtwert können 25 € bis 50 € angegeben werden).

1.6.4.3 Begünstigung karitativer Organisationen

Ist ein Ehegatte finanziell gut situiert oder hatte er ein besonderes Verhältnis zu solchen Organisationen, kann er ein Interesse daran haben, karitativen Organisationen und sonstigen Dritten Teile seines Vermögens zuzuwenden. Daran werden die Ehegatten im Regelfall aber nur denken, wenn die gegenseitige finanzielle Absicherung im Alter keine Rolle spielt, da beide vermögend sind.

Dazu steht dem Erblasser insbesondere die Möglichkeit zur Gründung einer Stiftung offen.

Wenn sein Vermögen nicht nur einer bestimmten Organisation, sondern auch einem bestimmten Zweck zugutekommen soll, kann er die Zuwendung von der Erfüllung von Auflagen abhängig machen und insoweit Testamentsvollstreckung anordnen.

1.7 Ehegatten mit nicht gemeinsamen Kindern

Gerade in Familien, in denen zumindest ein Ehegatte Kinder aus früheren Ehen oder Beziehungen mitbringt, entstehen oft erhebliche Schwierigkeiten beim Tod eines der Ehegatten. Oft werden Verfügungen getätigt, die das Kind des anderen benachteiligen bzw. das eigene Kind bevorzugen. Wenn dann auch noch gemeinsame Kinder hinzukommen, entstehen oft extreme Eifersüchteleien, die zu fast unüberwindlichen Problemen führen können.

Vor diesem Hintergrund ist deshalb besonders wichtig, die verschiedenen Interessenlagen, die Absicherung der Kinder, sowie des überlebenden Ehegatten, einen sachgerechten Lösungsvorschlag zuzuführen.

1.7.1 Eigene Kinder nur eines Ehegatten

Bringt ein Ehegatte ein oder mehrere Kinder mit in die neue Ehe, stehen sich mehrere Interessen gegenüber:

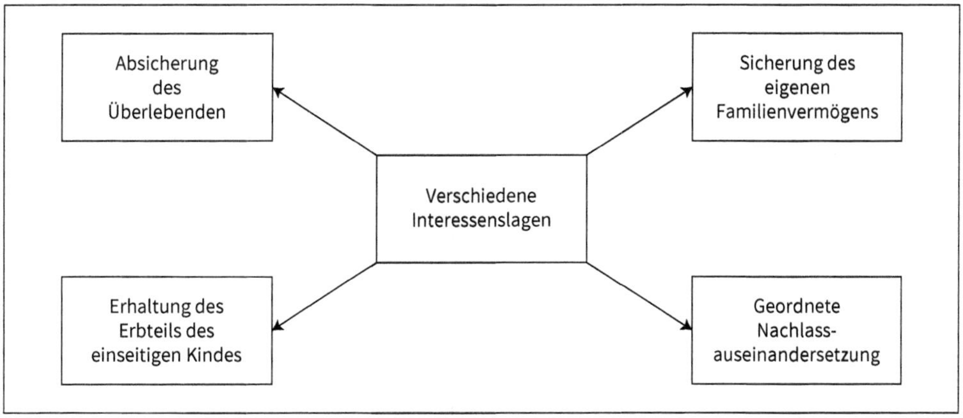

Beispiel:

Susanne Sippner (43 Jahre) hat sich vor vier Jahren von ihrem damaligen Mann scheiden lassen. Aus dieser Ehe ging eine Tochter Emilie hervor, die heute 22 Jahre alt ist, bereits ihre Lehre zur Bankkauffrau beendet hat und seit einem Jahr als Kundenberaterin in einer örtlichen Sparkasse arbeitet.
Nun hat Susanne wieder geheiratet, und zwar den kinderlosen Markus Sippner (45 Jahre). Beide haben im Laufe der Jahre ein kleines Schreibwarengeschäft aufgebaut, in dem sie beide arbeiten. Aufgrund der daraus entstandenen Gewinne haben sie sich ein kleines gemeinsames Haus gekauft mit einem derzeitigen Wert von 300.000 €. Markus hat noch seinen Vater, zwei Brüder und eine Schwester. Markus und Susanne leben im gesetzlichen Güterstand der Zugewinngemeinschaft und möchten nun eine erbrechtliche Regelung ihrer Verhältnisse finden.

Lösung:

Ohne testamentarische Regelung würde Susanne 3/4 des Nachlasses von Markus erben und sein Vater das restliche 1/4, ersatzweise dessen Bruder und seine beiden Schwestern.

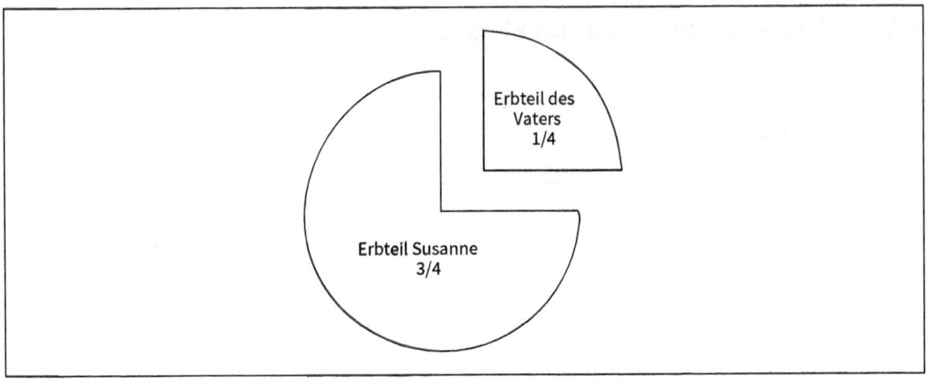

Im Hinblick auf das Haus der beiden würde dies folgende Verteilung für den Fall, dass Markus als Erster versterben würde, bedeuten:

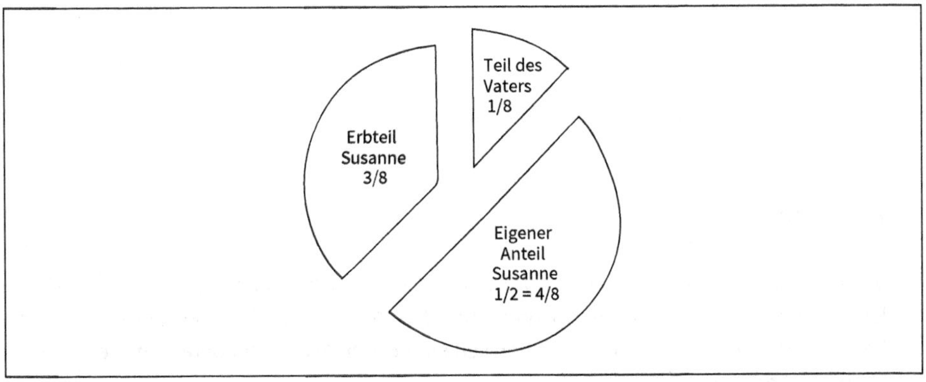

Selbst wenn Markus seinen Vater enterben würde, würde diesem noch sein gesetzlicher Pflichtteil in Höhe der Hälfte seines gesetzlichen Erbteils zustehen. Davon ausgehend, dass die beiden kein weiteres Vermögen als das Haus besitzen (die Firma ist verschuldet), würde dies etwa 37.500 € (1/8 von 300.000 €) betragen. Diesen Betrag müsste Susanne als Erbin an Markus' Vater in jedem Fall auszahlen.
Würde Susanne zuerst sterben, würde ihre Tochter Emilie Erbin zu 1/2 und Markus Erbe zu 1/2 werden. Auf das Haus der Eheleute bezogen würde dies folgende Verteilung bedeuten:

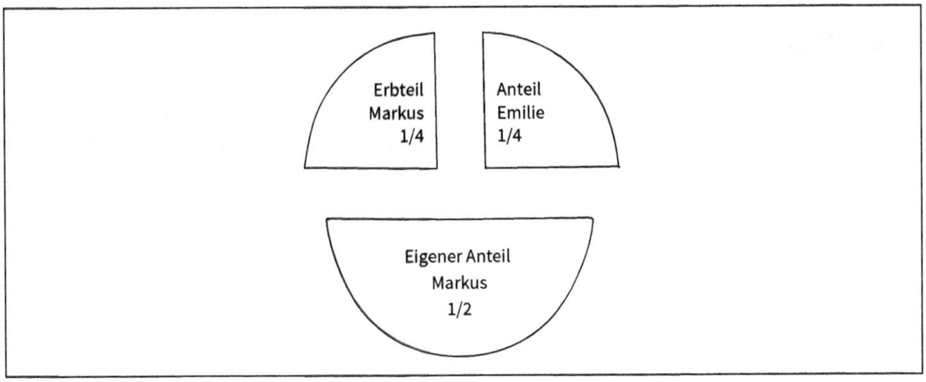

In diesem Fall wäre Markus verpflichtet, Emilie ihren Erbteil von 1/2 ausbezahlen, das bedeutet 1/4 des Wertes des Hauses, sprich 75.000 €. Diesen Teil müsste Markus erst einmal aufbringen, um Emilie auszubezahlen.

Sollten Markus oder Emilie nicht von Susanne bedacht werden, würde jedem 1/4 des Nachlasses von Susanne zustehen, sprich je 37.500 €.

Nun sollen aber die einzelnen Interessen, die jedes Familienmitglied hat, bestmöglich miteinander vereinbart werden: Absicherung des überlebenden Ehegatten, Sicherung des eigenen Familienvermögens und eine geordnete Nachlassauseinandersetzung. Darüber hinaus gilt natürlich Susannes größte Sorge ihrer Tochter Emilie und deren Versorgung auch nach ihrem Tod.

Susanne und Markus sind sich darüber einig, dass das Vermögen, dass sie sich im Laufe ihrer Ehe gemeinsam hart erarbeitet haben, vor allem dem Überlebenden von ihnen beiden und dessen Versorgung im Alter zugutekommen soll. Dies beinhaltet natürlich auch, dass der Überlebende allein die Wohnung erhalten und diese natürlich zu dessen alleiniger Verfügung stehen soll, ohne dass er von einer dritten Person abhängig wäre.

Der diesbezüglich beste Lösungsvorschlag wäre deshalb ein gemeinschaftliches Testament, von beiden abgefasst und unterzeichnet, in dem sich beide gegenseitig zu Alleinerben einsetzen würden.

Würde dieser Lösungsvorschlag verfolgt werden, würde allerdings das eigene Vermögen des jeweiligen Ehegatten nach dessen Tod jeweils an die Familie des anderen Ehegatten fallen. Sollte also Markus als Erster von beiden sterben, würden nach seinem Tod zuerst Susanne und in der Folge deren Tochter Emilie sein Vermögen erben. Seine eigene Familie würde leer ausgehen. Ebenso würde Markus und seine Familie im Falle des Vorversterbens von Susanne alles erben und Emilie leer ausgehen, wenn Markus als Alleinerbe von Susanne eingesetzt werden würde. Da Markus nur ihr Stiefvater und nicht ihr leiblicher Vater ist, hätte Emilie noch nicht einmal Pflichtteilsansprüche gegen ihn. Diese Situation wäre für Emilies spätere Versorgung noch wesentlich bedrohlicher. Beide Fälle sind sicher nicht im Sinne der beiden Ehegatten. Daher sollte in dem gemeinschaftlichen Testament auf jeden Fall die Erbfolge nach dem Tod des Erstversterbenden genau geregelt werden. Am günstigsten wäre für alle Parteien, die Einsetzung des Instrumentes der Vor- und Nacherbschaft:

»Hiermit setzen wir uns gegenseitig zu Alleinerben ein. Der Überlebende von uns beiden wird jedoch nur befreiter Vorerbe. Nacherbin von Markus Sippner wird Susannes Tochter Emilie. Nacherben von Susanne Sippner werden Markus' Vater und seine Geschwister zu jeweils 1/4 Anteil. Sollte Susanne länger leben, so soll nach ihrem Tod ihre Tochter Emilie erben. Sollte Markus länger leben, werden sein Vater und seine Geschwister seine Erben zu jeweils 1/4 Anteil.«

Durch diese Regelung im Testament kann der überlebende Ehegatte jeweils im Haus wohnen bleiben und ist damit im Alter versorgt. Allerdings darf er es nicht verschenken. Dies würde den jeweiligen Nacherben schaden. Sollte Markus zuerst versterben, geht sein Vermögen zunächst an Susanne, dann an seine eigenen Verwandten. Gleichzeitig vererbt sie ihr eigenes Vermögen, das ja eine getrennte Vermögensmasse bildet, an ihre Tochter Emilie.

Umgekehrt wird Markus Vorerbe, wenn Susanne zuerst versterben sollte. Ihr Vermögensanteil geht nach Markus' Tod an ihre Tochter Emilie, sein Vermögen an seinen Vater und seine Geschwister. Nach dem Tod des ersten Ehegatten wird der Überlebende also formell Eigentümer der beiden Vermögensmassen. Nach seinem Tod wird das Vermögen an die jeweiligen Verwandten verteilt.

Nach dem Tod eines der beiden kann an dieser Konstruktion nichts mehr verändert werden, es sei denn, es gäbe einen entsprechenden Vorbehalt. Nach dem Tod des Ersten kann aber in keinem Falle mehr die Vor- und Nacherbschaft oder die Person des oder der Nacherben verändert werden, denn das betrifft alles die Erbfolge nach dem bereits verstorbenen Ehegatten.
Zum einen um eventuellen Familienstreitigkeiten aus dem Wege zu gehen und zum anderen um die Einhaltung der Vor- und Nacherbfolge zu überwachen, könnte aber eine dritte Person als Testamentsvollstrecker eingesetzt werden. Dieser (möglichst) objektive Dritte ist dafür verantwortlich, die Aufteilung des jeweiligen Erbteils ordnungsgemäß zu überwachen und dem Überlebenden der beiden Ehegatten im Falle unvorhergesehener Not – Unfall oder Ähnliches – bei der Verwertung des Hauses zu helfen, ohne den bzw. die Nacherben dabei zu beeinträchtigen. Gerade in komplizierteren Konstellationen wie der vorliegenden ist die Anordnung einer Testamentsvollstreckung ratsam.
In erster Linie liegt Susanne, aber auch natürlich Markus die später gesicherte Versorgung Emilies sehr am Herzen. Emilie soll vor allem hinsichtlich ihrer Ausbildung, der Überlebende hinsichtlich seiner Altersversorgung abgesichert sein. Um nun Emilies Ausbildung zu sichern, sollte ein entsprechendes Vermächtnis im Testament eingefügt werden, zu dessen Erfüllung der Überlebende von beiden verpflichtet ist:
»Meine Tochter Emilie erhält als Vermächtnis einen Ausbildungsunterhalt von 500 € monatlich bis 2 Monate nach Abschluss ihrer Ausbildung, längstens aber bis zu ihrem 28. Lebensjahr.«
Mit einem solchen Testament in vollständiger Form sind die Interessen aller Familienangehörigen wohl ausreichend abgedeckt.

1.7.2 Beispiel für die Einbringung jeweils eigener Kinder der Ehegatten in die Ehe

Beispiel:

Wie im obigen Beispiel bringt Susanne ihre Tochter Emilie mit in die zweite Ehe. Nun bringt aber auch Markus einen Sohn aus seiner ersten Ehe mit, nämlich Christoph (12 Jahre alt).

Lösung:

Sollte Markus als Erster von beiden versterben, würde Susanne die eine Hälfte und sein Sohn Christoph die andere Hälfte seines Vermögens erben. Würde danach dann Susanne sterben, würde der Erbteil von Markus, den Susanne nach dessen Tod erhalten hat, in Emilies Erbe fallen.
Sollte Susanne hingegen als Erste von beiden versterbe, würde Markus die eine Hälfte und Emilie die andere Hälfte des Nachlasses erhalten. Nach dem Tod von Markus würde aber Christoph auch den Markus hinterlassenen Erbteil von Susanne erben.
Problematisch ist vor allem, dass beim Tod des Überlebenden von beiden nur jeweils das leibliche Kind etwas erben würde, nicht aber das Stiefkind, da keine leibliche Beziehung zum Stiefelternteil besteht. Die Ausbildung und die allgemeine Absicherung des jeweiligen Stiefkin-

des wären demnach nicht gewährleistet. Zudem würde rein rechnerisch auf das gesamte Vermögen der Ehegatten gesehen das jeweils leibliche Kind des Erstversterbenden von beiden 1/4 des Gesamtvermögens erhalten, das Kind des Letztversterbenden von beiden 3/4 des Gesamtvermögens. Dies würde zu einer Ungleichbehandlung der beiden Kinder führen.
Die Pflichtteilsansprüche in dieser Situation würden folgendermaßen aussehen: Würde Susanne als Erste von beiden versterben, würden Markus und Emilie jeweils 1/4 des Nachlasses erhalten. Würde danach Markus versterben, würde Christoph die Hälfte des Nachlasses erhalten. Ebenso würde im Falle des Erstversterbens von Markus Susanne und Christoph jeweils 1/4 des Nachlasses bekommen und nach Susannes Tod Emilie die Hälfte des Nachlasses.
In diesem Fall stehen sich die gleichen Interessen gegenüber wie bei Eltern mit einem Kind aus erster Ehe: Sicherung der Altersversorgung, des eigenen Familienvermögens, der ordnungsgemäßen Nachlassauseinandersetzung und des eigenen leiblichen Kindes. Deshalb sind die dort angesprochenen Lösungsvorschläge auch hier entsprechend anwendbar, allerdings mit einer geringen Abwandlung zu Gunsten des Christoph.
Ist bereits eine enge persönliche Bindung zwischen dem jeweiligen Stiefelternteil und dem Stiefkind entstanden, bietet sich ein recht einfacher Lösungsvorschlag im Testament:
»Wir setzen uns gegenseitig zu Alleinerben ein. Unsere Schlusserben werden Emilie und Christoph zu gleichen Teilen.«
Ist keine solche persönliche Bindung entstanden und eine solche auch nicht zu erwarten, sollte das gemeinsame Testament mit der Regelung der Vor- und Nacherbfolge verfasst werden wie es im ersten Fall mit nur einem Kind vorgeschlagen wurde. Dort kann Markus nicht seinen Vater und seine Geschwister einsetzen, sondern seinen Sohn Christoph. Ebenso wie zu Gunsten der Emilie kann Markus auch ein Vermächtnis zu Gunsten von Christoph zur Finanzierung seiner Ausbildung und seines Lebensunterhaltes festlegen.

1.7.3 Beispiel: Ehegatten haben eigene und gemeinsame Kinder

Beispiel:

Susanne und Markus haben jeweils ein Kind aus erster Ehe mit in ihre Ehe eingebracht, Susanne ihre Tochter Emilie und Markus seinen Sohn Christoph. Zwei Jahre nach ihrer Heirat haben sie noch eine gemeinsame Tochter bekommen, Nadine, die mittlerweile sechs Jahre alt ist. Zusätzlich zu ihrem Haus im Wert von 300.000 € haben die beiden noch eine Lebensversicherung abgeschlossen, in der jeweils der andere Ehegatte begünstigt ist.

Lösung:

Ohne eine gesonderte Regelung in einem Testament oder in einem Erbvertrag würden beim Tod des Erstversterbenden von beiden der überlebende Ehegatte 1/2, die gemeinsame Tochter Nadine 1/4 und das jeweils eigene Kind 1/4 des Nachlasses erhalten. Die Pflichtteilsansprüche betragen hiervon jeweils die Hälfte, das heißt beim Ehegatten 1/4 und bei den beiden Kindern je ein 1/8.

Stirbt dann der überlebende Ehegatte, erben dessen Kinder allein, das heißt Nadine zur Hälfte und das jeweils leibliche Kind zur Hälfte. Dementsprechend wären die Pflichtteilsansprüche jeweils 1/4 des Nachlasses.
Bezogen auf das gesamte Vermögen der beiden Elternteile würde dies folgende Vermögensverteilung bedeuten: die gemeinsame Tochter würde die Hälfte des Gesamtnachlasses erhalten, das leibliche Kind des Erstversterbenden von beiden 1/8 und das leibliche Kind des Letztversterbenden von beiden 3/8 des Gesamtnachlasses.
Abgesehen von den allgemeinen Interessen, die in den vorigen Konstellationen angesprochen wurden, steht hier vor allem im Mittelpunkt, keines der Kinder übermäßig zu benachteiligen, das heißt möglichst alle drei gleich zu behandeln.
Hier kommt es nun vor allem auf das Verhältnis innerhalb der Familie an, ob die Stiefkinder auch mit ihrem jeweiligen Stiefelternteil eine enge persönliche Bindung haben oder nicht. Sollte dies der Fall sein, dann sollten alle drei Kinder in folgender Form gleichbehandelt werden:
»Wir setzen uns gegenseitig als Alleinerben ein. Der Alleinerbe ist aber nur befreiter Vorerbe. Nacherben und Erben des Letztversterbenden werden Nadine, Emilie und Michael zu jeweils gleichen Teilen.«
Sollte das Verhältnis innerhalb der Familie nicht so eng ausgeprägt sein bzw. das gemeinsame Kind aus anderen Gründen bevorzugt werden sollen, könnte das Testament so ausgestaltet sein:
»Wir setzen uns gegenseitig als Alleinerben ein. Der Alleinerbe wird aber nur befreiter Vorerbe. Nacherben und Erben des Letztversterbenden werden Nadine zu 1/2, Michael und Emilie zu jeweils 1/4.«

Bei beiden Testamentsausgestaltungen sollten wiederum Vermächtnisse und eine Testamentsvollstreckung angeordnet werden, um die Ausbildung und die Abwicklung des Nachlasses zu sichern.
Eventuell könnte noch eine sog. Pflichtteilsstrafklausel mit aufgenommen werden. Diese schließt das Kind, das beim Tod des Erstversterbenden bereits seinen Pflichtteil fordert, auch von der Nacherbfolge nach dem Tod des Zweitversterbenden aus und spricht diesem damit auch im letzten Erbfall nur den Pflichtteil zu. Dadurch soll der Überlebende vor unerwarteten Auszahlungsansprüchen der Kinder bewahrt werden, vor allem hinsichtlich seiner Altersvorsorge. Eine solche Klausel könnte folgendermaßen lauten:
»Verlangt eines der Kinder beim Tod des Erstversterbenden seinen Pflichtteil, so wird dieses Kind beim Tod des Letztversterbenden von beiden von der Nacherbfolge ausgeschlossen.«

Es gibt auch Konstellationen, in denen ein Elternteil ein wesentlich größeres Vermögen hat als sein Ehegatte. Soll dies auch im Erbe seinen Ausdruck finden, so könnte der vermögendere Ehegatte seinen leiblichen Kindern in Form von Vorausvermächtnissen etwa Immobilien hinterlassen und im Übrigen das Erbe zu gleichen Teilen aufteilen.

Es ist immer schwierig, es jedem Familienangehörigen recht zu machen, jeden genug abzusichern, ohne sich aber zu sehr zu binden. Mit der Konstruktion der Vor- und Nacherbschaft, den Vermächtnissen und der Testamentsvollstreckung kann aber ein zumindest für alle Seiten sehr gut vertretbarer Lösungsvorschlag gefunden werden. Aber letztlich ist immer der Einzelfall maßgebend.

1.8 Ehegatten ohne Kinder

Auch bei Ehepaaren ohne Kinder gibt es bei unterschiedlichen Konstellationen verschiedene Gesichtspunkte zu beachten, die unbedingt in einer letztwilligen Verfügung festgelegt werden sollten, wobei nicht alle Interessen bei jeder Konstellation relevant sind – dies ist insbesondere abhängig vom gegenwärtigen Alter des Testamentsverfassers:

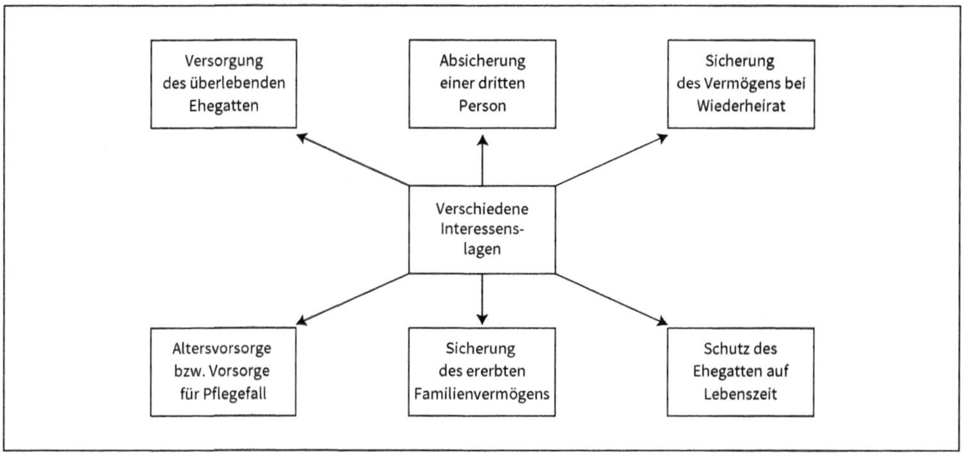

Beispiel 1a:

Das kinderlose Ehepaar Bianca (38 Jahre alt) und Thomas Schuster (41 Jahre alt) lebt im gesetzlichen Güterstand der Zugewinngemeinschaft. Bianca ist angestellte Geschäftsführerin eines kleinen Internetunternehmens und Thomas ist Inhaber einer kleinen Baufirma. Thomas spielt leidenschaftlich in einem Blasorchester und Bianca ist begeisterte Bergsteigerin und in einem kleinen örtlichen Bergsteigerverein. Zwar haben beide jeweils einen Bruder, zu denen sie aber keinen besonders innigen Kontakt pflegen. Die Eltern von Thomas und Bianca leben noch. Nur den kleinen Stefan, den Sohn von Biancas Bruder, haben beide in ihr Herz geschlossen. Oft nehmen sie ihn mit in den Urlaub und kümmern sich auch sonst regelmäßig um ihn. Im Laufe ihrer Ehe haben sie sich ein gemeinsames Haus am Rande der Stadt erarbeitet, in dem sie auch beide wohnen. Da beide immer nur sich selber zu versorgen hatten, ist dieses auch vor kurzem vollständig abbezahlt worden. Zusätzlich haben sie noch gemeinsame Festgeldkonten und eine gemeinsame Lebensversicherung, in der sie sich gegenseitig als Begünstigte eingesetzt haben. Da Bianca vor kurzem einen kleinen Unfall beim Bergsteigen hatte, überlegen nun beiden, was mit ihrem Erbe nach dem Tod geschehen soll.

Lösung:

Bei gesetzlicher Erbfolge würde der überlebende Ehegatte 3/4 des Nachlasses und die Eltern – ersatzweise der Bruder des Überlebenden – 1/4 des Nachlasses erben. Die Auszahlung des Pflichtteils der Eltern von 1/8 wäre nicht problematisch, da dazu die Lebensversicherung verwendet werden kann.
Damit wäre zwar der überlebende Ehegatte ausreichend versorgt, aber der Neffe Stefan nicht bedacht. Da Bianca sich nicht sicher ist, ob Thomas nach ihrem Tod wirklich Stefan versorgen wird, will sie in jedem Fall dem Kleinen etwas zukommen lassen. Bianca könnte Stefan als Miterben neben ihrem Ehemann einsetzen. In diesem Fall könnte aber Thomas nicht uneingeschränkt über den Nachlass verfügen und dieses Recht möchte sie ihm nicht entziehen. Ein besserer Lösungsvorschlag wäre deshalb, Stefan Bargeld in Form eines Vermächtnisses zukommen zu lassen. Dann müsste Thomas einen genau von Bianca benannten Betrag an Stefan auszahlen, der aber unabhängig von der Höhe des Erbes wäre. Die beiden könnten entweder ein getrenntes oder gemeinschaftliches Testament wie folgt verfassen:
»Hiermit setzen wir uns gegenseitig als Alleinerben ein. Ich, Bianca Schuster, vermache meinem Neffen Stefan einen Bargeldbetrag in Höhe von 20.000 €.«

Beispiel 1b:

Der Sachverhalt entspricht Beispiel a. Bianca überlegt nun noch, wie der Fall zu regeln ist, wenn der Überlebende noch einmal heiraten möchte. Auf keinen Fall möchte sie, dass ihr Vermögen von ihrer »Nachfolgerin« verwendet wird.

Lösung:

Am besten gesichert wäre ihr Vermögen, wenn sie ihren Mann Thomas als nichtbefreiten Vorerben einsetzen würde und ihren Neffen Stefan und ihre Eltern bzw. ihren Bruder als Nacherben je zur Hälfte einsetzen würde. Dadurch könnte Thomas zu seinen Lebzeiten frei über ihr ererbtes Vermögen verfügen, zumindest solange er den Nacherben dadurch nicht schadet, und ihr Vermögen wäre auch nach Thomas' Tod vor dem Zugriff einer späteren Nachfolgerin gesichert. Dieselben Gedanken quälen aber auch Thomas:
»Wir setzen uns hiermit gegenseitig als Alleinerben ein. Der Überlebende von uns beiden wird jedoch nur befreiter Vorerbe. Nacherben von Bianca werden je zur Hälfte ihr Neffe Stefan und seine Eltern, ersatzweise ihr Bruder. Nacherben von Thomas werden seine Eltern, ersatzweise sein Bruder.«
Möchten die beiden aber dem anderen die völlig freie Verfügung über den Nachlass gewähren, kann auch nur ein bestimmter Betrag einer ihm bzw. ihr nahestehenden Person in Form von Vermächtnissen zugewendet werden:
»Wir setzen uns gegenseitig zu Alleinerben ein. Bei Thomas' Wiederheirat werden folgende Vermächtnisse fällig: Stefan erhält einen Barbetrag in Höhe von 20.000 € und Biancas Eltern,

ersatzweise ihr Bruder, einen Barbetrag in Höhe von 30.000 €. Bei Biancas Wiederheirat werden folgende Vermächtnisse fällig: Thomas Eltern und sein Bruder erhalten jeweils einen Barbetrag in Höhe von 25.000 €.«

Beispiel 2:

Alice und Roman Roller stehen kurz vor ihrer Rente. Sie haben im Laufe ihrer über 30-jährigen Ehe einiges an Vermögen erarbeitet. Außer jeweils einen Bruder auf jeder Seite haben sie keine weiteren Verwandten, denen sie später etwas hinterlassen wollen. Zunächst einmal ist das Einzige, was sie derzeit wirklich beschäftigt, die Absicherung für ihren Pflege- oder Krankheitsfall.

Lösung:

Um beide Ehegatten auch nach dem Tod des Erstversterbenden geschützt und gut versorgt zu wissen, sollten sich beide in einem gemeinschaftlichen Testament zum gegenseitigen Alleinerben einsetzen. Als Schlusserben könnten dann die beiden Brüder je zur Hälfte eingesetzt werden:
»Hiermit setzen wir uns gegenseitig zu Alleinerben ein. Schlusserben werden unsere Brüder Manuel und Manfred, ersatzweise deren Abkömmlinge, je zur Hälfte.«
Durch die gegenseitige Erbeinsetzung liegt eine wechselbezügliche Verfügung vor, die nach dem Tod des einen Ehegatten nicht mehr vom anderen abgeändert werden kann. Darüber hinaus sind beide Brüder bzw. deren Abkömmlinge die Schlusserben. So bleibt das Vermögen in jedem Fall in der Familie erhalten. Davon abgesehen können natürlich jederzeit auch Vermächtnisse ausgesetzt werden, auch nach dem Tod des Erstversterbenden.

Beispiel 3:

Nathalie und Ralph Burger sind seit bereits 10 Jahren glücklich verheiratet. Nathalie hat das gesamte Vermögen ihrer Eltern geerbt. Ralph dagegen ist fast vermögenslos. Nathalie macht sich immer öfter Gedanken über ihr erhebliches Vermögen nach ihrem Tod. Schließlich lebt auch noch ihre Schwester Jutta, die ihre Tochter Saskia allein erziehen muss.
Nach der gesetzlichen Erbfolge würde Ralph 3/4 ihres Vermögens und Jutta 1/4 davon erben.

Lösung:

Alice muss sich Gedanken machen, wo sie ihre Prioritäten sieht. Möchte Alice in erster Linie ihren Mann abgesichert wissen und will sie auch in Zukunft keine Kinder haben, ist keine testamentarische Verfügung notwendig. Die gesetzliche Lage reicht aus.

Möchte Alice zwar ihren Mann in erster Linie fürs Alter gesichert wissen, aber eventuelle Abkömmlinge nicht ganz ausschließen, sollte sie Ralph als befreiten Vorerben und ihre Abkömmlinge, ersatzweise ihre Schwester Jutta, als Nacherben einsetzen.
Hat Alice allerdings schon einen konkreten Kinderwunsch und möchte vor allem diese versorgt wissen, sollten ihre Abkömmlinge als Alleinerben eingesetzt werden. Ersatzschlusserbe könnte dann ihr Mann Ralph sein. Ihrer Schwester Jutta und deren Tochter Saskia könnte sie ein kleines Bargeldvermächtnis hinterlassen.
Alice könnte aber auch alternativ ihre Abkömmlinge, ersatzweise ihre Schwester Jutta, und Ralph als Erben je zur Hälfte einsetzen. Dadurch wären ihre alleinerziehende Schwester und ihr Ehemann ausreichend abgesichert.

Welche Konstellation gewählt werden soll, muss ganz in Ruhe und vor allem nach Gesprächen mit den Betroffenen entschieden werden. Letztlich ist meist auch ein objektiver Dritter – etwa ein Rechtsanwalt – vonnöten.

2 Getrennt lebende Ehegatten

Ein ganz besonderes Problemfeld eröffnet sich bei getrennt lebenden bzw. geschiedenen Ehegatten. Folgende Interessen müssen hier berücksichtigt werden:

Bei getrennt lebenden Ehegatten gibt es zwei verschiedene Phasen: die Phase vor Stellung des Scheidungsantrages bei Gericht und die Phase nach Antragstellung. Die Phase, in der sich das Ehepaar gerade befindet, entscheidet über die gesetzliche Erbfolge. Ist der Antrag noch nicht bei Gericht eingereicht, ist der Ehegatte von der gesetzlichen Erbfolge noch nicht ausgeschlossen. Dies ist er gemäß der gesetzlichen Regelung erst nach Antragseinreichung. Ebenso verhält es sich mit den gegenseitigen Pflichtteilsansprüchen: erst mit Vorliegen der Voraussetzungen der Ehescheidung entfallen diese.

Auch gemeinschaftliche Testamente und Erbverträge behalten so lange ihre Wirksamkeit, bis der Scheidungsantrag eingereicht ist oder der Erblasser der Scheidung zugestimmt hat. Erst wenn diese Voraussetzungen erfüllt sind, verlieren die letztwilligen Verfügungen ihre Gültigkeit, auch wenn sie zum damaligen Zeitpunkt formell wirksam geschlossen wurden.

Beispiel:

Die Eheleute Andrea und Holger Braun leben seit fünf Jahren getrennt voneinander. Ihre Zwillinge René und Mariella stehen kurz vor dem Abitur. Ihr Vermögen haben sie bereits unter sich aufgeteilt: das bedeutet ihre Immobilien, Wertpapierdepots und Sparbücher. Einen Ehevertrag haben sie bei ihrer Eheschließung nicht geschlossen. Jeder von ihnen hat nun ein eigenes Vermögen von etwa 230.000 € zur Verfügung.
Drei Aspekte möchten beide abschließend geklärt haben: zum einen soll der bestehende Erbvertrag aufgehoben werden, in dem beide sich jeweils als Alleinerben eingesetzt haben. Zum anderen soll der jeweilige Pflichtteilsanspruch gegen den anderen ausgeschlossen werden. Vor allem sollen aber die beiden Zwillinge bzw. deren Erbteile ausreichend zu deren Versorgung abgesichert sein.

Lösung:

Sollte wie hier kein freier Rücktrittsvorbehalt im Erbvertrag vereinbart worden sein, kann dieser entweder durch einen entsprechenden notariellen Vertrag oder durch ein gemeinschaftliches Testament aufgehoben werden. Da in dieser Situation ein gemeinschaftliches Testament wohl keinen Sinn macht, sollten die beiden vor dem Notar ihren Erbvertrag wieder aufheben. Mit Aufhebung gilt wieder die oben angesprochene gesetzliche Erbfolge bis zur Antragseinreichung. Das Ehepaar Braun sollte den Erbvertrag demnach möglichst aufheben und Scheidungsantrag stellen. Beides sollte angesichts der geschilderten Situation kein Hindernis sein.
In Fällen, in denen die Ehegatten trotz Trennung die im Erbvertrag vereinbarte Erbfolge beibehalten wollen, sollten sie zur Vorbeugung rechtlicher Unklarheiten diese Regelung im Erbvertrag nochmals ausdrücklich bestätigen. Damit sind Erbstreitigkeiten vorab aus dem Wege geräumt:

»Hiermit bestätigen wir unseren Erbvertrag vom 23.05.1979 auch für den Fall unseres Getrenntlebens.

München, den 10.08.2002	*München, den 10.08.2002*
Andrea Braun	*Holger Braun«*

Der zweite Aspekt betrifft den Ausschluss des gegenseitigen Pflichtteilsanspruchs. Wenn sich beide wie hier einig sind, sollten sie einen gegenseitigen Pflichtteilsverzicht vor dem Notar erklären. Dies ist die einfachste Lösung. Gegen den Willen eines Ehegatten kann eine solche Vereinbarung nicht geschlossen werden. Erst mit Einreichung des Scheidungsantrages wird die Ehe formell beendet und das Pflichtteilsrecht erlischt.
Als dritter und wohl wichtigster Punkt sollte die Sicherung des Erbes der Kinder beachtet werden. Das gesetzliche Erbrecht ändert sich durch die Trennung der Eltern nicht. Gegenüber beiden Elternteilen sind René und Mariella zu gleichen Teilen erbberechtigt und zu je 1/4 pflichtteilsberechtigt (in Fällen einer Enterbung). Vor allem sind beide Ehegatten in ihrer Verfügung nach Aufhebung des Erbvertrages frei und können nun gemessen an ihrem eigenen Vermögen, ihren eigenen Lebensverhältnissen und ihrer eigenen Altersvorsorge ihren Kinder freiwillig Leistungen zuwenden (soweit sie nicht im Rahmen des Ausbildungsunterhaltes gesetzlich dazu verpflichtet sind).

3 Geschiedene Ehegatten

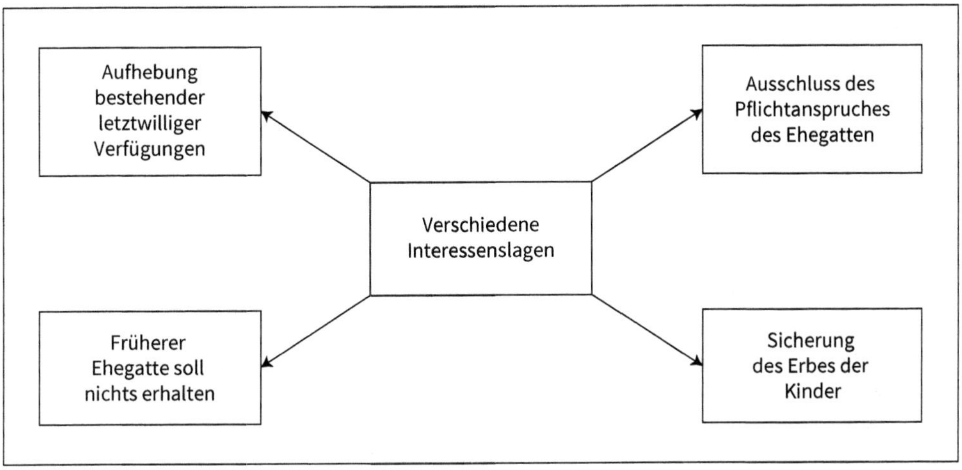

Bei (bereits) geschiedenen Ehegatten ist der jeweils andere Ehegatte von der gesetzlichen Erbfolge ausgeschlossen. Ebenso sind damit die gegenseitigen Pflichtteilsansprüche verloren gegangen. Etwaige Erbverträge oder gemeinschaftliche Testamente haben mit der Scheidung ihre Gültigkeit ebenfalls verloren. Die gesetzlichen Erben der Ehegatten sind z. B. ihre gemeinsamen Kinder zu jeweils gleichen Teilen.

Problematisch verhält es sich allerdings, wenn etwa ein gemeinsames Kind nach dem Tod des geschiedenen Ehegatten vor dem anderen Geschiedenen stirbt.

Beispiel:

Der Sachverhalt entspricht obigem Beispiel, aber René und Mariella sind noch minderjährig. Holger stirbt ein Jahr nach der Scheidung bei einem Lawinenunglück im Skiurlaub. Seine Erben werden René und Mariella zu gleichen Teilen.

Lösung:

Als gesetzliche Vertreterin wird automatisch Andrea Verwalterin von Holgers Erbteil. Würde nun eines der Kinder vor ihr sterben, würde sie als gesetzliche Erbin ihres Kindes auch noch Holgers Erbteil, den das verstorbene Kind erhalten hat, bekommen; letztlich gegen Holgers eigentlichen Willen.

Um einer solchen Situation vorzubeugen, sollte jeder geschiedene Ehegatte Folgendes in seinem eigenen Testament anordnen:

Beispiel:

»Ich setze hiermit meine Kinder René und Mariella zu Erben zu jeweils gleichen Teilen ein. Beide werden jedoch nur befreite Vorerben. Ihre Abkömmlinge werden ihre Nacherben, ersatzweise das jeweils andere Kind.
Für den Fall, dass eines der Kinder vorversterben sollte, ohne Abkömmlinge zu hinterlassen, wird das andere Kind Alleinerbe. Auch hier wird es nur befreiter Vorerbe.
Nacherbe des überlebenden Kindes werden wiederum dessen Abkömmlinge. Sollten keine Abkömmlinge vorhanden sein, wird mein Neffe Jochen der Nacherbe.
Meinem früheren Ehegatten ... entziehe ich hiermit ausdrücklich die Verwaltung meines Nachlasses für unsere Kinder René und Mariella. Als Testamentsvollstrecker setze ich meinen Neffen Bernd ein.«

Dadurch wird jeder in Frage kommender Fall abgesichert. Zum einen fällt auf gar keinen Fall der Erbteil des einen Ehegatten in das Vermögen des geschiedenen Ehegatten. Dies ist durch die Anordnung der Vor- und Nacherbschaft ausdrücklich abgesichert. Zwar sind dadurch die Kinder in ihren Verfügungen etwas eingeschränkt, aber diese Einschränkung muss hier zum Ausgleich für den Ausschluss des geschiedenen Ehegatten hingenommen werden.

Zum anderen ist die Gefahr beseitigt, dass ein früherer Ehegatte im Rahmen seiner gesetzlichen Pflicht den Nachlass des anderen früheren Ehegatten verwaltet. Als Testamentsvollstrecker sollte eine Person des Vertrauens eingesetzt werden, der hinsichtlich der beiden geschiedenen Ehegatten möglichst objektiv sein sollte.

4 Absicherung behinderter Familienangehöriger

Besonders schutzbedürftig und deshalb gesondert zu behandeln sind behinderte Kinder hinsichtlich ihrer Versorgung nach dem Tod ihrer Eltern. Die besondere Problematik liegt darin, das Vermögen von Familien mit behinderten Familienangehörigen in legaler Art und Weise vor dem Zugriff des Staates zu schützen.

Der Versuch des Staates, Zugriff auf Vermögen der Familien mit behinderten Familienangehörigen zu nehmen, entsteht vor allem dann, wenn der Staat für Behinderte Leistungen erbringt, wie etwa die Kosten für eine Heimunterbringung, auf der anderen Seite der Behinderte aber über eigenes Vermögen verfügt. In dieser Konstellation stellt sich dann die Frage, ob und inwieweit der Staat den Behinderten bzw. dessen Familie zwingen kann, sein eigenes Vermögen einzusetzen, statt die staatliche Hilfe in Anspruch zu nehmen.

Verfügt der Behinderte bereits über eigenes Vermögen, so ist er grundsätzlich verpflichtet, dieses Vermögen, etwa für eine Heimunterbringung, bis zu dem ihm staatlich gewährten sog. Schonvermögen zu verbrauchen. Erst nach Verbrauch des eigenen Vermögens darf er die Hilfe und Unterstützung des Staates in Anspruch nehmen. Vor diesem Hintergrund ist deshalb immer gut zu überlegen, ob und inwieweit Schenkungen zu Lebzeiten oder Testamente zu Gunsten von Behinderten gemacht werden sollen.

Häufig ist es so, dass behinderten Familienangehörigen gerade deswegen besonders große Vermögenswerte (per Schenkung oder per Testament) zugewendet werden, um ihnen Sicherheit für die Zukunft zu bieten. Wie aber soeben angedeutet, führt dies von den Eltern gut Gemeinte dazu, dass – abgesehen von dem sog. Schonvermögen – dieses Vermögen für die Lebenshaltung des Behinderten eingesetzt und aufgebraucht werden muss.

Dies spielt keine Rolle in den äußerst seltenen Fällen, in denen die Erträge, wie etwa Zinsen, aus dem dem Behinderten übertragenen Vermögen ausreichen, um den Lebensunterhalt des Behinderten zu bestreiten (z. B. Heimkosten). In der Regel ist es aber so, dass es – gerade bei relativ hohen Heimunterbringungskosten – nur eine Frage der Zeit ist, bis das dem Behinderten übertragene Vermögen aufgebraucht ist. Familien, die diese Situation vermeiden wollen, sollten – entgegen ihrem Bedürfnis nach besonderer Fürsorge für die behinderten Familienangehörigen – andere Wege überlegen, um die Zukunft ihrer behinderten Familienangehörigen sicherzustellen. Daher lautet die Tendenz, dem Behinderten eher kein Vermögen zu hinterlassen und diesen anderweitig finanziell abzusichern.

4.1 Verfügungen zu Lebzeiten

Bekanntlich haben Kinder beim Tod der Eltern einen Pflichtteilsanspruch. Selbst wenn die Eltern ihr behindertes Kind enterben, kommt es zu einer Auszahlung an den Behinderten, und der Behinderte muss dann dieses Vermögen bis zur Grenze des Schonvermögens für Heimunterbringung etc. verbrauchen. Daher tendieren manche Eltern dazu, ihr Vermögen bereits zu Lebzeiten an nicht behinderte Familienangehörige zu verschenken. Dies hat aber in der Regel den gravierenden Nachteil, dass dann für die persönliche Lebensführung und Altersversorgung der Eltern nicht mehr ausreichend Vermögen zur Verfügung steht. Die Eltern sind dann oft auf das Wohlwollen ihrer bereits beschenkten Kinder angewiesen, was in Einzelfällen zu schweren Konflikten und auch Nachteilen für die Eltern führen kann.

Beim Verschenken von Immobilien mit Vermögen haben die Eltern etwa die Möglichkeit, sich ein Nießbrauchsrecht ins Grundbuch eintragen zu lassen.

Beispiel:

Erna und Emil Egger schenken zu Lebzeiten ihrem einzigen Sohn Eduard, der von Geburt an behindert ist, das von ihnen bewohnte Einfamilienhaus, lassen sich aber im Gegenzug ein lebenslanges Nießbrauchsrecht zu ihren Gunsten eintragen.

In diesem Fall ist zwar der behinderte Sohn wie auch die Eltern ausreichend abgesichert. Allerdings treten hier weitere Probleme auf: Nach dem Tod der Eltern erlischt das Nießbrauchsrecht und der Sohn muss das Haus zu seinem Unterhalt »verbrauchen«, also verkaufen. Außerdem entfällt der Pflichtteilsanspruch des behinderten Sohnes dadurch nicht.

Bei einer Schenkung – an andere Abkömmlinge oder Dritte – müssen zwischen dem Zeitpunkt der Schenkung und dem Todesfall mindestens zehn Jahre vergangen sein, damit der sog. Pflichtteilsergänzungsanspruch des Behinderten entfällt. Bei Eintragung eines solchen Nießbrauchsrechts fängt jedoch nach der Rechtsprechung die Zehnjahresfrist gar nicht erst zu laufen an, sodass der Pflichtteilsergänzungsanspruch in voller Höhe bestehen bleibt. Ohne eine Eintragung eines solchen Nießbrauchsrechts sind die Eltern hingegen mehr oder weniger auf das Wohlwollen der Kinder angewiesen, denen sie das Grundstück übertragen haben.

4.2 Verfügungen von Todes wegen – das sog. behindertengerechte Testament

Mit einem sog. behindertengerechten Testament wird das Vermögen so vererbt, dass der Behinderte zwar als Erbe eingesetzt wird (andernfalls hätte er einen Pflichtteilsanspruch und käme zu Vermögen, was dann wieder zu einer Verpflichtung zur Zahlung von Heimunterbringungskosten etc. durch den Behinderten selbst führen würde), aber so als Erbe eingesetzt wird, dass ein Zugriff des Staates auf sein Vermögen so weit wie möglich ausgeschlossen ist.

Der Versuch der Eltern, dem behinderten Kind möglichst wenig zukommen zu lassen, mutet auf den ersten Blick unverständlich an. Man muss sich aber vor Augen führen, dass der Behinderte in der Regel keine Nachkommen hat. Er soll jedoch für die Zeit seines Lebens gut versorgt sein.

Um eine gute Versorgung für den behinderten Familienangehörigen sicherzustellen, sind u. a. folgende Punkte in einem solchen Testament aufzunehmen:

- Im Testament wird der Behinderte auf geringfügig mehr als seinen Pflichtteil eingesetzt. Hierzu zwingt das Gesetz, da sonst ein Pflichtteilsanspruch entsteht, der vom Staat auch geltend gemacht werden kann. Gleichzeitig wird der Behinderte aber auch nicht als regulärer Erbe, sondern als sog. nichtbefreiter Vorerbe, eingesetzt. Das bedeutet, dass der Behinderte über den Stamm seines Vermögens grundsätzlich nicht verfügen kann. Ausnahmen von diesem Grundsatz können natürlich individuell etwa für einen Notfall im Testament festgelegt werden. Nach dem Tod des Behinderten geht der Stamm des Vermögens an eine andere Person über. Diese andere Person sind typischerweise die nichtbehinderten Kinder des Erblassers oder deren Abkömmlinge. Natürlich können aber auch andere Verwandte oder auch gemeinnützige Institutionen etc. als Nacherben eingesetzt werden.

Beispiel:

Emil und Edith Esser haben drei Kinder, nämlich Markus, Marita und Martina. Markus ist von Geburt an behindert.

Lösung:

Der Pflichtteil von Markus – nach dem Tod beider Eltern – ist die Hälfte seines gesetzlichen Erbteils, d. h. 1/12 (die Hälfte von 1/6) nach dem Tod des ersten Elternteils und 1/6 (die Hälfte von 1/3) nach dem Tod des länger lebenden Elternteils. Da immer etwas mehr als der Pflichtteil angesetzt wird, erhält nun Markus 1/10 bzw. 1/5 und seine beiden Schwestern den Rest des Nachlasses. Markus wird jedoch kein Vollerbe wie seine Schwestern, sondern nichtbefreiter Vorerbe. Nacherben nach seinem Tod werden seine Schwestern zu gleichen Anteilen, sodass das Familienvermögen innerhalb der Familie bleibt.

Beispiel:

Emil und Edith Esser haben nur einen einzigen Sohn, den behinderten Markus.

Lösung:

Hier erhält Markus 1/3 bzw. 2/3 Anteile am Nachlass der Eltern (Pflichtteil von 1/4 bzw. 1/2). Den anderen Erbteil erhält die Behindertenwerkstätte, in der Markus die letzten Jahre verbracht hat. Markus erhält seinen Erbteil hier ebenfalls als nichtbefreiter Vorerbe, während die Werkstätte sein Nacherbe wird.

- Durch die Einsetzung als nicht befreiter Vorerbe kommt der Behinderte zwar nicht an den Stamm des ihm vererbten Vermögens heran, aber er erhält die Früchte dieses Vermögensstammes, z. B. die Erträge aus der Verzinsung des ihm vererbten Nachvermögens.

Beispiel:

Der Erblasser Friedrich setzt seinen behinderten Sohn Manuel zu 1/3 zum Miterben ein, was einem (angenommenen) Wert von rund 100.000 € entspricht.

Lösung:

Bei einer anzunehmenden 5 %igen jährlichen Verzinsung erhält der Erbe später jährliche Früchte in Höhe von 5.000 €. Er hat also ein zusätzliches Monatseinkommen von etwa 400 €. Der Stamm seines ererbten Vermögens bleibt dabei aber unberührt. Auch der Staat darf dieses Vermögen nicht antasten, da der Stamm dieses Vermögens dafür reserviert ist, dass er beim Tod des behinderten Vorerben Manuel auf den Nacherben übergeht.

- Zusätzlich werden in aller Regel die nicht behinderten Miterben durch eine sog. Auflage dazu verpflichtet, dem Behinderten noch zusätzliche Zuwendungen zu machen, und zwar in Fällen, in denen weder der Staat noch die Krankenkasse Leistungen erbringen. Damit sind ihm durch das Testament für die im Testament bestimmten Fälle zusätzliche Hilfen der anderen Miterben (z. B. Geschwister) garantiert. Damit diese eventuellen Hilfen die Miterben (beispielsweise die Geschwister) nicht zu sehr und unvorhersehbar belasten, kann die Summe dessen, was die anderen Miterben an den Behinderten zu bezahlen haben, nach oben auch begrenzt (»gedeckelt«) werden.
- Des Weiteren wird im Testament eine Testamentsvollstreckung angeordnet und ein Testamentsvollstrecker eingesetzt. Dieser wacht darüber, dass das Testament auch in der Art und Weise durchgeführt wird, wie es der bzw. die Erblasser gewollt haben. Daher sind auch detaillierte Regelungen im Testament notwendig, damit der Testamentsvollstrecker genau weiß, was er zu tun hat und er sich gegebenenfalls gegenüber Dritten auch auf den genauen Wortlaut des Testamentes berufen kann.
- Wenn Behinderte in einem Testament in der Weise als Miterben eingesetzt werden, dass sie Miteigentümer von Vermögen (insbesondere von Immobilien) werden, so sind bei der Verwertung des Vermögens (z. B. Verkauf der Immobilie) in der Regel vormundschaftsgerichtliche Genehmigungen einzuholen. Diese sind im Allgemeinen nur sehr

schwer zu erlangen. Will sich die Familie von solchen Genehmigungen nicht abhängig machen, ist es zu empfehlen, sog. Teilungsanordnungen in das Testament aufzunehmen.

Beispiel:

Das Ehepaar Richter hat zwei Kinder, nämlich Roland und Rita. Rita ist behindert. Als Vermögen hat das Ehepaar eine Eigentumswohnung und ein größeres Wertpapierdepot.
In der Teilungsanordnung sollte es nun am besten Folgendes verfügen:
»Unser Sohn Roland erhält die Immobilie, unsere Tochter Rita erhält einen ihrer Erbquote entsprechenden Anteil an unserem Wertpapierdepot mit der Nr. ... bei der Sparkasse ...«
Dadurch kann der Sohn Roland frei über seine geerbte Immobilie verfügen und diese später einmal ohne Probleme auch verkaufen. Andererseits ist Rita aber ausreichend durch die Erträgnisse des Wertpapierdepots abgesichert.

- Für den Fall der Not erhält der Behinderte einen im Testament genau festgesetzten Betrag von seinen Miterben. Diese sog. Auflage tritt aber nur in genau abgegrenzten Fällen ein und wird meist in der Höhe begrenzt. Die betroffenen Miterben sind aber nur verpflichtet, diesen Betrag aus den Erträgnissen der ihnen zugewandten Erbteile zu bestreiten. Der Stamm ihres Erbteils muss dazu nicht verwandt werden. Dadurch sollen auch die Miterben vor zu hoher Inanspruchnahme geschützt werden.

Durch diese Konstellation erreicht man die optimale Versorgung des Behinderten. Am besten zeigt sich dies an den drei Säulen der Versorgung:

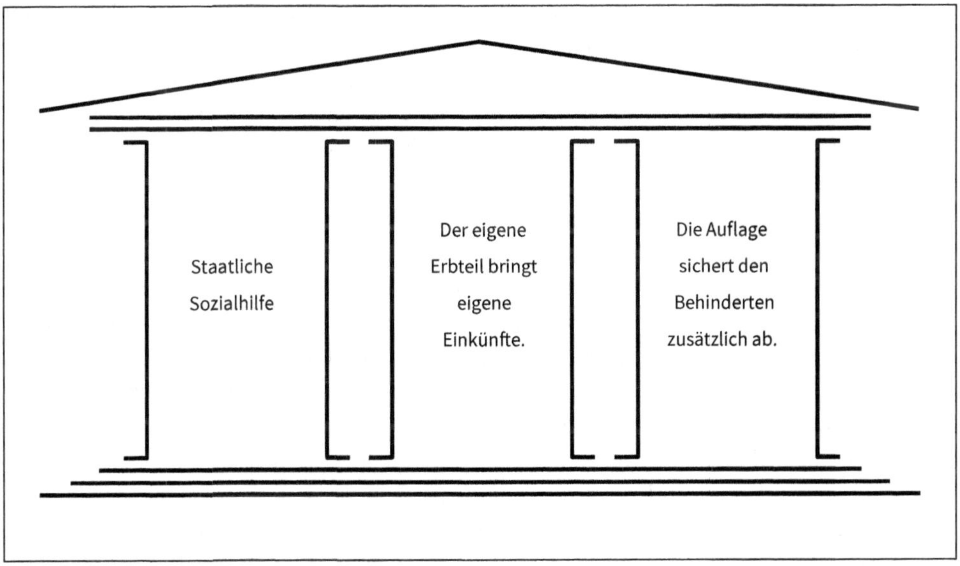

Erstens erhält der Behinderte, soweit er in einem Heim lebt, weiter seine Sozialhilfe vom Staat, die ihm die Kosten des Heims sichert. Zweitens stehen ihm die Erträgnisse aus seinem Erbteil zu, die ihm zur freien Verfügung stehen als eine Art zusätzliches Taschengeld. Als dritte Stütze erhält der Behinderte durch Aufnahme einer sog. Auflage in ein solches Testament von seinen Miterben einen festgesetzten Betrag für spezielle Notfälle (wie etwa für eine aufwendige zahnmedizinische Operation, für die die sonstigen Mittel nicht reichen).

Weitere Regelungen wie etwa die detaillierte Aufstellung für die Versorgung des behinderten Familienangehörigen, die genauen Pflichten des Testamentsvollstreckers und die Person des Betreuers und einiges mehr sind darüber hinaus in solch einem Testament festzulegen. Es würde aber zu weit und vor allem zu Verwirrung führen, an dieser Stelle auf alle Details eines solchen Behindertentestaments einzugehen. Es soll nur eine Grobstruktur dargestellt und auf wichtige Punkte aufmerksam gemacht werden.

WICHTIG

Zur Erstellung eines solchen Testamentes bedarf es ausführlicher und fachkundiger Beratung durch einen auf diesem Gebiet spezialisierten und erfahrenen Rechtsanwalt oder Notar. Denn die darin enthaltenen Regelungen sind derart umfassend und kompliziert, dass selbst Juristen ohne erforderliches Spezialwissen Schwierigkeiten haben werden, ein solches Testament in sich stimmig zu verfassen. Deshalb: Im Interesse des behinderten Familienangehörigen niemals in eigener Regie versuchen, ein solches Testament zu fertigen!

Zum Schluss stellt sich die Frage, ob solche Testamente wirklich wirksam sind. Dies sei an einem einfachen Beispiel verdeutlicht:

In verschiedenen Prozessen hat der Staat bzw. der zuständige Sozialhilfeträger versucht, die Konstruktion des sog. behindertengerechten Testamentes in Frage zu stellen. Der Staat hat zum einen eingewandt, dass ihm durch diese Konstruktion Gelder vorenthalten werden, die er, der Staat, dringend benötige. Außerdem wurde eingewandt, dass der Behinderte nicht über den Stamm des Vermögens verfügen kann und ihm dadurch Nachteile entstehen. Der BGH sowie das OLG Karlsruhe haben sich ausführlich mit dieser Thematik auseinandergesetzt und sind zu dem eindeutigen Ergebnis gekommen, dass solche sog. behindertengerechten Testamente rechtsgültig und damit wirksam sind. Zumindest hat er dies für die sog. »normalen« Vermögensverhältnisse festgestellt. Bei besonders großen Vermögen oder besonders kleinen Vermögen könnte die Entscheidung gegebenenfalls anders ausfallen. Dies haben die Gerichte aber bis jetzt offen gelassen.

Im Ergebnis bedeutet dies: Wenn auch die Gerichte jeweils nur Einzelfälle entschieden haben und dementsprechend keine »Garantie« gegeben werden kann, so kann man doch davon ausgehen, dass das sog. behindertengerechte Testament der sicherste und empfehlenswerteste Weg ist, zum einen das Familienvermögen vor dem Zugriff des Staates zu schützen und zum anderen den behinderten Familienangehörigen optimal abzusichern.

HINWEIS

Nicht nur die Eltern eines behinderten Kindes sollten ein solches Testament verfassen, sondern auch eventuelle Erbonkel oder -tanten, Großeltern, Geschwister etc. Denn sobald dem behinderten Familienangehörigen Vermögen zufließt, das nicht durch ein behindertengerechtes Testament vor dem Zugriff des Sozialhilfeträgers gesichert ist, kommt dieses nicht dem Behinderten, sondern allein dem Staat zugute.

5 Die nichteheliche Lebensgemeinschaft

Die Partner einer nichtehelichen Lebensgemeinschaft haben ähnliche Interessen wie Ehegatten, nämlich die beiden Hauptinteressen:

- Absicherung des überlebenden Partners,
- Erhalt des Nachlasses für die Kinder.

5.1 Grundlagen und Interessen der Lebenspartner

5.1.1 Rechtliche Voraussetzungen

Eine gesetzliche Regelung über die nichteheliche Lebensgemeinschaft existiert nicht. Allgemein wird die nichteheliche oder eheähnliche Lebensgemeinschaft als »eine ›Verantwortungs- und Einstehensgemeinschaft‹ zwischen einem Mann und einer Frau bezeichnet, die auf Dauer angelegt ist, daneben keine weitere Lebensgemeinschaft gleicher Art zulässt und sich durch innere Bindungen auszeichnet, die ein gegenseitiges Einstehen der Partner füreinander begründet, also über die Beziehung in einer reinen Haushalts- und Wirtschaftsgemeinschaft hinausgehen.«

Wesentliches Merkmal der nichtehelichen Lebensgemeinschaft ist ihre fehlende umfassende Rechtsverbindlichkeit und die Möglichkeit der jederzeitigen Beendigung der Partnerschaft ohne Einhaltung bestimmter Formen oder Fristen. Auf Grund der gewandelten Wertvorstellungen in Staat und Gesellschaft ist die eheähnliche Lebensgemeinschaft zu einer natürlichen, allgemein akzeptierten Form des Zusammenlebens geworden, während Ehe und Familie als einzig wahre Form des Zusammenlebens nicht mehr die Rolle spielen wie früher.

5.1.2 Interessen der Lebenspartner

Wie die Ehe ist auch die eheähnliche Lebensgemeinschaft auf gegenseitige Solidarität und Einstandsverpflichtungen der Lebenspartner zueinander begründet. Die Partner einer eheähnlichen Lebensgemeinschaft haben daher ein ähnlich starkes Interesse an gegenseitiger Absicherung zu Lebzeiten und nach dem Tod eines Lebenspartners wie in der Ehe.

5.2 Erbrechtliche Gestaltungsmöglichkeiten

Da das Erbrecht des BGB seit seiner Einführung weitgehend unverändert geblieben ist, sind den erbrechtlichen Regelungen nur die Vorstellungen über das Zusammenleben in Form der Ehe zugrunde gelegt. Das Erbrecht sieht daher keine Regelungen für erbrechtliche Gestaltungsmöglichkeiten in der eheähnlichen Lebensgemeinschaft vor. Die Partner, die ihre eheähnliche Lebensgemeinschaft auch erbrechtlich absichern und gestalten wollen, sind daher gezwungen, auf die normalen Regelungen des BGB über die Erbfolge zurückzugreifen, haben dabei aber darauf zu achten, die ihnen drohenden Nachteile möglichst zu vermeiden. Da das BGB die eheähnliche Lebensgemeinschaft nicht als besondere Form regelt oder anerkennt, gestaltet sich die erbrechtliche Lage zwischen Partnern in einer eheähnlichen Lebensgemeinschaft wie die zwischen normalen Dritten, ohne dass ihnen die Vorzüge des Verwandten- oder Ehegattenerbrechts zur Verfügung stünden.

5.2.1 Die rechtlichen Grenzen

Die Partner einer eheähnlichen Lebensgemeinschaft stehen zueinander nicht in einem Verwandten- oder Ehegattenverhältnis. Die entsprechenden gesetzlichen Regelungen hierzu sind auf sie also nicht anwendbar. Den Partnern einer eheähnlichen Lebensgemeinschaft steht beispielsweise nicht das Institut des gemeinschaftlichen Testamentes zur Verfügung, da dieses ausschließlich Ehegatten vorbehalten ist. Deshalb ist es den Lebenspartnern nicht möglich, ein Testament nach den Formerleichterungen des § 2267 BGB zu errichten.

HINWEIS

Ein in der Form des § 2267 BGB errichtetes Testament zwischen Lebenspartnern ist aber noch nicht per se ungültig. Zu beachten ist aber, dass nur einer der Lebenspartner das Testament handschriftlich verfasst hat. Aus diesem Grund kann dieses Testament umgedeutet werden in ein Einzeltestament, in dem jedoch nur die von dem schreibenden Lebenspartner getroffenen Verfügungen wirksam sind. Der Lebenspartner, der lediglich seine Unterschrift unter diesen Text gesetzt hat, hat kein wirksames Testament errichtet.

Nichteheliche Lebenspartner sind auch nicht gegenseitig pflichtteilsberechtigt. Die Lebenspartner sind also darauf beschränkt, Testamente als Einzeltestamente zu errichten, in denen sie sich gegenseitig als Erben einsetzen können. Zu beachten ist jedoch, dass diese Einzeltestamente keinerlei Bindungswirkung zu Gunsten des anderen Lebenspartners entfalten. Es steht also jedem Lebenspartner frei, ohne Wissen des anderen sein Testament abzuändern, zu vernichten oder sonst aufzuheben. Die gegenseitige Absicherung des Überlebenden für den Todesfall ist also durch zwei Einzeltestamente nicht möglich.

5.2.2 Vermeidung der Belastung des überlebenden Lebenspartners mit Pflichtteilsansprüchen

Unter Umständen hat jeder der Lebenspartner Angehörige, die nach den Regeln über den Pflichtteil gegenüber dem überlebenden Lebenspartner pflichtteilsberechtigt sind. Da der Lebenspartner keinerlei gesetzliches Erbrecht hat, wird der Nachlass entsprechend der gesetzlichen Erbfolge fiktiv auf die Pflichtteilsberechtigten verteilt. Dadurch erhöht sich der Gesamtpflichtteilsanspruch bis auf maximal 1/2. Es besteht also die Gefahr, dass der überlebende Lebenspartner die Hälfte des Nachlasses in Form von Geld an die Pflichtteilsberechtigten auszahlen muss.

5.2.3 Die Erbschaftsteuer in der eheähnlichen Lebensgemeinschaft

Da die eheähnliche Lebensgemeinschaft erbrechtlich in keiner Weise begünstigt wird, wird der überlebende Lebenspartner in die ungünstige Steuerklasse III eingeteilt und ist daher mit erheblich höheren Steuersätzen belastet als ein begünstigter Angehöriger.

5.2.4 Gestaltungsvorschläge

Um die Absicherung des überlebenden Lebenspartners für den Fall des Todes daher zu gewährleisten, bleibt den Partnern einer eheähnlichen Lebensgemeinschaft nur die Gestaltungsform des Erbvertrages. Nur dadurch können sie gegenseitig bindende Verfügungen von Todes wegen treffen. Zu beachten ist jedoch, dass gem. § 2278 Abs. 2 BGB nur die Erbeinsetzung, das Vermächtnis und die Auflage vertraglich bindend vereinbart werden können.

Zur Beseitigung der Bindungswirkung ist ein notariell beurkundeter Rücktritt gegenüber dem Lebenspartner erforderlich. Um sich für den Fall der Auflösung der nichtehelichen Lebensgemeinschaft anders als durch Tod leichter von diesen Bindungen lösen zu können, können die Lebenspartner ihre bindenden Verfügungen unter eine entsprechende auflösende Bedingung stellen oder sich einen Änderungsvorbehalt für den Fall der Trennung einräumen. Dieser Änderungsvorbehalt kann jedoch nicht in Form eines Totalvorbehalts, der zur uneingeschränkten einseitigen Abänderbarkeit aller vertragsmäßiger Verfügungen ermächtigt, formuliert werden, da andernfalls die dem Erbvertrag wesenseigene Bindungswirkung gänzlich entfiele und dann der Erbvertrag unwirksam wäre. Der Erbvertrag muss nach der Rechtsprechung mindestens eine unabänderliche vertragsmäßige Verfügung enthalten.

Schließlich ist daran zu denken, den Bestand des Erbvertrags über den Tod des erstversterbenden Lebenspartners hinaus dadurch abzusichern, dass Anfechtungsrechte, insbesondere wegen Übergehung eines Pflichtteilsberechtigten, durch die Angabe von Motiven ausgeschlossen werden. Die Vertragspartner des Erbvertrags können auch auf eigene Anfechtungsrechte verzichten.

Durch den ausdrücklichen Einbezug der §§ 2077 und 2279 BGB, wonach die Unwirksamkeit des Erbvertrags für den Fall der vorzeitigen Auflösung der nichtehelichen Lebensgemeinschaft gewollt ist, kann die Bindungswirkung weiter eingeschränkt werden.

5.3 Gestaltungsmöglichkeiten zu Lebzeiten

5.3.1 Regelung gegenseitiger Ausgleichansprüche

Bereits zu Lebzeiten sollten die Partner einer eheähnlichen Lebensgemeinschaft gegenseitige Ausgleichsansprüche regeln.

Für gemeinschaftlich erwirtschaftetes Vermögen bestehen gegenseitige Ausgleichsforderungen nur dann, wenn sie ausdrücklich vereinbart sind. Da gemeinschaftlich erwirtschaftetes Vermögen regelmäßig nicht in der Absicht erwirtschaftet wird, es zu einem späteren Zeitpunkt wieder auseinanderzusetzen, sondern es dem Erhalt und der Förderung der eheähnlichen Lebensgemeinschaft dienen soll, werden in der Rechtsprechung fast durchgehend Ausgleichsansprüche, die nicht ausdrücklich vereinbart sind, abgelehnt. Ein Lebenspartner, der den Großteil für die Erwirtschaftung beigetragen hat, ist daher weitgehend rechtlos gestellt.

Deshalb sind nur ausdrücklich vereinbarte Ausgleichsansprüche Nachlassverbindlichkeiten, die den Nachlass mindern können und somit auch die Höhe der Pflichtteilsansprüche etwaiger Berechtigter.

Als Ausgestaltung bietet sich der Abschluss von Partnerschaftsverträgen und Gesellschaftsverträgen an.

5.3.2 Sonstige Verfügungen

Obige Ausführungen über die Vollmachten und die Rechtsgeschäfte unter Lebenden gelten entsprechend für die Partner einer eheähnlichen Lebensgemeinschaft.

6 Die eingetragene Lebenspartnerschaft

Mit Gesetz vom 01.08.2001 hat der Gesetzgeber durch das LPartG die weitgehende erbrechtliche Gleichstellung von gleichgeschlechtlichen Lebenspartnerschaften mit Ehegatten beschlossen.

Nach den Vorschriften des Art. 1 § 10 Abs. 1 und 2 LPartG sind die Partner einer eingetragenen gleichgeschlechtlichen Lebenspartnerschaft gesetzliche Erben neben den Verwandten erster Ordnung zu 1/4 und neben Verwandten der zweiten Ordnung und neben den Großeltern zur Hälfte. Zudem besteht ein Anspruch auf den sog. Voraus und eine güterrechtliche Erhöhung. Ebenso wird das gesetzliche Erbrecht des überlebenden Lebenspartners ausgeschlossen, wenn zur Zeit des Todes des Erblassers die Voraussetzungen für die Aufhebung der Lebenspartnerschaft gegeben waren und der Erblasser die Aufhebung beantragt oder ihr zugestimmt hat. Im Wesentlichen sind also die Partner einer eingetragenen, gleichgeschlechtlichen Lebenspartnerschaft in ihrem gesetzlichen Erbrecht Ehegatten gleichgestellt. Ebenso ist es ihnen möglich, ein gemeinschaftliches Testament zu errichten.

Auch steht dem überlebenden Lebenspartner, der durch Verfügung von Todes wegen von der Erbfolge ausgeschlossen ist, ein Pflichtteilsrecht zu.

Seit der zum 01.01.2009 in Kraft getretenen Erbschaftsteuerreform haben eingetragene Lebenspartner wie Ehegatten einen erbschaftsteuerlichen Freibetrag in Höhe von 500.000 € und einen Versorgungsfreibetrag in Höhe von 256.000 €.

Darüber hinausgehende Nachlasswerte werden mittlerweile wie bei Ehegatten nach Steuerklasse I versteuert.

Kapitel VI

Verfügungen des Erblassers zu Lebzeiten

1 Schenkungen auf den Todesfall

1.1 Berührungspunkte zwischen dem Rechtsgeschäft unter Lebenden und der Verfügung von Todes wegen

Rechtsgeschäfte unter Lebenden wie z. B. Kaufverträge oder Schenkungen sind in ihren Entstehungs- und Wirksamkeitsvoraussetzungen vom Tod oder Überleben des einen oder anderen Vertragspartners unabhängig. Sollte einer der Vertragspartner vor Erfüllung der vertraglichen Pflichten versterben, so geht der Anspruch bzw. die Verpflichtung auf dessen Erben über. Anspruch und Verpflichtung an sich bleiben also von dem Todesfall unberührt.

Etwas anderes gilt für Verfügungen von Todes wegen. Ihrer Rechtsnatur nach sollen sie ihre Wirksamkeit gerade erst mit dem Tod des Erklärenden bzw. Erblassers entfalten. Die Erklärungen in Form von Testamenten oder Erbverträgen sind also existent, sie entfalten ihre Wirkung jedoch erst mit dem Todesfall des Erklärenden. Der Tod des Erblassers ist also Wirksamkeitsvoraussetzung.

Davon abzugrenzen sind die Rechtsgeschäfte unter Lebenden auf den Todesfall, die unter der aufschiebenden Bedingung des Überlebens des Leistungsempfängers abgeschlossen werden. Hier wird das Überleben des Begünstigten Entstehungsvoraussetzung für den Anspruch. Der typische Fall ist hier die Schenkung auf den Todesfall.

1.2 Die rechtliche Behandlung der Schenkung auf den Todesfall

Ein Schenkungsvertrag, der zu Lebzeiten beider Vertragspartner abgeschlossen und vollzogen wird, ist unzweifelhaft ein Rechtsgeschäft unter Lebenden. Der Schenkungsvertrag bedarf gem. § 518 Abs. 1 BGB der notariellen Form, deren Mangel nur durch die Bewirkung der versprochenen Leistung geheilt werden kann (§ 518 Abs. 2 BGB).

Eine Schenkung unter Lebenden liegt auch vor (s. 1.1), wenn das Schenkungsversprechen noch nicht erfüllt ist. In diesem Fall richtet sich der Anspruch auf Erfüllung des Schenkungsversprechens gegen die Erben des Versprechenden, also des Schenkenden.

Etwas anderes gilt jedoch dann, wenn das Schenkungsversprechen, also die Verpflichtung, davon abhängen soll, dass der Beschenkte den Schenker überlebt. Erst wenn diese Bedingung erfüllt ist, entsteht der Anspruch des Beschenkten. Zusätzliche Voraussetzung ist, dass zu Lebzeiten noch kein Vollzug der Schenkung erfolgt ist, denn dann läge ein normaler Schenkungsvertrag unter Lebenden vor.

Da sich die Schenkung auf den Todesfall auf Grund der beiden dargestellten Bedingungen in ihren rechtlichen Wirkungen sehr an eine letztwillige Verfügung annähert, sieht § 2301 BGB vor, dass auf solche Verträge die erbrechtlichen Formvorschriften anzuwenden sind. Diese Unterwerfung der Schenkung unter die Formvorschriften des Erbrechts gilt jedoch dann nicht, wenn gem. § 2301 Abs. 2 BGB der Schenker die Schenkung durch Leistung des zugewendeten Gegenstandes zu Lebzeiten vollzieht.

Unterschiede zwischen einem Schenkungsversprechen von Todes wegen und einer Schenkung unter Lebenden bestehen in den Heilungsmöglichkeiten nicht beachteter Formvorschriften. Während bei der formunwirksamen Schenkung unter Lebenden die Heilung auch noch durch Leistung nach dem Tod des Versprechenden bewirkt werden kann, führt beim Schenkungsversprechen von Todes wegen die Leistung nach dem Tod nie zur Heilung, weil dieses Schenkungsversprechen bereits den Vorschriften des Erbrechts unterliegt (§ 2301 BGB), die keinerlei Heilungsmöglichkeiten vorsehen.

1.3 Vollzug der Schenkung

Auf Grund der unterschiedlichen Heilungsmöglichkeiten hat der Beschenkte eine günstigere Rechtsposition hinsichtlich des verschenkten Gegenstandes, wenn das mit dem Schenker/Erblasser getätigte Geschäft einer Schenkung unter Lebenden ist. Eine solche ist, wie bereits dargelegt, stets anzunehmen, wenn die Schenkung bereits zu Lebzeiten vollzogen ist (§ 2301 Abs. 2 BGB).

Nach der höchstrichterlichen Rechtsprechung wird der Vollzug der Schenkung angenommen, wenn beim Schenkenden eine Vermögensminderung stattgefunden hat, er also ein schon bei ihm wirksam gewordenes Vermögensopfer erbracht hat. Erforderlich ist weiterhin, dass beim Beschenkten bereits zu Lebzeiten eine gesicherte Rechtsposition entstanden ist.

Problematisch ist demgegenüber der Fall, wenn der Schenker verstorben ist, bevor dem Beschenkten die Willenserklärungen, die sich auf den Abschluss des Schenkungsvertrages und dessen Vollzug beziehen, zugegangen sind. Zu bedenken ist nämlich, dass die Erben des Erblassers Schenkungsversprechen bis zum Zugang beim Beschenkten widerrufen können (§ 130 Abs. 1 Satz 2 BGB). Dieses Widerspruchsrecht besteht nicht, wenn eine Verfügung von Todes wegen vorliegt. Maßgeblich ist dabei die Willensrichtung des Schenkers, nämlich, ob die Schenkung noch zu seinen Lebzeiten erfüllt werden sollte, oder erst nach seinem Tod. In letzterem Fall gelten die strengen Vorschriften über die Form letztwilliger Verfügungen. Zu beachten ist auch, dass sich in diesem Fall der Erblasser bei der Abgabe der Willenserklärung nicht vertreten lassen konnte, da eine letztwillige Verfügung nur höchstpersönlich abgegeben werden kann.

2 Verträge zu Gunsten Dritter auf den Todesfall

Verträge zu Gunsten Dritter liegen vor, wenn derjenige, der aus dem Vertrag berechtigt ist, die Leistung zu fordern, unterschiedlich ist von dem Vertragsteil, dem die Leistung eigentlich als Gegenleistung für seine Gebühren würde (§ 328 BGB).

Kennzeichnend ist darüber hinaus, dass der Dritte nur einen schuldrechtlichen Anspruch gegen den Versprechenden erwirbt, also keine unmittelbare Rechtsposition.

2.1 Lebensversicherungsvertrag

Typischer Fall des Vertrags zu Gunsten Dritter auf den Todesfall ist der Lebensversicherungsvertrag.

2.1.1 Rechtslage beim Lebensversicherungsvertrag

Der in der Praxis häufigste Fall des echten Vertrages zu Gunsten Dritter auf den Todesfall ist der Lebensversicherungsvertrag. In ihm ist ein Bezugsberechtigter benannt, der für den Fall des Todes des Versprechensempfängers vom Lebensversicherer als Versprechendem die im Vertrag genannte Bezugssumme verlangen kann. Gem. § 330 BGB ist im Zweifel anzunehmen, dass der Dritte im Fall des Todes des Versprechensempfängers unmittelbar das Recht erwerben soll, die Leistung zu fordern.

Das Gesetz behandelt also den Lebensversicherungsvertrag als Vertrag zu Gunsten Dritter zu Lebzeiten und nicht als Verfügung von Todes wegen. Lebensversicherungsverträge unterliegen also nicht der für letztwillige Verfügungen bestimmten Formvorschrift.

Erforderlich ist jedoch, dass zwischen dem im Vertrag benannten Dritten und dem Versprechensempfänger ein Rechtsgeschäft besteht, auf Grund dessen der Dritte gegenüber den Erben des Erblassers berechtigt ist, die Leistung aus der Lebensversicherung zu behalten. Denn die Verpflichtung des Lebensversicherers gegenüber dem Dritten, an ihn die vom Erblasser geleisteten Zahlungen und die daraus entstandene Versicherungssumme auszuzahlen, ist rechtlich unabhängig davon, ob der Dritte gegenüber den Erben zum Behalten dieser Versicherungssumme berechtigt ist.

2.1.2 Schenkungsvertrag zwischen Erblasser und dem Dritten

Dieses erforderliche Rechtsgeschäft zwischen dem Dritten und dem Erblasser besteht in der Praxis regelmäßig in einem entsprechenden Schenkungsvertrag. Ein wirksamer Schenkungsvertrag setzt jedoch zwei korrespondierende Willenserklärungen, nämlich des Dritten und des Erblassers, voraus.

2.1.2.1 Vertragsschluss

Der wirksame Abschluss eines Schenkungsvertrags ist jedoch problematisch, wenn dem Dritten nicht bekannt ist, dass der Erblasser ihn gegenüber dem Lebensversicherer als bezugsberechtigten Dritten benannt hat. Korrespondierende Willenserklärungen liegen zu diesem Zeitpunkt noch nicht vor. Nach der Rechtsprechung genügt es jedoch, dass dieser Schenkungsvertrag zwischen Erblasser und dem Dritten noch nach dem Tod des Versicherungsnehmers zu Stande kommt, indem dem Dritten eine entsprechende Willenserklärung des Verstorbenen zugeht und dieser sie annimmt. Diese Willenserklärung kann zum Beispiel das Versicherungsunternehmen als Vertreterin oder als Botin des Versicherungsnehmers abgeben bzw. übermitteln.

2.1.2.2 Voraussetzungen des Widerrufsrechts des Erben

Hierbei ist jedoch zu beachten, dass die Erben berechtigt sind, diese Willenserklärung gegenüber dem Lebensversicherer, der regelmäßig als Bote oder Vertreter des Erblassers hinsichtlich dieser Willenserklärung auftritt, zu widerrufen (§ 130 Abs. 1 Satz 2 BGB), wenn die Willenserklärung dem bedachten Dritten noch nicht zugegangen ist. Für den Fall des rechtzeitigen Widerrufs ist der Dritte gegenüber den Erben nicht berechtigt, die aus der Lebensversicherung erhaltene Leistung zu behalten, und daher ihnen gegenüber zur Auszahlung verpflichtet.

HINWEIS

Der Erblasser, der einen Dritten durch einen Lebensversicherungsvertrag bedenken will, muss also stets dafür sorgen, dass zwischen ihm und dem Dritten ein formwirksames Rechtsgeschäft besteht.

Der Erblasser kann die Erben mit der Auflage beschweren, von diesem Widerrufsrecht keinen Gebrauch zu machen, und zusätzlich Testamentsvollstreckung anordnen.

2.2 Bankguthaben

Bei Bankguthaben, die in Form von Sparbüchern angelegt sein können, verhält es sich ähnlich wie bei der Lebensversicherung.

Hat der verstorbene Erblasser gegenüber der Bank einen Dritten als Bezugsberechtigten für den Fall seines Todes benannt, liegt auch hier ein Vertrag zu Gunsten Dritter in der Form einer Schenkung unter Lebenden vor. Der Sparbuchinhaber schließt mit der Bank einen Vertrag, aufgrund dessen alle Rechte aus dem Konto im Fall des Todes auf den Dritten übergehen.

Wie auch im Fall des Lebensversicherungsvertrages reicht die Auszahlungspflicht der Bank jedoch nicht aus, damit der Dritte die erhaltene Summe gegenüber den Erben behalten darf. Erforderlich ist auch hier, dass zwischen ihm und dem Erblasser wirksam ein Schenkungsvertrag entstanden ist. Die Bank kann also als Vertreterin oder nur als Botin gegenüber dem Begünstigten ein Angebot auf Abschluss eines Schenkungsvertrags mit dem Erblasser abgeben bzw. übermitteln.

HINWEIS

Selbst wenn ein solches Schenkungsversprechen wirksam vorliegt, ist die Rechtsposition des Dritten faktisch jedoch immer noch nicht 100 %ig abgesichert. Denn die Erben können, wenn sie im Besitz des Sparbuchs sind, dieses bei der Bank vorlegen und die Guthabensumme entgegennehmen. Da das Sparbuch ein sog. hinkendes Legitimationspapier darstellt, ist die Bank nicht verpflichtet, die Berechtigung des Vorlegenden zu überprüfen. Dem Dritten verbleibt zwar ein Schadensersatzanspruch gegen den Erben. Dieser muss jedoch erst durchgesetzt und verwirklicht werden. Dem Erblasser, der das Sparbuch einem Dritten zukommen lassen will, ist also anzuraten, das Sparbuch für die Erben unzugänglich aufzubewahren.

Der Erblasser kann auch durch eine Auflage die Widerrufsmöglichkeit des Erben ausschließen und Testamentsvollstreckung zur Absicherung des Dritten anordnen.

2.3 Wertpapierdepot

Ebenso als Vertrag zu Gunsten Dritter ist eine Vereinbarung des Erblassers mit der Bank anzusehen, im Falle seines Todes einem Begünstigen Dritten ein Wertpapierdepot zu übereignen. Auch hier muss jedoch zwischen Erblasser und dem Dritten ein Schenkungsvertrag zustandegekommen sein, vermöge dessen der Dritte gegenüber den Erben zum Behaltendürfen des Wertpapierdepots berechtigt ist.

Um den Dritten besser abzusichern, ihm also nicht nur einen schuldrechtlichen Anspruch auf Übereignung des Wertpapierdepots zu gewähren, kann der Erblasser sein Eigentum an den im Wertpapierdepot befindlichen Wertpapieren an die Bank unter dem

Vorbehalt eines jederzeitigen Rückübertragungsanspruchs übereignen und diesen Rückübertragungsanspruch dem Dritten schenkweise als Vertrag zu Gunsten Dritter zukommen zu lassen.

2.4 Bausparvertrag

Auch in Bausparverträgen bezeichnete Dritte können gem. § 331 BGB gegen die Bank einen Anspruch auf Übertragung der Bausparraten, die der Erblasser als Bausparer in Erfüllung des Bausparvertrags geleistet hat. Gegenstand ist demgegenüber nicht ein unter Umständen in Anspruch genommenes Bauspardarlehen. Dieses ist vielmehr eine Belastung des Nachlasses und damit der Erben.

HINWEIS

Der Erblasser mag das als ungerecht empfinden. Dies kann vermieden werden, wenn auch die Erben als Berechtigte an den Bausparraten eingesetzt werden und dem Dritten anderweitig Vermögen überlassen wird.

3 Vollmachten des Erblassers

Mit der Vorsorgevollmacht, der Betreuungsverfügung und der Patientenverfügung hat der Erblasser die Möglichkeit, rechtzeitig für den Fall vorzusorgen, dass er durch Krankheit, Unfall oder im Alter hilflos wird und keine eigenen Entscheidungen mehr treffen kann. Dazu dienen auch trans- und postmortale Vollmachten, d. h. Vollmachten, die auch nach dem Tod des Erblassers wirksam bleiben. Es handelt sich somit um Verfügungen, die nicht nur als Vorsorge für den Todesfall, sondern auch als Vorsorge zu Lebzeiten getroffen werden. Diese Vollmachten und andere Möglichkeiten für die Vorsorge insbesondere zu Lebzeiten des Erblassers werden in einem eigenen Kapitel IX behandelt.

Kapitel VII

Einfluss des Gesellschaftsrechts auf das Erbrecht

Die Rechtsnachfolge in ein Unternehmen weist generell eine Vielzahl von Rechtsproblemen auf, deren ungenügende Beachtung gravierende, in vielen Fällen nicht mehr korrigierbare Folgen für die Betroffenen haben kann. Vor allem sind Problemkreise aus dem Gesellschafts- und Erbrecht relevant, die nicht unabhängig voneinander bestehen, sondern miteinander verschränkt sind. Jede Gestaltungsmöglichkeit kann zudem nur unter Berücksichtigung ihrer steuerrechtlichen Folgen bewertet werden.

Dazu müssen in einem ersten Schritt immer zuerst die Interessen und Motive des Unternehmers eindeutig erfasst werden, bevor zu ihrer rechtswirksamen Umsetzung übergegangen werden kann.

1 Unternehmerinteressen

1.1 Drei Hauptinteressen

In der erbrechtlichen Praxis lassen sich folgende drei Hauptinteressen des Erblassers bei der Vererbung von Unternehmen oder Gesellschaftsanteilen feststellen:

1. Fortbestand des Unternehmens,
2. Existenzsicherung des überlebenden Ehegatten,
3. gerechte Vermögensverteilung.

1.1.1 Fortbestand des Unternehmens

Regelmäßig wird der Unternehmer durch eine erbrechtliche Verfügung den Fortbestand seines Unternehmens sichern wollen.

Zum einen sieht der Unternehmer den jahrzehntelangen Aufbau und Erhalt seines Unternehmens als sein Lebenswerk an, sodass dessen Fortbestand ein wichtiges emotionales Motiv ist. Neben der Verhinderung der Liquidation, also der Auflösung des Unternehmens, wird der Erblasser erreichen wollen, dass das Unternehmen durch einen geeigneten Nachfolger fortgeführt wird. Es muss also der Eintritt dieses neuen Inhabers oder Gesellschafters erbrechtlich in Übereinstimmung mit den gesellschaftsrechtlichen Vorschriften gesichert werden.

Die Suche nach der richtigen Nachfolgeregelung ist daher für jeden Unternehmer, der sich über seinen Tod hinaus um das Bestehen seines Unternehmens Gedanken macht, eine wesentliche, ja geradezu zwingende Aufgabe. Der Wille des Erblassers ist dann letztlich für die konkrete Gestaltungsweise ausschlaggebend. Der Unternehmer muss entscheiden, ob und in welchem Umfang er Familie, Mitunternehmer oder Mitarbeiter im Rahmen der Erbfolge berücksichtigen will. Das gilt sowohl für den Einzelunternehmer, der beispielsweise sein gesamtes Vermögen in seine Firma gesteckt hat, als auch für den Gesellschafter einer GmbH mit einem Stammkapital von einer Million Euro, der neben seinem Gesellschaftsanteil noch ein umfangreiches Privatvermögen besitzt.

Der pauschalierte Zugewinnausgleich des überlebenden Ehegatten kann zu einer erheblichen finanziellen Belastung werden. Weiterhin können Pflichtteilsansprüche die Substanz des Unternehmens gefährden. Dies ist bei der Gestaltung der erbrechtlichen Verfügungen ebenfalls zu berücksichtigen.

1.1.2 Existenzsicherung des überlebenden Ehegatten

Auch rein materielle Erwägungen spielen eine gewichtige Rolle. Wenn das Unternehmen zugleich als Existenzgrundlage dient, wird sich der Unternehmererblasser vor allem um die weitere Versorgung seines Ehegatten und seiner Kinder sorgen.

War es zu Lebzeiten nicht möglich, eine entsprechende Vorsorge zu treffen, muss dies unter Berücksichtigung der gesellschaftsrechtlichen Vorschriften durch letztwillige Verfügung geschehen.

1.1.3 Gerechte Vermögensverteilung

Dem Erblasser wird es auch ein Herzensanliegen sein, seinen Nachlass möglichst gerecht zu verteilen. Macht das Unternehmen das ganze Vermögen aus und soll das Unternehmen der Familie als Ganzes erhalten bleiben, kann dies schwierig werden. Besteht genug anderweitiges Vermögen, um wenigstens die Pflichtteilsansprüche erfüllen zu können, ohne das Unternehmen mit deren Begleichung zu belasten und zugleich die Versorgung des überlebenden Ehegatten zu gewährleisten?

1.2 Grundsatz: »Gesellschaftsrecht geht Erbrecht vor«

Im Grundsatz geht das Gesellschaftsrecht dem Erbrecht vor (Art. 1 Abs. 2 EGHGB). Zu beachten ist, dass für den wirksamen Eintritt des Erben in eine Personen- wie auch in eine Kapitalgesellschaft sowohl der Gesellschaftsvertrag als auch die letztwillige Verfügung entsprechende Klauseln enthalten müssen.

Für die Nachfolge in eine Personengesellschaft sind unbedingt Nachfolgeklauseln im Gesellschaftsvertrag erforderlich, da nach der gesetzlichen Regelung bei dem Ausscheiden eines Gesellschafters grundsätzlich die Gesellschaft mit den verbleibenden Gesellschaftern fortgesetzt wird und dem Erben nur ein Abfindungsanspruch zusteht.

> **HINWEIS**
>
> Ein Gesellschaftsvertrag, der diese Problematik nicht berücksichtigt, kann den Eintritt eines Nachfolgers in die Gesellschaft erheblich erschweren oder gar unmöglich machen. Die Gestaltung von Gesellschaftsverträgen birgt also ein erhebliches Haftungsrisiko.

Gesellschaftsanteile an einer GmbH sind frei übertragbar und vererbbar (§ 15 Abs. 1 GmbHG). Nachfolgeregelungen sind in der Satzung insbesondere dann erforderlich, wenn von diesem Grundsatz abgewichen werden soll, etwa weil die Gesellschafter nur bestimmte Personen als Gesellschafter aufnehmen wollen.

Um die Gesellschafterstellung einer bestimmten Person zu verhindern, kann für den Fall ihrer Erbenstellung beispielsweise die Einziehung der Anteile und eine Abfindung vorgeschrieben werden. Die Gesellschaftsanteile müssen also im Gesellschaftsvertrag vererblich gestellt sein und im Testament oder im Erbvertrag vererbt werden. Eine letztwillige Verfügung von Todes wegen kann nicht realisiert werden, wenn der Gesellschaftsvertrag eine Umsetzung dieser Verfügung nicht zulässt.

HINWEIS

Gesellschafts- und Erbrecht können also nicht voneinander getrennt betrachtet werden, sondern müssen stets auf ihre Kongruenz in Bezug auf die intendierte Regelung überprüft werden!

1.3 Die Testamentsvollstreckung im Unternehmertestament

Der Einzelunternehmer und der Anteilseigner einer Gesellschaft haben ein starkes Interesse daran, dass nach ihrem Tode der Nachlass durch eine neutrale, also nicht zum Kreis der Erben gehörende, unabhängige und fachlich geeignete Person verwaltet wird. Rechtlich unproblematisch ist der seltene und vom Erblasser regelmäßig nicht gewollte Fall der Liquidation der Gesellschaft. Es ist ohne weiteres möglich, einem Testamentsvollstrecker die Abwicklung einer durch den Tod des Gesellschafters erloschenen Gesellschaft zu übertragen.

Rechtlich teilweise sehr komplizierte Fragestellungen ergeben sich jedoch, wenn der Erblasser gezwungen ist, in seiner letztwilligen Verfügung die Testamentsvollstreckung über das Unternehmen anzuordnen.

1.3.1 Einsatzmöglichkeiten bei Unternehmen

Die Gründe, warum die Anordnung der Testamentsvollstreckung für den Erblasser sinnvoll und sachgerecht sein kann, sind vielfältig. Der Unternehmererblasser kann sich des Instruments der Testamentsvollstreckung bedienen, wenn er ein Interesse am Schutz des Nachlasses oder am Schutz des Erben hat.

1.3.1.1 Schutz des Nachlasses

Im Fall der Minderjährigkeit oder Geschäftsunfähigkeit der Erben kann durch die Anordnung der Testamentsvollstreckung eine ordnungsgemäße Verwaltung und dadurch der Erhalt und Schutz des Nachlasses erreicht werden.

Minderjährige und geschäftsunfähige Personen werden bei ihren Rechtshandlungen durch ihre gesetzlichen Vertreter vertreten. Diese erweisen sich häufig mangels Qualifikation als fachlich ungeeignet, ein Unternehmen weiterzuführen.

Durch die Bestimmung eines Testamentsvollstreckers hat der Erblasser die Möglichkeit, eine seiner Ansicht nach qualifizierte Person mit der Wahrnehmung der unternehmerischen Belange nach seinem Tod zu beauftragen und so den Erhalt des Unternehmens zu sichern. Zwar könnte der Erblasser auch durch letztwillige Verfügung den gesetzlichen Vertreter des Erben von der Vermögenssorge ausschließen. Dies hätte jedoch zur Folge, dass kraft Gesetzes ein Betreuer bestellt würde, dessen fachliche Eignung zur Weiterführung des Unternehmens ebenfalls nicht garantiert wäre. Zudem wird der Erblasser es regelmäßig vorziehen, eine Person seines Vertrauens als Testamentsvollstrecker einzusetzen.

Durch die Anordnung der Testamentsvollstreckung kann das zum Nachlass gehörende Unternehmen oder seine Anteile auch vor der Zerschlagung oder der Verschwendung von Unternehmensvermögen durch die Erben geschützt werden.

Das Unternehmen, das der Erblasser häufig als sein Lebenswerk ansehen wird, kann durch die Testamentsvollstreckung, die der Erblasser durch die Anordnung bestimmter Aufgaben ausfüllen kann, sachgerecht weitergeführt werden. Das Unternehmen bleibt als Einheit erhalten; Vermögenswerte werden nicht abgezogen.

1.3.1.2 Schutz der Erben

Das Interesse des Erblassers am Fortbestand des Unternehmens nach seinem Tod kann zugleich auch mit dem Schutz der Erben zusammenhängen.

In folgenden Fallkonstellationen kann durch die Anordnung einer Testamentsvollstreckung der Zugriff Dritter auf den Nachlass verhindert werden:

- Durch die Anordnung der Testamentsvollstreckung kann zum einen verhindert werden, dass Gläubiger des Erben zur Befriedigung ihrer Forderungen auf den Nachlass zurückgreifen oder in ihn vollstrecken. § 2214 BGB schließt ein Befriedigungsrecht an den der Testamentsvollstreckung unterliegenden Nachlassgegenständen ausdrücklich aus. Andernfalls wären die Gläubiger des Erben besser gestellt als dieser selbst, da dieser ja eben über den Nachlass auch nicht verfügen darf.
- Bei behinderten Erben kann dadurch verhindert werden, dass der Sozialhilfeträger auf die wirtschaftlichen Werte des Unternehmens zurückgreift (§ 93 SGB XII).
- Gem. § 1365 BGB können sich Ehegatten, die im gesetzlichen Güterstand der Zugewinngemeinschaft leben, nur mit Einwilligung des anderen Ehegatten rechtsgeschäftlich verpflichten, über ihr Vermögen im Ganzen zu verfügen.
- Nach der herrschenden Einzeltheorie, die nur dann Anwendung findet, wenn der Dritte positiv weiß, dass es sich um eine Verfügung über fast das ganze Vermögen handelt, gilt dies auch, wenn nur über einen Einzelgegenstand verfügt wird, der das ganze oder nahezu das ganze Vermögen repräsentiert. Bei kleineren Vermögen (bis zu 50.000 €) besteht Zustimmungsbedürftigkeit, wenn der Gegenstand der Verfügung mehr als 85 % des Vermögens darstellt, bei Vermögen über 50.000 € bei mehr als 90 %. Verbleibt dem Ehegatten bei einer Verfügung über einen Einzelgegenstand mehr als 15 % bzw. 10 %, greift § 1365 BGB nicht.
- Hat sich der Erbe ohne Zustimmung des anderen Ehegatten zu einer solchen Verfügung verpflichtet, so kann er die Verpflichtung nur erfüllen, wenn der andere Ehegatte einwilligt.

- Eine solche Mitverwaltung durch den anderen Ehegatten kann der Erblasser dadurch verhindern, dass er die Testamentsvollstreckung anordnet, da der Testamentsvollstrecker nicht den Beschränkungen des § 1365 BGB unterliegt.
- Die Betrauung eines Testamentsvollstreckers mit der Abwicklung eines Nachlasses, der sich auch auf Unternehmensteile beschränken kann, kann auf Grund der Neutralität des Testamentsvollstreckers zu einer schnellen und gerechten Aufteilung des Nachlasses im Sinne des Erblassers führen und einen zeit- und kostenintensiven Rechtsstreit der Erben untereinander verhindern.

1.3.2 Ausgestaltung

Wie der Unternehmererblasser zur Erreichung seines Ziels, den Erhalt des Unternehmens in seinem rechtlichen und wirtschaftlichen Bestand, durch die Ausgestaltung der Testamentsvollstreckung im Einzelnen erreichen kann, hängt davon ab, welcher Gesellschaftsform das Unternehmen zuzuordnen ist.

Probleme hinsichtlich Inhalt und Umfang der Testamentsvollstreckung ergeben sich vor allem aus den Unterschieden der erbrechtlichen und der handelsrechtlichen Haftung. Im Ergebnis ist die Anordnung der Testamentsvollstreckung im Zusammenhang mit Gesellschaftsanteilen erbrechtlich zulässig, aus haftungsrechtlichen Gründen ist die Rechtsposition des Testamentsvollstreckers jedoch handelsrechtlich begrenzt.

1.3.2.1 Einzelunternehmen

Folge der Diskrepanz zwischen erbrechtlicher und handelsrechtlicher Haftung ist die Unzulässigkeit der dauerhaften Fremdverwaltung eines einzelkaufmännischen Unternehmens. Die Beschränkung der Verpflichtungsbefugnis des Testamentsvollstreckers auf den Nachlass verträgt sich nicht mit den Haftungsprinzipien des Handelsrechts, das grundsätzlich die volle persönliche Haftung des Unternehmensträgers für die Geschäftsschulden bei Gesellschaftsschulden verlangt.

Will der Erblasser sein Einzelunternehmen dauerhaft unter Fremdverwaltung stellen, kann der Erblasser auf folgende beiden Ersatzlösungen zurückgreifen. Beide dieser Lösungen erfordern jedoch im Gegensatz zur reinen Testamentsvollstreckung die Mitwirkung des Erben, sodass eine Mitwirkungsverpflichtung des Erben durch eine testamentarische Auflage sicherzustellen ist.

1.3.2.1.1 Treuhandlösung

Im Rahmen der Treuhandlösung erhält der Testamentsvollstrecker den Gesellschaftsanteil als Treuhänder übertragen und nimmt dann die Gesellschafterrechte im eigenen Namen, aber für Rechnung des Erben wahr. Er ist Kaufmann und daher im Handelsregister einzutragen. Diese Lösung ist dadurch gekennzeichnet, dass der Testamentsvollstrecker zwar nach außen hin wie ein unbeschränkt haftender Gesellschafter auftreten kann und darf, im Innenverhältnis aber dem Erben gegenüber verpflichtet ist. Soweit der Testamentsvollstrecker in seiner Eigenschaft neue Geschäftsverbindlichkeiten begründet, haftet er unbegrenzt mit seinem Privatvermögen. Im Innenverhältnis, also gegenüber dem Erben, kann der Testamentsvollstrecker jedoch eine Befreiung von der persönlichen Haftung für die im Sinne des Erben eingegangenen Verpflichtungen verlangen. In der letztwilligen Verfügung ist also durch Auflage sicherzustellen, dass der Erbe den Testamentsvollstrecker in ihrem Innenverhältnis von der Haftung freistellt, also letztendlich der Erbe persönlich für die eingegangenen Verpflichtungen wirtschaftlich haftet.

Die Treuhandlösung hat für den Testamentsvollstrecker den großen Nachteil, dass er im Außenverhältnis weiterhin persönlich für die eingegangenen Verpflichtungen haftet und seine Rückgriffsansprüche gegen den Erben bei dessen Insolvenz ins Leere gehen.

HINWEIS

Aufgrund des enormen Risikos wird ein Testamentsvollstrecker sich in der Regel nicht mit dieser Variante einverstanden erklären. Vor allem vor dem Hintergrund der Außenhaftung ist davon auch dringend abzuraten!

1.3.2.1.2 Vollmachtlösung

Die Vollmachtlösung sieht vor, dass der Testamentsvollstrecker als Bevollmächtigter entweder des Erben oder auf Grund einer erst mit seinem Tode beginnenden widerruflichen postmortalen Vollmacht des Erblassers die ererbten Gesellschafterrechte ausübt, wenn dies dem Gesellschaftsvertrag entspricht oder die Mitgesellschafter zustimmen. In einer Auflage ist festzulegen, dass der Erbe die Vollmacht erteilt bzw. nicht widerruft. Mit der Vollmachtslösung wird der Nachteil der Außenhaftung, wie er sich bei der Treuhandlösung ergibt, vermieden.

Auch die Vollmachtslösung begegnet Nachteilen. Zum einen ist es rechtlich unmöglich, dass der gesetzliche Vertreter eines minderjährigen Erben den Testamentsvollstrecker zur unbeschränkbaren persönlichen Verpflichtung des minderjährigen Erben bevollmächtigt. Wird die Vollmacht durch den Erblasser erteilt, ist es schwierig, die erteilte Vollmacht als unwiderruflich auszugestalten. Eine entsprechende Verpflichtung des Erben kann an der Sittenwidrigkeit scheitern.

Problematisch ist weiterhin, dass der Erbe durch eine Person, die er weder auswählen kann noch die sein Vertrauen genießt, unbeschränkt persönlich verpflichtet werden kann. Es ist nämlich nie ausgeschlossen, dass sich der Erblasser in der Person oder der fachlichen Qualifikation des Testamentsvollstreckers irrt.

HINWEIS

Im Zweifel ist nach der Rechtsprechung des BGH anzunehmen, dass der Testamentsvollstrecker treuhänderisch tätig werden soll.

1.3.2.1.3 Umwandlung des Einzelunternehmens

Um die Nachteile der Treuhand- und der Vollmachtslösung zu umgehen, empfiehlt es sich, bereits zu Lebzeiten das Einzelunternehmen in eine GmbH umzuwandeln. Die Vorteile der Kapitalgesellschaftsgründung, nämlich die Fremdorganschaft und die Beschränkung der Haftung des Rechtsträgers, entspricht sowohl dem Interesse des Erblassers, der eine ordnungsgemäße Verwaltung zum Ziel hat, als auch dem Interesse des Testamentsvollstreckers, der vor einer unbeschränkten Außenhaftung bewahrt werden will.

Eine Kollision von erb- und handelsrechtlichen Haftungsmaßstäben ist ausgeschlossen.

1.3.2.2 Personengesellschaften

Wegen der Unterschiede der erbrechtlichen und der handelsrechtlichen Haftung lässt sich die Testamentsvollstreckung bei Personengesellschaften insbesondere dort einsetzen, wo sie im Wesentlichen auf die Wahrnehmung und Erhaltung der Vermögensrechte beschränkt ist. Sie verhindert, dass der Erbe über den Anteil und die daraus erwachsenden Vermögensrechte verfügen kann und seine Eigengläubiger in den Anteil und die Vermögensrechte vollstrecken können. Die Testamentsvollstreckung lässt jedoch nicht zu, dass der Testamentsvollstrecker in die innere Organisation der Gesellschaft eingreifen oder Mitgliedsrechte ausüben kann. Auf den Bestand der Gesellschaft im Innenverhältnis kann der Testamentsvollstrecker also keinen Einfluss nehmen, sondern nur auf die sog. Außenseite der Gesellschaft.

Diese Nachteile der Testamentsvollstreckungsanordnung können zwar durch die Anordnung der Treuhand- oder Vollmachtslösung umgangen werden. Um aber auch deren Nachteile zu vermeiden, ist es ratsam, auch die Personengesellschaft in eine Kapitalgesellschaft umzuwandeln.

1.3.2.3 Kapitalgesellschaften

Ein zum Nachlass gehörender Gesellschaftsanteil einer Kapitalgesellschaft wird vom Testamentsvollstrecker kraft eigenen Rechts unter Ausschluss des Erben verwaltet. Auf Grund der Haftungsübereinstimmungen des Kapitalgesellschafts- und des Erbrechts lässt sich die Verwaltung von Anteilen an Kapitalgesellschaften durch einen Testamentsvollstrecker problemlos erreichen. Im Rahmen seiner Verwaltung nimmt der Testamentsvollstrecker sämtliche Verwaltungs- und Vermögensrechte wahr, die die Gesellschaftereigenschaft des Erben mit sich bringt.

Zum Nachlass gehörende Aktien, unabhängig davon ob Inhaber- oder Namensaktien, werden ebenfalls vom Testamentsvollstrecker unter Ausschluss des Erben, jedoch aus eigenen Recht verwaltet.

TIPP

Der Erblasser, der Inhaber eines Einzelunternehmens oder Inhaber von Anteilen an Personengesellschaften ist, sollte auf Grund der aufgezeigten Probleme unbedingt die

Umwandlung in eine GmbH oder in die erbschaftsteuerrechtlich begünstigte GmbH & Co. KG in Erwägung ziehen.

1.4 Maßgeblichkeit des Einzelfalls

Wie schon beim Ehegattentestament gibt es auch bei der Notwendigkeit des Einbezugs gesellschaftsrechtlicher Aspekte nicht »die eine richtige Lösung«. Je nach Sachlage des Einzelfalls müssen die Interessen des Erblassers und die mit deren Realisierung verknüpften Folgen sorgfältig gegeneinander abgewogen werden. Maßgeblich ist immer der konkrete Einzelfall.

Im Rahmen des folgenden Kapitels sollen die Kernfragen und die Leitlinien aufgezeigt werden. Das Kapitel verschafft dabei Anregungen zur eigenen Testamentsgestaltung und einen Überblick über die Gestaltungsmöglichkeiten für werdende Berater oder Studenten.

Die Untersuchung der Schnittpunkte von Gesellschaftsrecht und Vererbung hat an die unterschiedlichen Unternehmensformen anzuknüpfen.

2 Einzelunternehmen

Das Einzelunternehmen wird regelmäßig als Handelsgeschäft im Sinne von §§ 25 ff. HGB angesehen. § 27 HGB nimmt zwar auf die Vererbung eines Handelsgeschäfts Bezug, regelt aber nur die Haftung des Erben für die vom Erblasser zu Lebzeiten begründeten Verbindlichkeiten. § 27 HGB setzt also die wirksame Vererbung auf den Nachfolger voraus, ohne dazu Anordnungen zu treffen. Die Übertragung von Todes wegen hat also allein nach den erbrechtlichen Gestaltungsmethoden zu erfolgen.

Der Inhaber eines Einzelunternehmens wird sich zum einen über die Übertragung des Unternehmens als Ganzes Gedanken machen und zum anderen über die Versorgung seines Ehegatten und seiner Kinder.

2.1 Die Nachfolgeregelung

Die Regelung der Nachfolge in das Unternehmen hängt davon ab, ob der Erblasser eine oder mehrere Personen als geeignete Nachfolger im Auge hat.

2.1.1 Kein Nachfolger

Steckt der Erblasser in dem Dilemma, keinen aus seiner Sicht geeigneten Nachfolger für sein Unternehmen finden zu können, bleiben ihm, um eine Zerschlagung des Unternehmens im Wege der Erbauseinandersetzung durch mehrere Erben zu vermeiden, nur zwei Möglichkeiten:

- Er kann das Unternehmen bereits zu Lebzeiten durch Rechtsgeschäft unter Lebenden auf einen ihm als geeignet erscheinenden Nachfolger übertragen.
- Er kann aber auch den Erben die Verfügungsmacht über das Unternehmen entziehen, indem er die Leitung einem Testamentsvollstrecker überträgt und ihm gegebenenfalls auch dessen Veräußerung überträgt, wobei er ihm hinsichtlich der Auswahl und der Anforderungen an die fachliche Eignung des Erwerbers Weisungen erteilen kann. Der Testamentsvollstreckung kann auch die Auskehrung des Erlöses an die Erben unterworfen werden.

2.1.2 Ausgestaltung der Nachfolge

Ist der Erblasser in der für ihn glücklichen Lage, einen geeigneten und vertrauensvollen Nachfolger gefunden zu haben, kann er ihn als Erben einsetzen und ihm durch eine Teilungsanordnung das Einzelunternehmen zuwenden. Der Erwerber tritt als Gesamtrechtsnachfolger in die Stellung des ehemaligen Unternehmensinhabers ein. Damit unterliegt er der vollen Erbschaftsbesteuerung. Er ist zudem verpflichtet, sich als neuer Inhaber eines Handelsgeschäfts im Handelsregister eintragen zu lassen.

Für die Vererbung eines Einzelunternehmens gibt es keinen besonderen erb- oder gesellschaftsrechtlichen Tatbestand. Es werden vielmehr die zum Unternehmen gehörenden Gegenstände, Vertragsverhältnisse und Forderungen vermacht. Der Erblasser muss daher unter dem Gesichtspunkt der Rechtsklarheit genau bezeichnen, was er als unternehmenszugehörig ansieht. Dazu reicht eine bloße Bezugnahme auf die Bilanz nicht aus, da diese nicht alle Unternehmensgegenstände erfasst.

Dabei ist die Unternehmensübertragung durch Vermächtnis mit besonderen Schwierigkeiten verbunden. Da das Vermächtnis nur einen schuldrechtlichen Anspruch gegen den Erben gewährt, er also zunächst Unternehmensinhaber wird, müssen nach §§ 414 ff. BGB die Gläubiger der Übernahme der Unternehmensverbindlichkeiten, also der diesbezüglichen Vermächtniserfüllung, nämlich der Schuldübernahme durch den Vermächtnisnehmer, zustimmen. Tun sie dies nicht, wird zwar der Vermächtnisnehmer Inhaber der Aktivforderungen des Unternehmens, der Erbe aber haftet für dessen Schulden. Aktiva und Passiva des Unternehmens fallen auseinander, was regelmäßig nicht dem Willen des Erblassers entspricht.

Problematisch ist auch die Übertragung eines Einzelunternehmens auf eine Erbengemeinschaft. Das Einzelunternehmen kann zwar durch eine Erbengemeinschaft zeitlich unbegrenzt fortgeführt werden. Es ergeben sich aber erhebliche Probleme hinsichtlich der Haftung der einzelnen Miterben, der Prozessfähigkeit und der Vertretungsbefugnis. Soll ein Einzelunternehmen auf eine Erbengemeinschaft übergehen, sollte der Fortbestand des Unternehmens durch eine Umwandlung in eine GmbH & Co. KG bereits zu Lebzeiten gesichert oder ein Testamentsvollstrecker mit der Umwandlung betraut werden. Die Erben treten dann entsprechend ihrer Erbquote in die Stellung des Erblassers als Gesamthandgesellschafter ein. Die Auseinandersetzung bedarf nach § 17 GmbHG der Zustimmung der Gesellschaft.

Es besteht auch die Möglichkeit, den Nachfolger schon zu Lebzeiten in die Unternehmensführung einzubinden.

2.2 Versorgung des Ehegatten

Aus steuerlichen Gründen kann die Übertragung direkt auf die nächste Generation, also die Kinder des Unternehmers, sinnvoll sein. Zwar kann der dem Ehegatten an sich zustehende Freibetrag nicht genutzt werden. Der Nachlass und damit das Unternehmen unterliegen aber auch keiner doppelten Besteuerung. Bei der Versorgung muss differenziert werden, ob nur das Unternehmen als »Vermögensgegenstand« oder darüber hinaus weiteres Privatvermögen vorhanden ist.

2.2.1 Versorgung durch weiteres Privatvermögen

Steht den Überlebenden, insbesondere dem Ehegatten, genug Vermögen außer dem Unternehmen zur Verfügung und ist er dadurch abgesichert, kann dem Nachfolger per Teilungsanordnung das Einzelunternehmen und den übrigen Erben das Privatvermögen zugewandt werden. In der Regel handelt es sich dabei um den gesamten Hausstand und die Wirtschaftsgüter, die dem Ehegatten bereits zu Lebzeiten gemeinsam zur Bestreitung des Lebensunterhalts zur Verfügung standen. Um insbesondere den Unternehmenserben nicht mit Pflichtteils(-ergänzungs)ansprüchen zu belasten, wird der Erblasser den übrigen Erben wertmäßig mindestens mit den Pflichtteilen bedenken. Dass dadurch der Unternehmenserbe bevorzugt wird, muss, wenn das Unternehmen nicht zerschlagen werden soll, hingenommen werden.

2.2.2 Versorgung durch das Unternehmen

Komplizierter stellt sich die Sachlage dar, wenn den Ehegatten nur der Ertrag des Unternehmens zur Bestreitung des Lebensunterhalts zur Verfügung stand und der überlebende Ehegatte nicht Nachfolger des Verstorbenen in das Unternehmen werden soll, etwa weil er schon zu Lebzeiten des anderen nie mit Firmenangelegenheiten befasst war und die wirtschaftliche Fortführung durch ihn nicht gesichert wäre.

Reicht das zur Verfügung stehende Privatvermögen zur Versorgung des überlebenden Ehegatten nicht aus, muss diese Versorgung wirtschaftlich aus dem Unternehmen bestritten werden, ohne dessen Substanz und damit seine Existenz anzugreifen. Hier muss einerseits die Versorgung des Überlebenden sichergestellt und andererseits ein das Unternehmen schädigender Kapitalabfluss verhindert werden. Dazu bieten sich folgende drei Möglichkeiten an, die alle mit Vor- und Nachteilen behaftet sind:

1. Rentenzahlungen,
2. variable Leistungen,
3. Nießbrauch an Gesellschaftsanteilen.

2.2.2.1 Rentenzahlungen

Durch Rentenzahlungen, mit denen der Unternehmererbe durch ein Vermächtnis belastet werden kann, wird dem überlebenden Ehegatten ein fester monatlicher Betrag auf Lebenszeit zugewandt. Einer allgemeinen Erhöhung der Lebenshaltungskosten kann durch Wertsicherungsklauseln oder die Anpassung an die Erhöhung zum Beispiel eines entsprechenden Beamtengrundgehalts begegnet werden.

Nachteilig an dieser Lösung ist die erhebliche Belastung des Unternehmens mit einem ständigen Kapitalabfluss. Es ist also stets im Einzelfall zu entscheiden, ob eine vermächtnisweise Rentenanordnung durch das Unternehmen wirtschaftlich verkraftet werden kann.

Der berechtigte Ehegatte hat den Rentenertrag als Einkommen zu versteuern. Der rentenverpflichtete Unternehmer kann den Rentenertrag einkommens- und damit gewinnmindernd geltend machen.

2.2.2.2 Variable Leistungen

Die Belastung des Unternehmensnachfolgers kann durch die Gewährung variabler Leistungen abgeschwächt werden. Dem Berechtigten wird ein monatlicher Betrag zugewendet, der jedoch in Abhängigkeit von objektiven Bezugsgrößen nach § 323 ZPO abänderbar ist. Diese Bezugsgröße kann beispielsweise der erzielte Gewinn des Unternehmens sein.

2.2.2.3 Nießbrauch an Gesellschaftsanteilen

Der Nießbrauch an einem einzelkaufmännischen Unternehmen ist in § 22 Abs. 2 HGB vorausgesetzt und daher zulässig. Der Nießbrauch ist nicht vererblich und erlischt daher mit dem Tod des Berechtigten.

Die Nießbrauchbestellung an einem Einzelunternehmen ist jedoch mit erheblichen Schwierigkeiten verbunden. Der Nießbrauchsberechtigte wird Unternehmensinhaber, obwohl ein anderer Nachfolger, nämlich der Erbe, eingesetzt werden soll. Letzterer kann keine unternehmerischen Entscheidungen treffen. Zudem haftet der Berechtigte persönlich für Verbindlichkeiten des Unternehmens, was seiner wirtschaftlichen Absicherung aber widerspricht.

Es besteht jedoch die Möglichkeit, das Unternehmen in eine GmbH umzuwandeln und dem Ehegatten einen sog. Ertragsnießbrauch an den Gesellschaftsanteilen zu gewähren. Der wirtschaftliche Ertrag hängt jedoch von den unternehmerischen Entscheidungen der Gesellschafter ab. Die Versorgung ist also nicht so abgesichert wie im Fall einer Rentengewährung.

2.3 Berücksichtigung von Pflichtteilsansprüchen

Zur Vermeidung einer Belastung des Unternehmensvermögens mit Pflichtteilsansprüchen, was insbesondere dann eintreten kann, wenn der gesamte Nachlass im Wesentlichen aus dem Unternehmen besteht und dieses nicht an alle gesetzlichen Erben gehen soll, gibt es mehrere Möglichkeiten:

- Der Erblasser kann mit den insoweit übergangenen Pflichtteilsberechtigten einen Erbverzichtsvertrag abschließen. Dazu werden sich die Berechtigten jedoch nur bei der Auszahlung einer entsprechend hohen Summe als Gegenleistung bereit erklären.
- Der Pflichtteil kann auch durch ein wertmäßig identisches Vermächtnis gewährt werden, dessen Auszahlung nur in Raten erfolgt.

- In der Praxis häufig ist auch die Umwandlung des Unternehmens in eine Personen- oder Kapitalgesellschaft, deren Anteile teilweise den Pflichtteilsberechtigten übertragen werden. Wurde das Einzelunternehmen bereits zu Lebzeiten in eine GmbH & Co. KG umgewandelt, können die nicht unmittelbar als Nachfolger in das Unternehmen aufgenommenen Erben als Kommanditisten eingesetzt werden. Der Wert der Anteile hat dann dem des Pflichtteilsanspruchs zu entsprechen. Der als Nachfolger auserkorene Erbe erhält als Komplementär die wirtschaftliche Leitungsmacht über das Unternehmen.

3 Personengesellschaften

3.1 Die Gesellschaft des bürgerlichen Rechts (BGB-Gesellschaft)

Der Vertrag der BGB-Gesellschaft muss unbedingt eine Fortsetzungsklausel enthalten, da die Gesellschaft grundsätzlich bei Tod eines Gesellschafters aufgelöst wird (§ 727 Abs. 1 BGB). Hier besteht weiterhin der früher allgemein für Personengesellschaften geltende Grundsatz, dass angesichts der engen persönlichen Bindung der Gesellschafter die Auflösung der Gesellschaft bei Tod eines Gesellschafters zweckmäßig ist. Anders als nunmehr bei der oHG ist für die Fortsetzung der Gesellschaft eine gesellschaftsvertragliche Regelung nicht entbehrlich. Im anderen Fall treten die Erben nur hinsichtlich der Liquidations- bzw. Abwicklungsgesellschaft in die Stellung des verstorbenen Gesellschafters ein. Ansonsten gelten die gleichen Regeln wie bei der oHG, auf die im Folgenden näher eingegangen wird.

3.2 Die offene Handelsgesellschaft (oHG)

Ziele der Gestaltung der Unternehmensnachfolge, insbesondere bei einer Personengesellschaft, sind vor allem:

- die Sicherung der Altersvorsorge des überlebenden Ehegatten,
- der Erhalt des Unternehmens und
- die Gleichstellung der Nachkommen.

Bei einem Familienunternehmen ist dessen Erhalt oft der wichtigste Punkt. Ihr Inhaber hat es häufig als Firmengründer sein ganzes Leben lang aufgebaut und durch seine besondere Individualität geprägt, weshalb er es auch über seinen Tod hinaus erhalten wissen möchte. Dem Unternehmenserhalt ist es vor allem dienlich, dass möglichst bereits zu Lebzeiten ein geeigneter Nachfolger gefunden und nach und nach an die Führung des Unternehmens herangeführt wird. In rechtlicher Hinsicht sollte deshalb die genaue Position des Nachfolgers und die Regelung seines exakten Verantwortungsbereiches und seiner Beteiligung am Unternehmen festgelegt werden. Sollte darüber hinaus eine Gleichstellung oder Versorgung sonstiger Familienangehöriger notwendig sein, sind Regelungen zu finden, die diese

eventuell passiv an der Firma beteiligen und die deren Versorgungsinteresse gerecht werden. Sind jedoch keine Familienangehörigen vorhanden und wird dem Nachfolger allein die Führung des Unternehmens überlassen, sollten existenzgefährdende Liquiditätsbelastungen durch gesellschaftsvertragliche Abfindungsansprüche ausscheidender Gesellschafter oder Ausgleichsansprüche weichender Erben vermieden werden.
Gerade im Bereich der offenen Handelsgesellschaft (oHG, auch OHG), in dem der Bestand des Unternehmens vor allem von der Person des Nachfolgers abhängt, sollte eine Nachfolge genauestens testamentarisch festgelegt werden. Wird eine genaue Nachfolge nicht bestimmt, kommt es bei der oHG zum Ausscheiden des Gesellschafters nach § 131 Abs. 3 Nr. 1 HGB. Die Gesellschaft bleibt aber insoweit bestehen. Den Erben des ausgeschiedenen Gesellschafters entstehen allerdings gegenüber den Mitgesellschaftern Abfindungsansprüche, die allerdings vertraglich ausgeschlossen werden können.

Es gibt mehrere Möglichkeiten, die Nachfolge genauestens festzulegen. Im Gesellschaftsvertrag können verschiedene Regelungen zur Nachfolge getroffen werden und zwar durch Bestimmung bestimmter Klauseln. Diese sollten optimalerweise ihre Entsprechung in der letztwilligen Verfügung finden.

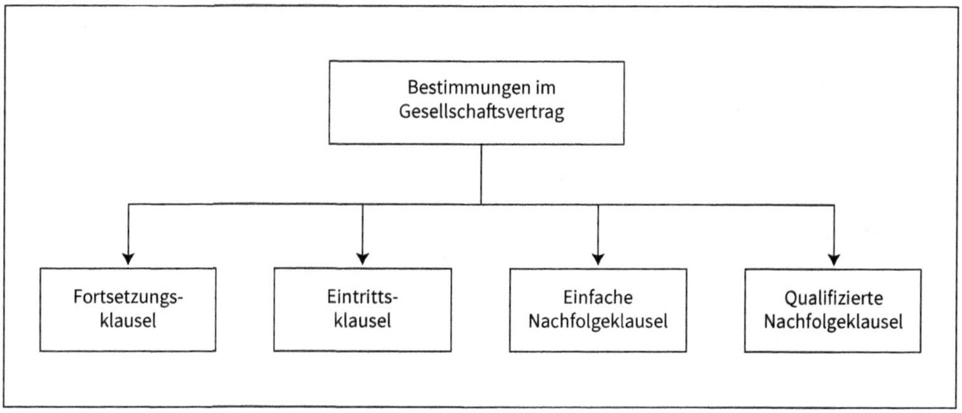

3.2.1 Anwachsung des Vermögens zu Gunsten der Mitgesellschafter ohne Abfindungsansprüche der Erben

Zur Anwachsung des Vermögens zu Gunsten der Mitgesellschafter ohne Abfindungsansprüche der Erben folgendes Beispiel:

Beispiel:

Maximilian Männle ist Inhaber eines kleinen Elektrogeschäftes mit einer kleinen Reparaturwerkstatt. Zusammen mit seinen Freunden aus seinem Elektrotechnik-Studium Gregor Gulder und Hans Hiller hat er diese Firma als eine OHG gegründet. Alle drei sind gleichberechtigte Gesellschafter, die mittlerweile vier Angestellte im Geschäft und in der Werkstatt beschäftigen.

Herr Männle ist 35 Jahre alt, verheiratet mit Michaela, die selber durch eigene, von den Eltern überlassene Immobilien abgesichert ist. Beide haben aber noch keine Kinder. Seine Mitgesellschafter möchte er keinesfalls bei seinem Tode finanziell belasten.

Lösung:

Legt Herr Männle weder im Gesellschaftsvertrag noch in einem Testament seine genaue Nachfolge nach seinem Tode fest, bleibt die Gesellschaft so bestehen, wobei er mit seinem Tode aus der Gesellschaft ausscheidet (§ 131 Abs. 3 Nr. 1 HGB). Dies wird als sog. Fortsetzungsklausel bezeichnet. Normalerweise würden seiner Ehefrau als dessen Alleinerbin Abfindungsansprüche zustehen, die die beiden anderen Mitgesellschafter zu tragen hätten (§ 738 Abs. 1 Satz 2 BGB). Diese Vorschriften sind aber dispositiv, das heißt, sie können durch eine individuelle Vereinbarung abbedungen werden.
Deshalb sollte folgendes im Gesellschaftsvertrag vereinbart werden:
»Beim Tod eines Gesellschafters wird die Gesellschaft von den übrigen Gesellschaftern fortgesetzt. Der Anteil des verstorbenen Gesellschafters wächst den anderen Gesellschaftern zu. Abfindungsansprüche gegenüber den Erben des verstorbenen Gesellschafters sind in vollem Umfang ausgeschlossen.«
Dadurch ist der Erhalt der kleinen Firma abgesichert, aber auch die Mitgesellschafter nicht weiter finanziell belastet.

Beispiel:

Wie oben, allerdings hat hier Frau Männle keinerlei eigenes Vermögen. Herr Männle möchte sie durch eine Vereinbarung im Gesellschaftsvertrag auch nach seinem Tod ausreichend abgesichert wissen.

Lösung:

Folgende Klausel sollte im Gesellschaftsvertrag aufgenommen werden:
»Beim Tod des Gesellschafters wird die Gesellschaft von den übrigen Gesellschaftern fortgesetzt. Der Anteil des verstorbenen Gesellschafters wächst den anderen Gesellschaftern zu. Die Abfindungsansprüche werden auf 30.000 € zu Gunsten der Erben des verstorbenen Gesellschafters beschränkt.«

Erst durch eine entsprechende Vereinbarung in einem Gesellschaftsvertrag wird der Gesellschaftsanteil vererblich. Wird nichts individuell vereinbart, fällt der Anteil auch nicht in den Nachlass. Es entstehen dementsprechend auch keine Pflichtteilsansprüche und nach der Rechtsprechung auch keine Pflichtteilsergänzungsansprüche. Möchte also ein Gesellschafter seinen Anteil vererben, so muss er dies vertraglich vereinbaren.

TIPP

Vor allem, wenn enorme Streitigkeiten zwischen den Mitgesellschaftern und den Erben eines Gesellschafters bestehen, sollte es bei der gesetzlich vorgegebenen Unvererblichkeit der Gesellschaftsanteile belassen werden!

3.2.2 Beispiel zum Eintrittsrecht einer bestimmten Person

Beispiel:

Ruth Ritter führt zusammen mit ihrer älteren Schwester Sandra ein kleines Modeunternehmen und dies bereits in der dritten Generation. Die Firma wird in Form einer OHG geführt, wobei die beiden Geschwister gleichberechtigte Gesellschafterinnen sind. Ruth betreut als ausgebildete Betriebswirtin den kaufmännischen Bereich und Sandra als Designerin den künstlerischen Bereich der Firma. Im Laufe der Jahrzehnte ist die Mitarbeiterzahl der beiden Schwestern auf mittlerweile 30 Angestellte angestiegen.
Das kleine Unternehmen steht auf einem kleinen Grundstück, das beiden je zur Hälfte gehört und an die OHG verpachtet ist. Beide sind glücklich verheiratet und nach dem Wunsch ihres Vaters haben sie mit ihren Ehemännern jeweils Gütertrennung vereinbart.
Ruth ist mit Sascha seit mehreren Jahren verheiratet. Im Laufe der Jahre haben sie sich einige Immobilien zusammen aufgebaut, die beiden zur Hälfte gehören. Weiter haben sie zwei Kinder, einen Jungen namens Harald und eine Tochter namens Hilda. Harald macht nächstes Jahr sein Abitur, Hilda hingegen wird im nächsten Jahr mit ihrem Designstudium fertig.
Sandra hat zusammen mit ihrem Mann Roland einen Sohn Christian, der derzeit eine kaufmännische Ausbildung absolviert. Roland hat durch seine Eltern ein enormes Vermögen geerbt, sodass auch im privaten Bereich keine finanziellen Probleme bestehen.
Nach einer Routineuntersuchung erfährt Ruth, dass sie an tödlichem Lungenkrebs leidet und maximal noch 2 Jahre zu leben hat. Nun setzt sie sich mit ihrer Schwester Sandra zusammen und sucht nach einer Lösung nach ihrem Tod.

Lösung:

Würden die beiden Schwestern nichts in ihrem Gesellschaftsvertrag hinsichtlich ihrer Nachfolge vereinbaren, würde Ruth mit ihrem Tod aus der Gesellschaft ausscheiden und Sandra würde Alleingesellschafterin werden. Jedoch müsste sie zu Gunsten von Sascha und den beiden Kindern Harald und Hilda Abfindungsansprüche diesen auszahlen.
Diese Lösung ist nicht in Ruths Sinne. Ihre Schwester Sandra müsste dann eine erhebliche Bargeldsumme aufbringen und deshalb einen Kredit aufnehmen, um Ruths Erben auszahlen zu können. Ruth möchte ihrer Schwester aber keinerlei finanzielle Nachteile durch ihren Tod aufbürden. Vielmehr hat sie schon seit längerem im Sinn, ihrer Tochter Hilda zu ermöglichen, in die Gesellschaft nach Abschluss ihres Designerstudiums einzutreten. Hilda ist sich aber zum

gegenwärtigen Zeitpunkt noch nicht sicher, ob sie dies wirklich will. Eventuell möchte sie auch in Aachen bleiben, wo sie erst vor kurzem während ihres Studiums ihren Traummann kennen gelernt hat. Eine Absicherung von Sascha und Harald ist hingegen aufgrund des ausreichenden Privatvermögens von Sascha nicht notwendig. Um diese Ziele alle unter einen Hut zu bringen, sollte folgende Regelung in den Gesellschaftsvertrag mit aufgenommen werden:
»Beim Tode eines Gesellschafters soll die Gesellschaft von dem anderen Gesellschafter fortgesetzt werden. Sollte die Gesellschafterin Ruth als Erste versterben, erhält zudem deren Tochter Hilda das Recht, als gleichberechtigte Gesellschafterin neben der Gesellschafterin Hilda einzutreten. Der Abfindungsanspruch gegenüber den Erben wird ausdrücklich ausgeschlossen.«
Mit dieser sog. Eintrittsklausel erhält Hilda einen Anspruch auf Eintritt gegenüber der Mitgesellschafterin Sandra und ein entsprechendes Recht zum Eintritt. Ihr ist dadurch freigestellt, ob sie das Recht in Anspruch nimmt oder nicht. Tritt sie in die Gesellschaft ein, werden Sandra und Hilda gemeinsame Gesellschafterinnen. Tritt Hilda hingegen nicht ein, setzt sich die Firma allein durch die Gesellschafterin Sandra fort.
Nach dem Gesetz stehen den übrigen Erben Sascha und Harald entsprechende Abfindungsansprüche zu. Da aber in solchen Fällen, in denen ein junges Familienmitglied in die Firma eintritt, dieses in der Regel keine Einlage zu leisten imstande ist, sollte eine solche Klausel nur verwendet werden, wenn diese Abfindungsansprüche der anderen Erben ausgeschlossen werden. Hier ist dies ohne Probleme möglich, da die Erben Sascha und Harald durch ihr eigenes Privatvermögen ausreichend für die Zukunft abgesichert sind.
Durch eine solche Eintrittsklausel besteht auch die Möglichkeit einen Dritten, der nicht Erbe ist, als möglichen Nachfolger zu bestimmen.

3.2.3 Verbindliche Bestimmung der Nachfolger

Im Gegensatz zu der eben angesprochenen Eintrittsklausel ist es aber auch möglich, einen oder mehrere Erben als festgelegte Nachfolger eines verstorbenen Gesellschafters einzusetzen. Diese sog. Nachfolgeklausel hat eine bindende Wirkung hinsichtlich der Gesellschafter, die eine solche Klausel in einem Gesellschaftsvertrag unterschreiben, und hinsichtlich des festgelegten Nachfolgers. Hier hat der Nachfolger nicht nur das Eintrittsrecht in die Gesellschaft, also das Recht einen Gesellschaftsanteil zu erwerben, sondern er bekommt vom betroffenen Gesellschafter den Gesellschaftsanteil direkt zugewandt.

Beispiel:

Der Sachverhalt entspricht obigem Beispiel, aber Hilda, Harald und Sascha sollen alle als Gesellschafter in die Gesellschaft eintreten. In diesem Fall müsste eine entsprechende Klausel im Gesellschaftsvertrag wie folgt formuliert werden:
»Beim Tode eines Gesellschafters wird die Gesellschaft mit dem anderen Gesellschafter fortgesetzt. Stirbt die Gesellschafterin Ruth Ritter, erwerben ihr Mann Sascha, ihr Sohn Harald und ihre Tochter Hilda ihre Beteiligung an der Gesellschaft unmittelbar zu gleichen Teilen. Die Beteiligung fällt ausdrücklich nicht in den Nachlass. Zum Zeichen ihres Einverständnisses wird dieser Vertrag von Sascha, Harald und Hilda mit unterzeichnet.«

Lösung:

Durch diese sog. einfache Nachfolgeklausel werden die drei Erben unmittelbar Gesellschafter des Unternehmens. Diesen Fall sieht auch der Gesetzgeber in § 139 HGB vor, erforderlich ist aber immer eine entsprechende Vereinbarung im Gesellschaftsvertrag. Hier tritt anstelle des verstorbenen Gesellschafters eine Erbengemeinschaft ins Unternehmen ein. Nach dem Gesetz würde eigentlich die Erbengemeinschaft selbst Gesellschafterin werden, dies ist aber nach Gesellschaftsrecht bei einer solchen sog. werbenden Gesellschaft nicht möglich. Grund dafür ist nach der Rechtsprechung, dass eine Erbengemeinschaft nicht nach außen im Rechtsverkehr auftreten kann und die Haftung ihrer Mitglieder auf den Nachlass beschränkt ist. Ein solcher Gesellschafter ist aber vor allem im Hinblick auf die unbeschränkte persönliche Haftung der OHG-Gesellschafter völlig ungeeignet für eine OHG. Vor diesem Hintergrund macht der Gesetzgeber eine Ausnahme vom sog. Gesamthandsprinzip der Erbengemeinschaft: Nicht die Erbengemeinschaft selber wird Nachfolger und damit Gesellschafter der Firma, sondern jeder einzelne Miterbe wird im Wege der Sondererbfolge entsprechend seiner Erbquote an der Gesellschaft beteiligt.
Im obigen Beispielsfall werden mit Aufnahme dieser Klausel in den Gesellschaftsvertrag Ruths gesetzlichen Erben Gesellschafter an der Firma. Das Unternehmen bleibt also erhalten und im Familienbesitz, was schließlich Ruths überwiegendes Anliegen ist.

3.2.4 Die Festlegung eines Erben als Nachfolger

Anders muss hingegen eine Regelung getroffen werden, wenn nur ein Erbe als Nachfolger für einen Gesellschafter bereits feststeht und auch bereits zu Lebzeiten vertraglich bestimmt werden soll.

Beispiel (Variante):

Der Sachverhalt entspricht obigem Beispielsfall, nur dass hier Hilda bereits den Wunsch geäußert hat, nach Ende ihres Studiums die Nachfolge nach Ruths Tod anzutreten und Hilda vor kurzem von einer reichen Erbtante ein erhebliches Vermögen geerbt hat. Darüber hinaus haben Sascha und Harald kein eigenes Vermögen.

Lösung:

Würden die beiden Schwestern nichts in ihrem Gesellschaftsvertrag hinsichtlich ihrer Nachfolge vereinbaren, würde Ruth mit ihrem Tod aus der Gesellschaft ausscheiden und Sandra würde Alleingesellschafterin werden. Jedoch müsste sie zu Gunsten von Sascha und den beiden Kindern Harald und Hilda Abfindungsansprüche auszahlen.

Diese Lösung ist von Ruth nicht gewollt. Sie möchte, dass Hilda ihre Nachfolgerin wird. Es müsste eine entsprechende Klausel im Gesellschaftsvertrag vereinbart werden, die wie folgt lauten könnte:
»Beim Tode eines Gesellschafters wird die Gesellschaft fortgesetzt. Stirbt die Gesellschafterin Ruth Ritter, erwirbt ihre Tochter Hilda ihre Beteiligung an der Gesellschaft unmittelbar. Die Beteiligung fällt ausdrücklich nicht in den Nachlass. Zum Zeichen ihres Einverständnisses wird dieser Vertrag von Hilda mit unterzeichnet. Abfindungsansprüche seitens der Erben von Ruth sind ausdrücklich ausgeschlossen.«
Voraussetzung für die Wirksamkeit einer solchen Regelung, einer sog. qualifizierten Nachfolgeklausel, ist die Mitwirkung des Begünstigten zu Lebzeiten des Erblassers. Daher ist sie nur gültig, wenn Hilda den Vertrag auch unterzeichnet. Hintergrund ist, dass Hilda dadurch auch haftungsrechtliche Nachteile drohen, die ihr nicht ohne ihre Einwilligung aufgebürdet werden dürfen. Diese gesellschaftsrechtliche Bindung kann nur mit Zustimmung der Mitgesellschafterin Sandra aufgehoben werden.
Vorteil einer solchen Regelung ist über den Erhalt des Familienunternehmens hinaus, dass nicht zu viele Gesellschafter – wie etwa dies der Fall bei der einfachen Nachfolgeklausel wäre – an der Firma beteiligt werden.

Dies birgt nämlich die Gefahr erhöhter Unstimmigkeiten unter den einzelnen Gesellschaftern. Deshalb gilt: Je weniger Gesellschafter, desto besser!

Hilda rückt dadurch unmittelbar und in vollem Umfang in den Gesellschaftsanteil ihrer verstorbenen Mutter.

Der Ausschluss der Abfindungsansprüche hat rein klarstellende Wirkung. Denn nach der Rechtsprechung sind mit dem Bestimmen einer solchen Klausel zugleich alle Abfindungsansprüche ausgeschlossen, ohne dass es einer gesonderten Klausel bedarf. Allerdings ist Hilda dennoch erbrechtlichen Ausgleichsansprüchen gegenüber Sascha und Harald ausgesetzt, wenn sie mehr bekommen hat als ihr nach ihrer Erbquote zustehen würde. Ruth könnte allerdings diese Ausgleichsansprüche im Vorfeld ausschließen, indem sie Hilda in ihrem Testament den Gesellschaftsanteil als Vorausvermächtnis zuwendet. Für eine solche testamentarische Regelung besteht hier aber kein Anlass.

Beispiel (Variante):

Ruths Mann Sascha und ihr Sohn Harald haben kein eigenes Vermögen, deshalb möchte sie die beiden auch nach ihrem Tod ausreichend versorgt wissen.

Lösung:

Zur Absicherung ihrer übrigen Familienangehörigen könnte Ruth Sascha und Harald als Kommanditisten in die Gesellschaft mit aufnehmen. Allerdings muss dies im Rahmen des Gesellschaftsvertrages möglich sein und ihre Schwester Sandra müsste der Aufnahme zustimmen. Dadurch würde die OHG in eine Kommanditgesellschaft (KG) umgewandelt werden. Durch entsprechende Bestimmungen im Gesellschaftsvertrag könnten die Rechte der einzelnen Kommanditisten festgelegt werden. Sollten beispielsweise Sascha und Harald nur Geldgeber sein und ihr Mitspracherecht nur beschränkt ausüben können (um wiederum Unstimmigkeiten vorzubauen), sollte im Gesellschaftsvertrag aufgenommen werden, dass das Stimmrecht nur gemeinschaftlich ausgeübt werden darf.

3.3 Die Kommanditgesellschaft

Die Kommanditgesellschaft, kurz KG, ist in den §§ 161 ff. HGB geregelt und wie die oHG eine Personengesellschaft.

3.3.1 Grundlagen

Unterschiede zur oHG bestehen aufgrund der unterschiedlich ausgestalteten Haftung. Der Gesellschafter, der persönlich haftet, aber dafür auch Geschäftsführungs- und Vertretungsbefugnisse innehat, wird als Komplementär bezeichnet. In jeder KG muss mindestens ein Komplementär vorhanden sein. Diejenigen Gesellschafter, die nicht persönlich, sondern nur im Umfang der von ihnen bei Eintritt geleisteten Einlage haften, nennt das Gesetz Kommanditisten. Sie haben keinerlei Vertretungs- oder Geschäftsführungsbefugnisse. Sie werden zwar an Gewinn und Verlust der Gesellschaft beteiligt werden, tragen persönlich aber nicht das Risiko der KG. Ihre Mitspracherechte bei unternehmerischen Entscheidungen sind stark begrenzt und beschränken sich im Wesentlichen auf Kontrollbefugnisse.

3.3.2 Nachfolge in die KG

Wie die Gesellschaftsanteile an einer KG entsprechend den Interessen des Erblassergesellschafters vererbt werden können, hängt von seiner Stellung als Komplementär oder Kommanditist ab.

3.3.2.1 Tod des Komplementärs

Für die Kommanditgesellschaft gelten hinsichtlich des Komplementärs die gleichen Regeln über die Nachfolge in seine Stellung als Gesellschafter wie für die oHG.

Das gesetzliche Grundmodell (§§ 161 Abs. 2, 131 Abs. 3 HGB) sieht das Ausscheiden des verstorbenen Gesellschafters und die Fortsetzung der Gesellschaft vor, sofern keine abweichenden Regelungen getroffen wurden. Da der Gesellschaft dadurch der Gesellschaftsanteil anwächst, haben der Erbe bzw. die Erben einen Ausgleichsanspruch (§§ 161 Abs. 2, 105 Abs. 2 HGB in Verbindung mit § 738 BGB), der in den Nachlass fällt. Diese gesetzliche Regelung hat zwei nachteilige Folgen: Einerseits muss die Gesellschaft zur Leistung des Ausgleichsanspruchs wichtiges Kapital verbrauchen. Andererseits haften die Erben auf Grund der Gesamtrechtsnachfolge gem. § 128 HGB unbeschränkt wie ursprünglich der verstorbene Komplementär.

Soll dagegen der Erbe als Gesellschafter in die KG eintreten, sind wie bei der oHG entsprechende Nachfolgeklauseln im Gesellschaftsvertrag erforderlich. Auf die entsprechenden Ausführungen kann daher verwiesen werden. Der Erbe hat jedoch gem. § 139 HGB das Recht, nur als Kommanditist in die Gesellschaft aufgenommen zu werden.

HINWEIS

Das umgekehrte Recht des Kommanditistenerben, als Komplementär in die KG aufgenommen zu werden, ist im Gesetz nicht vorgesehen. Es kann nur ausdrücklich im Gesellschaftsvertrag geregelt werden. Da die Gesellschafterstellung jedoch auf einer besonderen Vertrauensstellung der Gesellschafter untereinander beruht, ist diese Anspruchsgewährung in der Praxis selten anzutreffen.

Häufig wird nicht eine außerhalb der Gesellschaft stehende Person als Erbe eingesetzt, sondern ein anderer Gesellschafter. Dadurch wirkt das gegenseitige Vertrauen der Gesellschafter zueinander auch nach dem Tod eines Gesellschafters fort; die Gesellschaft wird vor Fremdeinflüssen bewahrt. Da jeder Gesellschafter nur mit einem Anteil an einer Gesellschaft beteiligt sein kann, fällt, falls der Erbe bereits Gesellschafter war, seine bisherige Beteiligung mit dem ererbten Gesellschaftsanteil zusammen. Anders als im GmbH-Recht, das die rechtliche Selbständigkeit der Gesellschaftsanteile für den Fall anordnet, dass mehrere von einem Gesellschafter gehalten werden (§ 15 Abs. 2 GmbHG). Bei Personengesellschaften ist dies gerade nicht der Fall. War der Erbe persönlich haftender Gesellschafter, bleibt er dies, wobei sich sein Kapitalanteil entsprechend erhöht.

In der Praxis wird deshalb häufig, um diese Folge zu verhindern, schon zu Lebzeiten des Komplementärerblassers eine GmbH gegründet, die bei dessen Tod seine Stellung als Komplementär übernimmt.

3.3.2.2 Tod des Kommanditisten

Die Gesellschaft wird beim Tod des Kommanditisten, soweit nichts anderes im Gesellschaftsvertrag vereinbart wurde, mit den Erben fortgesetzt (§ 177 HGB).

Der Erbe tritt in die Stellung des Kommanditisten ein, wie sie beim Tod des Erblassers bestand. Der Erbe wird dabei, insbesondere hinsichtlich der Haftung, wie jeder andere neu eintretende Kommanditist behandelt (§ 173 HGB). Soweit die Einlage auf die im Gesellschaftsvertrag vorgesehene Haftungssumme nicht geleistet ist, haftet der Erbe also persönlich, obwohl er auf die Geschicke der KG keinen Einfluss nehmen kann. Eine anderweitige Regelung im Gesellschaftsvertrag ist aus Gläubigerschutzgründen unwirksam.

HINWEIS

Dem in die Stellung eines verstorbenen Kommanditisten eintretenden Erben ist also zu raten, innerhalb der Ausschlagungsfrist zu prüfen, ob die Einlage auf die Haftungssumme vollständig erbracht wurde, um seine persönliche Haftung auszuschließen. Zudem ist der fehlende Betrag einer nicht vollständig erbrachten Einlage auf die Haftungssumme Nachlassverbindlichkeit, die den Nachlass im Einzelfall bei weitem übersteigen kann.

Im Übrigen kann bei der Vererbung von Kommanditanteilen auch nicht die Unternehmensnachfolge gesichert werden, da dem Kommanditisten kraft Gesetzes die notwendigen Geschäftsführungs- und Vertretungsbefugnisse unabdingbar entzogen sind.

3.3.3 Die GmbH & Co. KG

Eine besondere Form der KG ist die sog. GmbH & Co. KG. In ihr ist der einzige Komplementär nicht eine natürliche Person, sondern eine GmbH. Die Beteiligung einer GmbH oder sonstigen Gesellschaft, z. B. einer BGB-Gesellschaft, an der KG als Kommanditistin ändert nichts an der gesellschaftsrechtlichen Einordnung als Personengesellschaft. Juristische Personen können sich von Rechts wegen an anderen juristischen Personen beteiligen. Durch das »& Co.« wird auf die Komplementärstellung der GmbH hingewiesen.

Dadurch bleibt das Haftungsgefüge der KG nach den Vorschriften des HGB bis auf eine Ausnahme unangetastet: gem. § 172a HGB in Verbindung mit §§ 32a, b GmbHG haften die Kommanditisten für den Fall der Insolvenz.

Zunächst ist für die Erbfolge in einer GmbH & Co. KG zu unterscheiden, ob diese Gesellschaft schon zu Lebzeiten des Erblassers besteht oder ob sie erst aus Anlass der Errichtung einer letztwilligen Verfügung errichtet werden soll.

3.3.3.1 Formen der GmbH & Co. KG

Es werden zwei verschiedene Formen der GmbH & Co. KG unterschieden:

1. Bei der gesellschaftsidentischen GmbH & Co. KG halten die Gesellschafter der KG zugleich die Gesellschaftsanteile der GmbH. Dies ermöglicht zum einen eine Straffung der Entscheidungsprozesse beider Gesellschaften und zum anderen eine einheitliche Stimmbildung. Aufgrund dieser Vorteile sollte vermieden werden, dass eine Gesellschafterdifferenz besteht.
2. Bei der sog. Einheitsgesellschaft hält die KG sämtliche Anteile an der GmbH. In der Folge können Gesellschafter nur an KG-Anteilen beteiligt sein. Dadurch erreichen Sie jedoch auch mittelbar eine Beteiligung an der GmbH. Hier haften die Kommanditisten wie bei der standardisierten KG.

3.3.3.2 Die Nachfolge im Einzelnen

Die Nachfolge in die GmbH & Co. KG ist abhängig davon, ob eine beteiligungsidentische Gesellschaft oder eine Einheitsgesellschaft vorliegt.

Bei der beteiligungsidentischen GmbH & Co. KG muss der Unternehmer und Erblasser, wenn er bereits zu Lebzeiten seine Anteile übertragen will, sowohl die Anteile an der KG als auch die Anteile an der GmbH auf den Nachfolger übertragen. Letztere Übertragung bedarf gem. § 15 Abs. 3 GmbHG der notariellen Beurkundung. Will der Unternehmer dieses Beurkundungserfordernis vermeiden, was nur möglich ist, wenn er Anteilseigner einer Einheitsgesellschaft ist, müssen lediglich die KG-Anteile übertragen werden. Dadurch erlangt der Nachfolger mittelbar eine Beteiligung an der GmbH. Soll zugleich in eine Stellung als Geschäftsführer eingetreten werden, ist der Abschluss eines Geschäftsführervertrags erforderlich.

Sollen die Anteile erst mit dem Tod des Erblassers auf den Nachfolger übergehen, müssen bei der Errichtung der letztwilligen Verfügung die erbrechtlichen Anordnungen in GmbH- und KG-Vertrag beachtet werden. Soll ein bestimmter Erbe Nachfolger werden, müssen diese Gesellschaftsverträge entsprechende qualifizierte Nachfolgeklauseln enthalten. Hier gilt das Gleiche wie für die anderen Personengesellschaften.

3.3.3.3 Die GmbH & Co. KG als Gestaltungsmittel

In vielen Fällen hat sich gezeigt, dass durch die Gründung einer GmbH oder einer GmbH & Co. KG noch zu Lebzeiten oder im Wege der Testamentsvollstreckung komplizierte erb- und gesellschaftsrechtliche Konstellationen vermieden werden können.

Ein Einzelunternehmen kann auf folgende Weise in eine GmbH & Co. KG umgewandelt werden: Das in einem Einzelunternehmen liegende Familienvermögen kann in eine GmbH eingebracht werden, die als Komplementärin fungiert. Der Nachkomme und Erbe, dem zugleich die wirtschaftliche Leitungsmacht für das ehemalige Einzelunternehmen zukommen soll, wird Geschäftsführer der GmbH. Zur Vermeidung von Pflichtteilsansprüchen werden die übrigen Erben, die eine Beteiligung an der KG als Unternehmer haben, als Kommanditisten eingesetzt.

Aus den dargestellten Gründen ist die Gründung einer Einheitsgesellschaft vorzuziehen, wenn durch die Gründung die Abwicklung der Erbfolge erleichtert werden soll. So kann beispielsweise bei einer bestehenden BGB-Gesellschaft oder OHG, bei der jeweils die Gesellschafter persönlich haften, eine Umwandlung in eine GmbH & Co. KG erfolgen, wenn die übrigen Gesellschafter eine persönliche Haftung ausschließen möchten. Dies erreichen Sie dadurch, dass sie in die Stellung des Kommanditisten aufrücken. Die Einheit hat auch den Vorteil, dass die GmbH-Anteile nicht in den Nachlass des einzelnen KG-Gesellschafters fallen, da die Anteile ja von der KG gehalten werden. Gerade in Bezug auf qualifizierte Nachfolgeklauseln, die nicht nur in der GmbH-Satzung, sondern auch im KG-Gesellschaftsvertrag enthalten sein müssen, kann die Gründung einer Einheitsgesellschaft vorteilhaft sein, da dann eher gewährleistet ist, dass beide Verträge gleich ausgestaltet sind.

Einkommensteuerpflichtig ist der Gesellschafter, der bei einer gewerblich ausgerichteten GmbH & Co. KG eine Mitunternehmerstellung hat. Gewinnausschüttungen sind dagegen bei den Einkünften aus Kapitalvermögen zu verzeichnen.

3.4 Die Stille Gesellschaft

Die Stille Gesellschaft (§§ 230–236 BGB) ist eine echte Personengesellschaft (§§ 705 ff. BGB). Der stille Gesellschafter ist am kaufmännischen Geschäftsbetrieb eines anderen mit einer in dessen Vermögen befindlichen Einlage beteiligt. Sie ist daher eine reine Innengesellschaft.

Ähnlich wie bei der Kommanditgesellschaft wird die Gesellschaft bei Tod des stillen Gesellschafters nicht aufgelöst (§ 234 Abs. 2 HGB). Anders verhält es sich, wenn der Inhaber der Gesellschaft, an der sich der »Stille« beteiligt hat, verstirbt. Die stille Gesellschaft wird im Zweifel bei Tod des Inhabers aufgelöst. Vertragliche Regelungen des Innenverhältnisses der Beteiligten können jedoch die gesetzlichen Rechtsfolgen abändern.

Die Erben des stillen Gesellschafters treten in Erbengemeinschaft an seine Stelle. Bei einer sog. atypischen stillen Gesellschaft ist der »Stille« nicht nur am Gewinn, sondern auch an dem Unternehmensvermögen beteiligt und nimmt daher an Wertsteigerungen, stillen Reserven und am Geschäftswert teil. Verstirbt der Inhaber, werden die Erben im Falle der Auflösung der Gesellschaft auch an den stillen Reserven beteiligt.

4 Kapitalgesellschaften

Die in der Praxis am weitesten verbreiteten Kapitalgesellschaften sind die GmbH und AG.

4.1 Die GmbH

4.1.1 Freie Vererbbarkeit der GmbH-Anteile

Die Anteile an einer GmbH sind frei vererbbar (§ 15 GmbHG). § 15 GmbHG ist zwingend und kann daher nicht durch Satzung geändert werden. Der Erbe tritt also mit allen Rechten und Pflichten in die Stellung des Gesellschafters ein. Im Erbfall gehen sie also im Wege der Gesamtrechtsnachfolge auf den bzw. die Erben über.

Sind mehrere Erben vorhanden, tritt die Erbengemeinschaft in die Stellung des Gesellschafters ein. Einer Erbengemeinschaft fällt ein GmbH-Anteil zur gesamten Hand an. Die Ausübung des Stimmrechts erfolgt gem. § 18 GmbHG nach den zivilrechtlichen Vorschriften über die Erbengemeinschaft. Den gemeinschaftlichen Erben stehen also keine Einzelrechte zu; die Erbengemeinschaft kann ihr Recht aus dem Geschäftsanteil nur einheitlich geltend machen (§ 18 Abs. 1 GmbHG). Eine Sondererbfolge der Erbengemeinschaft selbst ist nicht möglich, auch nicht über eine qualifizierte Nachfolgeklausel. § 17 Abs. 6 Satz 1 GmbHG lässt jedoch die Teilung eines GmbH-Anteils zur Auseinandersetzung der Erbengemeinschaft ausdrücklich zu. Die Satzung kann dieses Teilungsrecht aber ausschließen (§ 17 Abs. 6 Satz 2 GmbHG).

HINWEIS

Da aufgrund der einheitlichen Rechtsausübung aller Erben für die Erbengemeinschaft in der Praxis eine langwierige Willensbildung der Erbengemeinschaft und damit die Handlungsunfähigkeit der GmbH oder der GmbH & Co. KG droht, ist von einer solchen Beschränkung Abstand zu nehmen. In der Satzung kann die Teilung und damit die Auseinandersetzung der Erbengemeinschaft dadurch erleichtert werden, dass in ihr auf die Genehmigung der Gesellschaft zur Teilung verzichtet wird (§ 17 Abs. 3 GmbHG).

Um eine Blockade der Entscheidungsprozesse der GmbH während des Bestandes der Erbengemeinschaft durch mögliche interne Zwistigkeiten zu vermeiden, sollte im Gesellschaftsvertrag für den Fall, dass mehrere Erben als Erbengemeinschaft Anteilseigner werden, angeordnet werden, dass diese einen Vertreter zu bestellen haben, der sie bei der Stimmabgabe vertritt.

4.1.2 Die erbrechtliche Nachfolge in die GmbH

Die gesetzliche Vererbung ist häufig nicht im Interesse der Gesellschaft. Entweder wollen die Gesellschafter die oben dargestellten Gefahren, die eine Erbengemeinschaft als Inhaberin der Gesellschaftsanteile mit sich bringen würde, oder eine bestimmte Person als Nachfolger vermeiden. Wollen die Gesellschafter unter sich bleiben oder einen bestimmten Erben als Nachfolger des Erblassers nach dessen Tod in die Gesellschaft als Gesellschafter aufnehmen, stehen ihnen dazu mehrere Lösungsmöglichkeiten zur Verfügung. Die Nachfolge in die Stellung als Gesellschafter kann dabei je nach Intention der Gesellschafter und der im Gesellschaftsvertrag getroffenen Regelung unterschiedlich ausgestaltet sein.

Möchte der Erblasser seine Nachfolge in seine Gesellschaftsanteile regeln, ist wie bei jedem Unternehmertestament das Spannungsverhältnis von gesellschaftsrechtlichen und erbrechtlichen Vorschriften zu beachten. Da gem. § 1 Abs. 2 EGHGB die handelsrechtlichen Vorschriften den bürgerlich-rechtlichen, also auch den erbrechtlichen vorgehen, kann sich eine letztwillige Verfügung von Todes wegen, die einer Regelung in der Satzung der GmbH widerspricht, nicht durchsetzen. Die Errichtung eines Testaments, eines Erbvertrags oder eines Vermächtnisses ist daher stets an den satzungsmäßigen Regelungen über die erbrechtliche Nachfolge auszurichten.

HINWEIS

Sollten sich die Interessen des Erblassers durch letztwillige Verfügungen nicht verwirklichen lassen, ist daran zu denken, den Gesellschaftsvertrag zu ändern oder bereits zu Lebzeiten die GmbH-Anteile zu übertragen. In letzterem Fall wird jedoch das Versorgungs- und Absicherungsinteresse des Erblassers eine entscheidende Rolle bei der Gestaltung spielen.

4.1.3 Der wirtschaftliche Ausschluss der Nachfolge

Will sich die GmbH gegen Fremdeinflüsse durch die Erben entziehen, besteht die Möglichkeit, Klauseln in die Satzung aufzunehmen, die einen wirtschaftlichen Übergang von Gesellschaftsanteilen auf Dritte verhindern.

4.1.3.1 Abtretung

Der Gesellschaftsvertrag und dementsprechend das Testament können eine Abtretungspflicht der Erben an die Mitgesellschafter oder an die GmbH vorsehen. Diese Abtretungspflicht kann sich auch auf die Miterben, eine von der Gesellschaft zu bestimmende Person oder sonstige Dritte beziehen.

Der Begünstigte wird hier erst durch die Gesellschaft bestimmt. Anspruchsberechtigt gegenüber den Erben ist die Gesellschaft. Sie kann insoweit auf Erfüllung klagen.

Die Gesellschaft kann den Geschäftsanteil eines verstorbenen Gesellschafters gegebenenfalls auch selbst erwerben. Auch hier muss die Gesellschaftssatzung eine entsprechende Option für die Gesellschaft beinhalten. Voraussetzung für ein Recht der Gesellschaft auf den Erwerb eigener Anteile ist ferner, dass die Stammeinlagen voll einbezahlt sind (§ 33 Abs. 1 GmbHG).

Mit dem Vollzug der Abtretungsverpflichtung verlieren die Erben ihre Gesellschafterstellung, der Begünstigte bzw. die GmbH erwerben sie.

4.1.3.2 Einziehungsrecht der Gesellschaft

Will sich die Gesellschaft das Recht auf Einziehung eines Geschäftsanteils der Gesellschaft vorsehen, muss dies im Gesellschaftsvertrag zugelassen sein (§ 34 GmbHG). Die Einziehung wird auch als Amortisation bezeichnet.

Folge der Einziehung ist der Untergang des Gesellschaftsanteils, was zu einer Vergrößerung der übrigen Anteile an der Gesellschaft führt.

Beispiel:

Die Gesellschafter Forster, Meier und Graber halten an der Sack-GmbH jeweils ein Drittel der Anteile. Forster ist 20 Jahre älter als Meier und Graber. Da sie für den Fall des Todes eines der Gesellschafter die Gesellschaft zu zweit weiterführen, aber insbesondere den Eintritt des Sohnes von Forster verhindern wollen, sehen sie im Gesellschaftsvertrag ein Einziehungsrecht vor. Als Forster nach langer Krankheit stirbt, ziehen sie seinen Anteil ein. Meiers und Grabers Gesellschaftsanteil beträgt nun 50 %.

Insbesondere wenn die Gesellschaft mit den Erben nicht fortgesetzt werden soll und auch eine Übernahme durch andere Personen nicht erwünscht ist, ist die Einziehung sehr effektiv. Im Gegensatz zu der Abtretungsverpflichtung besteht keine Verpflichtung zur notariellen Beurkundung. Mit der Einziehung verlieren die Erben ihre Gesellschafterstellung. Das Einziehungsrecht kann auf bestimmte Fälle oder zeitlich beschränkt werden.

Das Einziehungsrecht der Gesellschaft kann auch hilfsweise in die Satzung aufgenommen werden, wenn ein Mitgesellschafter, dem über eine Abtretungspflicht der Erben ein Eintrittsrecht eingeräumt wurde, dieses Recht nicht durchsetzt.

4.1.3.3 Das Kaduzierungsverfahren

Im Fall der verzögerten Einzahlung kann nach § 21 Abs. 1 GmbHG an den säumigen Gesellschafter eine erneute Zahlungsaufforderung unter der Androhung seines Ausschlusses mit dem Gesellschaftsanteil, auf welchen die Zahlung zu erfolgen hat, ergehen. Das Kaduzierungsverfahren dient also eigentlich dazu, bei Nichteinzahlung eines Anteils des Stammkapitals den zahlungssäumigen Gesellschafter zu seinen Lebzeiten auszuschließen (§§ 21 ff. GmbHG).

Im Verhältnis zur Einziehung besteht der Vorteil der Kaduzierung darin, dass der Geschäftsanteil nicht wie bei der Einziehung untergeht, sondern für den Erwerb durch den vorgesehenen Nachfolger, einen solventen Dritten, zur Verfügung steht. Gegenüber der Abtretung haben die Gesellschafter eine günstigere Rechtsposition, da der Gesellschaftsanteil direkt der Gesellschaft als Treuhänderin anfällt und nicht von der Durchsetzung eines nur schuldrechtlichen Anspruchs gegen die Erben abhängt. Die Gesellschafter haben also an der Anwendung der Kaduzierungsvorschriften ein erhebliches Interesse

Die Kaduzierung von Gesellschaftsanteilen kann auch zur Durchsetzung von Nachfolgeklauseln herangezogen werden.

HINWEIS

Der Gesellschaftsvertrag erklärt dann die Anwendbarkeit des Kaduzierungsverfahrens und zusätzlich das Recht der Gesellschaft, den Nachfolger zu bestimmen.

Voraussetzung der Anwendung des Kaduzierungsverfahrens zur Durchsetzung einer Nachfolgerregelung ist die Anpassung an die gesetzlichen Voraussetzungen und das Verfahren.

In der Satzung muss also bestimmt sein, dass die Entziehung wirksam wird, wenn den Erben oder Vermächtnisnehmern der Beschluss über die Kaduzierung mittels eingeschriebenen Briefes innerhalb von sechs Monaten zugegangen ist. Der Beschluss über die Kaduzierung ist dabei nicht von dem Geschäftsführer, sondern von der Gesellschafterversammlung zu treffen. Dies folgt aus der enormen Bedeutung des Neueintritts eines Dritten für die Gesellschaft. Aus diesem Grund haben auch die Gesellschafter zu beschließen, wer der Nachfolger sein soll. Sobald die Kaduzierung ausgesprochen ist, ruhen sämtliche Mitgliedschaftsrechte außer das Recht der Gewinnbeteiligung. Auf Grund der Treuhänderstellung der Gesellschafter darf über den Gesellschaftsanteil nicht anderweitig verfügt werden.

Auf Grund der Nähe dieser vertraglichen Kaduzierung zur Einziehung nach § 34 GmbHG ist den Erben oder Vermächtnisnehmern eine Abfindung zu zahlen. Dies wird auch regelmäßig im Interesse des verstorbenen Gesellschafters sein, der seine Erben oder Vermächtnisnehmer nur unter bestimmten Voraussetzungen auf den Pflichtteil setzen will. Die vollständige Zahlung der Abfindung ist daher auch Voraussetzung für den vollständigen Verlust des Gesellschaftsanteils bei den Erben oder Vermächtnisnehmern.

4.1.3.4 Abfindungsanspruch

Können die Erben aufgrund einer der vorgenannten Regelungen nicht in die Gesellschaft nachfolgen, steht ihnen ein Abfindungsanspruch zu. Dies gilt auch, wenn im Gesellschaftsvertrag keine entsprechende Klausel enthalten ist.

Dieser Abfindungsanspruch richtet sich, soweit keine besonderen Regeln im Gesellschaftsvertrag vorhanden sind, nach dem vollen Verkehrswert, also dem Wert, der für den Geschäftsanteil auf dem Markt bezahlt werden würde. Um Bewertungsprobleme zu vermeiden, sollte im Gesellschaftsvertrag die Berechnung des Einziehungsentgelts genau festgeschrieben sein. Um der Gesellschaft nicht dadurch lebenswichtiges Kapital abzuziehen, sollte die Auszahlung des Einziehungsentgelts in der Satzung als Ratenzahlung, die sich über mehrere Jahre verteilt, ausgestaltet sein.

In vielen Fällen besteht ein Bedürfnis, die Abfindung zu begrenzen oder gar ganz auszuschließen. Die Rechtsprechung prüft bei einer Beschränkung der Abfindung, ob ein grobes Missverhältnis zwischen der Abfindung und dem tatsächlichen Wert vorhanden ist. Gegebenenfalls passt sie die Klausel nach bestimmten Wertungsprinzipien an.

Eine besondere Situation entsteht unter diesem Aspekt dann, wenn die Erben gleichzeitig pflichtteilsberechtigt sind. Hier taucht wiederum die Frage auf, ob der Pflichtteil satzungsmäßig überhaupt beschränkt werden kann, beispielsweise auf den Buchwert. Es gelten die obigen Ausführungen, nach denen eine Tendenz besteht, den wahren Wert anzusetzen. Bestimmt also die Satzung, dass unter Wert einzuziehen, abzutreten oder zu kaduzieren ist, liegt ein Fall von Unentgeltlichkeit vor, was wiederum Pflichtteilergänzungsansprüche auslösen kann.

Wird in der Satzung der Ausschluss der Abfindung vorgesehen, wächst den übrigen Gesellschaftern der Geschäftsanteil des Verstorbenen zu, was sich als Schenkung darstellt. Es handelt sich dabei um eine aufschiebend befristete Schenkung unter Lebenden. Da diese Schenkung nicht einer Schenkung auf den Todesfall und daher nicht erbrechtlichen Vorschriften unterfällt, werden keine Pflichtteilsansprüche fällig, allenfalls Pflichtteilsergänzungsansprüche.

Sie ist jedoch gem. § 3 Abs. 1 Nr. 2 Satz 2 ErbStG zu versteuern.

4.1.3.5 Exkurs: Beginn der Zehnjahresfrist des § 2325 Abs. 3 BGB

Wird im Gesellschaftsvertrag ein Abfindungsanspruch ausgeschlossen oder unter Wert festgesetzt, kann die Klausel einen bedingten Vermögenszuwachs bei den übrigen Mitgesellschaftern, die Anwachsung, eine unentgeltliche Zuwendung und die Pflichtteilsergänzungsansprüche hervorrufen. Das gilt auch für den Fall, dass einem Eintrittsberechtigten der Kapitalanteil des Verstorbenen rechtsgeschäftlich zugewandt wird.

In allen diesen Fällen beginnt – abweichend zur früheren Rechtsprechung des BGH – die Frist des § 2325 Abs. 3 BGB nicht vor dem Tod des Erblassers. Es darf gerade nicht auf den Zeitpunkt des Abschlusses des Gesellschaftsvertrages abgestellt werden. Denn nur so können Vermögensverschiebungen zum Nachteil von Pflichtteilsberechtigten am Nachlass vorbei verhindert werden.

4.1.4 Rechtsgeschäftliche Lösungen

Da die Vererbung des Gesellschaftsanteils zwingend vorgeschrieben ist, werden potenzielle Erben Interesse daran haben, den Gesellschaftsanteil am Nachlass vorbeizusteuern. Dies kann beispielsweise dadurch geschehen, dass in der Satzung eine entsprechende Verfügung unter Lebenden getroffen wird. Diese Möglichkeit wird mittels einer Abtretungsverpflichtung in Form eines Vertrages zu Gunsten Dritter, durch den der Dritte das Übernahmerecht gegenüber den Erben oder Miterben erwirbt, als zulässig anerkannt.

Der Begünstigte erlangt durch seine Benennung einen schuldrechtlichen Anspruch auf Abtretung des Geschäftsanteils. Er sollte daher den Vertrag mit unterzeichnen. Der Vertrag bedarf der notariellen Beurkundung (§ 15 Abs. 3 GmbHG). Auch hier bestehen die bereits ausgeführten Erwägungen zur Beschränkung und dem Ausschluss von Abfindungen.

HINWEIS

Bei der GmbH wird keine Entgeltlichkeit angenommen, wenn sich die Gesellschafter gegenseitig unter Ausschluss der Erben bedenken.

Die Überlegungen einer entgeltlichen Zuwendung stellen sich nicht wie bei der oHG, da der Geschäftsanteil im Gegensatz zu der Gesellschafterstellung bei einer oHG ein eigenständiges dingliches Vermögensrecht bildet. Haben sich daher die Gesellschafter im Gesellschaftsvertrag ihre Anteile im Fall des Todes eines Gesellschafters gegenseitig abgetreten, liegt keine unentgeltliche Verfügung vor. Es handelt sich um eine auf den Todesfall bedingte Schenkung unter Lebenden (§ 2301 BGB). Dies hat entscheidende Bedeutung für die Pflichtteilsberechtigten, die ihre Pflichtteilsergänzungsansprüche gegen die Gesellschafter richten können.

Tipp: Hier bewegt man sich auf einem sehr komplizierten Terrain. Deshalb sollte in jedem Fall ein spezialisierter Rechtsanwalt zurate gezogen werden.

4.2 Die Aktiengesellschaft

Seit der Einführung der sog. kleinen AG, die nicht börsennotiert ist, ist die Gründung einer AG gerade für mittelständische Unternehmen eine sinnvolle Alternative zur GmbH geworden.

Wesentlicher Vorteil einer AG-Gründung bereits zu Lebzeiten ist die Vermeidung der Zerschlagung eines Einzelunternehmens im Falle des Todes im Wege der Erbauseinandersetzung. Der Erblasser verfügt durch letztwillige Verfügung, wie die Aktien auf die einzelnen Erben zu verteilen sind. Außerdem wird die persönliche Haftung bereits zu Lebzeiten ausgeschlossen. Vorteilhaft ist auch die erleichterte Übertragung der Anteile, da sie im Gegensatz zu den GmbH-Anteilen keiner notariellen Beurkundung bedürfen. Das Grundkapital der AG ist jedoch mit 50.000 € doppelt so hoch wie das der GmbH.

4.2.1 Aktienübertragung zu Lebzeiten

Für die Übertragung der Aktien muss zwischen den Aktienarten unterschieden werden. Während bei den sog. Inhaberaktien die Aktionärsstellung zu Gunsten des tatsächlichen Inhabers vermutet wird, ist bei den Namensaktien unabhängig von der Inhaberschaft derjenige Aktionär, auf dessen Namen die Aktie lautet.

4.2.1.1 Inhaberaktien

Inhaberaktien sind Wertpapiere und werden nach den Regeln für die Übereignung beweglicher Sachen nach §§ 929 ff. BGB oder durch Abtretung der Mitgliedschaftsrechte gem. §§ 413, 398 BGB übertragen. Übereignung ist auch in Form der Depotübertragung möglich.

4.2.1.2 Namensaktien

Zur Übertragung von Namensaktien auf den Erwerber sind zwei Möglichkeiten gegeben: Sie erfolgt entweder durch Indossament, § 68 AktG. Darunter versteht man eine rechtsgeschäftliche Erklärung, durch die der Eigentümer des Papiers (Indossant) die Rechte aus dem Papier auf den Erwerber (Indossatar) überträgt. Denkbar ist auch die Abtretung des Anspruchs und die Übertragung der Urkunde nach § 952 BGB. Ein gutgläubiger Erwerb ist dabei nicht möglich. Die Übertragung muss ins Aktienbuch eingetragen werden.

4.2.2 Erbrechtliche Übertragung

Aktien sind wie Gesellschaftsanteile frei vererbbar. Auf Grund der freien Übertragbarkeit von Aktien gelten grundsätzlich, wenn die Satzung der AG über die Rechtsnachfolge auf den Todesfall keine Regelungen trifft, die erbrechtlichen Regelungen des BGB.

Es gilt auch hier der Grundsatz, dass die erbrechtliche Nachfolge nicht ausgeschlossen oder eingeschränkt werden darf. Das Aktienrecht selbst besitzt jedoch mit dem Einziehungsrecht und der Ausgabe vinkulierter Namensaktien nur beschränkte Möglichkeiten, eine Nachfolgeregelung aufzustellen. Deswegen greifen Aktionäre oder auch Gruppen von Aktionären auf schuldrechtliche Nebenvereinbarungen zurück:

- Liegt einem Aktionär daran, dass nach seinem Tod die Aktien im Familienbesitz bleiben, kann er beispielsweise ein aufschiebend bedingtes Vermächtnis aussetzen, wonach bei der Veräußerung der Aktien an eine familienfremde Person ein bestimmter Familienangehöriger das Recht haben soll, die Aktie zu erwerben.
- Eine andere Möglichkeit besteht darin, die Aktien in eine oHG oder BGB-Gesellschaft einzulegen, sodass die Nachfolge in der für die Personengesellschaften üblichen Weise flexibel gestaltet werden kann. Miterben könnten beispielsweise durch Auflage verpflichtet werden, die Aktien in der BGB-Gesellschaft zu belassen. Die Rechte aus den Aktien können dann auch durch einen Testamentsvollstrecker wahrgenommen werden.

- Der Erblasser kann die Vererbung von Aktien an eine Auflage knüpfen und diese der Testamentsvollstreckung unterwerfen. An das Setzen einer Auflage wird der Erblasser insbesondere dann denken, wenn die AG oder die Aktien in der Familie verbleiben sollen. Gegenstand der Auflage können daher insbesondere, wenn sich die AG im Familienbesitz befindet, der Abschluss eines Poolvertrages, die Pflicht zur Umwandlung der Gesellschaft oder die Durchsetzung personenbezogener Wünsche, wie etwa die Einstellung bestimmter, dem Erblasser vertrauter Personen sein. Je nach Inhalt der Auflage kann der Aufgabenkreis des Testamentsvollstreckers unterschiedlich ausgestattet sein. Es kann sich dabei entweder um eine Abwicklungsvollstreckung oder um eine Verwaltungsvollstreckung handeln. In diesem Fall nimmt der Testamentsvollstrecker die Rechte des Erben als Aktionär wahr. Die Rechte und Pflichten beziehen sich insbesondere auf Antrags- und Stimmrechte. Eine Ausnahme besteht für die Wahrnehmung von Rechten und Pflichten, die den Kernbereich der Mitgliedschaft betreffen. In diesem Fall bedarf der Testamentsvollstrecker der Zustimmung des Erben.

Durch Einschaltung Dritter (Bevollmächtigter, Treuhänder, Testamentsvollstrecker) entstehen Haftungsrisiken, die in Kapitel VII 1.3.2.1.1 und VII 1.3.2.1.2 unter den Überschriften »Treuhandlösung« und »Vollmachtlösung« behandelt werden.

4.2.3 Erbrechtliche Vorgaben in der Satzung der AG

Komplikationen können sich dann ergeben, wenn auch die Satzung oder der Gesellschaftsvertrag Regelungen über die Rechtsfolge von Todes wegen enthält. Auf Grund des Vorrangs handelsrechtlicher Vorschriften vor denen des BGB, Art. 2 Abs. 1 EGHGB, muss sich eine letztwillige Verfügung von Todes wegen immer an den satzungsmäßigen Vorgaben orientieren. Anders als bei Personengesellschaften, bei denen die Gesellschafter als Haftungsobjekte eine starke persönliche Stellung haben, ist im Aktienrecht, das lediglich eine Kapitalhaftung anordnet, in der Satzung Beschränkung auf bestimmte Personen als Erben nicht möglich. Die Satzung kann jedoch verschiedene Vorgaben darüber enthalten, ob der Erbe die Aktien »behalten« darf.

Soweit die AG vinkulierte Namensaktion ausgibt, betrifft diese Vinkulierung nur die rechtsgeschäftliche Übertragung, nicht jedoch den Erwerb von Todes wegen. Die Vinkulierung wirkt sich also nur dann aus, wenn die Aktien im Wege der Erbauseinandersetzung oder der Vermächtniserfüllung durch Rechtsgeschäft unter Lebenden übertragen werden. In diesen Fällen können in der Satzung, insbesondere bei Familien-AGs die Anforderungen an die Zustimmungserteilung oder Zustimmungsverweigerung zur Übertragung der Aktien enthalten sein. Im Gegensatz zur GmbH-Satzung ist es bei der AG nicht möglich, die Zustimmung von der Übertragung und die Erfüllung bestimmter Pflichten, wie etwa die Andienung der Aktien an andere Gesellschafter oder Aktionäre abhängig zu machen. Eine Ausnahme besteht lediglich nach § 55 AktG, wonach dem Neuerwerber als einzige Nebenpflicht die Erbringung nicht in Geld bestehender, wiederkehrender Leistungen auferlegt werden kann.

Um besonders die Familien-AG gegen den Einfluss von Fremdaktionären abzusichern, kann in der AG die Möglichkeit zur Kaduzierung der Aktien eingefügt werden und an bestimmte Voraussetzungen in der Person des Fremdaktionärs geknüpft werden. Um die mit der Kaduzierung verbundene negative Folge der Kapitalherabsetzung zu vermeiden, kann, wenn gegen Fremdaktionäre keine schwerwiegenden Bedenken bestehen, das Aktienpaket an einen Poolvertrag gebunden werden. Dieser ist eine schuldrechtliche Vereinbarung, verhindert daher zwar nicht die Mitgliedsstellung eines Familienfremden, jedoch die eigenmächtige Ausübung des Stimmrechts.

4.3 Kapitalgesellschaften ausländischen Rechts mit Sitz in Deutschland

Seit mehreren Jahren erfreuen sich nach ausländischem Recht gegründete Kapitalgesellschaften mit deutschem Verwaltungssitz steigender Beliebtheit in Deutschland, da solche Gesellschaften mit einem im Vergleich zu den deutschen Erfordernissen relativ niedrigen Kapital gegründet werden können. Zwar hat der Gesetzgeber hierauf reagiert und mit der sog. Unternehmergesellschaft eine Sonderform der GmbH zur Verfügung gestellt, es ist jedoch nicht damit zu rechnen, dass die Unternehmergesellschaft im Wirtschaftsleben sofortige Akzeptanz erfahren wird. Daher ist – ohne dass hier auf alle Einzelheiten der Gründung und Führung nach ausländischem Recht gegründeter Gesellschaften eingegangen werden könnte – doch in der gebotenen Kürze die erbrechtliche Situation darzulegen.

4.3.1 Überblick

Hinsichtlich der nach ausländischem Recht gegründeten Gesellschaften ist zu unterscheiden zwischen Gesellschaften aus EU-Ländern und aus Nicht-EU-Staaten. Für Gesellschaften aus EU-Staaten gewährleisten Art. 43 und 56 EGV Niederlassungsfreiheit und Kapitalverkehrsfreiheit im Gebiet der Mitgliedstaaten der Europäischen Union. Das hat aufgrund der in Deutschland maßgeblichen Vorschriften für die Gründung von Kapitalgesellschaften (u. a. notarielle Form, Höhe Stammkapital etc.) zu einer Welle von Gründungen im Ausland und einer Verlegung des Verwaltungssitzes nach Deutschland geführt. An diese Tatsache knüpft sich die vor allem für die Gläubiger solcher Gesellschaften maßgebliche Frage, wer in welchem Umfang für Verbindlichkeiten haftet.

Für Gesellschaften aus den USA findet der Freundschafts-, Handels- und Schifffahrtsvertrag (BGBl II 1956, 487 ff.) Anwendung mit dem Inhalt, dass das Recht des Gründungsstaates maßgeblich ist.

Weil die Rechtslage hinsichtlich US-amerikanischer Gesellschaften geregelt ist und sich zudem in Deutschland nur relativ wenige französische, spanische, italienische, luxemburgische und niederländische Gesellschaften finden, beschränken sich die folgenden Ausführungen auf die englische Limited (Ltd).

Die englische Limited hat zwar in den vergangenen Jahren an Bedeutung verloren, da es inzwischen auch nach deutschem Recht eine ähnliche Gesellschaftsform gibt, nämlich die Unternehmergesellschaft (UG). Außerdem ist die Frage offen, wie die englische Limited im Verlauf der Austrittsverhandlungen Großbritanniens aus der EU in Zukunft rechtlich behandelt werden wird. Nichtsdestoweniger wird sie derzeit noch verwendet und daher im Folgenden auch kurz dargestellt.

4.3.2 Die Limited nach englischem Recht

4.3.2.1 Verbreitungsformen

Wie auch die deutsche GmbH ist die Ltd. sowohl selbst als werbende Gesellschaft in vielen Wirtschaftsbereichen als auch als Komplementärin einer Ltd. & Co. KG anzutreffen.

4.3.2.2 Erbrechtliche Übertragung

Für die erbrechtliche Übertragung des Gesellschaftsanteils ist zunächst zu bedenken, dass es sich trotz des Verwaltungssitzes der Gesellschaft in Deutschland um eine englische Gesellschaft handelt. Daher ist zu klären, welches Recht auf die erbrechtliche Übertragung anzuwenden ist. Diese Klärung liefern die Regelungen über das Internationale Privatrecht. Danach ist zu unterscheiden zwischen dem Gesellschaftsstatut und dem Erbstatut.

Das Gesellschaftsstatut entscheidet dabei darüber, was in den Nachlass fällt und welche Rechte am Nachlassvermögen begründet werden können.

Das Erbstatut entscheidet hingegen darüber, wer Erbe wird, wem also die Nachlassgegenstände zustehen.

Die vorstehenden Ausführungen zeigen, dass mit der Gründung einer ausländischen Gesellschaft eine Vielzahl von (Folge-)Problemen verbunden sein kann. Daher sollte in die Gestaltung und Strukturierung einer derartigen Konstruktion unbedingt ein erfahrener Rechtsanwalt mit einbezogen werden.

4.3.2.3 Erbschaftsteuerliche Behandlung

Ähnlich kompliziert stellt sich die erbschaftsteuerliche Situation dar. Anders als die deutsche Erbschaftsteuer besteuert die englische »Inheritance Tax« den Nachlass, das heißt bei Überschreiten eines bestimmten Vermögens wird das Vermögen mit einem einheitlichen Steuersatz besteuert. Im Fall einer Beteiligung von über 25 % an einer nicht börsennotierten Kapitalgesellschaft kann unter bestimmten Voraussetzungen eine vollständige Steuerbefreiung in Betracht kommen.

Weiter verkompliziert wird die Angelegenheit dadurch, dass zwischen Deutschland und Großbritannien kein Doppelbesteuerungsabkommen besteht, es also im Ergebnis zu einer doppelten Belastung mit Erbschaftsteuer kommen kann.

Wiederum gilt, dass in jedem Fall ein erfahrener Berater mit einbezogen werden sollte.

5 Steuerrechtliche Besonderheiten

Bei der Unternehmensnachfolge sind neben den rechtlichen Gestaltungsmöglichkeiten insbesondere steuerrechtliche Fragen des Erbschaft- und Schenkungsteuerrechts sowie des Einkommensteuerrechts relevant.

5.1 Allgemeines

Zunächst einmal ist zu unterscheiden, ob die Unternehmensnachfolge noch zu Lebzeiten oder von Todes wegen erfolgt, da sich die steuerlichen Folgen hierbei erheblich unterscheiden. Zudem ist danach zu unterscheiden, welche Art von Steuer (Erbschaft-/Schenkungsteuer, Einkommensteuer etc.) für den konkreten Fall entsteht. So darf beispielsweise bei der Rechtsgestaltung keinesfalls übersehen werden, dass neben der Erbschaft- bzw. Schenkungsteuer insbesondere auch teils kostenträchtige einkommensteuerliche Folgen zu beachten sind (z. B. durch die Aufdeckung stiller Reserven).

Wie Schenkungen und Erbschaften im Grundsatz zu besteuern sind, ist in dem nachfolgenden Kapitel VIII. beschrieben. Die steuerlichen Besonderheiten im Rahmen der Unternehmensnachfolge werden aus thematischen Gründen jedoch bereits vorab an dieser Stelle erörtert.

Vorweggenommen sei jedoch: Grundsätzlich muss, dies zeigt schon der Name Erbschaftsteuer- und Schenkungsteuergesetz (kurz: ErbStG), zwischen zwei Steuergegenständen unterschieden werden, nämlich der Erbschaftsteuer und der Schenkungsteuer. In beiden Fällen geht es um einen Übergang von Vermögen; der Unterschied liegt allein darin, dass der eine Übergang (noch) zu Lebzeiten und der andere von Todes wegen erfolgt.

Im Rahmen der Erbschaft- und Schenkungsteuer bei der Unternehmensnachfolge stellen sich vor allem die folgenden beiden Fragen:

1. Wie wird ein Unternehmen bewertet?
2. Unter welchen Voraussetzungen erfolgt eine Steuerverschonung?

5.2 Unternehmensbewertung

§ 12 ErbStG regelt die Bewertung im Erbschaft- und Schenkungsteuerrecht und verweist insoweit auf das Bewertungsgesetz. Die allgemeinen und besonderen Bewertungsgrundsätze werden in Kapitel VIII 1.7 ausführlich erläutert. Bei der Bewertung von Unternehmen gibt es jedoch Besonderheiten.

5.2.1 Reformen

Die Bewertungsvorschriften betreffend Unternehmen sind durch diverse **Reformen** mehrfach modifiziert und umgestaltet worden. Auch durch die jüngste Reform (die Erbschaftsteuerreform 2016) haben sich die Regeln erneut geändert.

Bis 1992 beispielsweise galten im Erbschaft- und Schenkungsteuerrecht unterschiedliche Grundsätze im Vergleich zur bilanzsteuerrechtlichen Bewertung, weshalb der Steuerpflichtige im Erbfall bzw. bei einer Schenkung zwei verschiedene Bilanzen erstellen musste. In der Bilanz für das Erbschaft- bzw. Schenkungsteuerrecht spielte die Ertragskraft des Unternehmens kaum eine Bedeutung.

Mit dem **StÄndG 1992** wollte man dies angleichen. § 109 Abs. 1 BewG bestimmte daher: »Die zu einem Gewerbebetrieb gehörenden Wirtschaftsgüter sind ... mit den Steuerbilanzwerten anzusetzen.« Allerdings erfuhr auch diese Änderung vermehrt Kritik, denn die Steuerbilanzwerte basieren auf einer Einzelbewertung, um die einzelnen Rechnungsperioden voneinander abzugrenzen. Durch bilanzpolitische Maßnahmen konnte der Schenker bzw. Erblasser somit zu seinen eigenen Gunsten erheblichen Einfluss auf die erbschaft- bzw. schenkungsteuerrechtliche Bewertung des Unternehmens nehmen. Dies endete darin, dass der Bundesfinanzhof das Erbschaft- und Schenkungsteuergesetz mit einem Vorlagebeschluss vom 22.05.2002 dem Bundesverfassungsgericht zur Überprüfung reichte.

Mit Beschluss vom 07.11.2006 hat das Bundesverfassungsgericht dann das bis dahin geltende Erbschaft- und Schenkungsteuerrecht für verfassungswidrig erklärt, da es gegen den Gleichheitsgrundsatz verstoße (BVerfGE 117, 1). In Bezug auf die Bewertung lautete der Leitsatz: *»Die Bewertung des anfallenden Vermögens bei der Ermittlung der erbschaftsteuerlichen Bemessungsgrundlage muss wegen der dem geltenden Erbschaftsteuerrecht zugrunde liegenden Belastungsentscheidung des Gesetzgebers, den durch Erbfall oder Schenkung anfallenden Vermögenszuwachs zu besteuern, einheitlich am gemeinen Wert als dem maßgeblichen Bewertungsziel ausgerichtet sein. Die Bewertungsmethoden müssen gewährleisten, dass alle Vermögensgegenstände in einem Annäherungswert an den gemeinen Wert erfasst werden.«*

Mit dem **ErbStRG 2009** wurde daraufhin das Erbschaft- und Schenkungsteuerrecht nicht nur in Bezug auf die Bewertungsvorschriften, sondern auch hinsichtlich vieler anderer Punkte erneut reformiert. Das neue Gesetz vom 24.12.2008 wurde am 31.12.2008 veröffentlicht (BGBl I 2008, 3018) und trat grundsätzlich zum 01.01.2009 in Kraft. Die Regelung des § 157 Abs. 5 Satz 2 BewG in Verbindung mit § 109 BewG bestimmte von da an, dass das Betriebsvermögen mit dem gemeinen Wert (vgl. § 9 Abs. 2 BewG) zu bewerten ist.

Gemäß § 11 Abs. 2 BewG sind auch Anteile an Kapitalgesellschaften nach dem gemeinen Wert zu bewerten, womit folglich insgesamt der gemeine Wert an Stelle der Steuerbilanzwerte getreten ist.

Der Grundsatz, dass der gemeine Wert für die erbschaft- und schenkungsteuerliche Bewertung von Betriebsvermögen maßgeblich ist, ist auch in dem **ErbStG 2016** grundsätzlich erhalten geblieben. Es hat sich durch die neue Reform lediglich eine Änderung beim vereinfachten Ertragswertverfahren (genauer gesagt beim Kapitalisierungsfaktor) ergeben. Es bleibt also grundsätzlich bei den bisherigen Regelungen.

5.2.2 Prüfungsreihenfolge

Nach diesen (bisherigen Regelungen) gibt es je nach Bewertungsgegenstand unterschiedliche Bewertungsvorschriften. Allen ist jedoch gemein, dass für die Ermittlung des gemeinen Wertes die gleiche Prüfungsreihenfolge zu beachten ist, die in § 11 Abs. 2 BewG (auf den die jeweiligen Vorschriften auch verweisen) näher dargestellt wird:

1. Hat das Unternehmen einen **Börsenwert**, so ist dieser für die Ermittlung des gemeinen Wertes heranzuziehen.
2. Handelt es sich nicht um ein börsennotiertes Unternehmen, so ist der gemeine Wert primär aus **Anteilsverkäufen unter fremden Dritten** abzuleiten, die weniger als ein Jahr zurückliegen dürfen. Umfasst ist dabei der Zeitraum zwischen Bewertungsstichtag (Schenkung/Erbfall) und dem Zeitpunkt der Einigung über den Kaufpreis im Rahmen des früheren Anteilsverkaufs, wobei jedoch stets lediglich **vergangene** Verkäufe berücksichtigt werden dürfen. Schließlich ist zu beachten, dass es sich um echte Marktpreise handeln muss, also um Verkäufe im freien Handel, und dass der Drittvergleich sich immer auf Verkäufe von Anteilen derselben Gesellschaft beziehen muss, ein Vergleich mit anderen Gesellschaften also nicht möglich ist.
3. Ist eine solche Wertbestimmung nicht möglich, muss auf sonstige Bewertungsverfahren zurückgegriffen werden. Bevor jedoch auf allgemeingültige Verfahren zurückgegriffen werden kann (dazu sogleich), müssen grundsätzlich zunächst **branchenübliche Bewertungsmethoden** angewandt werden (§ 11 Abs. 2 Satz 2 2. HS BewG). Hierzu sei die Finanzverwaltung selbst zitiert: »Sind branchentypisch ertragswertorientierte Verfahren ausgeschlossen (weil z. B. Multiplikatorenverfahren oder Substanzwertverfahren zur Anwendung kommen), ist das vereinfachte Ertragswertverfahren nicht anzuwenden.« (R B 199.1 Abs. 1 Satz 2 ErbStR 2011). Sofern branchentypisch jedoch auch ertragswertorientierte Verfahren anwendbar sind, kann trotzdem auf das vereinfachte Ertragswertverfahren zurückgegriffen werden (R B 199.1 Abs. 1 Satz 3 ErbStR 2011). In Bayern hat das Bayerische Staatsministerium der Finanzen mit Ländererlass vom 30.12.2009 (Gz. 34-S 3715-009-36 659/09) eine Auflistung diverser branchentypischer Bewertungsmethoden erstellt.
4. Gibt es keine branchentypischen Bewertungsmethoden, ist der Wert unter Berücksichtigung der Ertragsaussichten oder einer anderen anerkannten, auch im gewöhnlichen Geschäftsverkehr für nichtsteuerliche Zwecke üblichen Methode zu ermitteln (sog. **Ertragswertverfahren**). Gemäß § 11 Abs. 2 Satz 4 BewG in Verbindung mit den §§ 199

bis 203 BewG kann hierbei auch das sog. **vereinfachte Ertragswertverfahren** zur Anwendung kommen. Der Gesetzgeber hat das Ertragswertverfahren gewählt, weil diese Methode berücksichtigt, »welches Kapital ein gedachter Investor einsetzen würde, um aus seinem Investment eine angemessene Rendite zu erzielen« (BT-Drs. 16/7918, 38, vgl. auch BVerfGE 117, 1, 38). Als alternative Methode für Fälle, in denen die Ertragswertmethode für das spezifische Unternehmen nicht sinnvoll erscheint, nennt die Gesetzesbegründung u. a. vergleichsorientierte Methoden und Multiplikatorenmethoden. Indem der Gesetzgeber in seiner Begründung davon spricht, dass derjenige, der sich auf die alternativen Methoden beruft, darlegen muss, warum die jeweilige Methode anzuwenden sei, räumt er dem Ertragswertverfahren eine deutliche Vorrangstellung ein. Dieses Verfahren wird, da es eine derart entscheidende Bedeutung hat, nachfolgend ausführlich erläutert.

5.2.3 Substanzwert

Untergrenze und damit Mindestwert jeder Bewertung ist stets der Substanzwert (gegebenenfalls der Liquidationswert, wenn die Gesellschaft nicht weitergeführt werden soll), § 11 Abs. 2 Satz 3 BewG. Der Substanzwert setzt sich aus der Summe der Verkehrswerte aller zum Betriebsvermögen gehörenden Wirtschaftsgüter und der sonstigen aktiven Ansätze abzüglich aller Schulden und sonstiger Abzüge zusammen. Somit muss in jedem Fall der Substanzwert ermittelt werden, da ansonsten nicht nachgewiesen werden kann, dass dieser geringer ist als der Ertragswert.

Welche Wirtschaftsgüter zum Umfang des Betriebsvermögens gehören, richtet sich nach der Zugehörigkeit des jeweiligen Wirtschaftsguts zum ertragsteuerlichen Betriebsvermögen am Bewertungsstichtag (R B 11.3 Abs. 3 Satz 1 ErbStR 2011).

5.2.4 Ertragswertverfahren

Kommt das **Ertragswertverfahren** zur Anwendung, stellt sich die Frage, in welchem Verhältnis das vereinfachte Ertragswertverfahren gemäß den §§ 199 ff. BewG zu anderen Ertragswertverfahren steht.

5.2.4.1 Wahlrecht

Die Finanzverwaltung geht unter Verweis auf § 199 Abs. 1 und 2 BewG davon aus, dass der Steuerpflichtige ein Wahlrecht hat, es dürfe dabei lediglich nicht zu **offensichtlich unzutreffenden Ergebnissen** kommen (R B 199.1 Abs. 4 Sätze 1 und 2 ErbStR 2011).

Das vereinfachte Ertragswertverfahren kommt insbesondere nicht zur Anwendung bei komplexen Strukturen verbundener Unternehmen oder bei neu gegründeten Unternehmen, bei denen es typischerweise noch keinen aussagekräftigen Ertrag gibt. Interessant ist, dass bei der Erbschaftsteuerreform 2009 dieses Verfahren nach dem ursprünglichen Regierungsentwurf nur für Großbetriebe (mit einem Jahresumsatz von über 32 Mio. €) vorgesehen war. Im Gesetz fand sich diese Grenze dann nicht mehr, sodass auch kleinere Unternehmen hiervon Gebrauch machen konnten.

5.2.4.2 Vereinfachtes Ertragswertverfahren

Beim vereinfachten Ertragswertverfahren ist gemäß § 200 Abs. 1 BewG grundsätzlich der zukünftig nachhaltig erzielbare Jahresertrag (hierzu §§ 201 und 202 BewG) mit dem Kapitalisierungsfaktor (§ 203 BewG) zu multiplizieren.

Ertragswert = *Nachhaltig erzielbarer Jahresertrag* × *Kapitalisierungsfaktor*

Nach § 201 Abs. 1 Satz 2 BewG wird der Jahresertrag aus dem in der Vergangenheit tatsächlich erzielten Durchschnittsertrag ermittelt, und zwar aus den letzten drei abgelaufenen Wirtschaftsjahren vor dem Bewertungsstichtag (§ 201 Abs. 2 Satz 1 BewG). Dabei kann das aktuelle Jahr anstatt des drittletzten einzubeziehen sein, wenn es für die Herleitung des künftig zu erzielenden Jahresertrags von Bedeutung ist (§ 201 Abs. 2 Satz 2 BewG). Maßgeblich für den Jahresertrag ist der Unterschiedsbetrag im Sinne des § 4 Abs. 1 Satz 1 EStG bzw. der Überschuss nach § 4 Abs. 3 EStG (§ 202 Abs. 1 Satz 1 BewG), ggf. angepasst aufgrund von Korrekturen des § 202 Abs. 1 Satz 2 BewG.

Zur Abgeltung des Ertragsteueraufwandes ist ein positives Betriebsergebnis um 30 % zu reduzieren (§ 202 Abs. 3 BewG).

Der **Kapitalisierungsfaktor** setzte sich **bis zur Reform** der Erbschaftsteuer im Jahr 2016 aus einem Basiszins und einem Zuschlag von 4,5 % zusammen. Der Basiszinssatz wurde aus den langfristig erzielbaren Renditen öffentlicher Anleihen abgeleitet, wobei auf den Zinssatz abgestellt wurde, den die Deutsche Bundesbank jeweils am ersten Börsentag des Jahres anhand der Zinsstrukturdaten errechnet (Hinweis: Es handelt sich nicht um den Basiszinssatz gemäß § 247 BGB!). Das Bundesministerium der Finanzen veröffentlichte den jeweils maßgeblichen Zinssatz im Bundessteuerblatt. Der Kapitalisierungsfaktor ist der Kehrwert des Kapitalisierungszinssatzes.

Beispiele

Im Jahr 2009 betrug der Basiszinssatz 3,61 %. Der Kapitalisierungszinssatz beträgt somit 3,61 + 4,5 = 8,11 %.

Der Kehrwert hiervon beträgt $\frac{1}{8{,}11\,\%} = 12{,}33$ (Kapitalisierungsfaktor).

Im Jahr 2016 hingegen betrug der Basiszinssatz nur noch 1,1 %. Folglich errechnet sich hieraus ein Kapitalisierungsfaktor von 17,86.

Die derzeit bestehende Niedrigzinsphase führte somit dazu, dass es hier zu hohen Unternehmenswerten kam. Daher sah sich der **Gesetzgeber** zu einer **Anpassung** gezwungen, die er dadurch umsetzte, dass er den Kapitalisierungsfaktor nunmehr einheitlich auf 13,75 festsetzte. Dies verknüpfte er allerdings mit der in § 203 Abs. 2 BewG geregelten Befugnis für das Finanzministerium, den Kapitalisierungsfaktor durch Rechtsverordnung mit Zustimmung des Bundesrates an künftige Entwicklungen anpassen zu können.

Diese Vereinheitlichung des Kapitalisierungsfaktors wird als sehr problematisch und zumeist sogar bereits als verfassungswidrig angesehen. Letzteres gilt insbesondere im Zusammenhang mit der Anwendungsvorschrift des § 205 Abs. 11 BewG n. F.: »*§ 203 ... ist auf Bewertungsstichtage nach dem 31. Dezember 2015 anzuwenden.*« Der Gesetzgeber hat folglich eine **Rückwirkung** auf den 01.01.2016 geschaffen, obwohl die neuen Vorschriften des Erbschaftsteuergesetzes erst ab dem 01.07.2016 gelten sollen (§ 37 Abs. 12 ErbStG). In großen Teilen der Literatur wird diese Rückwirkung als **verfassungswidrig** angesehen. Wenn der Gesetzgeber davon ausgeht, dass die Rückwirkung zulässig ist (da sie sich durch den niedrigeren Faktor ja zugunsten der Steuerpflichtigen auswirkt), so übersieht er ein entscheidendes Problem: Denn die Tatsache, dass ein Unternehmenswert nunmehr geringer sein wird, kann erhebliche und fatale Auswirkungen auf noch im Jahr 2016 vollzogene Erbfälle und Schenkungen haben:

Beispiel

Im Februar 2016 schenkt der 85-jährige Großindustrielle Gustav Großzügig als alleiniger Gesellschafter der Groß(zügig)-Bau GmbH seinem Sohn Anton sämtliche GmbH-Anteile. Der Wert des Unternehmens beträgt 80 Mio. €. Das Verwaltungsvermögen beträgt 38,5 Mio. €. Da die Grenze des Verwaltungsvermögens somit unter 50 % liegt, konnten die Anteile (nach alter Rechtslage) unter Ausnutzung der Verschonung übertragen werden. Berechnet mit dem Kapitalisierungsfaktor von nunmehr 13,75 ergibt sich hingegen ein Unternehmenswert in Höhe von 61,59 Mio. €. Das Verwaltungsvermögen beträgt somit nunmehr mehr als 50 %, weshalb nachträglich die Verschonung entfällt.

Es wird sich daher noch zeigen, wie diese Problematik in der Praxis gehandhabt wird und wann diese Vorschriften erneut vom Bundesverfassungsgericht geprüft werden.

5.3 Begünstigung von Betriebsvermögen

Grundlage des Erbschaftsteuerrechts ist, dass nicht der Nachlass, sondern der jeweilige Erwerb besteuert wird. Besteuert werden soll der durch den Erbfall bzw. die Schenkung anfallende Vermögenszuwachs, also die daraus resultierende Steigerung der wirtschaftlichen Leistungsfähigkeit des Erwerbers. Um hier, unabhängig von den unterschiedlichen Steuersätzen, die sich aus dem Verwandtschaftsgrad zwischen Erblasser und Erben bzw. Schenker und Schenkungsempfänger ergeben, eine gleichmäßige Belastung der Steuerpflichtigen (Gleichheitsgrundsatz) zu erreichen, kommt es laut dem Bundesverfassungsgericht darauf an, dass das Gesetz sich auf Bewertungsebene stets am gemeinen Wert orientiert. Bereits auf der Bewertungsebene Vergünstigungen vorzusehen, führe laut dem

Bundesverfassungsgericht zu strukturellen Brüchen und Wertungswidersprüchen des gesamten Regelungssystems. Dies würde, so wörtlich, zu einer Lösung von der Belastungsgrundentscheidung führen (BVerfG vom 07.11.2006, 1 BvL 10/02 Rz. 106).

Von diesen sog. Bewertungsvergünstigungen sind hingegen die sog. **Steuerbefreiungen** zu unterscheiden, also steuerliche Verschonungsnormen, die dann auf der zweiten Ebene, also nach Festlegung des Wertes auf der ersten Ebene, stattfinden. Während also Eingriffe des Gesetzgebers beim Bewertungsmaßstab als gleichheitswidrig angesehen werden, darf er bei Vorliegen ausreichender Rechtfertigungsgründe die Bemessungsgrundlage modifizieren und Belastungs- und Verschonungsregelungen einsetzen. Eine solche Steuerverschonung will der Gesetzgeber mit den Begünstigungen für das Betriebsvermögen schaffen, denn: Betriebsvermögen »*bildet eine Basis für Wertschöpfung und Beschäftigung und den Erhalt von Arbeitsplätzen. ... Klein- und mittelständische Betriebe stehen für offene Märkte und hohe Wettbewerbsintensität. Monopole oder auch oligopolartige Strukturen zu verhindern und damit verbundene Überrenditen zu vermeiden, wo das möglich ist, ist Staatsaufgabe und konstitutives Element einer sozialen Marktwirtschaft. In vielen Betrieben ist beträchtliches Kapital für Produktionszwecke gebunden. Die im Erbfall trotz Begünstigung anfallende Erbschaftsteuer ist oft nicht aus liquidem Vermögen oder aus laufenden Erträgen zu begleichen. Um den Erhalt von Arbeitsplätzen nicht zu gefährden, müssen Betriebe vor solch kurzfristigen hohen Belastungen geschützt werden ... Deshalb wird allen Betrieben eine Verschonung angeboten, die ihre Liquidität schützt, Investitionen nicht verhindert und so Arbeitsplätze sichert.*« (so die offizielle Begründung des Gesetzgebers, BT-Drs. 16/7918, 33).

Der Gesetzgeber hat durch das Erbschaftsteuerreformgesetz 2009 ein kompliziertes und vielschichtiges Verschonungssystem geschaffen, das unter Nennung diverser Voraussetzungen verschiedene Verschonungen vorsieht. Um zu verstehen, inwieweit sich nunmehr auch durch die Reform 2016 die Verschonungsregelungen erneut geändert haben (und inwieweit sie weiterhin gleich sind), wird im Folgenden zunächst die Rechtslage ab 2009 ausführlich dargestellt (denn die Reform hat nur Teile des bislang geltenden Rechts abgeändert):

EXKURS

Interessierten sei vorab jedoch auch die Rechtslage **vor 2009** kurz vorgestellt: Bei der Übertragung von land- und forstwirtschaftlichem Vermögen, Betriebsvermögen sowie Anteilen von mehr als 25 % an Kapitalgesellschaften wurde ein Freibetrag in Höhe von 225.000 € und ein Bewertungsabschlag in Höhe von 35 % gewährt. Dies galt unter der Voraussetzung, dass der Betrieb fünf Jahre fortgesetzt wurde. Vgl. hierzu insbesondere § 13a Abs. 1, Abs. 2, Abs. 5 ErbStG a. F. Sehr lesenswert in Bezug auf die Historie der Verschonung von Betriebsvermögen sind insbesondere die Ausführungen des Bundesverfassungsgerichts in seinem Urteil vom 17.12.2014 – 1 BvL 21/12 ab Rz. 24.

5.3.1 Rechtslage ab 2009

Hinweis: Sämtliche nachfolgenden Gesetzesverweise beziehen sich auf das ErbStG in seiner Fassung vor der Erbschaftsteuerreform 2016.

Liegt begünstigungsfähiges Vermögen vor (hierzu sogleich), ist es durch die vorstehenden **seit dem Jahr 2009** geltenden Bewertungsmethoden zwar zu einer deutlichen Erhöhung des Erwerbs im Vergleich zur Rechtslage **vor 2009** gekommen. Diese Erhöhung sollte allerdings durch Verschonungen für einzeln aufgezähltes Vermögen kompensiert werden. Für die Verschonung selbst hatte der Gesetzgeber 2009 zwei Modelle geschaffen:

Regelverschonung ***nicht antragsgebunden***	**Optionsverschonung** ***antragsgebunden***
Verschonungsabschlag von 85 % + gleitender Abzugsbetrag bis zu 150.000 €	Verschonungsabschlag von 100 %

5.3.1.1 Begünstigungsfähiges Vermögen

Zunächst muss festgestellt werden, welches Vermögen überhaupt begünstigungsfähig ist. Dies regelt § 13b Abs. 1 Nr. 1 bis 3 ErbStG, der im Grundsatz der vor 2009 geltenden Vorschrift des § 13a Abs. 4 a. F. ErbStG entspricht. Begünstigungsfähiges Vermögen ist demnach grundsätzlich

1. inländisches land- und fortwirtschaftliches Vermögen sowie land-und forstwirtschaftliches Vermögen in der EU (Europäische Union) sowie im EWR (Europäischer Wirtschaftsraum) (Abs. 1 Nr. 1),
2. inländisches Betriebsvermögen (bzw. in der EU/im EWR) oder Anteile hieran (Abs. 1 Nr. 2),
3. Kapitalgesellschaftsanteile (Abs. 1 Nr. 3).

5.3.1.1.1 Land- und forstwirtschaftliches Vermögen (§ 13b Abs. 1 Nr. 1 ErbStG)

Bei land- und forstwirtschaftlichem Vermögen ist lediglich der Wirtschaftsteil im Sinne des § 168 Abs. 1 Nr. 1 BewG (also die land- und forstwirtschaftliche Nutzung, Nebenbetriebe etc.) verschont, denn nur dieser dient dem Erhalt von Arbeitsplätzen. Wohngebäude und zugehöriger Grund und Boden sind daher nicht begünstigt.

5.3.1.1.2 Betriebsvermögen (§ 13b Abs. 1 Nr. 2 ErbStG)

§ 13b Abs. 1 Nr. 2 ErbStG begünstigt den Erwerb ganzer Gewerbebetriebe, gewerblicher Teilbetriebe und den Erwerb von Beteiligungen an gewerblich tätigen Personengesellschaften. Für die Abgrenzung, welche Vermögensteile zum **Betriebsvermögen** im Sinne des § 13b Abs. 1 Nr. 2 ErbStG gehören, sind die §§ 95 bis 97 BewG heranzuziehen. § 95 Abs. 1 BewG wiederum verweist auf § 15 Abs. 1 und 2 EStG (Gewerbebetrieb), § 96 BewG auf § 18 Abs. 1 Nr. 1 EStG (freie Berufe), § 97 BewG umfasst insbesondere Anteile an einer Gesellschaft im Sinne des § 15 Abs. 1 Satz 1 Nr. 2 und Abs. 3 EStG. § 13b Abs. 1 Nr. 2 ErbStG begünstigt also insbesondere

- gewerblich tätige Einzelunternehmen (§ 15 Abs. 1 Satz 1 Nr. 1 EStG),
- Mitunternehmerschaften (§ 15 Abs. 1 Satz 1 Nr. 2 EStG),
- Gewinnanteile eines persönlich haftenden Gesellschafters einer KGaA (§ 15 Abs. 1 Satz 1 Nr. 3 EStG),
- gewerbliche bzw. gewerblich geprägte Personengesellschaften (§ 15 Abs. 3 EStG) sowie
- Betriebsvermögen, das der Ausübung eines freien Berufs dient (§ 18 Abs. 1 Nr. 1 EStG).

EXKURS

Exkurs zum Gewerbebetrieb:
Ein Gewerbebetrieb setzt nach § 15 Abs. 2 EStG die folgenden Merkmale voraus:

- Selbständigkeit der Betätigung
- Nachhaltigkeit der Betätigung
- Absicht zur Gewinnerzielung
- Beteiligung am allgemeinen wirtschaftlichen Verkehr

Negativvoraussetzung ist, dass es sich weder um die Ausübung von Land- und Forstwirtschaft handelt noch um eine selbständige Tätigkeit im Sinne des § 18 EStG (also auch die freien Berufe). Zudem hat der Bundesfinanzhof entschieden, dass die Tätigkeit über die bloße Vermögensverwaltung hinausgehen muss.
Selbständigkeit bedeutet, dass die Tätigkeit auf eigene Rechnung (= Unternehmerrisiko) und auf eigene Verantwortung (= Unternehmerinitiative) ausgeübt wird.
Nachhaltig ist die Betätigung, wenn sie auf Wiederholung angelegt ist. Man muss also subjektiv die Absicht haben, die Tätigkeit zu wiederholen, um daraus eine selbständige Erwerbsquelle zu generieren. Sie muss sich aber auch objektiv als nachhaltig ansehen lassen. Damit wird die Betätigung von bloß gelegentlichen Handlungen (z. B. privater Pkw-Verkauf) abgegrenzt.
Gewinnerzielungsabsicht hat, wer eine Betriebsvermögensvermehrung im Sinne eines Totalgewinns, also im Sinne eines positiven Gesamtergebnisses von der Gründung bis zur Veräußerung/Aufgabe/Liquidation anstrebt. Abzugrenzen ist also die bloße Liebhaberei.
Eine **Beteiligung am allgemeinen wirtschaftlichen Verkehr** liegt vor, wenn die Betätigung am Markt gegen Entgelt und für Dritte äußerlich erkennbar angeboten wird.

EXKURS

Exkurs zur Mitunternehmerschaft:
Steuerpflichtig sind nur natürliche Personen (§ 1 Abs. 1 EStG) und Kapitalgesellschaften (§ 1 Abs. 1 KStG). Personengesellschaften sind also weder vom Einkommensteuergesetz noch vom Körperschaftsteuergesetz erfasst. Daher rechnet § 15 Abs. 1 Nr. 2 EStG die Einnahmen aus Personengesellschaften den Gesellschaftern direkt zu. Voraussetzungen für diese Zurechnung sind:

- eine Personengesellschaft (z. B. OHG, KG oder GbR),

- Einkünfte aus Gewerbebetrieb (s. o.) der Personengesellschaft, vgl. § 15 Abs. 2 Nr. 2 EStG,
- Mitunternehmerstellung des Gesellschafters (= Mitunternehmerrisiko + Mitunternehmerinitiative).

EXKURS

Exkurs zu gewerblichen bzw. gewerblich geprägten Personengesellschaften:
Ist eine Personengesellschaft z. B. **freiberuflich**, aber trotzdem gewerblich tätig, so fällt sie aufgrund des § 15 Abs. 2 EStG (s. o.) grundsätzlich nicht unter den Begriff des Gewerbebetriebs. Nach § 15 Abs. 3 Nr. 1 EStG gilt sie gleichwohl als Gewerbebetrieb (sog. Abfärbe- bzw. Infektionstheorie).
Eine sog. **gewerblich geprägte Personengesellschaft** und damit auch ein vollständiger Gewerbebetrieb liegt vor, wenn die Personengesellschaft zwar keinen Gewerbebetrieb ausübt, aber wenn bei ihr ausschließlich eine oder mehrere Kapitalgesellschaften persönlich haftende Gesellschafter sind und nur diese oder Personen, die nicht Gesellschafter sind, zur Geschäftsführung befugt sind. Klassischer Fall hierfür ist die sog. GmbH & Co. KG, bei der die GmbH alleiniger persönlich haftender Gesellschafter (= Komplementär) und zudem alleine geschäftsführungsbefugt ist (vgl. § 170 HGB).

Begünstigt ist das Betriebsvermögen nur, wenn es beim Schenker/Erblasser Betriebsvermögen war und es beim Erwerber auch ein solches bleibt. Zudem muss ein ganzer Betrieb oder ein Teilbetrieb übertragen werden. Diese Begriffe sind einkommensteuerlich zu beurteilen (vgl. R E 13b.4 ErbStR 2011). R 16 Abs. 3 Satz 1 EStR 2012 führt hierzu aus: »*Ein Teilbetrieb ist ein mit einer gewissen Selbstständigkeit ausgestatteter, organisch geschlossener Teil des Gesamtbetriebs, der für sich betrachtet alle Merkmale eines Betriebs i. S. d. Einkommensteuergesetzes aufweist und für sich lebensfähig ist.*« Beim Betrieb im Ganzen geht es um den Betrieb mit seinen wesentlichen Grundlagen.

Weiter begünstigt sind auch **Mitunternehmerschaften**, also Beteiligungen an Personengesellschaften bzw. Anteilen hieran, sofern der Schenker/Erblasser Mitunternehmer ist und der Erwerber in diese Mitunternehmerstellung einrückt (da er ja den Betrieb »weiterführt«). Die Mitunternehmereigenschaft spielt in der Praxis insbesondere dann eine Rolle, wenn die Übertragung des Betriebsvermögens unter Nießbrauchsvorbehalt erfolgt. Ob eine Mitunternehmerstellung vorliegt, richtet sich wiederum nach einkommensteuerlichen Grundsätzen. Danach ist Mitunternehmer, wer zivilrechtlich Gesellschafter einer Personengesellschaft ist oder ausnahmsweise eine Stellung innehat, die wirtschaftlich vergleichbar mit der Gesellschafterstellung ist. Hinzukommen muss, dass der Mitunternehmer ein **Mitunternehmerrisiko** trägt und eine **Mitunternehmerinitiative** entfalten kann. Es geht also darum, dass man an den unternehmerischen Entscheidungen beteiligt ist (z. B. durch Ausübung von Stimm-, Kontroll- und Widerspruchsrechten) und dass man hierbei am Erfolg oder Misserfolg des Unternehmens teilnimmt (vgl. hierzu eingehend BFH vom 16.05.2013 – II R 5/12). Der BFH stellte für die Übertragung unter **Nießbrauchsvorbehalt** fest, dass der Nießbrauchsvorbehalt – zumindest in der Form, in der er ohne Abweichung

Abs. 1 Nr. 1 **land- und forstwirtschaftliches Vermögen**	**Abs. 1 Nr. 2** **Gewerbliches und freiberufliches Vermögen**		
der Wirtschaftsteil des land- und forstwirtschaftlichen Vermögens (keine Stückländereien) im Inland, der EU und des EWR	Betriebsvermögen (§§ 95 bis 97 BewG) im Inland, der EU und		
	§ 95 BewG i. V. m. § 15 Abs. 1, 2 EStG		
	§ 15 Abs. 1 Nr. 1 EStG Einkünfte aus gewerblichen Unternehmen insbesondere Einzelunternehmen mit gewerblichem Betrieb	§ 15 Abs. 1 Nr. 2 EStG Einkünfte aus gewerblichen Mitunternehmerschaften: Personengesellschaften, die einen Gewerbebetrieb ausüben Mitunternehmerstellung	§ 15 Abs. 1 Nr. 3 EStG Einkünfte des persönlich haftenden Gesellschafters einer KGaA

Tab 01: Überblick über das begünstigte Vermögen gemäß § 13b ErbStG
(im Einzelnen jedoch aus Gründen der Übersichtlichkeit teilweise unvollständig)

vom BGB geregelt ist – grundsätzlich dazu führt, dass beim Erwerber **keine** Mitunternehmerstellung entsteht. Solange der Erwerber also nicht vollständig hinsichtlich des gesamten übertragenen Anteils Mitunternehmer wird, kommt es nicht zu einer Begünstigung.

Nach § 13b Abs. 1 Nr. 2 ErbStG in Verbindung mit §§ 97 Abs. 1 Satz 1 Nr. 5 BewG, 15 Abs. 3 Nr. 2 EStG werden auch **gewerblich geprägte Personengesellschaften** umfasst. Gemeint ist damit insbesondere die GmbH & Co. KG, bei der die Personengesellschaft keine gewerbliche Tätigkeit im Sinne des § 15 Abs. 1 Nr. 1 EStG ausübt, der persönlich haftende Gesellschafter eine Kapitalgesellschaft ist und bei der nur diese Kapitalgesellschaft zur Geschäftsführung befugt ist.

Zum Betriebsvermögen gehört alles, was dem Gewerbebetrieb dient. Somit ist auch **gewillkürtes Betriebsvermögen** begünstigt. Der Steuerpflichtige hat für die Zugehörigkeit von gewillkürtem Vermögen zum Betriebsvermögen allerdings weitgehende Nachweispflichten.

5.3.1.1.3 Kapitalgesellschaften oder Anteile hieran (§ 13b Abs. 1 Nr. 3 ErbStG)

Zwar handelt es sich bei dem Vermögen von **Kapitalgesellschaften** streng genommen auch um Betriebsvermögen im Sinne des § 97 Abs. 1 Satz 1 Nr. 1 BewG. Im Schenkungs- oder Erbfall wird jedoch nicht das Vermögen der Kapitalgesellschaft übertragen, sondern der Gesellschaftsanteil selbst. Das Vermögen der Gesellschaft ist gerade von dem Vermögen des Schenkers/Erblassers getrennt, sodass § 97 Abs. 1 Satz 1 Nr. 1 BewG die Vererbung/Verschenkung von Kapitalgesellschaftsanteilen nicht direkt erfasst. Damit Anteile an Kapitalgesellschaften verschont werden, müssen die folgenden Voraussetzungen vorliegen:

- Die Kapitalgesellschaft muss ihren Sitz oder ihre Geschäftsleitung im Inland oder in einem Mitgliedstaat der EU/des EWR haben.
- Der Erblasser/Schenker muss zum Übergabezeitpunkt zu **mehr** als 25 % am Nennkapital der Gesellschaft unmittelbar beteiligt sein.

				Abs. 1 Nr. 3 Anteile an Kapitalgesellschaften
	des EWR			Anteile an Kapitalgesellschaften im Inland, der EU und des EWR
	§ 96 BewG i. V. m. § 18 Abs. 1 Nr. 1	§ 97 BewG		
	Betriebsvermögen, das der Ausübung eines freien Berufes dient	§ 97 Abs. 1 Nr. 1 BewG Wirtschaftsgüter, die einer Kapitalgesellschaft gehören, die ihren Sitz oder ihre Geschäftsleitung im Inland hat	§ 97 Abs. 1 Nr. 5 BewG Wirtschaftsgüter, die einer Gesellschaft im Sinne des § 15 Abs. 1 Nr. 2 und Abs. 3 EStG (s. hierzu links) bzw. § 18 Abs. 4 Satz 2 EStG gehören	

HINWEIS

Entscheidend ist somit allein, dass der Erblasser/Schenker zu mehr als 25 % am Nennkapital beteiligt ist! Es ist unerheblich, ob die Beteiligung dann vollständig oder nur teilweise übertragen wird; ebenfalls ist es irrelevant, ob der Erwerber im Anschluss an den Erwerb mehr als 25 % der Anteile hält. Hintergrund: Der Gesetzgeber sieht die Mindestbeteiligung als Indiz dafür, dass der Gesellschafter nicht nur Kapitalanleger, sondern unternehmerisch in die Gesellschaft eingebunden war (vgl. BT-Drs. 16/7918, 35). Dass damit gerade größere Familiengesellschaften mit vielen Gesellschaftern ausgenommen werden, hat der Gesetzgeber hingenommen, schlicht und ergreifend, weil die Feststellung, welche Anteile zu begünstigendem Vermögen gehören, für die Finanzämter einen zu großen Aufwand darstellen würde (vgl. BT-Drs. a. a. O.).

Um dies wieder auszugleichen, hat der Gesetzgeber jedoch eine Art Ausweichmöglichkeit geschaffen. Denn wird die 25 %-Grenze unterschritten, kommt eine sog. **Poolvereinbarung** zwischen mehreren Gesellschaftern gemäß § 13b Abs. 1 Nr. 3 Satz 2 ErbStG in Betracht. Für eine Poolvereinbarung ist gemäß R E 13b.6 Abs. 3 ErbStR 2011 erforderlich, dass der Erblasser oder Schenker und die weiteren Gesellschafter untereinander verpflichtet sind,

1. über die Anteile nur einheitlich zu verfügen oder sie ausschließlich auf andere derselben Verpflichtung unterliegende Anteilseigner zu übertragen und
2. das Stimmrecht gegenüber nichtgebundenen Gesellschaftern einheitlich auszuüben.

Beispiel:

In der Familiengesellschaft der Familien Geiz, Knausrig und Kleinlich (jede Familie hat 1/3) haben sich die Gesellschaftsanteile bereits so aufgesplittet, dass die beiden Brüder Gerhard und Gregor Geiz als Mitgesellschafter jeweils nur 1/6 (≈ 16,67 %) innehaben.
Schließen die beiden Brüder eine Poolvereinbarung, kann jeder von beiden seine Anteile unter Ausnutzung der Verschonung zum Beispiel an die eigenen Kinder übertragen.

Abwandlung:
Die Gesellschaftsanteile der Familie Knausrig befanden sich ursprünglich allein im Eigentum von Karl Knausrig. Nachdem Karl Knausrig im Jahr 2011 bereits 20 % seiner Anteile an seinen Sohn Konrad verschenkte und die beiden hierbei von den Verschonungsregelungen profitiert hatten (nur der Schenker muss mehr als 25 % vorweisen, nicht auch der Beschenkte!), beabsichtigte Karl nun auch, im Jahr 2015 seine verbleibenden 13,34 % auf seinen Sohn zu übertragen. Dabei gilt: Auch die weiteren Anteile kann Karl seinem Sohn als begünstigtes Vermögen verschenken, wenn die beiden Männer ebenfalls eine Poolvereinbarung abschließen, denn entscheidend ist nur, dass der Pool selbst die Mindestbeteiligung von mehr als 25 % erreicht.

5.3.1.2 Begünstigte Erwerbe

Begünstigt sind grundsätzlich alle Erwerbe des Erbschaft- und Schenkungsteuergesetzes, also insbesondere der Erwerb von Todes wegen und der Erwerb durch Schenkung. Bei Erwerben von Todes wegen gilt dies insbesondere bei der Alleinerbschaft oder beim Vermächtnis. Bei einer Vor- und Nacherbschaft kommt es zu zwei Erbfällen, sodass auch für beide Vorgänge die Begünstigung in Anspruch genommen werden kann. Geht eine Personengesellschaft mit einer einfachen Nachfolgeklausel auf alle Erben über, profitieren alle von der Vergünstigung. Geht sie im Wege einer qualifizierten Nachfolgeklausel nur auf einen Erben über, so entsteht für die übrigen Miterben eine Weitergabeverpflichtung im Sinne des § 13b Abs. 3 ErbStG, sodass die Vergünstigung nicht mehr allen Erben zusteht (zu den Begriffen »einfache« und »qualifizierte Nachfolgeklausel« siehe Kapitel VII 3).

§ 13b Abs. 3 ErbStG greift im Übrigen auch, wenn der Erblasser in seinem Testament eine Teilungsanordnung angeordnet hat oder die Miterben sich im Rahmen der Erbauseinandersetzung über die Aufteilung geeinigt haben: Auch dann kann nur derjenige, der das begünstigungsfähige Vermögen erhält, von der Begünstigung Gebrauch machen.

5.3.1.3 Verwaltungsvermögen

Im Rahmen der Bewertung muss zudem überprüft werden, in welcher Höhe das begünstigungsfähige Vermögen aus sog. Verwaltungsvermögen besteht. Zum einen hat dies nämlich Auswirkungen auf die Frage, ob überhaupt eine Begünstigung zur Anwendung kommt, und zum anderen auf die Frage, ob die Optionsverschonung in Anspruch genommen werden kann.

Für die Frage, ob eine Verschonung überhaupt Anwendung findet, ist maßgeblich, dass das **Verwaltungsvermögen nicht mehr als 50 %** des begünstigungsfähigen Vermögens beträgt. Wird die Optionsverschonung gewählt, darf das Verwaltungsvermögen zudem nicht mehr als 10 % betragen (§ 13a Abs. 8 Nr. 3 ErbStG). Laut der Intention des Gesetzgebers, der den Begriff des Verwaltungsvermögens durch die Erbschaftsteuerreform 2009 eingeführt hat, sollen überwiegend vermögensverwaltende Betriebe allgemein von der Verschonung ausgenommen werden (BT-Drs. 16/7918, 35). Damit sollte die Praxis unterbunden werden, dass Privatvermögen zum gewillkürten Betriebsvermögen umgewandelt wird, um es so unter anschließender Verschonung steuervergünstigt zu übertragen.

Das Verwaltungsvermögen ist also *»Vermögen, das in erster Linie der weitgehend risikolosen Renditeerzielung dient und in der Regel weder die Schaffung von Arbeitsplätzen noch zusätzliche volkswirtschaftliche Leistungen bewirkt«* (BT-Drs. 16/7918, 35).

Auch für das Verwaltungsvermögen muss der gemeine Wert herangezogen werden. Es kann daher unter Umständen auch von Interesse sein, den Unternehmenswert höher anzusetzen, um unter eine der genannten Grenzen (50 % bzw. 10 %) zu kommen.

Der Anteil des Verwaltungsvermögens bestimmt sich nach dem Verhältnis der Summe der gemeinen Werte aller Einzelwirtschaftsgüter des Verwaltungsvermögens zum gemeinen Wert des Betriebs (§ 13b Abs. 2 Satz 4 ErbStG). Es kommt also zu unterschiedlichen Bewertungsmethoden, da für die Bestimmung des Verwaltungsvermögens alle Substanzwerte addiert werden und die Ertragsaussichten unberücksichtigt bleiben.

Gleiches gilt für die Berechnung des Verwaltungsvermögensanteils bei Kapitalgesellschaften (§ 13b Abs. 2 Satz 6 ErbStG), bei land- und forstwirtschaftlichem Vermögen gelten jedoch Besonderheiten, vgl. § 13b Abs. 2 Satz 5 ErbStG.

§ 13b Abs. 2 ErbStG zählt hierbei in einem ausführlichen Katalog auf, was unter Verwaltungsvermögen zu verstehen ist. Die genannten Fallgruppen lassen sich wie folgt zusammenfassen:

- **Abs. 2 Satz 2 Nr. 1 ErbStG: Dritten zur Nutzung überlassene Grundstücke**
  Verwaltungsvermögen sind Grundstücke, Grundstücksteile, grundstücksgleiche Rechte und Bauten, die Dritten zur Nutzung überlassen werden. Im Gesetz ist insbesondere diesen Punkt betreffend ein unübersichtlicher Tatbestand mit Ausnahmen und Rückausnahmen entstanden. Grundsätzlich geht der Gesetzgeber aber erst einmal davon aus, dass diese Dritten zur Nutzung überlassenen Grundstücke weder der Schaffung von Arbeitsplätzen dienen noch zusätzliche volkswirtschaftliche Leistungen bewirken. Da dies aber in einigen Fällen doch zutrifft, hat der Gesetzgeber wiederum fünf Rückausnahmen geschaffen. Bedeutsame Rückausnahmen sind z. B., dass Grundstücke innerhalb eines Konzerns einem Betrieb zur Nutzung überlassen werden (Nr. 1c), oder aber, dass die Grundstücke im Rahmen eines sog. Wohnungsunternehmens gehalten werden, also eines Unternehmens, dessen Hauptzweck in der Vermietung von Wohnungen liegt, und dabei ein Umfang erreicht wird, der einen wirtschaftlichen Geschäftsbetrieb erforderlich macht (Nr. 1d). Beachtenswert ist, dass gemäß Finanzverwaltung bei Wohnungsunternehmen für die Annahme eines wirtschaftlichen Geschäftsbetriebes in der Regel ein Bestand von mehr als 300 Wohnungen vorhanden sein muss (R E 2011, 13b.13 Abs. 3 Satz 2).

- **Abs. 2 Satz 2 Nr. 2 ErbStG: Anteile an Kapitalgesellschaften von nicht mehr als 25 %**
  Gehören Anteile von Kapitalgesellschaften zum Betriebsvermögen, muss es sich um eine Mindestbeteiligung von 25 % handeln, damit kein Verwaltungsvermögen vorliegt, es sei denn, es handelt sich um den Gewerbetrieb eines Kreditinstituts oder eines Finanzdienstleistungsinstituts.
- **Abs. 2 Satz 2 Nr. 3 ErbStG: Beteiligungen an Personen- und Kapitalgesellschaften mit mehr als 50 % Verwaltungsvermögen**
  Gehört zum Betriebsvermögen ein Anteil einer Kapitalgesellschaft, bei der die Mindestbeteiligung mehr als 25 % beträgt, gilt dieser Anteil aber trotzdem als Verwaltungsvermögen, wenn das Verwaltungsvermögen dieser Kapitalgesellschaft höher ist als 50 %. Gleiches gilt für Anteile an Gesellschaften im Sinne des § 15 Abs. 1 Satz 1 Nr. 2 und Abs. 3 bzw. § 18 Abs. 4 EStG. Durch Gründung von Tochtergesellschaften kann (bzw. konnte) diese Vorschrift durch entsprechende Aufteilung des Verwaltungsvermögens unterlaufen werden (s. hierzu auch eingehend die Urteilsanalyse der Entscheidung des Bundesverfassungsgerichts, s. 5.3.2.1).
- **Abs. 2 Satz 2 Nr. 4 ErbStG: Wertpapiere und vergleichbare Forderungen**
  Sofern Wertpapiere und vergleichbare Forderungen nicht zum Hauptzweck eines Kredit- oder Finanzdienstleistungsinstituts oder eines Versicherungsunternehmens zu rechnen sind, gehören sie ebenfalls zum Verwaltungsvermögen.
- **Abs. 2 Satz 2 Nr. 4a ErbStG: Zahlungsmittel, Geschäftsguthaben, Geldforderungen und andere Forderungen, soweit mehr als 20 % des Betriebswertes**
  Mit dem Amtshilferichtlinie-Umsetzungsgesetz vom 26.06.2013 wurde eine weitere Nummer in das Gesetz eingefügt, um damit auf die Praxis der sog. »Cash-GmbHs« zu reagieren. Diese Gestaltungsmöglichkeiten waren auch ein Thema des Urteils des Bundesverfassungsgerichts aufgrund der Vorlage des Bundesfinanzhofes vom 27.09.2012 (s. zur Urteilsbegründung 5.3.2.1). Bei der sog. Cash-GmbH wurde eine Gestaltungsmöglichkeit ausgenutzt, nach der Barvermögen (»Cash«) in eine GmbH eingebracht wurde. Nach stetiger Rechtsprechung des Bundesfinanzhofs, der herrschenden Literaturauffassung und der Auffassung der Finanzverwaltung stellen Geldforderungen wie etwa Sichteinlagen, Sparanlagen und Festgeldkonten bei Kreditinstituten kein Verwaltungsvermögen im Sinne des § 13b Abs. 2 Nr. 4 ErbStG dar. Somit konnte man sein Geldvermögen in eine GmbH einbringen und diese dann unter Einhaltung der Behaltensfrist steuerverschont übertragen. Durch Einführung von § 13b Abs. 2 Nr. 4a ErbStG wurde diese Möglichkeit eingeschränkt. Zum Verwaltungsvermögen gehört seitdem der Bestand an Zahlungsmitteln, Geschäftsguthaben, Geldforderungen und anderen Forderungen (abzüglich Schulden), soweit dieser Bestand 20 % des Wertes des Betriebsvermögens übersteigt.
- **Abs. 2 Satz 2 Nr. 5 ErbStG: Kunstgegenstände, Kunstsammlungen, wissenschaftliche Sammlungen, Münzen, Edelsteine etc.**
  Auch die in Nr. 5 genannten Gegenstände zählen zum Verwaltungsvermögen, da sie typischerweise nicht in Verbindung mit dem Hauptzweck des Wirtschaftsbetriebes stehen. Anders ist dies aber dann, wenn sie gerade dem Hauptzweck des Gewerbebetriebs (z. B. Kunsthandel) dienen.

- **Abs. 2 Satz 3 ErbStG: Junges Verwaltungsvermögen**
  Junges Verwaltungsvermögen ist per Legaldefinition dasjenige Vermögen, welches dem Betrieb im Besteuerungszeitpunkt seit weniger als zwei Jahren zuzurechnen ist. Dieses junge Verwaltungsvermögen spielt dann eine Rolle, wenn Abs. 2 Satz 1 nicht zur Anwendung kommt, also Verwaltungsvermögen bis höchstens 50 % vorliegt, wobei das junge Verwaltungsvermögen allerdings schon direkt bei der Bestimmung der Höhe des Verwaltungsvermögens selbst mitzählt. Durch die Bestimmung des jungen Verwaltungsvermögens soll ausgeschlossen werden, dass kurz vor dem Übertragungszeitraum das Verwaltungsvermögen auf eine Grenze von 50 % »aufgefüllt« wird, um so privates Vermögen steuervergünstigt zu übertragen. Rechtsfolge ist, dass der gemeine Wert des begünstigten Vermögens dann um das junge Verwaltungsvermögen zu kürzen ist. Das junge Verwaltungsvermögen wird so versteuert, als wäre es Privatvermögen.

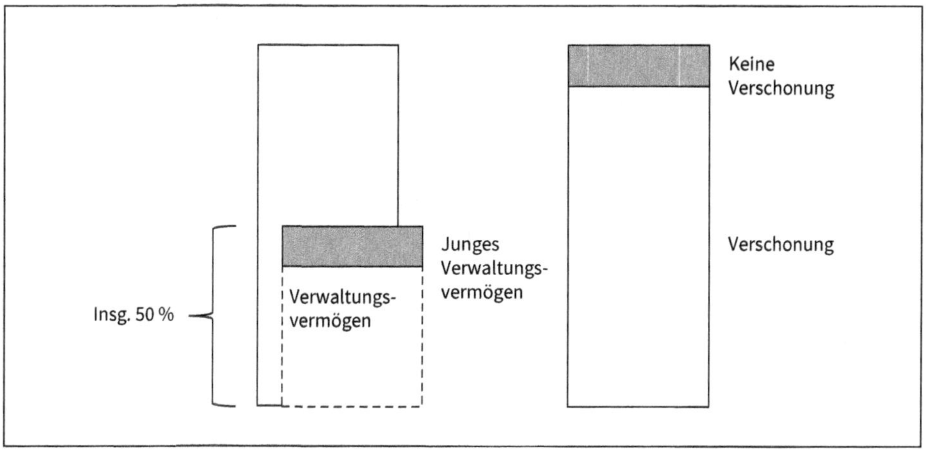

5.3.1.4 Begünstigungen

Hinsichtlich der Begünstigungen ist – wie bereits erwähnt – zwischen der Regelverschonung und der Optionsverschonung zu unterscheiden. Bei der Regelverschonung wird das begünstigte Vermögen zu 85 % verschont, bei der Optionsverschonung zu 100 %. Beide Varianten unterscheiden sich in ihren einzelnen Voraussetzungen.

Hintergrund: Verschont werden grundsätzlich nur 85 %. Der Gesetzgeber geht dabei pauschalisierend davon aus, dass in den zu übertragenden Betrieben regelmäßig Vermögenspositionen vorhanden sind, die nicht dem originär betrieblichen Bereich zuzuordnen sind (BT-Drs. 16/7918, 36).

Zudem gewährt das Gesetz gemäß § 13a Abs. 2 ErbStG einen sog. **Abzugsbetrag**. Für den Fall der Regelverschonung gewährt das Gesetz im Hinblick auf die verbleibenden 15 % somit eine weitere Verschonung in Höhe von insgesamt 150.000 €. Übersteigt der Wert die 150.000 €-Grenze, so reduziert sich der Abzugsbetrag um 50 % des diese Grenze übersteigenden Wertbetrages. Ab 450.000 € entfällt der Abzugsbetrag ganz.

Beispiel:

Beträgt der Unternehmenswert 1 Mio. €, werden 850.000 € verschont, die übrigen 150.000 € unterfallen dem Abzugsbetrag.
Sollte der Unternehmenswert hingegen 1,2 Mio. € betragen, unterfallen 1,02 Mio. € der Verschonung. 180.000 € wären noch zu versteuern, der reduzierte Abzugsbetrag beträgt jedoch lediglich 135.000 €, sodass nur 45.000 € zu versteuern sind. Beträgt der Unternehmenswert 3 Mio. €, unterfallen 2,55 Mio. € der Verschonung. Die übrigen 450.000 € sind voll zu versteuern, da sich der Abzugsbetrag auf 0 € reduziert.

Zu beachten ist jedoch, dass der Abzugsbetrag nur einmal alle zehn Jahre gewährt wird, denn andernfalls könnte man größere Zuwendungen aufteilen und so Stück für Stück verschenken.

Bei der **Optionsverschonung** muss der Erwerber unwiderruflich einen Antrag auf Optionsverschonung stellen (§ 13a Abs. 8 ErbStG).

Wichtigste Voraussetzung für eine Verschonung – und zwar sowohl für die Regel- als auch die Optionsverschonung – ist zunächst die **Fortführung des Unternehmens**. Während der Regierungsentwurf (BT-Drs. 16/7918) noch eine Fortführungspflicht von zehn Jahren vorsah, wurde im Gesetz zunächst ein Zeitraum von sieben Jahren für die Regelverschonung vorgesehen (BGBl I 2008, 3018). Bei der Optionsverschonung galt hingegen eine Behaltenspflicht von zehn Jahren. Das sog. Wachstumsbeschleunigungsgesetz (BGBl I 2009, 3950) verkürzte den Zeitraum auf fünf Jahre für die Regelverschonung und auf sieben Jahre für die Optionsverschonung.

Die Fünf-/Siebenjahresfrist beginnt mit dem Zeitpunkt der Entstehung der Steuer (Schenkung/Erbfall) und endet genau fünf/sieben Jahre später. Umgesetzt wird diese Behaltensfrist dadurch, dass die einmal gewährte Verschonung wegfällt, wenn eine der in § 13a Abs. 5 ErbStG genannten Konstellationen eintritt. Der Verschonungsabschlag und der Abzugsbetrag werden also nur vorläufig und unter Vorbehalt eingeräumt, sodass es unter Umständen zu einer **Nachversteuerung** kommen kann. Der ursprüngliche Steuerbescheid wird gemäß § 175 Abs. 1 Nr. 2 AO abgeändert. Die Nachversteuerung führt allerdings nicht zu einer vollständigen Nachversteuerung; vielmehr greift sie gemäß § 13a Abs. 5 Satz 1 ErbStG **nur soweit** der Erwerber eine schädliche Veräußerung vornimmt (Beispiel: Bei einer Teilveräußerung fällt auch nur der auf diesen Teil bezogene Verschonungsabschlag weg). Zudem findet nicht nur eine gegenständliche, sondern sogar eine zeitliche Begrenzung der Nachversteuerung statt, d.h. die Verschonung bleibt anteilig für die Jahre, in denen keine schädliche Verfügung erfolgte (§ 13a Abs. 5 Satz 2 ErbStG).

Beispiel:

Erblasser Erich Ehrlich ist am 25.08.2011 verstorben. Sein Gewerbebetrieb wird von seinem Sohn Siegfried fortgeführt bis zum 22.11.2013, an dem er den Gewerbebetrieb veräußerte. Da Siegfried bis zu diesem Zeitpunkt zwei volle Jahre die Behaltensfrist erfüllt hat, verbleiben ihm 2/5 der Verschonung. Der restliche Betrag ist nachzuversteuern.

Zur Nachversteuerung kommt es vor allem, wenn nach § 13a Abs. 5 ErbStG

- der Gewerbebetrieb bzw. ein Anteil hieran, die Personengesellschaft bzw. ein Anteil hieran oder die KGaA bzw. ein Anteil hieran **veräußert** wird (§ 13a Abs. 5 Nr. 1 ErbStG); dabei werden die **Aufgabe** des Betriebs und die Veräußerung der wesentlichen Betriebsgrundlagen gleichgestellt,
- der Inhaber des Gewerbebetriebs bzw. der Gesellschafter der Personengesellschaft eine **Entnahme** tätigt, die die Summe seiner Einlagen und der ihm zuzurechnenden Gewinne oder Gewinnanteile seit dem Erwerb um mehr als 150.000 € übersteigt (§ 13a Abs. 5 Nr. 3 ErbStG),
- Anteile an **Kapitalgesellschaften veräußert** werden, die Kapitalgesellschaft **aufgelöst** oder ihr Nennkapital herabgesetzt wird oder die wesentlichen Betriebsgrundlagen veräußert werden (§ 13a Abs. 5 Nr. 4 ErbStG).

Beachtenswert ist hierbei, dass gemäß der Rechtsprechung sogar dann eine Betriebsaufgabe anzunehmen ist, wenn der Erwerber aufgrund einer Insolvenz zur Betriebsaufgabe gezwungen ist. Diese auf den ersten Blick unverständliche Rechtsprechung (die auch deswegen kritisiert wurde) zeigt aber, dass es sich bei der Nachversteuerung nicht um eine neue, sondern um die ursprüngliche Steuer handelt, die eigentlich von Beginn an hätte anfallen müssen und die nur zurückgestellt worden ist.

Wird das veräußerte Betriebsvermögen innerhalb von sechs Monaten wieder reinvestiert und zählt das neu erworbene Vermögen nicht zum Verwaltungsvermögen, so greift die sog. **Reinvestitionsklausel** gemäß § 13a Abs. 5 Satz 4 ErbStG.

Während der Fortführungsphase muss eine sog. **Mindestlohnsumme** gehalten werden (wobei die Lohnsummenfrist die gleiche ist wie die Behaltensfrist). Die Lohnsummenregelung gilt allerdings nur für Betriebe mit mehr als 20 Beschäftigten (§ 13a Abs. 1 Satz 4 ErbStG, sog. **Kleinbetriebsklausel**). Gemäß der Lohnsummenregelung darf die Summe der maßgebenden jährlichen Lohnsummen innerhalb der Lohnsummenfrist von fünf Jahren insgesamt 400 % der Ausgangslohnsumme nicht unterschreiten. Bei der Optionsverschonung gilt eine Mindestlohnsumme von 700 % und eine Lohnsummenfrist von sieben Jahren. Ausgangslohnsumme ist die durchschnittliche Lohnsumme der letzten fünf Wirtschaftsjahre vor dem Erwerb (§ 13a Abs. 1 Satz 3 ErbStG), wobei § 13a Abs. 4 ErbStG im Einzelnen festlegt, was zur Lohnsumme zählt. Wird die Mindestlohnsumme nicht eingehalten, vermindert sich der Verschonungsabschlag rückwirkend in demselben prozentualen Umfang, in dem die Mindestlohnsumme unterschritten wird.

Zu erwähnen ist an dieser Stelle nochmals die bereits oben genannte Voraussetzung, dass das **Verwaltungsvermögen** nicht höher sein darf als 50 %. Ist dies der Fall, und sei es auch nur sehr geringfügig, entfällt die gesamte Verschonung (sog. **Infektionswirkung**). Insbesondere mit diesem Aspekt hat sich daher auch das Bundesverfassungsgericht eingehend auseinandergesetzt (dazu sogleich).

Es lässt sich somit **zusammenfassen**:

	Regelverschonung	Optionsverschonung
Behaltensfrist/Lohnsummenfrist	**5 Jahre**	**7 Jahre**
Mindestlohnsumme	400 %	700 %
Verwaltungsvermögensgrenze	50 %	10 %
Verschonungsabschlag	85 %	100 %

Zur Verdeutlichung abschließend ein **Rechenbeispiel**:

Beispiel:

Erblasser Ulf Umfall ist Alleingesellschafter der mittelständischen Gesellschaft Umfall Rohrreinigungs-GmbH, die einen Wert von 2 Mio. € und zudem 8 Mitarbeiter hat. Er ging ganz und gar in seinem Beruf auf. Betrüblicherweise erlitt er eines Tages beim Rohrverlegen einen Herzinfarkt und fiel tot um. Sein Sohn Ude plant die Fortführung der Gesellschaft und möchte wissen, wie hoch seine Steuerbelastung sein wird. Neben der GmbH gibt es noch ein Einfamilienhaus im Wert von 1 Mio. € und Barvermögen in Höhe von 250.000 €. Ude ist Alleinerbe.

I. Verschonungsabschlag/Abzugsbetrag	
Wert des begünstigungsfähigen Vermögens	2.000.000 €
./. Verschonungsabschlag 2.000.000 × 85 % = 1.700.000 (Verschonungsabschlag)	300.000 €
./. Abzugsbetrag 300.000 ./. 150.000 = 150.000 150.000 × 50 % = 75.000 (übersteigender Betrag) 150.000 ./. 75.000 = 75.000 (Abzugsbetrag)	225.000 €
Zwischensumme	225.000 €
II. Zu versteuern	
Betriebsvermögen	225.000 €
Privatvermögen (Haus und Barvermögen)	1.250.000 €
Gesamtvermögen	1.475.000 €
./. Persönlicher Freibetrag = 400.000 €, vgl. §§ 15 Abs. 1, 16 Abs. 1 Nr. 2 ErbStG	1.075.000 €
Steuer (Steuersatz 19 %) § 19 Abs. 1 ErbStG	204.250 €

5.3.1.5 Ergänzungen

Die §§ 19a und 28 ErbStG ergänzen das komplizierte System der Verschonungsregelungen:

Nach § 19a ErbStG erhalten Erwerber der Steuerklasse II und III einen **Entlastungsbetrag** auf Basis der günstigen Steuerklasse I. Das heißt, dass der Teil des begünstigten Vermögens, der nach Verschonungsabschlag und Abzugsbetrag noch verbleibt, nach der günstigeren Steuerklasse I besteuert wird, selbst dann, wenn ansonsten (bezüglich des Privatvermögens) die Steuerklasse II oder III zur Anwendung kommt.

§ 28 ErbStG ermöglicht die **Stundung** der Erbschaftsteuer. Diese Möglichkeit gibt es jedoch nur für land- und forstwirtschaftliches Vermögen sowie für Betriebsvermögen, nicht jedoch für Anteile an Kapitalgesellschaften. Ist es für die Erhaltung des Betriebs notwendig, so kann dem Erwerber die Steuer auf Antrag bis zu zehn Jahre gestundet werden, bei Erwerben von Todes wegen sogar zinslos.

5.3.2 Rechtslage nach der Erbschaftsteuerreform 2016

Am 17.12.2014 verkündete das Bundesverfassungsgericht sein Urteil zur Verfassungswidrigkeit der erbschaft- und schenkungsteuerrechtlichen Betriebsvermögensverschonung (BVerfG vom 17.12.2014 – 1 BvL 21/12). Es entschied dabei:

» …

4. *Die Verschonung von Erbschaftsteuer beim Übergang betrieblichen Vermögens in §§ 13a und 13b ErbStG ist angesichts ihres Ausmaßes und der eröffneten Gestaltungsmöglichkeiten mit Art. 3 Abs. 1 GG unvereinbar.*
   a. *Es liegt allerdings im Entscheidungsspielraum des Gesetzgebers, kleine und mittelständische Unternehmen, die in personaler Verantwortung geführt werden, zur Sicherung ihres Bestands und damit auch zur Erhaltung der Arbeitsplätze von der Erbschaftsteuer weitgehend oder vollständig freizustellen. Für jedes Maß der Steuerverschonung benötigt der Gesetzgeber allerdings tragfähige Rechtfertigungsgründe.*
   b. *Die Privilegierung des unentgeltlichen Erwerbs betrieblichen Vermögens ist jedoch unverhältnismäßig, soweit die Verschonung über den Bereich kleiner und mittlerer Unternehmen hinausgreift, ohne eine Bedürfnisprüfung vorzusehen.*
   c. *Die Lohnsummenregelung ist im Grundsatz verfassungsgemäß; die Freistellung von der Mindestlohnsumme privilegiert aber den Erwerb von Betrieben mit bis zu 20 Beschäftigten unverhältnismäßig.*
   d. *Die Regelung über das Verwaltungsvermögen ist nicht mit Art. 3 Abs. 1 GG vereinbar, weil sie den Erwerb von begünstigtem Vermögen selbst dann uneingeschränkt verschont, wenn es bis zu 50 % aus Verwaltungsvermögen besteht, ohne dass hierfür ein tragfähiger Rechtfertigungsgrund vorliegt.*

…«

5.3.2.1 Urteilsanalyse

Vorbemerkung: Nachfolgend wird das Urteil des Bundesverfassungsgerichts für Interessierte näher erläutert. Der vorliegende Gliederungspunkt kann inhaltlich allerdings auch übersprungen werden.

Zunächst einmal ist von Bedeutung, dass das Bundesverfassungsgericht zu Beginn seiner Prüfung feststellt, dass die »erbschaftsteuerliche Begünstigung des Übergangs betrieblichen und land- und forstwirtschaftlichen Vermögens sowie von Anteilen an Kapitalgesellschaften ... im Grundsatz nicht zu beanstanden« ist (Rz. 118). Es kam jedoch zu dem Ergebnis, dass die bis dahin geltenden Vorschriften hinsichtlich der Begünstigung der Übertragung von großem Unternehmensvermögen der Korrektur bedürfen und auch die nähere Ausgestaltung (insbesondere im Hinblick auf die Lohnsumme und das Verwaltungsvermögen) gegen Art. 3 Abs. 1 GG verstoße.

Der Grund, warum das Bundesverfassungsgericht die Vorschriften an Art. 3 Abs. 1 GG, also an dem allgemeinen Gleichheitsgrundsatz, gemessen hat, liegt in den folgenden Überlegungen: Nach Art. 3 Abs. 1 GG sind alle Menschen vor dem Gesetz gleich zu behandeln. Im Steuerrecht führt dies zum Grundsatz der Lastengleichheit: »Die Steuerpflichtigen müssen dem Grundsatz nach durch ein Steuergesetz rechtlich und tatsächlich gleichmäßig belastet werden.« (Rz. 123).

Die Verschonung von Betriebsvermögen stelle aber eine Durchbrechung dieses Grundsatzes dar, wobei dem Gesetzgeber Differenzierungen allerdings nicht grundsätzlich verboten seien. Entscheide er sich für eine unterschiedliche Behandlung, dann müsse diese Differenzierung allerdings durch Sachgründe gerechtfertigt sein, die dem Ziel und dem Ausmaß der Ungleichbehandlung angemessen sind (Rz. 121). Da der Gesetzgeber mithilfe des Steuerrechts auch außerfiskalische Förder- und Lenkungsziele verfolgen dürfe (siehe hierzu bereits den Beschluss des Bundesverfassungsgerichts vom 07.11.2006), könne eine Steuerentlastung dann gerechtfertigt sein, wenn der Gesetzgeber das Verhalten der Steuerpflichtigen aus Gründen des Gemeinwohls fördern oder lenken wolle. Die §§ 13a und 13b ErbStG seien daher im Grundsatz nicht zu beanstanden, da sie geeignet und erforderlich seien, den vom Gesetzgeber verfolgten Zweck (Schutz von Unternehmen vor Liquiditätsabfluss und damit einhergehender Arbeitsplatzverlust) zu verfolgen bzw. zu erreichen; ein Verweis auf eine Stundungsmöglichkeit stelle dabei kein gleich wirksames milderes Mittel dar (Rz. 141).

Den **ersten Grund** für die Verfassungswidrigkeit sah das Bundesverfassungsgericht in Folgendem: Zwar sei die Besserstellung des Erwerbers von unternehmerischem Vermögen gegenüber dem Erwerber von sonstigem Vermögen mit Art. 3 Abs. 1 GG vereinbar, jedoch könne die Ungleichbehandlung in Bezug auf den **Übergang großer Unternehmensvermögen** ein zu großes Maß annehmen. Dies gelte insbesondere deshalb, weil laut Statistik von dem Steuerwert des in den Jahren 2009 bis 2012 insgesamt unentgeltlich übertragenen Vermögens mehr als ein Drittel des Vermögens infolge der Verschonungsregelungen von der Erbschaft- und Schenkungsteuer befreit wurde (die Finanzämter haben in den Jahren 2009 bis 2012 ein unentgeltlich übergegangenes Vermögen in Höhe von insgesamt 206,4 Mrd. € erfasst, 70,8 Mrd. € hiervon wurden gemäß den Regelungen der §§ 13a und 13b ErbStG verschont). Für diese Ungleichbehandlung stellte das Bundesverfassungsgericht einzig auf die

Sicht des Benachteiligten (nicht auf die des Bevorzugten) ab und merkte an, dass die Erwerber vielfach nur geringen Einfluss darauf haben, ob der Ihnen zugewandte Erwerb begünstigungsfähiges Vermögen ist oder nicht. Gleichwohl werde dabei deutlich, dass das Maß der Ungleichbehandlung umso größer werde, je umfangreicher der steuerbefreite Erwerb ist. Es gilt: *»Je umfangreicher die Steuerverschonung und je größer deshalb andererseits das Maß der Ungleichbehandlung gegenüber den Erwerbern nicht begünstigten Vermögens ist, desto anspruchsvoller wird die Rechtfertigungslast hierfür.«* (Rz. 172). Während also die Ungleichbehandlung bei der Übertragung kleiner und mittlerer Unternehmer noch ohne Einzelfallprüfung gerechtfertigt sei, könne dies bei größeren Unternehmen nicht mehr hingenommen werden. Eine Grenze zwischen kleinen/mittleren und großen Unternehmen sei weder vom Gesetz vorgesehen noch gebe es verfassungsrechtliche Anhaltspunkte hierfür. Diese Grenze zu finden sei vielmehr Aufgabe des Gesetzgebers, wobei das Bundesverfassungsgericht den Gesetzgeber dezent darauf hinwies, dass er sich etwa an einer Empfehlung der Kommission orientieren könne: Hiernach zählen zu den kleinen und mittleren Unternehmen solche, die weniger als 250 Arbeitnehmer zählen und deren Jahresumsatz höchstens 50 Mio. € beträgt bzw. deren Jahresbilanzsumme sich auf höchstens 43 Mio. € beläuft. Allerdings könne der Gesetzgeber auch eine absolute Obergrenze festlegen, jenseits derer die Steuerverschonung komplett ende, wobei das Gericht einen Betrag von 100 Mio. € nannte (unter Verweis auf einen Regierungsentwurf vom 30.05.2005, BT-Drs. 15/5555, 10).

Zudem bemängelte das Bundesverfassungsgericht die **Freistellung von Betrieben mit bis zu 20 Arbeitnehmern von der Lohnsummenpflicht**. Zunächst ist das Bundesverfassungsgericht hierbei zu dem Ergebnis gekommen, dass die Lohnsummenregelung an sich verfassungsgemäß ist (Rz. 202 ff.), auch wenn sie erheblich in die freie unternehmerische Entscheidung über die Personalstruktur eingreife und letztlich diejenigen, die sich nicht an die Lohnsummenregelung halten, gegenüber denjenigen, die sich daran halten, ungleich behandle. Diese Regelung verfolge nämlich den legitimen Zweck, die Erwerber zur Erhaltung der Arbeitsplätze zu veranlassen, und dafür sei die Regelung auch geeignet, erforderlich und angemessen. Allerdings bewirke die Freistellung von Betrieben mit weniger als 20 Beschäftigten eine nicht gerechtfertigte Ungleichbehandlung in zweifacher Hinsicht: Nämlich zum einen gegenüber denjenigen, die mehr als 20 Arbeitnehmer beschäftigen und sich deshalb an die Mindestlohnsumme halten müssen, und zum anderen gegenüber den Erwerbern nicht betrieblichen Vermögens (Rz. 215). Zwar sei diese Regelung geeignet und erforderlich, den legitimen Zweck der Verwaltungsvereinfachung zu erreichen (Rz. 216 ff.). Der vollständige Verzicht auf die Prüfung, ob die Arbeitsplätze erhalten bleiben oder nicht (die Behaltensfrist alleine genüge hierfür nicht), sei bei einer so großen Zahl von Fällen nicht gerechtfertigt. Nach Ansicht des Bundesverfassungsgerichts ist eine solche Ausnahme von der Mindestlohnsummenregelung nur dann gerechtfertigt, wenn sie sich auf Betriebe »mit einigen wenigen Beschäftigten« begrenzt, da sich hier unkalkulierbare Wechsel in der Belegschaft kaum völlig vermeiden ließen (Rz. 229).

Eine sehr gewichtige Verfassungswidrigkeit erkannte das Bundesverfassungsgericht bei der **Verwaltungsvermögensgrenze**, in der sie gleich diverse Ungleichbehandlungen offenlegte: Zum einen bestehe eine Ungleichbehandlung zwischen denjenigen, bei denen das Verwaltungsvermögen bis zu 50 % beträgt und bei denen trotzdem der gesamte Erwerb verschont bleibt, und denjenigen, bei denen die Grenze überschritten wird und die überhaupt nicht, auch nicht in Bezug auf das eigentlich begünstigungsfähige Vermögen, verschont werden. Zum anderen bestehe das Problem, dass durch diese Grenze unter Umständen grundsätzlich nicht begünstigtes Vermögen in ungerechtfertigter Weise wie betriebliches Vermögen gefördert wird. Die Regelung sei unangemessen, soweit sie nicht begünstigtes Verwaltungsvermögen insgesamt in den Genuss der Verschonung gelangen lasse, wenn nur 50 % Verwaltungsvermögen vorhanden sei (Rz. 243). Es bestehe kein hinreichend tragfähiger Rechtfertigungsgrund dafür, Vermögen in einem derart großen Umfang zu begünstigen, das vom Gesetzgeber selbst als nicht förderungswürdig (da nicht produktiv) angesehen wird. Das Ziel, unerwünschte Gestaltungen, also insbesondere die Verlagerung von Privatvermögen in Betriebsvermögen, zu verhindern, fördere diese Regelung nicht. Im Gegenteil lade sie gerade dazu ein, privates Vermögen soweit einzubringen, dass die 50 %-Grenze gerade nicht erreicht wird (Rz. 246).

Schließlich stellte das Bundesverfassungsgericht eine Verfassungswidrigkeit fest, weil die Regelungen **Gestaltungen zulasse**, die vom Gesetzgeber erkennbar nicht bezweckt und gleichheitsrechtlich nicht zu rechtfertigen seien (Rz. 254 ff.). Dies gelte für Gestaltungen, die zwar keinen Gestaltungsmissbrauch im Sinne von § 42 AO darstellen, aber bei denen die gesetzliche Regelung derart eingeengt werde, dass der Gesetzeszweck seine Tauglichkeit als Rechtfertigungsgrund einer Ungleichbehandlung verliere. So bemängelte das Gericht insbesondere die folgende Gestaltungsvariante: Um die Lohnsummenregelung bei Betrieben mit mehr als 20 Arbeitnehmern zu umgehen, wurde das Unternehmen in eine Besitzgesellschaft mit nicht mehr als 20 Beschäftigten und in eine Betriebsgesellschaft, deren Betriebsvermögen keinen oder nur sehr geringen Steuerwert hat, aufgespalten. Ferner wurde eine weitere Umgehungsmöglichkeit aufgelistet. In der Praxis wurde durch Errichtung von mehrstufigen Konzernstrukturen folgender »Kaskadeneffekt« ausgenutzt: Befindet sich im Betriebsvermögen ein Anteil an einer anderen Gesellschaft, wird dieser Anteil vollständig dem Verwaltungsvermögen zugeordnet, wenn das Verwaltungsvermögen dieser Kapitalgesellschaft mehr als 50 % beträgt (vgl. § 13b Abs. 2 Satz 2 Nr. 3 ErbStG). Beträgt es allerdings weniger, entsteht insgesamt begünstigtes Vermögen, das auch auf der nächsthöheren Beteiligungsstufe vollständig als begünstigtes Vermögen gewertet wird. Somit konnte das Verwaltungsvermögen unproblematisch auf Tochtergesellschaften verteilt werden, und man erhielt schlussendlich eine insgesamt begünstigte Muttergesellschaft. Schließlich ging es in dem Urteil um eine weitere, sehr drastische »Umgehungsmöglichkeit«, die sog. »Cash-GmbH«. Nach stetiger Rechtsprechung des Bundesfinanzhofs, der herrschenden Literaturauffassung und der Auffassung der Finanzverwaltung stellen Geldforderungen wie etwa Sichteinlagen, Sparanlagen und Festgeldkonten bei Kreditinstituten kein Verwaltungsvermögen im Sinne des § 13b Abs. 2 Nr. 4 ErbStG dar. Somit konnte man (auch kurzfristig) sein Geldvermögen in eine GmbH einbringen und diese dann unter Einhaltung der Behaltensfrist steuerverschont übertragen. Auch für diese Gestaltung fand das Bundesverfassungsgericht keine Rechtfertigung. Wie oben dargestellt, hatte der Gesetzgeber diese Lücke allerdings bereits während dem laufenden Verfahren geschlossen (§ 13b Abs. 2 Nr. 4a ErbStG).

5.3.2.2 Neuregelung

Hinweis: Sämtliche nachfolgenden Gesetzesverweise beziehen sich auf das ErbStG in seiner Fassung **nach** der Erbschaftsteuerreform 2016.

Durch das Urteil des Bundesverfassungsgerichts war der Gesetzgeber zu einer Neuregelung gezwungen. Denn wenngleich das Gericht lediglich Teilverstöße feststellte, wies es darauf hin, dass diese Teilbereiche die gesamte Verschonungsregelung in ihrem Kern betreffen (BVerfG vom 17.12.2014 – 1 BvL 21/12, Rz. 281). Gleichwohl könne aber durch diese Entscheidung nicht einfach das »allgemeine« Erbschaft- und Schenkungsteuerrecht auch bei Betrieben zur Anwendung kommen, denn dies würde dem Zweck der ansonsten verfassungsgemäßen Verschonungsregelungen widersprechen. Das Bundesverfassungsgericht hat somit die begrenzte Fortgeltung der Normen angeordnet und den Gesetzgeber innerhalb einer angemessenen Frist bis zum 30.06.2016 zur Neuregelung aufgefordert. Üblicherweise muss bei Verstößen gegen den Gleichheitsgrundsatz der Gesetzgeber rückwirkend auf den Zeitpunkt der Gerichtsentscheidung eine Neuregelung schaffen. Bis dahin dürfen die Gerichte und Behörden die Norm im Umfang der festgestellten Unvereinbarkeit nicht mehr anwenden. Allerdings besteht im Interesse einer verlässlichen Finanz- und Haushaltsplanung und eines gleichmäßigen Verwaltungsvollzugs die Möglichkeit, eine verfassungswidrige Norm für weiterhin anwendbar zu erklären. Dies hat das Bundesverfassungsgericht unter Hinweis auf haushaltswirtschaftliche Unsicherheiten und auf zu erwartende gravierende verwaltungstechnische Probleme bei der dann gebotenen Rückabwicklung auch getan.

Nach langwierigen Diskussionen und Schwierigkeiten bei der Gesetzgebung ist das neue Erbschaftsteuerrecht nunmehr mit deutlicher Verspätung **rückwirkend zum 01.07.2016 in Kraft** getreten. Das »Gesetz zur Anpassung des Erbschaftsteuer- und Schenkungsteuergesetzes an die Rechtsprechung des Bundesverfassungsgerichts« vom 04.11.2016 wurde am 09.11.2016 im Bundesgesetzblatt (BGBl I 2016, 2464) verkündet. Für die Zeit zwischen Ablauf der Frist und Inkrafttreten der Neuregelung geht der Großteil der Literatur davon aus, dass die alten Regelungen trotz Fristüberschreitung fortgelten.

Die Neuregelungen lassen sich wie folgt **zusammenfassen:** Der Gesetzgeber hat es im Prinzip bei den beiden Verschonungsmodellen Regel- und Optionsverschonung (85 % und 100 %) belassen. Verschont wird jedoch tatsächlich nur noch das **begünstigte Vermögen**, d. h., es gibt keine Grenze mehr, bei der dann entweder alles oder überhaupt nichts verschont wird. Es ist damit stets festzustellen, was nach dem neuen Gesetz begünstigtes Vermögen ist und was nicht. Nur das begünstigte Vermögen wird verschont, und der Rest muss nach den allgemeinen Grundsätzen versteuert werden. Der Begriff des Verwaltungsvermögens dient nunmehr nur noch der Abgrenzung von begünstigtem zu nicht begünstigtem Vermögen, die 50 %-Grenze wurde abgeschafft (§§ 13a Abs. 1, 13b Abs. 2 ErbStG). Die Ausnahme von der Mindestlohnsummenregelung gilt nur noch für Unternehmen mit weniger als fünf Arbeitnehmern (§ 13a Abs. 3 Satz 2 Nr. 2 ErbStG). Für Großunternehmen wurde eine Grenze von 26 Mio. € eingeführt: Unterhalb dieser Grenze kommt es zu der 85 %igen bzw. 100 %igen Verschonung; wenn der Erwerb des begünstigten Vermögens diese Grenze jedoch überschreitet, hat der Erwerber ein Wahlrecht: Je nachdem, um wie viel der Erwerb die Grenze übersteigt, verringert sich die Verschonung (sog. Abschmelzungsmodell). Alternativ kann er aber auch zu dem sog. Erlassmodell greifen, bei dem eine Verschonungsbedarfsprüfung unter Einbeziehung des Privatvermögens und 50 % des sonst vererbten, nicht begünstigten Vermögens stattfindet.

5.3.2.2.1 Begünstigungsfähiges Vermögen

§ 13b Abs. 1 ErbStG regelt, welches Vermögen begünstigungsfähig ist. Hierbei hat es keine wesentlichen Änderungen im Vergleich zur Rechtslage 2009 gegeben, weshalb auf die obigen Ausführungen verwiesen werden kann.

5.3.2.2.2 Begünstigtes Vermögen

Einer der Gründe für die Verzögerung in der Gesetzgebung war, dass der erste Gesetzesentwurf vom 14.08.2015 (BR-Drs. 353/15) noch eine vollständige Aufgabe des Begriffs des Verwaltungsvermögens vorsah. Der Entwurf lautete: *»Zum begünstigten Vermögen gehören alle Teile des begünstigungsfähigen Vermögens ... eines Betriebs, die im Zeitpunkt der Entstehung der Steuer (§ 9) jeweils überwiegend einer Tätigkeit im Sinne des § 13 Absatz 1 in Verbindung mit Absatz 2 Nummer 1, § 15 Absatz 1 Satz 1 Nummer 1 in Verbindung mit Absatz 2 oder § 18 Absatz 1 Nummer 1 und 2 des Einkommensteuergesetzes nach ihrem Hauptzweck dienen.«*

Vorgesehen war also, dass der umfangreiche Katalog aufgegeben wird und nur noch dasjenige Vermögen begünstigt wird, das – vereinfacht gesagt – dem Hauptzweck des Unternehmens dient. Wann dies der Fall ist und wann nicht, würde den Rahmen der vorliegenden Darstellung sprengen und ist im Übrigen, da der Gesetzgeber sich von dieser Vorgehensweise abgewandt hat, auch nicht relevant. Da es sich um einen neuen, recht undeutlichen Begriff handelte, entstand die Unsicherheit, was darunter zu verstehen ist. Daher wurde diese Art der Neuregelung teilweise scharf kritisiert (teilweise aber auch begrüßt). Letztlich hat sich der Gesetzgeber deshalb wieder von dieser Regelung abgewandt.

Die Abgrenzung, wann begünstigtes Vermögen vorliegt und wann nicht, erfolgt stattdessen weiter nach dem (leicht erweiterten) **Katalog des Verwaltungsvermögens** (§ 13b Abs. 4 ErbStG). Dieser Katalog hat im Vergleich zur alten Rechtslage ebenfalls nur geringfügige Änderungen erfahren, weshalb zunächst auf die obigen Ausführungen verwiesen werden kann (Ziffer 5.3.1.3). Geändert wurde insbesondere Folgendes:

§ 13b Abs. 4 Nr. 3 ErbStG (früher § 13b Abs. 2 Nr. 5 ErbStG a. F.) erfasst nunmehr neben Kunstgegenständen etc. auch Briefmarkensammlungen, Oldtimer, Yachten, Segelflugzeuge sowie sonstige typischerweise der privaten Lebensführung dienende Gegenstände, wenn der Handel mit diesen Gegenständen, deren Herstellung oder Verarbeitung oder die entgeltliche Nutzungsüberlassung an Dritte nicht der Hauptzweck des Betriebs ist.

Bei den **Finanzmitteln** im Sinne des § 13b Abs. 4 Nr. 5 ErbStG (zuvor § 13b Abs. 2 Nr. 4a ErbStG a. F.) wurde der Freibetrag von 20 % auf 15 % reduziert. Von dem gemeinen Wert der Finanzmittel sind nun zunächst die Schulden abzuziehen. Als Verwaltungsvermögen gilt dann der Betrag, den man erhält, wenn man von diesem Betrag 15 % des Wertes des Betriebsvermögens abzieht. Von dieser Berechnung ausgenommen werden allerdings die sog. jungen Finanzmittel, die in jedem Fall und ohne Abzug von Schulden zum Verwaltungsvermögen gehören (§ 13b Abs. 4 Nr. 5 Satz 2 2. HS ErbStG).

§ 13b Abs. 4 Nr. 5 ErbStG: Berechnung der Finanzmittel

	Gemeiner Wert aller Finanzmittel
./.	junge Finanzmittel
./.	Schulden
./.	15 % des Betriebsvermögens
	Zwischensumme (ggf. 0)
+	junge Finanzmittel
=	aus Finanzmitteln bestehendes Verwaltungsvermögen

Beispiel:

Der gemeine Wert des begünstigungsfähigen Vermögens beträgt 1 Mio. €. Darin sind 400.000 € an Finanzmitteln beinhaltet, die Schulden betragen 220.000 € (Wert der Finanzmittel abzüglich Schulden: 180.000 €). 15 % aus 1 Mio. sind 150.000 €, weshalb 30.000 € (= 180.000 € ./. 150.000 €) zum Verwaltungsvermögen gehören.
Abwandlung: Kurz vor seinem Tod hat der Unternehmer 200.000 € Barvermögen, die er aus dem Verkauf seiner Wohnung erhalten hat, in die Gesellschaft eingelegt, sodass die Finanzmittel auf 600.000 € und der Unternehmenswert auf 1,2 Mio. € steigen. Die eingelegten 200.000 € zählen in jedem Fall zu dem Verwaltungsvermögen. Allerdings verändert sich nunmehr die restliche Berechnung, denn 15 % aus 1,2 Mio. € ergeben 180.000 €. Da die Finanzmittel abzüglich Schulden (180.000 €) ohne Berücksichtigung der jungen Finanzmittel 15 % des Betriebsvermögens (180.000 €) nicht übersteigen, stellen lediglich die jungen Finanzmittel (200.000 €) Verwaltungsvermögen dar.

Der bisherige § 13b Abs. 2 Nr. 3 ErbStG a. F., welcher die vom Bundesverfassungsgericht kritisierten Konzernstrukturen als Gestaltungsmittel ermöglichte, wurde gestrichen. Stattdessen wurde nun § 13b Abs. 9 ErbStG eingeführt, gemäß dem Anteile an Personen- und Kapitalgesellschaften in einer sog. **Verbundsvermögensaufstellung** zusammenzufassen sind. Somit wird das Verwaltungsvermögen der Tochtergesellschaften (anteilig) an die an der Spitze stehende »Muttergesellschaft« weitergereicht.

Beispiel:

Die A-KG ist zu 45 % an der B-GmbH beteiligt, deren schädliches Verwaltungsvermögen 20 % beträgt und zu 20 % an der C-KG, deren schädliches Verwaltungsvermögen 5 % beträgt. Bei der Ermittlung des begünstigten Vermögens sind die beiden Werte des schädlichen Verwaltungsvermögens entsprechend den jeweiligen Anteilen in einer Verbundsvermögensaufstellung zusammenzufassen und dort zu berücksichtigen. Im Detail:

Alle drei Gesellschaften haben einen Wert von je 1 Mio. €. Die A-KG hat keinerlei schädliches Verwaltungsvermögen. Bei der B-GmbH beträgt das Verwaltungsvermögen 20 %, also 200.000 €, bei der C-KG 5 %, also 50.000 €. Somit hat die A-KG insgesamt schädliches Verwaltungsvermögen in Höhe von 45 % x 200.000 € = 90.000 € zzgl. 20 % x 50.000 € = 10.000 €, also insgesamt 100.000 €.

Um sog. **Mitnahmeeffekte** auszuschließen und den vom Bundesverfassungsgericht kritisierten Gestaltungsvarianten entgegenzuwirken, hat der Gesetzgeber in § 13b Abs. 2 Satz 2 ErbStG jedoch eine Art Vorfilterung eingebaut: Übersteigt das Verwaltungsvermögen die Grenze von 90 %, dann ist in jedem Fall das gesamte begünstigungsfähige Vermögen von der Begünstigung ausgenommen. Zwar erscheint diese Regelung vor dem Hintergrund der Abschaffung der 50 %-Grenze nicht sofort einleuchtend, dennoch wollte der Gesetzgeber auch nur den geringsten Mitnahmeeffekt und den Vorzug einer Teilverschonung verhindern (vgl. ausführlich BT-Drs. 18/8911, 40).

Die Berechnung, welches Vermögen verschont ist und welches nicht, hat sich durch die Änderungen und die Anpassung an die Entscheidung des Bundesverfassungsgerichts erheblich verkompliziert. Die Gesetzgebung ist ersichtlich geprägt von der Angst, erneut vor dem Bundesverfassungsgericht zu scheitern. Anstatt jedoch die gesamte Rechtslage zu vereinfachen, hat der Gesetzgeber ein schier undurchdringbares Konstrukt von Ausnahmen und Rückausnahmen geschaffen. Die neuen Regelungen machen es dem Praktiker nicht leichter und dem Laien geradezu unmöglich, vorab zu der Frage, ob und wieviel Vermögen verschont wird, die folgenden **Werte zu ermitteln** (zu den einzelnen Erklärungen vgl. die nachfolgenden Ausführungen):

Notwendige Wertbestimmungen:

1. Wert des gesamten begünstigungsfähigen Vermögens
2. Schulden des Unternehmens
   a) nicht belastende Schulden (§ 13b Abs. 8 Satz 2 Alt. 1 ErbStG)
   b) durchschnittlicher Schuldenstand der letzten drei Jahre (§ 13b Abs. 8 Satz 2 Alt. 2 ErbStG)
3. Wert des gesamten Verwaltungsvermögens (§ 13b Abs. 4 ErbStG), insbesondere Wert der Finanzmittel (§ 13b Abs. 4 Nr. 5 ErbStG)
4. Wert des jungen Verwaltungsvermögens (§ 13b Abs. 7 Satz 2 ErbStG)

Praxishinweis: Mit der neuen Rechtslage ist für die Praxis ein immenser Mehraufwand entstanden. Denn für die alte Rechtslage galt, dass man auf die Bewertung des gemeinen Wertes des begünstigungsfähigen Vermögens verzichten konnte, wenn deutlich wurde, dass das Verwaltungsvermögen keine 50 % erreichen wird. Bei der neuen Rechtslage ist hingegen in jedem Fall der gemeine Wert des Betriebsvermögens zu ermitteln.

§ 13b Abs. 2 Satz 1 ErbStG definiert das begünstigte Vermögen wie folgt: »Das begünstigungsfähige Vermögen ist begünstigt, soweit sein gemeiner Wert den um das unschädliche Verwaltungsvermögen im Sinne des Absatzes 7 gekürzten Nettowert des Verwaltungsvermögens im Sinne des Absatzes 6 übersteigt (begünstigtes Verwaltungsvermögen).« Vereinfacht ausgedrückt:

§ 13b Abs. 2 Satz 1 ErbStG: Begünstigtes Vermögen

	Wert des begünstigungsfähigen Vermögens
./.	Nettowert des Verwaltungsvermögens (§ 13b Abs. 6 ErbStG) (= Verwaltungsvermögen abzüglich Schulden)
+	Wert des unschädlichen Verwaltungsvermögens (§ 13b Abs. 7 ErbStG)
=	begünstigtes Vermögen

Noch vereinfachter ausgedrückt subtrahiert man also das nicht begünstigte Vermögen vom begünstigungsfähigen Vermögen.

Der **Nettowert** des Verwaltungsvermögens errechnet sich gemäß § 13b Abs. 6 ErbStG, indem man zunächst die gemeinen Werte des Verwaltungsvermögens addiert. Nach § 13b Abs. 3 ErbStG sind hiervon alle Gegenstände auszuschließen, die »*ausschließlich und dauerhaft der Erfüllung von Schulden aus Altersversorgungsverpflichtungen dienen und dem Zugriff aller übrigen … Gläubiger entzogen sind.*« Diese Regelung lehnt sich an § 246 Abs. 2 Satz 2 HGB an und soll insbesondere sog. **CTA-Strukturen** (Contractual Trust Arrangement) von der Besteuerung ausnehmen. Es handelt sich hierbei um ein Modell der betrieblichen Altersvorsorge, bei dem das Unternehmen die Pensionszahlungen und Pensionsforderungen aus der eigenen Bilanz wirtschaftlich ausgliedert, indem es diese auf eine Treuhandgesellschaft überträgt. Dieses Vermögen ist dabei auch fremden Gläubigern entzogen, weshalb der Gesetzgeber es als gerechtfertigt ansieht, dieses Vermögen aus der Besteuerung voll auszunehmen (vgl. BT-Drs. 18/8911, 41).

HINWEIS

Die normale Pensionsrückstellung genügt nicht, da sie gerade nicht dem Zugriff der Gläubiger entzogen ist. Die vom Gesetz betroffenen Altersversorgungsverpflichtungen sind meist wie folgt strukturiert: Das Unternehmen übertragt Vermögensgegenstände zur Erfüllung und Sicherung von Versorgungszusagen auf einen Treuhänder. Dies allein führt allerdings noch nicht zur Insolvenzfestigkeit, denn das hierdurch im Verhältnis zum Treuhänder entstehende Auftragsverhältnis erlischt im Moment der Insolvenz, womit Gläubiger über den Insolvenzverwalter Zugriff erlangen. Daher erfolgt zusätzlich eine Verpfändung des Herausgabeanspruchs oder des Treuhandvermögens an den Versorgungsberechtigten.

Von dem so ermittelten Wert sind die **Schulden abzuziehen**, jedoch darf keine Saldierung der Schulden mit den jungen Finanzmitteln oder dem jungen Verwaltungsvermögen stattfinden (§ 13b Abs. 8 Satz 1 ErbStG). Ebenfalls dürfen nur solche Schulden abgezogen werden, die wirtschaftlich belastend sind. Schließlich ist ein Schuldenabzug ausgeschlossen, soweit die Summe der Schulden den durchschnittlichen Schuldenstand der letzten drei

Jahre übersteigt. Mit diesen Einschränkungen möchte der Gesetzgeber weitere Gestaltungsmissbräuche einschränken.

Soweit hiernach eine Saldierung erlaubt ist und die Schulden nicht bereits im Rahmen der Altersversorgungsverpflichtungen und nicht bereits im Rahmen der Finanzmittel berücksichtigt worden sind, sind die Schulden allerdings nur **anteilig abzuziehen.** Gemäß § 13b Abs. 6 Satz 2 ErbStG bestimmt sich der Anteil nach dem Verhältnis des gemeinen Wertes des Verwaltungsvermögens zum Betriebsvermögen.

Beispiel:

Der gemeine Wert des Betriebsvermögens beträgt 2 Mio. €, das Verwaltungsvermögen 500.000 €. Die Schulden haben einen gemeinen Wert von 800.000 €. Das Verhältnis des Verwaltungsvermögens zum Betriebsvermögen beträgt 5 zu 20, also 1 zu 4. Die Schulden können damit nur zu ¼ abgezogen werden, mithin 200.000 €, sodass sich das Verwaltungsvermögen auf 300.000 € reduziert.

Bei dem so ermittelten Wert muss noch das **unschädliche Verwaltungsvermögen** beachtet werden. Nach § 13b Abs. 7 Satz 1 ErbStG wird der Nettowert des Verwaltungsvermögens wie begünstigtes Vermögen behandelt, soweit er zehn Prozent des Differenzbetrages zwischen gemeinem Wert des Betriebsvermögens (BV) und Nettowert des Verwaltungsvermögens (VV) nicht übersteigt. Es ergibt sich somit folgende Berechnung:

Schädliches VV = Nettowert VV ./. 10 % × (BV ./. VV)

Beispiel:

Der gemeine Wert des Betriebsvermögens beträgt 4 Mio. €, das Verwaltungsvermögen 900.000 €. Die Differenz zwischen Betriebsvermögen und Verwaltungsvermögen beträgt 3,1 Mio. €. 10 % hiervon sind 310.000 €. Somit liegt Verwaltungsvermögen in Höhe von 900.000 € ./. 310.000 € = 590.000 € vor, der Wert des begünstigten Vermögens beträgt 3.410.000 €.

In § 13b Abs. 5 ErbStG hat der Gesetzgeber eine sog. **Investitionsklausel** geschaffen. Danach entfällt die Zurechnung zum Verwaltungsvermögen rückwirkend, wenn der Erwerber innerhalb von zwei Jahren ab dem Zeitpunkt der Steuerentstehung zum Verwaltungsvermögen zählende Gegenstände in das vom Erblasser erworbene, begünstigungsfähige Vermögen investiert und wenn dieses Betriebsvermögen originär einer gewerblichen Tätigkeit dient. Der Gesetzestext zeigt zunächst einmal zwei erhebliche Einschränkungen: Die Investitionsklausel findet lediglich auf Erbfälle Anwendung und zudem muss das begünstigungsfähige Vermögen einer originären gewerblichen Tätigkeit dienen. Weitere Voraussetzung ist schließlich, dass die Investition auf Plänen beruht, die der Erblasser selbst noch gefasst hatte (§ 13b Abs. 5 Satz 2 ErbStG).

5.3.2.2.3 Vorabbewertungsabschlag

Völlig neu eingeführt wurde der sog. Vorabbewertungsabschlag des § 13a Abs. 9 ErbStG. Diese Regelung, die zugunsten von sog. Familiengesellschaften geschaffen worden ist, sieht noch vor dem 85 %igen Verschonungsabschlag einen Abschlag in Höhe von bis zu 30 % vor, sofern die Gesellschaft eine Reihe von Voraussetzungen erfüllt. Hierzu ist nach der neuen Norm erforderlich, dass der Gesellschaftsvertrag bzw. die Satzung (diese Vorschrift gilt also nicht für Einzelunternehmen!) die folgenden Beschränkungen vorsieht:

1. Erste Voraussetzung ist, dass »die Entnahme oder Ausschüttung auf höchstens 37,5 Prozent des um die auf den Gewinnanteil oder die Ausschüttungen aus der Gesellschaft entfallenden Steuern vom Einkommen gekürzten Betrages des steuerrechtlichen Gewinns ...« beschränkt ist. Der Steuergesetzgeber will damit Folgendes ausdrücken: Zunächst ist der steuerrechtliche Gewinn der Gesellschaft zu ermitteln. Hiervon abzuziehen ist die auf den Gewinnanteil entfallende Einkommensteuer des jeweiligen Gesellschafters (→ Steuerrechtlicher Gewinn der Gesellschaft ./. auf die Entnahme/Ausschüttung entfallende Einkommensteuer des Gesellschafters). Der Gesellschaftsvertrag muss dann eine Beschränkung der Entnahme/Ausschüttung auf maximal 37,5 % dieses so ermittelten Betrages vorsehen.
2. Daneben muss der Gesellschaftsvertrag/die Satzung die Verfügung über den Gesellschaftsanteil auf Mitgesellschafter, Angehörige im Sinne des § 15 AO oder auf eine Familienstiftung im Sinne des § 1 Abs. 1 Nr. 4 ErbStG beschränken.
3. Als dritte Voraussetzung muss der Gesellschaftsvertrag/die Satzung eine Abfindungsbeschränkung vorsehen, gemäß der die Abfindung unter dem gemeinen Wert der Beteiligung/des Anteils liegt.

Wichtig ist, dass diese gesellschaftsvertraglichen Beschränkungen tatsächlich auch der Realität (»den tatsächlichen Verhältnissen«) entsprechen, von den Gesellschaftern also auch in der Praxis umgesetzt werden. Die **Höhe des Abschlags** entspricht der im Gesellschaftsvertrag bzw. der in der Satzung geregelten prozentualen Minderung der Abfindung gegenüber dem gemeinen Wert, maximal jedoch 30 Prozent. Um einem Missbrauch vorzubeugen, müssen diese Regelungen im Gesellschaftsvertrag vor dem Zeitpunkt der Entstehung der Steuer bereits zwei Jahre vorliegen und anschließend über einen Zeitraum von 20 Jahren eingehalten werden (der erste Gesetzesentwurf sah sogar fünf Jahre vorher und 30 Jahre nachher vor!).

5.3.2.2.4 Abzugsbetrag

Gleich geblieben ist der sog. Abzugsbetrag von bis zu 150.000 € (vgl. § 13a Abs. 2 ErbStG), womit auch hier auf die obigen Ausführungen verwiesen werden kann.

5.3.2.2.5 Verschonung bei Großerwerben ab 26 Mio. €

Als Reaktion auf die Ausführungen des Bundesverfassungsgerichts (dass der Verstoß gegen den Gleichheitsgrundsatz umso größer werde, je größer das verschonte Vermögen ist) hat der Gesetzgeber mit den §§ 13c, 28a ErbStG Regelungen für sog. Großerwerbe eingeführt. Übersteigt das begünstigte Vermögen unter Einbeziehung von früheren Erwerben aus den vorhergehenden zehn Jahren einen Betrag von 26 Mio. €, hat der Erwerber grundsätzlich zwei Möglichkeiten: Entweder der Verschonungsabschlag wird auf Antrag »abgeschmolzen«, oder der Erwerber unterzieht sich auf Antrag einer sog. Bedarfsprüfung. Stellt der Erwerber überhaupt keinen Antrag, wird die Steuer in vollem Umfang ohne jegliche Verschonung für den gesamten Erwerb (also auch für den unterhalb der Grenze von 26 Mio. € liegenden Erwerb) festgesetzt (BT-Drs. 353/15, 34).

Zum einen kann er auf (unwiderruflichen) Antrag eine **Abschmelzung** herbeiführen. Unter Abschmelzung ist dabei zu verstehen, dass sich die errechneten 85 % bzw. 100 % um einen Prozentpunkt für jeden vollen die Grenze von 26 Mio. € übersteigenden Betrag von 750.000 € verringern.

Beispiel:

Friedhelm Fuchs ist ein erfolgreicher Unternehmer. Nachdem sein Unternehmenswert auf 29 Mio. € angewachsen ist, organisiert er diesen Umstand zum Anlass nehmend eine große Party auf seiner Yacht. Mit der vierten von ihm allein geleerten Champagner-Flasche in der Hand stürzt er unbemerkt ins Wasser und ertrinkt. Sein Sohn Faustus Fuchs, der von seinem Vater die ausgelassene Feiermoral, allerdings nicht dessen Geschäftssinn geerbt hat, übernimmt von da an die Firma. Sein Steuerberater rechnet ihm die Abschmelzung des Verschonungsbetrages wie folgt vor: 29 Mio. € ./. 26 Mio. € = 3 Mio. €. 3.000.000 ÷ 750.000 = 4. Faustus, der das Unternehmen (erst) nach sechs Jahren ruinierte (also nach Ablauf der die Regelverschonung betreffenden Behaltensfrist), beließ es bei der Regelverschonung, die somit von 85 % auf 81 % abschmolz. Von den 29 Mio. € wurden somit nur 23,49 Mio. € verschont.

Je höher somit der Erwerb ist, desto größer wird die Abschmelzung des Verschonungsabschlags. Bei der Regelverschonung (85 %) fällt die Verschonung demnach ganz weg, wenn die Grenze von 89.750.000 € (26 Mio. € + 85 x 750.000 €) erreicht wird. Bei der Optionsverschonung (100 %) begrenzt der Gesetzgeber die Grenze, bei der die Verschonung vollständig entfällt, auf 90 Mio. € (§ 13c Abs. 1 Satz 2 ErbStG).

Zum anderen kann sich der Erwerber anstatt der Abschmelzung auf (widerruflichen) Antrag einer **Verschonungsbedarfsprüfung** nach § 28a ErbStG unterziehen. Danach ist die Steuer zu erlassen, soweit der Erwerber nachweist, dass er persönlich nicht in der Lage ist, die Steuer aus seinem »verfügbaren Vermögen« (§ 28a Abs. 2 ErbStG) zu begleichen. Zu dem verfügbaren Vermögen gehören 50 % des gemeinen Werts der restlichen (nicht begünstigten) Erbschaft/Schenkung sowie 50 % des dem Erwerber gehörenden Privatvermögens (sofern es nicht seinerseits selbst begünstigtes Vermögen im Sinne des § 13b Abs. 2 ErbStG ist). Zu beachten ist, dass der Erwerber nach § 28a Abs. 4 Nr. 3 ErbStG zudem die Pflicht hat, hierfür weitere Vermögenserwerbe innerhalb von zehn Jahren einzusetzen (Anzeigepflicht!).

Beispiel:

Der vermögenslose Armin Arm wird vom Nachlassgericht informiert, dass sein ihm bisher unbekannter, leiblicher Vater Richard Reich verstorben ist und ihm ein Unternehmen im Wert von 40 Mio. € (ohne Verwaltungsvermögen) und eine Villa im Wert von 3 Mio. € hinterlassen hat. Armin Arm entscheidet sich für die Verschonungsbedarfsprüfung:

Verschonungsbedarfsprüfung		**Abschmelzung**	
begünstigter Erwerb:	40.000.000	begünstigter Erwerb:	40.000.000
+ Villa = Erwerb insgesamt:	43.000.000	übersteigender Betrag:	14.000.000
./. pers. Freibetrag:	42.600.000	Reduzierung:	18 %
Steuern (30 %):	12.780.000	Verschonung:	67 %
davon Steuern auf beg. Erwerb:	12.000.000	verschonter Erwerb:	26.800.000
einzusetzendes Vermögen:	1.500.000	zu versteuern:	13.200.000
Erlass:	10.500.000	+ Villa:	16.200.000
Steuern insgesamt:	2.280.000	./. pers. Freibetrag:	15.800.000
		Steuern insgesamt:	3.634.000

5.3.2.2.6 Optionsverschonung

Wie bisher auch gibt es im neuen Recht die Möglichkeit, eine Vollverschonung von 100 % in Anspruch zu nehmen (§ 13a Abs. 10 ErbStG). In diesem Zusammenhang ergeben sich keine Gesetzesänderungen, sodass es im Rahmen einer Vollverschonung bei einer Erhöhung der Behaltens- und Lohnsummenfrist von fünf auf sieben Jahre bleibt. Die Mindestlohnsumme wurde vom Gesetzgeber allerdings je nach Anzahl der Mitarbeiter entsprechend angepasst. Geändert hat sich zudem, dass die Vollverschonung nur gewährt wird, wenn das begünstigungsfähige Vermögen nicht zu mehr als 20 Prozent aus Verwaltungsvermögen besteht (bislang zehn Prozent, im ersten Gesetzesentwurf wurde diese Grenze sogar ganz abgeschafft).

5.3.2.2.7 Nachsteuertatbestände

Ebenfalls hat der Gesetzgeber weiterhin Nachsteuertatbestände vorgesehen, nach denen die Verschonung nachträglich entfällt. Die Einzelheiten hierzu regelt § 13a Abs. 6 ErbStG, der nach wie vor eine fünfjährige Behaltensfrist vorsieht; auch die übrigen Voraussetzungen wurden beibehalten. Die Konsequenzen aus Verstößen sind ebenfalls die gleichen, weshalb hier auf die obigen Ausführungen verwiesen werden kann (vgl. 5.3.1.4).

Beschäftigtenanzahl	Regelverschonung	Optionsverschonung
≤ 5	Lohnsumme unbeachtlich	
> 5, aber ≤ 10	250 %	500 %
> 10, aber ≤ 15	300 %	565 %
> 15	400 %	700 %

5.3.2.2.8 Stundungsmöglichkeiten (§ 28 ErbStG)

Auf Antrag kann der Erbe (nicht der Beschenkte!) eine Stundung der Erbschaftsteuer auf maximal sieben Jahre beantragen. Die Stundung ist, wenn die Voraussetzungen vorliegen, zu gewähren. Die erste Jahresrate ist ein Jahr nach der Steuerfestsetzung zinslos zu stunden. Die Stundung endet, wenn der Erwerber gegen die Mindestlohnsummenregelung (§ 13a Abs. 3 ErbStG) oder gegen die Behaltensverpflichtungen (§ 13a Abs. 6 ErbStG) verstößt. Beachtenswert ist, dass der Gesetzgeber auf das Kriterium der Notwendigkeit der Stundung vollständig verzichtet hat (nach alter Rechtslage war die Stundung nur möglich, wenn sie zur Erhaltung des Betriebs notwendig war).

5.3.2.3 Fazit

Der Gesetzgeber hat ein unerträglich kompliziertes Verschonungssystem auf Grundlage des bis dahin geltenden Verschonungssystems geschaffen, anstatt das System grundlegend zu überarbeiten und zu vereinfachen. Vielerorts wird zu Recht nicht nur die Komplexität des Systems kritisiert, sondern die Neuregelung wird auch bereits jetzt an vielen Stellen für verfassungswidrig gehalten. Nach Ansicht des Autors war die Reformgesetzgebung von der Angst geprägt, nicht (schon) wieder Ärger aus Karlsruhe zu bekommen. Allerdings ist hier wohl wieder einmal der folgende Abschlusssatz zutreffend: »Nach der Reform ist vor der Reform.«

6 Die Stiftung

6.1 Einführung

Das Institut der Stiftung nimmt immer mehr an Bedeutung zu. Allein im Jahr 2016 wurden in der Bundesrepublik Deutschland 582 rechtsfähige Stiftungen des bürgerlichen Rechts genehmigt. Gemäß der Statistik des Bundesverbandes Deutscher Stiftungen gab es in Deutschland zum 31.12.2016 genau 21.806 solcher Stiftungen. Die meisten Stiftungen zählt Nordrhein-Westfalen mit 4.258 Stiftungen bürgerlichen Rechts, gefolgt von Bayern mit 3.938 Stiftungen und von Baden-Württemberg mit 3.255 Stiftungen. Die Wachstumsquote lag im Jahr 2016 bundesweit bei 2,4 %.

Die Errichtung einer Stiftung kommt insbesondere zum Tragen bei Personen, die über ein erhebliches Vermögen verfügen, aber keine Abkömmlinge hinterlassen, denen dieses Vermögen zugutekommen soll bzw. kann. Vor allem aber haben diese Personen, die sich mit der Stiftung beschäftigen, meist ein besonderes soziales Engagement vor Augen, zu dessen Unterstützung sie eine meist gemeinnützige Stiftung errichten wollen.

6.2 Formen

Mittlerweile gibt es einige Formen von Stiftungen, die dem Erblasser zur Auswahl stehen. Auf die wichtigsten wird später genauer eingegangen. Zu unterscheiden ist zunächst zwischen rechtsfähiger und nicht rechtsfähiger Stiftung. Eine nicht rechtsfähige Stiftung ist im Gegensatz zur rechtsfähigen Stiftung nicht abhängig von einem vorgegebenen Mindestkapital und auch unter erleichterten Bedingungen zu errichten. Darunter versteht man die Übertragung von Vermögenswerten an eine natürliche oder juristische Person mit der Maßgabe, diese Werte als ein vom übrigen Vermögen des Empfängers wirtschaftlich getrenntes Sondervermögen zu verwalten.

Die rechtsfähige Stiftung hingegen lässt sich wiederum in bürgerliche und öffentlich-rechtliche Stiftungen (nicht zu verwechseln mit öffentlichen Stiftungen) unterscheiden. Letztere erfüllen ausschließlich einen öffentlichen Zweck und stehen immer in engem Zusammenhang mit dem Staat, einer Gemeinde oder einer sonstigen öffentlich-rechtlichen Körperschaft. Diese Stiftungsform kommt demnach für die o. g. Zwecke nicht in Frage.

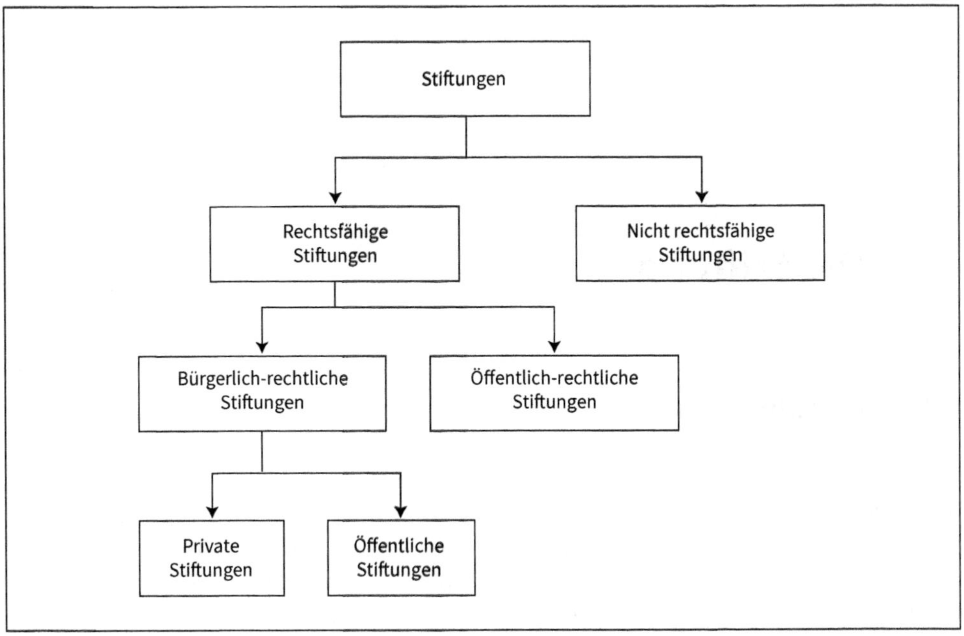

Die Stiftungen des bürgerlichen Rechts hingegen können in Form von sog. öffentlichen und privaten Stiftungen auftreten. Da die öffentlichen Stiftungen zum Großteil dem Gemeinwohl dienen müssen, dienen die privaten Stiftungen vor allem privaten Zwecken. Sonderformen des bürgerlichen Rechtes sind vor allem die Familienstiftung und die Unternehmensträgerstiftung.

Die genaue Ausgestaltung solcher rechtsfähigen Stiftungen legen die jeweiligen landesrechtlichen Stiftungsgesetze fest.

6.3 Sonderfall: Die rechtsfähige Stiftung

Die rechtsfähige Stiftung kann nicht nur zu Lebzeiten errichtet werden, sondern auch durch eine Verfügung von Todes wegen, das heißt durch Testament oder Erbvertrag. Für die Errichtung einer Stiftung von Todes wegen gelten die allgemeinen erbrechtlichen Formvorschriften (siehe Kapitel III 2). Zudem muss auch hier das Testament, durch das die Stiftung errichtet wird, persönlich errichtet werden. Eine Stellvertretung ist sowohl in der Erklärung als auch im Willen ausgeschlossen. Auch kann der Erblasser, der eine Stiftung errichten möchte, die Errichtung einer Stiftung nicht von einem Tun oder Unterlassen einer dritten Person abhängig machen.

Die Voraussetzungen für die Errichtung einer rechtsfähigen Stiftung sind:

- Name der Stiftung (Zusatz des Begriffes »Stiftung« nicht notwendig),
- Sitz der Stiftung,
- Stiftungszweck,

- Festlegung – meist innerhalb der Stiftungssatzung – der Vermögenswerte, (in der Regel 100.000 €),
- Festlegung der Stiftungsorgane (Vorstand).

Diese Punkte sollten in einer sog. Stiftungssatzung geregelt werden, die dann der letztwilligen Verfügung beigelegt wird. In jedem Bundesland sind jedoch zusätzliche Sonderregelungen vorhanden, die weitere Voraussetzungen enthalten. Deshalb sollte im Vorfeld bei der zuständigen Stiftungsbehörde angefragt werden, was genau zur Errichtung einer solchen Stiftung festgelegt werden muss, um deren Rechtsfähigkeit zu gewährleisten.
In folgender Art und Weise könnte in einem gemeinschaftlichen Testament eine Stiftung errichtet werden:

Beispiel:

»Für den Fall, dass der Letztversterbende von uns beiden verstirbt, fällt unser gesamtes Vermögen der hiermit errichteten Esser-Stiftung zu. Zweck dieser Stiftung ist die Förderung und Unterstützung behinderter Kinder in Freising. Diese Stiftung soll als rechtsfähige Stiftung nach dem (z. B.) bayerischen Stiftungsgesetz genehmigt werden. Beigelegt ist die Stiftungssatzung, die alles Übrige regelt.«

Des Weiteren ist in solch einem Fall zu empfehlen, einen Testamentsvollstrecker einzusetzen, der alle für die Errichtung der Stiftung notwendigen Tätigkeiten ausführt und diese überwacht.

Beispiel:

»Hiermit ordnen wir Testamentsvollstreckung an. Testamentsvollstrecker wird unser Freund und ständiger Wegbegleiter Herr Notar Martin Moll. Er hat u. a. die Aufgabe, die erforderliche Genehmigung bei der zuständigen Behörde einzuholen und die Ausführung der Stiftungssatzung zu überwachen. Gem. der beigefügten Stiftungssatzung wird Herr Moll auch Vorstand der Esser-Stiftung.«

Stirbt der Erblasser, erwirbt die als Erbe eingesetzte Stiftung das Stiftervermögen nach erbrechtlichen Grundsätzen, d. h. im Wege der Gesamtrechtsnachfolge. Des Weiteren muss die Stiftung nach dem Tod des Erblassers die Genehmigung der zuständigen Behörde einholen (z. B. in Bayern die jeweilige Regierung, in deren Bezirk die Stiftung ihren Sitz haben soll). Erst nach Mitteilung der entsprechenden Genehmigung verfügt die Stiftung als Berechtigte über das Stiftungsvermögen. In der Regel wird es keine Probleme bei der Genehmigung geben, solange alle Voraussetzungen wie u. a. eine Stiftungssatzung gegeben sind. Deshalb sollte im Vorfeld bei der Errichtung eines solchen Testamentes oder Erbvertrages die Hilfe eines spezialisierten Anwalts oder Notars in Anspruch genommen zu werden, um den Erben böse Überraschungen nach dem Tod des Erblassers zu ersparen.

6.3.1 Unternehmensträgerstiftung

Eine Sonderform der Stiftung des bürgerlichen Rechts ist die Unternehmensträgerstiftung. Darunter wird eine Stiftung verstanden, die von einem Unternehmen unmittelbar betrieben wird oder an einer Personengesellschaft als persönlich haftender Gesellschafter beteiligt ist. Diese Stiftungsform kommt demnach für Erblasser in Frage, die Inhaber eines Unternehmens sind, aber keine als Nachfolger in Frage kommenden Erben haben, das heißt entweder zwar Kinder haben, diese aber nicht dem Unternehmen zugewandt sind, oder überhaupt keine Nachkommen haben. Um die Existenz des meist mühsam aufgebauten Unternehmens abzusichern, auch die bisher verfolgte Unternehmensphilosophie vor allem hinsichtlich der im Betrieb Beschäftigten nicht aufgeben zu müssen und das vorhandene Firmenvermögen zu fixieren, ist es empfehlenswert, in einer solchen Situation eine Stiftung als Erben einzusetzen.

Anhand folgender Beispiele wird die Problematik kurz dargestellt:

Beispiel 1:

Erich Möller ist Inhaber eines Speditionsunternehmens, das er bereits in der dritten Generation führt. Seine Frau ist vor zwei Jahren gestorben, Kinder konnten sie aus medizinischen Gründen nicht haben und eine Adoption kam für sie nicht in Frage. Das Unternehmen nennt sich Möller GmbH, wobei Erich der alleinige Geschäftsführer und Gesellschafter ist. Die Firma beschäftigt etwa 100 Mitarbeiter und hat einen Jahresumsatz von etwa 10 Mio. €. Da er das Unternehmen in der bestehenden Form auch nach seinem Tod beibehalten will, aber keine Erben hat, die für die Übernahme eines solchen Unternehmens geeignet erscheinen, sucht er nach einer geeigneten Lösung.

Lösung:

Die Stiftung könnte nun Gesellschafterin der GmbH werden. Fraglich ist nur, ob als Allein-, Mehrheits- oder Minderheitsgesellschafterin. Welche Ausgestaltungsform am besten ist, hängt von den Zielen ab, die der Erblasser mit der Errichtung der Stiftung erfüllen will:

- Soll die Stiftung als Alleinerbin eingesetzt werden, wäre es ratsam, die Stiftung als Alleingesellschafterin einzusetzen.
- Sollen Stiftung und GmbH gemeinsam geführt werden, aber die Beteiligung eines Dritten an der GmbH wirtschaftlich notwendig sein, sollte die Stiftung als Mehrheitsgesellschafterin eingesetzt werden.
- Soll nun durch Gründung einer Stiftung mit Zuwendung der Beteiligung u. a. der Unternehmensfortbestand gesichert werden und die Förderung steuerbegünstigter Zwecke im Vordergrund stehen, ist eine Einsetzung der Stiftung als Minderheitsgesellschafterin zu empfehlen.

Herr Möller sollte die Stiftung als Alleinerben des Unternehmens einsetzen, das heißt als alleinige Gesellschafterin. Auch hier muss Herr Möller eine Stiftungssatzung unter Angabe eines die Stiftung nach außen vertretenden Stiftungsvorstandes und fakultativ eines überwachenden Stiftungsrates festlegen. Die GmbH verfügt in dieser Konstellation dann über drei Organe: die Gesellschafterversammlung (gebildet durch den Stiftungsvorstand), einen Beirat und einen oder mehrere Geschäftsführer.

Unter Hinzuziehung eines Rechtsanwaltes bei der Errichtung seiner letztwilligen Verfügung sollte sich Herr Möller ausreichend Gedanken machen, wer am ehesten für die einzelnen Positionen geeignet wäre. Zusätzlich sollte er sich bei der zuständigen Stiftungsbehörde vorab erkundigen, welche Voraussetzungen eine solche Stiftung zu deren Wirksamkeit erfüllen muss.

Beispiel 2:

Herr Möllers Speditionsunternehmen hat nicht die Rechtsform einer GmbH, sondern einer GmbH & Co. KG. Alles Weitere verhält sich entsprechend dem Beispiel 1.

Lösung:

Hier besteht die Möglichkeit, die in seiner letztwilligen Verfügung zu errichtende Stiftung als Komplementärin anstelle der GmbH einzusetzen. Durch Vererbung der GmbH-Anteile an die Stiftung wird diese dadurch zu 100 % an dieser GmbH beteiligt. Im Vordergrund der Stiftung steht die Verwaltung des Firmenvermögens. Auch hier sollte innerhalb der Stiftungssatzung ein Stiftungsvorstand und ein Stiftungsrat benannt werden. Ihnen kommen die Entscheidungen im Zusammenhang mit der gemeinnützigen Zweckverwirklichung zu. Die unternehmerischen Tätigkeiten hingegen werden in der GmbH durchgeführt, die außer eine Gesellschafterversammlung und einer Geschäftsführung auch einen Beirat hat. Im Gesellschaftsvertrag sollte dann entsprechend festgelegt werden, dass die Stiftung auf ihr gesetzliches Recht, der GmbH-Geschäftsführung Weisungen zu erteilen, verzichtet. Es ist darauf zu achten, dass die Geschäftsführung der GmbH personenunabhängig von der Stiftung ist.

Aber auch hier sollte im Hinblick auf die zahlreichen zu beachtenden Voraussetzungen und Punkte eine anwaltliche Beratung und Unterstützung in Anspruch genommen werden. Andernfalls können nach dem Tod des Erblassers erhebliche Probleme bei der Verwirklichung des Erblasserwillens entstehen, die gegebenenfalls nicht entsprechend gelöst werden können. Es kann dadurch die Gefahr bestehen, dass der Wille des Erblassers nicht entsprechend ausgeführt wird und das Unternehmen, das dem Erblasser so am Herzen lag, verkauft werden muss.

In steuerlicher Hinsicht ist die Stiftung – solange die reine Vermögensverwaltung im Mittelpunkt steht – als steuerbegünstigte Stiftung anzusehen. Das bedeutet, dass die Vermögensübertragung auf eine Stiftung nach § 13 Abs. 1 Nr. 16 b ErbStG von Erbschaft- und

Schenkungsteuer befreit ist. Überwiegt jedoch der wirtschaftliche Geschäftsbetrieb, löst der Vermögensübergang Erbschaft- und Schenkungsteuer aus.

Angesichts der laufenden Besteuerung sind Ausschüttungen der steuerbegünstigten Stiftung nicht steuerpflichtig, sodass es bei der Besteuerung der GmbH bleibt. Das bedeutet, dass die Gewinne der GmbH einer Körperschaftsteuer von derzeit 30 % unterliegen. Bei der GmbH & Co. KG hingegen fällt keinerlei Körperschaftsteuer an, weder bei reiner Vermögensverwaltung noch bei einem wirtschaftlichen Geschäftsbetrieb. Allerdings sind die Gewinne der GmbH & Co. KG, sollte der Geschäftsbetrieb überwiegen, einer Kapitalertragsteuer unterworfen.

6.3.2 Familienstiftung

Eine Familienstiftung kommt für Personen in Betracht, die sicherstellen wollen, dass ihr hart erarbeitetes Vermögen innerhalb der Familie bleibt und in jedem Fall dort erhalten bleiben soll. Ihr Zweck besteht deshalb in erster Linie darin, dem Interesse, dem Wohl und der Versorgung der Familienangehörigen zu dienen. Zudem steht oft die Festlegung des Vermögens auf lange Zeit, das heißt länger als die durch Dauertestamentsvollstreckung zu gewährleistenden 30 Jahre im Interesse des Erblassers.

Auch hier ist es wieder von Bundesland zu Bundesland unterschiedlich, welche genauen Anforderungen an die Errichtung einer solchen Stiftung gestellt werden. Die Familienstiftung kann, ebenso wie andere Stiftungen auch, sowohl zu Lebzeiten als auch durch Verfügung von Todes wegen errichtet werden.

Beispiel:

Das Ehepaar Lose ist bereits im Rentenalter. In dieser Phase ihres Lebens fassen sie nun den Entschluss, ihr lang und hart erarbeitetes kleines Vermögen auch nach ihrem Tod bei ihrer Familie gut verwahrt zu wissen. Vor allem soll dadurch eine gute Ausbildung der zahlreichen Enkelkinder zum Teil gewährleistet sein. Die Eheleute haben zwei Töchter im Alter von 35 und 37 Jahren. Beide sind seit längerem verheiratet und haben den beiden insgesamt 7 Enkelkinder geschenkt. Allerdings leben beide Kinder im europäischen Ausland. Als Vermögen haben die Eheleute Lose sich im Laufe der Jahre ein großes Einfamilienhaus in Stuttgart aufgebaut (Wert ca. 500.000 €). Des Weiteren halten sie ein Aktiendepot mit einem derzeitigen Wert von 50.000 € und ein Barvermögen von ca. 10.000 €.

Lösungsvorschläge:

Das Ehepaar könnte etwa in ihrem gemeinschaftlichen Testament folgendes vereinbaren:
»Beim Tod des Erstversterbenden von uns beiden wird der Überlebende von uns beiden Alleinerbe. Nach dem Tod des Letztversterbenden von uns beiden werden unsere Töchter Inge und

Isabell zu gleichen Teilen Erben. Vermächtnisweise sind diese aber verpflichtet, eine Familienstiftung Lose zu errichten, in die unser Einfamilienhaus in Stuttgart und das zum Erbfall vorhandene Barvermögen einzubringen ist. Als Zweck dieser Stiftung gilt die Sicherung der Ausbildung unser Enkel und die Unterstützung unserer Nachkommen, soweit diese bedürftig werden sollten. Alles Weitere regelt die beiliegende Satzung.
Zudem ordnen wir Testamentsvollstreckung an. Als Testamentsvollstrecker soll Herr Notar Michael Murr eingesetzt werden. Seine Tätigkeit umfasst u. a. die Einholung der zu einer Familienstiftung erforderlichen Genehmigung der zuständigen Stiftungsbehörde und die Überwachung der Stiftungserrichtung.«

Steuerlich fällt bei der Familienstiftung in erster Linie die Erbschaft- und Schenkungsteuer an. Die Bestimmung der Steuerklasse erfolgt danach durch eine Sonderregelung für inländische Familienstiftungen. Die Vermögensübertragung wird dadurch deutlich privilegiert. Die Steuerklasse richtet sich nach dem Verwandtschaftsverhältnis des nach der Stiftungsurkunde entferntest Berechtigten zum Erblasser. In obigem Beispiel würde die Steuerklasse I in Frage kommen, da nur die direkten Nachkommen des Erblassers aus der Stiftung berechtigt werden. Bei einem Vermögen von ca. 560.000 € – wie im obigen Beispiel angegeben – würde dies einen derzeitigen Steuersatz (der allerdings jeweils abhängig vom zu versteuernden Betrag ist) von 15 % ergeben. Noch zu berücksichtigen sind dabei aber immer die jeweiligen Steuerfreibeträge. Die Steuer selber fällt bei Errichtung der Stiftung durch Verfügung von Todes wegen mit der Genehmigung der Stiftung an.

Wird – wie im obigen Beispiel etwa – ein Grundstück unentgeltlich auf die Stiftung übertragen, so ist diese Übertragung von der Grunderwerbsteuer befreit. Auch einkommensteuerlich hat dies keinerlei Auswirkungen auf den Stifter selber, solange kein Betrieb übertragen wird.

6.3.3 Die Doppelstiftung

Wie wir soeben gesehen haben, wird die Familienstiftung benutzt, um einerseits das Unternehmen zu erhalten und zum anderen, um dem Wohl und der Versorgung der Familienangehörigen zu dienen. Die sog. Doppelstiftung kombiniert die Vorteile einer solchen Familienstiftung mit den Vorteilen einer gemeinnützigen Stiftung.

Bei der Doppelstiftung werden eine Familienstiftung sowie eine gemeinnützige Stiftung nebeneinander gegründet. Die beiden Stiftungen wiederum halten die Anteile an einer das Unternehmen tragenden Kapitalgesellschaft.

Die Besonderheit dieser Kombination besteht darin, dass in der Familienstiftung die Mehrheit der Stimmrechte und somit die Steuerung des Unternehmens angesiedelt wird, während die Vermögensrechte mehrheitlich bei der gemeinnützigen Stiftung liegen, wo sie steuerlich privilegiert sind und für die vom Stifter gewünschten gemeinnützigen Zwecke verwendet werden können.

Sowohl die Familienstiftung als auch die gemeinnützige Stiftung müssen staatlich anerkannt werden (durch die jeweiligen Landesstiftungsbehörden). Sie unterliegen auch der Stiftungsaufsicht.

Im Einzelnen sind die Hauptmotive für die Errichtung einer Doppelstiftung die folgenden:

- Erhalt und Fortführung des Unternehmens über den Tod hinaus,
- zusätzliches „Stiftungsrenommee" zu Lebzeiten des Erblassers,
- die Mehrheit des privaten Vermögens und des Firmenvermögens soll langfristig gemeinnützigen Zwecken dienen,
- dem Unternehmer und Stifter soll ausreichendes und ungebundenes Vermögen zu seinen Lebzeiten zur Verfügung stehen,
- für die Kinder und Lebenspartner müssen für die nächsten Generationen ausreichende und angemessene Zuwendungen sichergestellt sein,
- die Regelung der Vermögensverhältnisse und die Gestaltung der Unternehmensnachfolge soll bereits zu Lebzeiten und über den Tod hinaus steueroptimiert werden,
- durch die Übertragung der Unternehmensanteile auf die Stiftung wird der späteren Zerschlagung oder Veräußerung des Familienunternehmens vorgebeugt,
- die Doppelstiftung erschwert Gläubigern und Pflichtteilsberechtigten den Zugriff und sichert somit die Existenz des Unternehmens,
- im Gegensatz zur reinen Familienstiftung lassen sich bei der Doppelstiftung die Vorteile einer gemeinnützigen Stiftung nutzen in gleichzeitiger Kombination mit der Weitergeltung der Vorteile für die Familie und deren Abkömmlinge,
- auch bei der Doppelstiftung kann die Steuerung des Unternehmens weiter in der Hand von Familienmitgliedern liegen, die besonders geeignet sind und in den Vorstand der das Unternehmen lenkenden Familienstiftung berufen werden.

6.4 Die steuerliche Behandlung der Stiftung

Mehr als 95 % aller Stiftungen sind als steuerbegünstigt anerkannt, weil sie ausschließlich und unmittelbar steuerbegünstigte Zwecke verwirklichen. Diese werden unterschieden in gemeinnützige, mildtätige und kirchliche Zwecke. Eine weitere Besonderheit gibt es bei der Erbschaft- und Schenkungsteuer dann, wenn es sich im Einzelfall um eine Familienstiftung handelt. Erfüllt eine Stiftung die Kriterien der Steuerbegünstigung nicht, weil sie nicht als gemeinnützig anerkannt wird, so ist sie grundsätzlich wie jede andere Körperschaft steuerpflichtig.

6.4.1 Steuerbegünstigte Stiftungen

Als steuerbegünstigt ist eine Stiftung dann anzusehen, wenn sie ausschließlich und unmittelbar gemeinnützige, mildtätige oder kirchliche Zwecke erfüllt. Da diese Stiftung zum Wohl der Allgemeinheit angelegt ist, unterliegt sie zahlreichen Steuerbefreiungen. Allerdings nur unter der Voraussetzung, dass die Stiftung rechtlich und tatsächlich den ihr aufgegebenen Anforderungen entspricht.

Anforderungen folgender Art werden zur Anerkennung eines solchen Status vorausgesetzt:

- Körperschaft im Sinne des Körperschaftsteuergesetzes,
- die gemeinnützige, mildtätige oder kirchliche Zwecke
- selbstlos,
- ausschließlich und
- unmittelbar verfolgt.

Diese Anforderungen müssen aus der entsprechenden Stiftungssatzung genau hervorgehen und vor allem auch tatsächlich so vorliegen.
Als solche steuerbegünstigten Körperschaften kommen nicht nur die Stiftung in Betracht, sondern u. a. auch eingetragene Vereine, Kapitalgesellschaften oder Betriebe gewerblicher Art von Körperschaften des öffentlichen Rechts.

Gemeinnützig ist eine Körperschaft in diesem Sinne, wenn sie etwa Wissenschaft und Forschung, Kunst und Kultur, Altenhilfe, Sport, Umweltschutz und vieles mehr fördert. Mildtätig ist hingegen der Zweck der Stiftung, wenn dadurch hilfsbedürftige Menschen wie zum Beispiel behinderte oder alte Menschen unterstützt werden.

Folgende Steuerarten sind bei der Stiftung zu beachten:

- Körperschaftsteuer:
  Steuerbegünstigte Stiftungen sind mit Ausnahme ihrer wirtschaftlichen Geschäftsbetriebe (beachte aber die Einnahmengrenze von 30.678 € im Jahr) von der Körperschaftsteuer befreit.
- Gewerbesteuer:
  Auch dieser sind steuerbegünstigte Stiftungen mit Ausnahme ihrer wirtschaftlichen Geschäftsbetriebe (beachte aber die Einnahmengrenze von 30.678 € im Jahr) nicht unterworfen.
- Grundsteuer:
  Stiftungen – insbesondere solche, deren Grundstücke für gemeinnützige und mildtätige Zwecke genutzt werden – sind dieser Steuer nicht unterworfen.
- Umsatzsteuer:
  Eine generelle Befreiung gibt es hier für Stiftungen nicht, lediglich einzelne Umsatzarten wie etwa Vorträge oder Kurse sind von der Umsatzsteuer befreit.
- Erbschaft- und Schenkungsteuer:
  Grundsätzlich sind alle Zuwendungen, die an inländische steuerbegünstigte Stiftungen erfolgen, steuerbefreit nach § 13 Abs. 1 Nr. 16 Buchst. b ErbStG.

HINWEIS

Eine vollständige Schenkung- und Erbschaftsteuervermeidung lässt sich nur über die Errichtung einer gemeinnützigen Stiftung verwirklichen. Auch der Erbe kann mit dem Anteil der Erbschaft steuerfrei bleiben, wenn er innerhalb von zwei Jahren diesen an eine gemeinnützige Stiftung überträgt.

6.4.2 Nicht steuerbegünstigte Stiftungen

Erfüllt die Stiftung nicht die oben genannten Voraussetzungen, so unterliegen folgende Fälle der Erbschaft- und Schenkungsteuer:

1. Der Übergang von Vermögen auf eine vom Erblasser angeordnete Stiftung ist stets erbschaftsteuerpflichtig nach § 3 Abs. 2 ErbStG. Sie wird als Erwerb von Todes wegen angesehen und setzt die testamentarische Anordnung des Erblassers voraus.
2. Der Erblasser hat aber auch die Möglichkeit, die Erben mittels einer Bedingung oder einer Auflage im Testament zu verpflichten, eine Stiftung zu errichten. Diese Erbeinsetzung unter Auflage unterliegt auch der Erbschaftsteuer nach § 3 Abs. 2 ErbStG. Der Erblasser ist in dieser Konstellation als Schenker und der Erbe als Stifter zu behandeln. Erbschaftsteuerrechtlich wird die Übertragung des Vermögens so behandelt, als ob die Stiftung das Vermögen direkt vom Erblasser erhalten hat, obwohl der Erbe zivilrechtlich gesehen zwischenzeitlich Erwerber des Vermögens war.
3. Setzt der Erblasser eine von ihm angeordnete Stiftung als Alleinerben ein, so unterliegt der Vermögenszuwachs, der sich im Nachlass zwischen dem Tag des Todes des Erblassers und dem Tag der Genehmigung der Stiftung durch die zuständige Behörde vollzogen hat, der Erbschaftsteuer (§§ 11 i. V. m. 9 Abs. 1 Nr. 1 2. HS Buchst. c und § 3 Abs. 2 Nr. 1 ErbStG).
4. Ordnet ein Erblasser testamentarisch eine Vermögensübertragung entweder in der Form der Erbeinsetzung oder eines Vermächtnisses an eine bereits bestehende Stiftung an, so greift § 3 Abs. 1 Nr. 1 ErbStG ein.

Zusätzlich unterliegen nicht gemeinnützige Stiftungen der Körperschaftsteuer und der Gewerbesteuer.

6.4.3 Erbersatzsteuer bei Familienstiftungen

Neben der oben erläuterten Besteuerung des Erwerbs bei Errichtung einer Stiftung sind Stiftungen alle 30 Jahre der Erbschaftsteuer unterworfen, sofern sie wesentlich im Interesse einer Familie oder bestimmter Familien errichtet sind (§ 1 Abs. 1 Nr. 4 ErbStG).

Unter diesen sog. wesentlichen Familieninteressen sind Vermögensinteressen im weiteren Sinne verstehen; das bedeutet nicht nur Bezugs- oder Anfallrechte, sondern auch alle übrigen Vermögensvorteile, die die begünstigten Familien und ihre Familienmitglieder aus dem Vermögen der Stiftung ziehen. Dazu zählt vor allem die Nutzung stiftungseigener Immobilien zu Wohnzwecken oder Leistungen durch das Stiftungspersonal. Hintergrund dieser Steuer ist die Verhinderung von Steuerbefreiungen aufgrund Bindung eines Familienvermögens in Form einer Familienstiftung.

Bei der Berechnung der Steuer wird nach § 16 Abs. 1 Nr.2 ErbStG der doppelte Freibetrag in Höhe von jeweils 400.000 € vom Gesetzgeber gewährt. Die Steuer ist nach dem Prozentsatz der Steuerklasse I zu berechnen, der für die Hälfte des steuerpflichtigen Vermögens gelten würde:

Steuerpflichtiges Vermögen	2.000.000 €
abzüglich Freibeträge	./. 800.000 €
=	1.200.000 €
davon 50 %	600.000 €
Erbersatzsteuer i. H. v. 15 %	90.000 €

Von dieser Erbersatzsteuer sind ausländische Stiftungen im Grundsatz ebenso ausgenommen wie gemeinnützige inländische Stiftungen.

Allerdings muss die steuerpflichtige Stiftung diesen Steuerbetrag nicht in einem bezahlen, sondern kann auch nach § 24 ErbStG eine Entrichtung in gleichmäßigen Teilbeträgen verlangen. Darin sind dann Tilgung und Verzinsung der Steuer enthalten.

Die steuerrechtlich relevanten Punkte im Stiftungsrecht können hier nur in den Grundzügen dargestellt werden. Um die steuerlichen Gesichtspunkte einer Stiftung genau durchschauen zu können, sollte daher auf jeden Fall ein spezialisierter Rechtsanwalt oder Steuerberater herangezogen werden. Der eigenständige Versuch, eine solche Stiftung wirksam zu errichten und die für den Einzelnen vorteilhaften steuerlichen Gesichtspunkte richtig abzuwägen, sollte in jedem Fall vermieden werden. Dies bereitet meistens bei der Abwicklung mehr Probleme als erwartet.

Kapitel VIII

Steuerrechtliche Bezüge des Erbrechts

1 Erbschaft- und Schenkungsteuer

1.1 Steuergegenstände

Die Erbschaft- und Schenkungsteuer hat zwei Steuergegenstände: Zum einen wird der Vermögensanfall besteuert, der sich von Todes wegen bzw. durch Schenkung unter Lebenden vollzieht. Zum anderen erfasst diese Steuer in vorgegebenen Perioden das Vermögen von Familienstiftungen und -vereinen. Diese Steuer erfasst im Vergleich zu den regelmäßig anfallenden Einkünften einen außerordentlichen Vermögenszufluss.

Die Erbschaftsteuer ist entgegen der allgemeinen Meinung keine Nachlasssteuer, sondern eine Erbanfallsteuer. Hintergrund dessen ist, dass nicht der Nachlass (= die Erbschaft) besteuert wird, sondern dass die Erbschaftsteuer die Bereicherung der durch den Erbfall Begünstigten abschöpft. Das heißt, der Erbe bzw. Vermächtnisnehmer bzw. Pflichtteilsberechtigte versteuert jeweils seinen Erwerb von Todes wegen. Darüber hinaus wird auch die Schenkung unter Lebenden kraft dieses Gesetzes besteuert, sodass es kein eigenes Schenkungsteuergesetz gibt. Die Gliederung des Erbschaft- und Schenkungsteuergesetzes zeigt folgende Übersicht:

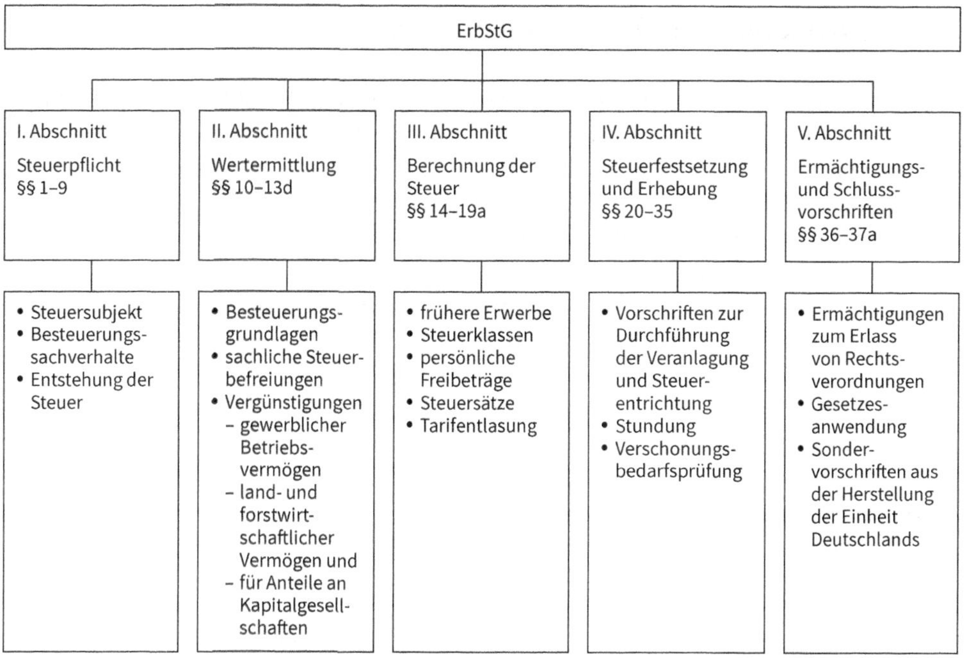

(Quelle: Heil: Erbrecht, Erbschaftsteuer, Schenkungsteuer, Schäffer-Poeschel Verlag, Stuttgart, 4. Auflage 2017, S. 3.)

1.2 Gegenstand der Erbschaftsteuer

Als Anknüpfungspunkt für die Erbschaftsteuer gilt das Vermögen des Erblassers.

1.2.1 Der Erwerb von Todes wegen

Nach § 1 ErbStG unterliegen der Erbschaftsteuer der Erwerb von Todes wegen, die Schenkungen unter Lebenden, die Zweckzuwendungen und das Vermögen einer Stiftung, sofern sie wesentlich im Interesse einer Familie oder Familien errichtet ist.

Grundlage der Besteuerung ist der Wert des gesamten Nachlasses. Maßgeblich für die Bemessung der Erbschaftsteuer ist somit der vom Erblasser erhaltene Anteil, nicht etwa die Ergebnisse der Erbauseinandersetzung.

1.2.2 Bereicherung des Erwerbers

Da der Nachlass jedoch aus bloßen Verbindlichkeiten bestehen kann, greift die Erbschaftsteuer nur dort, wo es zu einer Bereicherung des Erwerbers kommt. Die Steuerbarkeit setzt allein bei dem Vorgang der unentgeltlichen Übertragung an, wobei nicht nur Erbschafts-, sondern auch die Schenkungsfälle einheitlich vom Erbschaft- und Schenkungsteuergesetz erfasst werden, soweit der Erwerb nicht steuerfrei ist (§ 10 Abs. 1 ErbStG).

1.3 Entstehen und Erlöschen der Steuer

Das Entstehen der Steuer ist in § 9 ErbStG geregelt. Gem. § 38 AO ist für den Entstehungszeitpunkt auf den Erbanfall abzustellen. Als Erbanfall wird der Übergang der zum Nachlass gehörenden Vermögensgegenstände auf den Erwerber auf Grund gesetzlicher, testamentarischer oder erbvertraglicher Erbfolge bezeichnet. Der steuerpflichtige Erwerb fasst also alle aus demselben steuerpflichtigen Vorgang stammenden, zeitgleich an den Erwerber gelangenden Vermögensübertragungen in sich zusammen.

§ 9 ErbStG enthält das für das Erbschaftsteuerrecht tragende Stichtagsprinzip, wonach alle Merkmale des Steuertatbestands einheitlich nach den in den einzelnen Nummern des § 9 ErbStG genannten Zeitpunkten erfüllt sein müssen.

In § 29 ErbStG sind Erlöschenstatbestände vorgesehen. Macht der Schenker sein Rückforderungsrecht gegenüber dem Beschenkten geltend, erlischt die Schenkungsteuer (§ 29 Abs. 1 Nr. 1 ErbStG). Das Gleiche kann sich auch aus ausgeübten Rücktrittsrechten oder ausgeübten Widerrufsvorbehalten ergeben.

HINWEIS

Grundlage dieser Steuer ist das Vermögen des Erblassers. Das bedeutet aber, dass der Erbe nur erbschaftsteuerpflichtig ist, wenn er durch die Erbschaft bereichert wird, nicht also, wenn er nur Verbindlichkeiten erwirbt.

1.4 Steuerschuldner

Steuerschuldner ist der Erwerber. Gegenstand der Erbschaftsteuer ist also nicht der Nachlass als solcher, sondern der Nettovermögenszuwachs beim jeweiligen Erwerber, der entweder Erbe, Vermächtnisnehmer oder Begünstigter aus Erbvertrag ist, oder in sonstiger Weise die (Gesamt-)Rechtsnachfolge des Erblassers antritt. Soweit mehrere Erben in Erbengemeinschaft erwerben, ist ihnen der Nachlass gem. § 39 Abs. 2 Nr. 2 AO anteilig zuzurechnen. Maßgeblich für diese anteilige Zurechnung ist die Erbquote, sei es, dass sie vom Erblasser festgesetzt wurde, sei es, dass sie erst durch gerichtliches Urteil oder durch Vergleich bestimmt ist.

1.5 Die Berechnung der Höhe der Erbschaftsteuer

Nach obigen Ausführungen, wonach die Steuerbemessungsgrundlage sich nach dem Wert der vom Erwerber erlangten Bereicherung richtet, ist die konkret geschuldete Steuer wie folgt zu berechnen:

1. Schritt:

	Bereicherung des Erwerbers
./.	Sachliche Steuerbefreiungen
./.	Persönliche Freibeträge
=	Steuerpflichtiger Erwerb

2. Schritt:
Berechnung des Steuersatzes nach den entsprechenden Steuerklassen (§ 15 ErbStG).

1.5.1 Bereicherung des Erwerbers

Zur Ermittlung der Bereicherung des Erwerbers ist die konkrete Bewertung des in sein Vermögen gelangten Nachlasses erforderlich. Maßgeblicher Bewertungszeitpunkt ist grundsätzlich der Zeitpunkt der Entstehung der Steuerschuld. Beim Erbfall ist dies der Zeitpunkt des Todes des Erblassers, bei der Schenkung der Zeitpunkt ihrer Bewirkung (§ 9 ErbStG). Ohne Einfluss bleibt die weitere Wertentwicklung nach diesem Zeitpunkt.

Wie der Nachlass im Einzelnen zu bewerten ist, hängt von den hinterlassenen Gegenständen und Forderungen ab.

Beim Vermächtnis ist zu beachten, dass es zu zwei Erwerben von Todes wegen kommt. Den Erben trifft als Gesamtrechtsnachfolger die Verpflichtung aus dem Vermächtnis. Dem Vermächtnisnehmer steht lediglich eine Forderung gegenüber dem Erben zu, jedoch nicht der Vermächtnisgegenstand unmittelbar.

Für den Zugewinnausgleich ist § 5 ErbStG relevant. Dieser nimmt den der Ausgleichsforderung entsprechenden Betrag von der Erbschaftsteuer aus. Auf Grund dieser erbschaftsteuerlichen Privilegierung ist grundsätzlich zu empfehlen, anstatt der Gütertrennung die Zugewinngemeinschaft zu wählen.

Gem. § 10 Abs. 5 ErbStG werden bei der Ermittlung der Bereicherung des Erwerbers die abzugsfähigen Nachlassverbindlichkeiten negativ angesetzt, soweit sie nicht mit einem zum Erwerb gehörenden Gewerbebetrieb, Anteil an einem Gewerbebetrieb, Betrieb der Land- und Forstwirtschaft oder Anteil an einem Betrieb der Land- und Forstwirtschaft in wirtschaftlichem Zusammenhang stehen und bereits bei der Bewertung der wirtschaftlichen Einheit berücksichtigt worden sind. Soweit verjährte Verbindlichkeiten zum Nachlass zählen, sind sie nur dann abzuziehen, wenn der Erbe die Einrede der Verjährung nicht erhebt, also die Forderung beglichen wird. Der Erwerber hat also insoweit die Wahl, ob er seine Erbschaftsteuer reduziert, aber dann die Nachlassverbindlichkeit begleichen muss oder ob er die Verjährungseinrede erhebt, aber dadurch auf den Einbezug dieser Verbindlichkeit verzichtet und so seinen steuerpflichtigen Erwerb erhöht.

1.5.2 Sachliche Steuerbefreiungen und begünstigtes Vermögen

Von der nach obigen Grundsätzen ermittelten Bereicherung des Erwerbers sind zunächst die sachlichen Steuerbefreiungen nach den §§ 13 bis 13d ErbStG abzuziehen. Die sachlichen Steuerbefreiungen knüpfen dabei grundsätzlich nicht an die persönlichen Verhältnisse des Erwerbers an, sondern beziehen sich auf die sachlichen Voraussetzungen des Vermögensanfalls. Liegen die Voraussetzungen für die sachlichen Steuerbefreiungen vor, ist der steuerpflichtige Erwerb vermindert oder auf null reduziert.

Die Steuerbefreiungen können an das Vorliegen bestimmter Steuerklassen geknüpft sein und beziehen sich z. B. auf Hausrat einschließlich Wäsche und Kleidung bis zu einem Wert von 41.000 € pro Person der Steuerklasse I, bei den anderen Steuerklassen 12.000 €. Beispielsweise können nach § 13 Abs. 1 Nr. 2a ErbStG Grundbesitz oder dessen Teile, Kunstgegenstände, Kunstsammlungen, wissenschaftliche Sammlungen, Bibliotheken und Archive bis zu 60 % ihres Wertes bzw. 85 % bei Grundbesitz steuerbefreiend wirken, wenn deren Erhaltung wegen ihrer Bedeutung im öffentlichen Interesse liegt, die jährlichen Kosten in der Regel die erzielten Einnahmen übersteigen und die Gegenstände in einem den Verhältnissen entsprechenden Umfang den Zwecken der Forschung oder der Volksbildung nutzbar gemacht sind oder werden.

§ 13a ErbStG regelt die Steuerbefreiung für Betriebsvermögen einschließlich des Vermögens der Betriebe der Land- und Forstwirtschaft und der Anteile an Kapitalgesellschaften. (Ausführlich dazu siehe Kapitel VII 5).

Nach § 13d ErbStG werden in der Europäischen Union belegene zu Wohnzwecken vermietete Grundstücke begünstigt. Diese Grundstücke werden bei der erbschaftsteuerrechtlichen Veranlagung nur mit 90 % ihres Wertes angesetzt.

1.5.3 Steuerklassen

Das Erbschaftsteuergesetz verwendet keine einheitliche Steuerklasse, sondern differenziert nach Verwandtschaftsverhältnissen. Welche Erbschaftsteuer-Belastung einen Erwerber trifft, hängt einerseits von der Steuerklasse ab, zu der er gehört, und andererseits innerhalb dieser Steuerklasse von der Höhe des steuerpflichtigen Erwerbs. Durch eine entsprechende steuerliche Begünstigung sollen vor allem die nahen Angehörigen des Erblassers als Erben eingesetzt werden.

Die Steuerklassen (§ 15 ErbStG) und persönlichen Freibeträge (§§ 16 und 17 ErbStG) hängen entsprechend den Verwandtschaftsverhältnissen voneinander ab.

Es werden folgende drei Steuerklassen unterschieden:

Steuerklasse I:

1. Ehegatte/Lebenspartner, soweit die Ehe/Lebenspartnerschaft zum Zeitpunkt des Erbfalls rechtswirksam besteht,
2. eheliche, nichteheliche und adoptierte Kinder sowie Stiefkinder,
3. Abkömmlinge der Kinder und Stiefkinder,
4. Eltern und Voreltern bei Erwerben von Todes wegen.

Steuerklasse II:

1. Die Eltern und Voreltern, soweit sie nicht zur Steuerklasse I, 4. gehören (= Schenkungen zu Lebzeiten),
2. die Geschwister,
3. die Abkömmlinge ersten Grades von Geschwistern,
4. die Stiefeltern,
5. die Schwiegerkinder,
6. die Schwiegereltern,
7. der geschiedene Ehegatte.

Steuerklasse III:

alle übrigen Erwerber und die Zweckzuwendungen.

Grafische Übersicht:

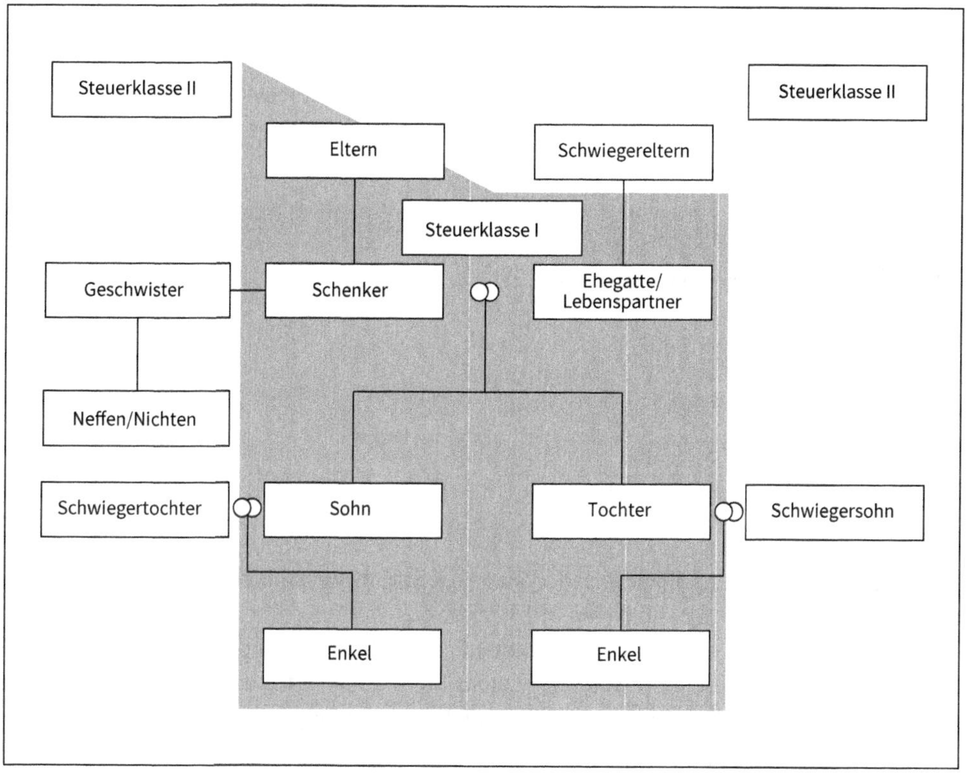

1.5.4 Persönliche Freibeträge

Zu den sachlichen Steuerbefreiungen treten unter bestimmten Voraussetzungen persönliche Freibeträge (§ 16 ErbStG) und in manchen Fällen Versorgungsfreibeträge (§ 17 ErbStG). Die Höhe der Freibeträge hängt ihrerseits von der jeweiligen Steuerklasse ab. Die Freibeträge betragen wie folgt:

Steuerklasse I:	
Ehegatte/Lebenspartner	500.000 €
Kind oder Kind eines verstorbenen Kindes	400.000 €
Kinder der Kinder	200.000 €
alle übrigen Erwerber	100.000 €
Steuerklasse II:	
alle Erwerber	20.000 €
Steuerklasse III:	
alle übrigen Erwerber	20.000 €

Ehegatte und überlebender Lebenspartner haben einen zusätzlichen Versorgungsfreibetrag in Höhe von 256.000 € (§ 17 Abs. 1 ErbStG). Bei Kindern wird der Versorgungsfreibetrag nach Altersstufen gestaffelt:

Erwerber	Betrag
Kinder bei einem Lebensjahr bis zu 5 Jahren	52.000 €
Von 5 bis zu 10 Jahren	41.000 €
Von 10 bis zu 15 Jahren	30.700 €
Von 15 bis zu 20 Jahren	20.500 €
Vom 20. bis zur Vollendung des 27. Lebensjahres	10.300 €

Im Übrigen können Vermögensvorteile gem. § 14 ErbStG zusammengerechnet oder gem. § 27 ErbStG die Steuern auf höchstens 50 % ermäßigt werden.

Bei der Gestaltung des Testaments kann aus steuerlichen Gründen also die Erbeinsetzung an Freibeträgen orientiert werden. Je mehr Erben es gibt, desto mehr Freibeträge können ausgeschöpft werden. So kann die Gesamtsteuerbelastung reduziert werden.

1.5.5 Steuersätze

Die Erbschaftsteuer wird nach § 19 Abs. 1 ErbStG nach folgenden Prozentsätzen erhoben:

Wert des steuerpflichtigen Erwerbs bis einschließlich	Sätze nach Steuerklassen in%		
	I	II	III
75.000 €	7	15	30
300.000 €	11	20	30
600.000 €	15	25	30
6.000.000 €	19	30	30
13.000.000 €	23	35	50
26.000.000 €	27	40	50
Über 26.000.000 €	30	43	50

Erläuterung: Der in obiger Tabelle genannte Wert des steuerpflichtigen Erwerbs (§ 10 ErbStG) ist der steuerpflichtige Erwerb abzüglich der sachlichen Steuerbefreiungen und abzüglich der Freibeträge.

1.6 Steuerliche Ersparnis durch Ausnutzung der Freibeträge und Fristen

Um die Freibeträge voll auszunützen und daher eine möglichst geringe steuerliche Belastung der Erben zu erhalten, ist es bei Eheleuten, die im gesetzlichen Güterstand der Zugewinngemeinschaft wohnen und von denen ein Ehegatte das größere Vermögen innehat, ratsam, das Vermögen auf beide Ehepartner möglichst gleichmäßig zu verteilen. Sicherlich wird dadurch die Versorgung des vermögenderen Ehegatten reduziert, sodass es vom Einzelfall abhängt, ob eine solche Entscheidung für alle Beteiligten die richtige ist. Aber man sollte zumindest einmal eine solche Überlegung in Erwägung ziehen.

Hintergrund dessen ist, dass jeder Elternteil allein jedem Kind ein Vermögen mit einem steuerlichen Wert von 400.000 € steuerfrei zuwenden kann. Das bedeutet demnach, dass jedem Kind von jedem Elternteil jeweils 400.000 €, insgesamt also 800.000 €, steuerfrei zu Lebzeiten oder von Todes wegen zugewendet werden kann.

Des Weiteren werden bei der Berechnung der Bereicherung eines Erwerbers alle Erwerbsvorgänge durch dieselbe Person innerhalb von zehn Jahren zusammengerechnet (§ 14 Abs. 1 ErbStG). Dies bedeutet, dass alle zehn Jahre die Freibeträge und die Vorteile einer niedrigeren Besteuerung erneut ausgenutzt werden können.

Beispiel 1a:

Erwin und Barbara sind seit 20 Jahren verheiratet, leben im gesetzlichen Güterstand und haben ein Kind namens Sarah. Die Familie hat mehrere Immobilien, wovon eine ein Einfamilienhaus im Schwarzwald ist, das in Erwins Alleineigentum steht. Der Wert des Hauses beziffert sich auf etwa 595.000 €. Erwin schenkt nun das Haus zu Lebzeiten seiner Tochter Sarah, um den Freibetrag auszunützen.

Lösung:

Sarah steht nun gegenüber ihrem Vater ein Freibetrag von 400.000 € zu. Das bedeutet, dass die restlichen 195.000 € steuerpflichtig sind:

Steuerwert	595.000 €
./. Freibetrag	400.000 €
steuerpflichtiger Erwerb	195.000 €

Sarah muss nun diesen Betrag von 195.000 € versteuern. Als Tochter gehört sie der Steuerklasse I an. Bis zu einem Betrag von 300.000 € bedeutet dies einen anzusetzenden Steuersatz von 11 % bezogen auf den Betrag von 195.000 €.
Die von Sarah zu bezahlende Steuer beträgt 21.450 €.

Beispiel 1b:

Erwin überträgt sein Haus im Schwarzwald zur Hälfte seiner Ehefrau Barbara. Anschließend schenken beide Elternteile ihrer Tochter Sarah das Haus.

Lösung:

Sarah steht nun von beiden Elternteilen jeweils ein Freibetrag von 400.000 € zu:

Schenkung durch den Vater:

Steuerwert	297.500 €
./. Freibetrag	400.000 €
steuerpflichtiger Erwerb	0 €

Schenkung durch die Mutter:

Steuerwert	297.500 €
./. Freibetrag	400.000 €
steuerpflichtiger Erwerb	0 €

Durch die Schenkungen fällt bei der Tochter keine Steuer an. Das heißt, durch die Übertragung der Immobilie zur Hälfte an die Ehefrau hat die Tochter 21.450 € Steuern gespart.

Beispiel 2a:

Angelika verschenkt im Jahre 1989 einen Teil ihrer festverzinslichen Wertpapiere im Wert von 900.000 € an ihren Sohn Markus und ihre Tochter Miriam zu gleichen Teilen. Im Jahr 1998 möchte sie nun ihr Ferienhaus im Allgäu im Wert von 900.000 € wiederum ihren Kindern zu gleichen Teilen übertragen. Wie ist der Fall steuerlich zu beurteilen?

Lösung:

Bei der Berechnung der Steuerlast werden alle geschenkten Werte innerhalb der letzten 10 Jahre zusammengezählt:

Steuerlast pro Kind:

Bereicherung des Kindes	900.000 €
abzgl. Freibetrag	./. 400.000 €
Steuerpflichtiger Erwerb	500.000 €
Die Steuer (15 %) beträgt	**75.000 €**

Beispiel 2b:

Angelika verschenkte auch wieder 1989 ihre festverzinslichen Wertpapiere mit einem Wert von 900.000 € zu gleichen Teilen an ihre Kinder. Mit der Übertragung des Ferienhauses im Allgäu wartet sie aber bis zum Jahr 2000. Wie ist der Fall steuerlich zu beurteilen?

Lösung:

Steuerlast pro Kind im Jahr 1989:

Bereicherung des Kindes	450.000 €
abzgl. Freibetrag	./. 400.000 €
Steuerpflichtiger Erwerb	50.000 €
Steuer (7 %)	**3.500 €**

Steuerlast pro Kind im Jahr 2000:

Bereicherung des Kindes	450.000 €
abzgl. Freibetrag	./. 400.000 €
Steuerpflichtiger Erwerb	50.000 €
Steuer (7 %)	**3.500 €**

Dadurch, dass Angelika die Zehnjahresfrist abgewartet hat, hat jedes ihrer Kinder Steuern in Höhe von 68.000 € gespart: Zum einen durch die zweimalige Ausnutzung des Freibetrages, zum anderen durch das Herunterrutschen in einen anderen Steuersatz.

1.7 Die Bewertung des Nachlasses

Bei der Bewertung des Nachlasses werden verschiedene Ansätze angewendet, die abhängig vom Gegenstand der Bewertung sind.

1.7.1 Allgemeine Bewertungsgrundsätze

Im Grundsatz gilt, dass der Nachlass zu seinem wirklichen Wert (= gemeiner Wert) zu bewerten ist. Dieser Wert ist regelmäßig mit dem auf dem Markt zu erzielenden Verkehrswert anzusetzen. Buchwerte oder steuerliche Einheitssätze finden also keine Berücksichtigung. Maßgeblicher Zeitpunkt der Bewertung ist der Todeszeitpunkt. Ausnahmen hiervon können sich jedoch im Pflichtteilsrecht ergeben. Bestimmt der Erblasser gem. § 2312 BGB, dass ein zum Nachlass gehörendes Landgut zu dem Ertragswert zu übernehmen ist, ist, wenn von diesem Recht Gebrauch gemacht wird, der Ertragswert auch für die Berechnung des Pflichtteils anzusetzen. Des Weiteren kann gem. § 2325 Abs. 2 Satz 2 BGB ein Kaufkraftausgleich erfolgen. Regelungen zur Wertbestimmung des Zugewinnausgleiches enthält auch § 1376 BGB.

Zur nachfolgenden Gliederung 1.7.1.4 bis 1.7.1.19 siehe auch Heil: Erbrecht, Erbschaftsteuer, Schenkungsteuer, Schäffer-Poeschel Verlag, Stuttgart, 4. Auflage 2017.

1.7.1.1 Bargeld

Bei Bargeld ist der dadurch repräsentierte Geldwert anzusetzen. Bei Bankguthaben ist der Saldo zum Zeitpunkt des Todes entscheidend. Im Falle von Münzsammlungen ist der auf dem Markt zu erzielende Sammelwert anzusetzen.

1.7.1.2 Kunstgegenstände und Schmuck

Kunstgegenstände und Schmuck werden nach ihrem Veräußerungswert zum Zeitpunkt des Todes bewertet. Dies gilt auch für Kraftfahrzeuge.

1.7.1.3 Hausrat und persönliche Gegenstände

Möbel, Hausratsgegenstände und sonstige persönliche Gegenstände des Erblassers haben in der Regel keinen Wert. Ausnahmen können jedoch für besondere Luxusgegenstände, wie z. B. Pelze oder Teppiche, gegeben sein. Diese werden mit dem voraussichtlich erzielbaren Verkaufspreis bewertet.

1.7.1.4 Bewertung von Aktien

Börsennotierte Aktien sind mit dem im Besteuerungszeitpunkt maßgebenden Börsenkurs anzusetzen. Liegen im Besteuerungszeitpunkt mehrere Börsenkurse vor, so ist der niedrigste Kassakurs zugrunde zu legen. Fehlt es im Besteuerungszeitpunkt an einer Kursnotierung, so ist auf die Börsenkurse innerhalb von 30 Tagen vor dem Besteuerungszeitpunkt zurückzugreifen.

Starke Kursschwankungen nach dem Todeszeitpunkt bleiben bei dieser punktuellen Bewertung unberücksichtigt. Eine steuerliche Berücksichtigung findet also nicht statt. Vereinzelt wird empfohlen, der Bewertung den sog. 200-Tages-Durchschnitt zugrunde zu legen. Dagegen spricht jedoch, dass starke Kursschwankungen den börsenmäßigen Gesetzmäßigkeiten entsprechen und daher vom Erbschaftsteuerschuldner hinzunehmen sind.

Werden die Aktien nicht an der Börse gehandelt, so ist ihr Wert entweder aus Verkäufen abzuleiten oder nach einem Ertragswertverfahren zu schätzen.

1.7.1.5 Bewertung von Bundesschatzbriefen

Bundesschatzbriefe des Typs A sind mit dem Nennwert zuzüglich der bis zum Besteuerungszeitpunkt angefallenen Zinsen anzusetzen. Bei Bundesschatzbriefen Typ B ist der Rückzahlungswert vom Besteuerungszeitpunkt maßgebend.

1.7.1.6 Bewertung von Edelmetallen

Edelmetalle sind mit den an der Börse gehandelten Werten anzusetzen.

1.7.1.7 Bewertung von Edelsteinen

Edelsteine sind mit dem bei einer Veräußerung im Besteuerungszeitpunkt erzielbaren Veräußerungspreis zu bewerten.

1.7.1.8 Bewertung von Finanzierungsschätzen des Bundes

Die Bewertung von Finanzierungsschätzen des Bundes erfolgt mit dem Ausgabewert zuzüglich der bis zum Besteuerungszeitpunkt aufgelaufenen Zinsen.

1.7.1.9 Bewertung von Investmentanteilen

Für Investmentanteile ist der Rücknahmepreis zum Besteuerungszeitpunkt maßgebend. Bei ausländischen Investmentanteilen kann, sofern der Rücknahmepreis nicht bekannt ist, eine Schätzung unter Ansatz des Ausgabepreises erfolgen.

1.7.1.10 Bewertung von Kapitalforderungen bzw. Kapitalschulden

Darlehensforderungen, Hypotheken, Grundschulen, Tantiemeansprüche und Steuererstattungsansprüche sowie andere auf Geld gerichtete Forderungen (sog. Kapitalforderungen) sind mit ihrem Nennwert anzusetzen, sofern nicht besondere Umstände einen höheren oder geringeren Wert begründen (§ 12 Abs. 1 BewG).

Zu den Gründen, die eine Bewertung unter dem Nennwert rechtfertigen, gehören insbesondere

- die Uneinbringlichkeit,
- die Zweifelhaftigkeit der Forderung,
- das Zusammenwirken von niedriger Verzinsung und längerer Unkündbarkeit.

Die vorstehenden Grundsätze gelten entsprechend für die Bewertung von Kapitalschulden. Lauten diese in ausländischer Währung, muss eine Umrechnung in € vorgenommen werden; hierfür ist der Mittelkurs zum Besteuerungszeitpunkt maßgebend.

1.7.1.11 Bewertung von Nutzungen und Leistungen

Wiederkehrende Nutzungen und Leistungen, zu denen insbesondere der Nießbrauch und das Wohnrecht gehören, sind wie wiederkehrende Leistungen in Form einer Rente mit ihrem Kapitalwert anzusetzen. Der Kapitalwert errechnet sich aus dem Jahreswert und einem an der Nutzung oder Leistung ausgerichteten Vervielfältiger. Die Vervielfältiger sind nach der Sterbetafel des Statistischen Bundesamtes zu ermitteln und ab dem 01.01. des auf die Veröffentlichung folgenden Kalenderjahres anzuwenden. Der Kapitalwert ist unter Berücksichtigung von Zwischenzinsen und Zinseszinsen mit einem Zinssatz von 5,5 % als Mittelwert zwischen dem Kapitalwert für jährlich vorschüssige und jährlich nachschüssige Zahlungsweise zu berechnen. Das Bundesministerium der Finanzen stellt die Vervielfältiger für den Kapitalwert einer lebenslänglichen Nutzung oder Leistung im Jahresbetrag von 1 € nach Lebensalter und Geschlecht der Berechtigen in einer Tabelle zusammen und veröffentlicht diese zusammen mit dem Datum der Veröffentlichung der Sterbetafel im Bundessteuerblatt.

1.7.1.12 Bewertung von Pflichtteilsansprüchen

Pflichtteilsansprüche sind als Kapitalforderungen bzw. -schulden grundsätzlich mit dem Nennwert zu bewerten, wenn der Pflichtteilsberechtigte seinen Anspruch geltend gemacht hat.

1.7.1.13 Bewertung von Sachleistungsansprüchen bzw. Sachleistungsverpflichtungen

Der Sachleistungsanspruch ist mit dem gemeinen Wert zu erfassen. Die noch nicht erfüllte Verpflichtung zur Gegenleistung, bei der es sich in der Regel um eine Kapitalschuld handelt, wird mit dem Nennwert angesetzt. Für die Sachleistungsverpflichtung ist ebenfalls der gemeine Wert maßgebend.

1.7.1.14 Bewertung von Sparbriefen

Bei den aufgezinsten Sparbriefen erfolgt die Bewertung mit dem Nennwert. Im Besteuerungszeitpunkt bestehende Zinsansprüche sind zusätzlich anzusetzen. Bei den abgezinsten Sparbriefen ist der Rückzahlungswert im Besteuerungszeitpunkt anzusetzen.

1.7.1.15 Bewertung von stillen Beteiligungen

Die Vermögenseinlage eines typisch stillen Gesellschafters ist wie eine verzinsliche Kapitalforderung zu bewerten, und zwar grundsätzlich mit dem Nennwert. Besondere Umstände können jedoch eine hiervon abweichende Bewertung rechtfertigen. Solche besonderen Umstände liegen z. B. vor, wenn die Einlage des typisch stillen Gesellschafters nach der Vertragsgestaltung aus der Sicht des Besteuerungszeitpunkts für mehr als fünf Jahre unkündbar ist und der Durchschnittsertrag über 9 % hinausgeht.

1.7.1.16 Bewertung von Vermächtnissen

Geldvermächtnisse sind mit dem Nennwert und andere Vermächtnisse mit dem Steuerwert des betreffenden Vermögensgegenstands anzusetzen.

1.7.1.17 Bewertung von Wertpapieren

Festverzinsliche Wertpapiere und Anleihen, insbesondere Pfandbriefe, Industrie- und Bundesobligationen sowie Schuldverschreibungen, die an einer deutschen Börse zum amtlichen Handel zugelassen sind, werden mit dem niedrigsten Börsenkurs im Besteuerungszeitpunkt angesetzt. Sind die Papiere nicht notiert, so ist deren Wert in Anlehnung an die nach Laufzeit und Verzinsung vergleichbar notierten Papiere zu ermitteln.

1.7.1.18 Bewertung von Zero-Bonds

Zero-Bonds, die an der Börse gehandelt werden, sind mit dem niedrigsten im Besteuerungszeitpunkt notierten Kurs anzusetzen. Nichtnotierte Zero-Bonds sind bei einer Rendite von 3 % – 9 % an die Kursnotierungen in Ausstattungen und Laufzeit vergleichbarer Anleihen zu bewerten. Bei fehlendem Vergleichskurs erfolgt die Wertermittlung unter Ansatz der Emissionsrendite und der Zeitspanne vom Emissionszeitpunkt bis zum Besteuerungszeitpunkt. Wegen der Bewertung von Zero-Bonds, deren Emissionsrendite über 9 % hinausgeht und deren Einlösung aus der Sicht des Besteuerungszeitpunkts für mindestens vier Jahre ausgeschlossen ist, vgl. R 111 Abs. 3 ErbStR.

1.7.1.19 Bewertung von Zinsen

Die bei einer Kapitalforderung angefallenen Zinsen sind zusätzlich zum Nennwert der Forderung anzusetzen, es sei denn, sie spiegeln sich bereits im Stichtagswert der Forderung wider, z. B. bei den Bundesschatzbriefen Typ B.

1.7.2 Die besondere Bewertung von Grundstücken

Für die erbschaftsteuerliche Bewertung von Grundstücken gelten besondere Grundsätze. Erfasst werden bebaute und unbebaute Grundstücke sowie Eigentumswohnungen. Steuerlich relevant kann vor allem die Bewertung vererbter Grundstücke sein. Bewertungsgegenstand ist die wirtschaftliche Einheit des Grundvermögens, das sich aus Grund und Boden, Gebäuden sowie sonstigen Bestandteilen und Zubehör zusammensetzt. In die Bewertung sind auch Mieterträge mit einzubeziehen.

Der Erwerb eines unbebauten Grundstücks bestimmt sich nach der Fläche und dem um 20 % ermäßigten Bodenrichtwert nach § 145 Abs. 3 Satz 1 BewG.

1.7.2.1 Rechtslage für die Veranlagungszeiträume 1996 bis 2008

Seit dem 01.01.1996 erfolgt die Bewertung von Grundstücken nicht mehr wie früher nach dem Einheitswert.

Die alten Einheitswerte, die für den Grundbesitz nach den Wertverhältnissen vom 01.01.1935 oder 01.01.1964 festgestellt wurden, werden nach § 138 Abs. 1 Satz 1 BewG bei der Erbschaftsteuer ab 01.01.1996 nicht mehr angewendet. Die gesonderte Feststellung der Grundbesitzwerte ist als Bedarfsbewertung ausgestaltet, sodass eine gesonderte Feststellung erst erfolgt, wenn die Grundbesitzwerte für die Erbschaftsteuer benötigt werden. Zur konkreten Wertermittlung ist zwischen Grundvermögen und Betriebsgrundstücken einerseits sowie land- und forstwirtschaftlichem Vermögen andererseits zu unterscheiden.

1.7.2.2 Bewertungsverfahren

Unbebaute Grundstücke sind nach dem Vergleichswertverfahren auf der Grundlage von Bodenrichtwerten zu bewerten. Der Bodenwert berechnet sich nach folgender Formel:

Bodenrichtwert je m² × Grundstücksfläche

Weist der Steuerpflichtige nach, dass der gemeine Wert des unbebauten Grundstücks niedriger ist als der nach vorstehender Formel ermittelte Wert, ist der gemeine Wert entscheidend.

Grundvermögen und Betriebsgrundstücke i. S. d. § 99 BewG sind nunmehr nach Maßgabe der §§ 159, 176 – 187 BewG zu bewerten. § 159 BewG sieht zunächst eine allgemeine Regelung zur Abgrenzung land- und forstwirtschaftlich genutzter Flächen zum Grundvermögen vor, die speziellen Regelungen finden sich in den §§ 176–187 BewG.

Auch für die Bewertung des Grundvermögens und von Betriebsgrundstücken ist der gemeine Wert zugrunde zu legen (§ 177 BewG). Zu unterscheiden ist im Grundsatz zwischen unbebauten (§§ 178 f. BewG) und bebauten Grundstücken (§§ 180 ff.).

Der Wert unbebauter Grundstücke bestimmt sich regelmäßig nach ihrer Fläche und den Bodenrichtwerten, § 179 BewG, § 196 BauGB.

Für bebaute Grundstücke ist nach § 181 Abs. 1 BewG nunmehr zwischen den folgenden Grundstücksarten zu unterscheiden:

- Ein- und Zweifamilienhäuser,
- Mietwohngrundstücke,
- Wohnungs- und Teileigentum,
- Geschäftsgrundstücke,
- gemischt genutzte Grundstücke,
- sonstige bebaute Grundstücke.

Nach § 182 Abs. 1 Satz 1 BewG ist der Wert dieser bebauten Grundstücke nach dem Vergleichswertverfahren (§ 182 Abs. 2 BewG), dem Ertragswertverfahren (§ 182 Abs. 3 BewG) oder dem Sachwertverfahren (§ 182 Abs. 4 BewG) zu ermitteln.
Im Vergleichswertverfahren zu ermitteln ist der Wert von Wohnungseigentum, Teileigentum sowie von Ein- und Zweifamilienhäusern, wobei Kaufpreise solcher Grundstücke heranzuziehen sind, die hinsichtlich der ihren Wert beeinflussenden Merkmale mit dem zu bewertenden Grundstück hinreichend übereinstimmen (§ 182 Abs. 2 BewG).

Im Ertragswertverfahren sind zu bewerten Mietwohngrundstücke, Geschäftsgrundstücke und gemischt genutzte Grundstücke, für die sich auf dem örtlichen Grundstücksmarkt eine übliche Miete ermitteln lässt. Dabei ist der Wert der baulichen Anlagen getrennt vom Bodenwert auf der Grundlage des Ertrages zu ermitteln, der Bodenwert ist nach § 179 BewG, § 196 BauGB zu ermitteln (§ 184 Abs. 2 BewG).

Im Sachwertverfahren sind schließlich Grundstücke i. S. d. § 182 Abs. 2, wenn kein Vergleichswert vorliegt, Geschäftsgrundstücke und gemischt genutzte Grundstücke mit Ausnahme der in § 182 Abs. 3 Satz. 1 Nr. 2 genannten Grundstücke und sonstige bebaute Grundstücke zu bewerten. Dabei sind der Wert der baulichen Anlagen und der Wert der sonstigen Anlagen getrennt vom Bodenwert nach Herstellungswerten zu ermitteln. Der Bodenwert ist nach § 179 BewG, § 196 BauGB zu ermitteln (§ 189 Abs. 2 BewG).

Neben den beschriebenen Verfahren enthält das Gesetz Sonderregelungen für die Bewertung eines Erbbaurechts (§ 193 BewG), von Gebäuden auf fremdem Grund und Boden (§ 195 BewG), für Grundstücke im Zustand der Bebauung (§ 196 BewG) und Gebäuden/Gebäudeteilen für den Zivilschutz (§ 197 BewG)

In allen Fällen steht dem Steuerpflichtigen der Nachweis offen, dass der gemeine Wert zum Bewertungsstichtag niedriger ist (§ 198 BewG).

1.7.2.3 Die Bewertung von land- und forstwirtschaftlichem Vermögen

Bei wirtschaftlichen Einheiten des land- und forstwirtschaftlichen Vermögens sowie für land- und forstwirtschaftliche Betriebsgrundstücke ist gem. § 138 Abs. 2 BewG der Grundstückswert nach den §§ 139–144 BewG zu ermitteln. Dabei umfasst der Betrieb den land- und forstwirtschaftlichen Betriebsteil, die Betriebswohnungen und den Wohnteil. Der Wert des Betriebsteils (auch Betriebswert) ist der Ertragswert, der gem. § 142 Abs. 1 Satz 2 BewG das 16,6-Fache des Reinertrags ist. Für die Wertermittlung der Betriebswohnungen und des Wohnteils gelten die Regelungen zur Bestimmung des Grundstückswertes (regelmäßig Ertragswertverfahren). Die Summe aus dem Betriebswert und den Werten der Betriebswohnungen einerseits und des Wohnteils andererseits ergibt den land- und forstwirtschaftlichen Grundbesitzwert. Das Gesetz sieht für die Bewertung von Grundbesitz differenzierte

Regelungen vor, die zwischen den wirtschaftlichen Einheiten des land- und forstwirtschaftlichen Betriebs einerseits (§ 157 Abs. 2, §§ 158–175 BewG) und den wirtschaftlichen Einheiten des Grundvermögens und für Betriebsgrundstücke (§ 157 Abs. 3, §§ 159, 176–187 BewG) unterscheiden.

1.7.3 Die besondere Bewertung von Lebensversicherungen

Die Frage der erbschaftsteuerrechtlichen Bewertung von Lebensversicherungen stellt sich nur dann, wenn die Lebensversicherung in den Nachlass fällt.

Dies ist nicht der Fall, wenn der Erblasser im Versicherungsvertrag einen Bezugsberechtigten vorgesehen hat, denn dann liegt ein Erwerb unter Lebenden vor. Der dem Bezugsberechtigten eingeräumte Anspruch gehört nicht zu den Aktiva des Nachlasses.

Ist der im Versicherungsvertrag benannte Bezugsberechtigte zugleich der Erbe oder diente die Lebensversicherung der Sicherung eines Kredits, kann dies als Schenkung angesehen werden, die Pflichtteilsergänzungsansprüche auslöst. Hierbei ist jedoch zu beachten, dass die Lebensversicherung wertmäßig nicht mit der Versicherungssumme, sondern mit dem (fiktiven) Wiederverkaufswert, den der Erblasser in der »juristischen Sekunde« seines Todes hätte realisieren können.

1.7.4 Bewertung von Auslandsvermögen

Ausländisches Sachvermögen ist bei der Erbschaft- oder Schenkungsteuer mit dem gemeinen Wert zu erfassen. Ausdrücklich klargestellt wird dies für ausländischen Grundbesitz und für ausländisches Betriebsvermögen in § 12 Abs. 7 ErbStG. Soweit ausländische Wertpapiere an einer deutschen Börse im amtlichen Handel oder im geregelten Markt bzw. Freiverkehr notiert werden, sind sie mit dem niedrigsten amtlichen Kurs, ersatzweise mit dem niedrigsten Kurs im geregelten Markt bzw. Freiverkehr im Besteuerungszeitpunkt anzusetzen. Besteht kein Inlandskurs, so ist i. d. R. der auf € umgerechnete Auslandskurs als gemeiner Wert maßgebend. Ausländische Investmentanteile sind mit dem Rücknahmepreis vom Besteuerungszeitpunkt zu berücksichtigen.

1.7.5 Ansatz von Bodenschätzen im Privatvermögen

Bodenschätze, die nicht zum Betriebsvermögen gehören, sind nach § 12 Abs. 4 ErbStG nur dann bei der Ermittlung des steuerpflichtigen Erwerbs zu erfassen, wenn bei der ertragsteuerlichen Einkunftsermittlung Absetzungen für Substanzverringerung auf diese Bodenschätze vorgenommen werden. Ist dies der Fall, so ist für die Ermittlung des steuerpflichtigen Erwerbs der ertragsteuerliche Wertansatz, berechnet aus den Anschaffungs- oder Herstellungskosten abzüglich Abschreibungen, zu übernehmen. Maßgebend sind auch hier die Verhältnisse im Besteuerungszeitpunkt.

1.7.6 Die Bewertung von Unternehmen

Siehe hierzu ausführlich Kapitel VII 5.2.

1.8 Verfahren der Besteuerung

1.8.1 Anmeldung des Erwerbs

Gem. § 30 Abs. 1 ErbStG ist jeder der Erbschaftsteuer unterliegende Erwerb vom Erwerber innerhalb einer Frist von drei Monaten, beginnend mit der Kenntnis des Erwerbers vom Erbfall, dem für die Verwaltung der Erbschaftsteuer zuständigen Finanzamt anzuzeigen.

Diese Anzeige ist nur dann entbehrlich, wenn der Erwerb auf einer von einem deutschen Gericht, einem deutschen Notar oder einem deutschen Konsul eröffneten Verfügung von Todes wegen beruht und sich aus der Verfügung das Verhältnis des Erwerbers zum Erblasser unzweifelhaft ergibt. Das Gleiche gilt, wenn eine Schenkung unter Lebenden oder eine Zweckzuwendung gerichtlich oder notariell beurkundet ist. Diese Entbehrlichkeit der Anzeige beruht auf § 34 ErbStG, der die Gerichte, Behörden, Beamte und Notare zur Anzeige bei den für die Verwaltung der Erbschaftsteuer zuständigen Finanzämtern verpflichtet.

Folgende Informationen muss eine solche Anzeige enthalten:
- Name, Beruf und Adresse des Schenkers bzw. Erblassers und Erwerbers,
- Todestag und -ort des Erblassers bzw. Zeitpunkt der Ausführung der Schenkung,
- Gegenstand und Wert des Erwerbs,
- Rechtsgrund des Erwerbs (gesetzliche Erbfolge, Testament, Vermächtnis etc.),
- persönliches Verhältnis des Erwerbers zum Erblasser bzw. Schenker (Verwandtschaft, Schwägerschaft, Dienstverhältnis etc.),
- frühere Zuwendungen des Erblassers oder Schenkers an den Erwerber unter Angabe der Art, des Wertes und des Zeitpunktes der einzelnen Zuwendung.

1.8.2 Steuererklärung

Nachdem das Finanzamt durch die Anzeige Kenntnis vom Erwerb erlangt hat, kann es die Beteiligten – ohne Rücksicht auf deren Steuerpflicht – zur Abgabe einer Steuererklärung innerhalb einer Frist von mindestens einem Monat auffordern (§ 31 ErbStG).

Im Gegensatz zur Einkommensteuer besteht für die Betroffenen keine allgemeine Verpflichtung, eine solche Steuererklärung abzugeben. Erst mit Verlangen seitens des Finanzamtes, eine Steuererklärung abzugeben, entsteht eine solche Pflicht.

1.8.3 Anzeigepflichten

Die vorstehend beschriebenen Anzeigepflichten werden ergänzt durch die Anzeigepflichten der Vermögensverwahrer, Vermögensverwalter und Versicherungsunternehmen einerseits (§ 33 ErbStG) sowie der Gerichte, Behörden, Beamten und Notare andererseits (§ 34 ErbStG). Zu den Anzeigepflichtigen gehören alle diejenigen, die geschäftsmäßig mit der Verwahrung oder Verwaltung fremden Vermögens befasst sind, das heißt in der Regel Banken, Vermögensverwaltungen, Notare, Rechtsanwälte, Steuerberater und Wirtschaftsprüfer. Privatpersonen sind davon ausgenommen.

Die Betroffenen müssen diese Anzeige innerhalb eines Monats nach Bekanntwerden des Todes des Mandanten bzw. Kunden erstatten und darin alle Guthaben angeben, die zum Zeitpunkt des Todes bestanden haben.

Zuwiderhandlungen gegen diese Verpflichtung werden für die in § 33 ErbStG genannten Anzeigepflichtigen als Steuerordnungswidrigkeiten mit Geldbuße geahndet (§ 33 Abs. 4 ErbStG).

1.9 Steuerrechtliche Besonderheiten

Die einzelnen erbrechtlichen Gestaltungsinstrumente haben teilweise erbschaftsteuerrechtliche Auswirkungen, sodass bei der Gestaltung letztwilliger Verfügungen die steuerrechtliche Komponente ein entscheidender Faktor sein sollte.

1.9.1 Nacherbschaft und Nachvermächtnis

In § 6 ErbStG ist die Besteuerung von Nacherbschaft und Nachvermächtnis gesondert geregelt.

1.9.1.1 Nacherbschaft

Vor- und Nacherbe werden gleichermaßen besteuert. Der Nachlass unterliegt also einer doppelten Besteuerung.

1.9.1.1.1 Besteuerung des Vorerben

Da der Vorerbe nur für bestimme Zeit Gesamtrechtsnachfolger des Erblassers ist, unterliegt er der Besteuerung nach §§ 3 Abs. 1 Nr. 1, 6 Abs. 1 ErbStG. Nach § 20 Abs. 1 ErbStG ist er Steuerschuldner und haftet für die Steuer auch mit seinem Privatvermögen. Er kann seine Steuerlast aber gem. § 2126 BGB auf den Nacherben abwälzen, indem er die Erbschaftsteuer aus den Mitteln des Nachlasses begleicht. Das bedeutet, dass steuerlich gesehen, Vor- und Nacherbe mit der Erbschaftsteuer belastet werden, wirtschaftlich gesehen jedoch nur der Nacherbe, da sich der Nachlass um die vom Vorerben gezahlte Erbschaftsteuer reduziert.

Beispiel:

Erblasser Moritz hat seinen Sohn Michael zu seinem Vorerben und dessen Tochter Meike als Nacherbin seines Vermögens in Höhe von 500.000 € eingesetzt. Welche steuerliche Folge ergibt sich?

Lösung:

Michael muss im Erbfall, da er als Abkömmling des Erblassers in die Steuerklasse I fällt, Steuern in folgender Höhe zahlen:

Nachlasswert	500.000 €
abzüglich Freibetrag	400.000 €
Steuerlich relevanter Nachlasswert	100.000 €
davon 11 % Steuern	11.000 €

Da Michael nach dem Gesetz diese Steuerlast aus seiner Vorerbschaft begleichen kann, reduziert sich der Nachlasswert, den Meike erhält, um eben diese Summe. Ihren als Nacherbin erhaltenen Nachlasswert in Höhe von 489.000 € muss sie dann wiederum versteuern. Das heißt, effektiv trägt Meike beide Steuerlasten.

Unbeachtlich ist der Fall, dass der Vorerbe zum Vollerben des Erblassers wird. Diese Umwandlung ist steuerlich nicht erfasst. Eine solche Veränderung in der Rechtslage ist dann möglich, wenn die Bedingung für den Nacherbfall nachträglich entfällt, etwa weil der Nacherbe sein Erbe ausschlägt oder er darauf verzichtet.

1.9.1.1.2 Besteuerung des Nacherben

Mit dem Eintritt des Nacherbfalls fällt die Erbschaft gem. § 2139 BGB dem zur Nacherbschaft Berufenen zu. Der Nacherbe unterliegt der Besteuerung nach § 3 Abs. 1 Nr. 1 ErbStG.

Die Stellung als Nacherbe unterliegt vor dem Eintritt des Nacherbfalls nicht der Besteuerung. Die durch die Anordnung der Nacherbfolge zu Gunsten des Nacherben entstehende Anwartschaft auf den späteren Erwerb kann also erbschaftsteuerlich unbeachtlich übertragen oder vererbt werden.

Anders verhält es sich jedoch dann, wenn der Nacherbe gegen eine Abfindung seine Nacherbschaft ausschlägt oder sein Nacherbenrecht gegen Entgelt auf eine andere Person überträgt. Die Besteuerung dieses Sachverhalts ergibt sich aus § 3 Abs. 2 Nr. 4 bzw. 6 ErbStG.

HINWEIS

Bei Eintritt des Nacherbfalls wird der Nacherbe kraft Gesetzes Gesamtrechtsnachfolger des Erblassers und nicht des Vorerben. Steuerrechtlich wird die Nacherbschaft gem. § 6 ErbStG jedoch als Erwerb vom Vorerben behandelt.

1.9.1.1.3 Beim Tod des Beschwerten fällige Vermächtnisse

Streng vom Nachvermächtnis ist das beim Tod des Beschwerten fällige Vermächtnis zu unterscheiden. In diesem Fall wird der Beschwerte Erbe des dem Vermächtnis unterliegenden Gegenstandes. Der Erbe ist jedoch aufgrund der Anordnung des Erblassers verpflichtet, den geerbten Gegenstand als Vermächtnis auf den bedachten Dritten zu übertragen. Erbrechtlich gilt der Vermächtnisgegenstand als vom Erblasser vermacht, der Beschwerte erhält den mit diesem Vermächtnis beschwerten Nachlass. In solch einem Fall spricht man von einem betagten Vermächtnis.

§ 6 Abs. 4 ErbStG ordnet an, dass dieses Vermächtnis dem Beschwerten zuzuordnen ist. Dieser kann also von seiner Erbschaft nicht steuermindernd die Belastung mit diesem Vermächtnis abziehen. Es wird steuerrechtlich fingiert, er habe das Vermächtnis selbst angeordnet. Der Beschwerte zahlt also mehr Erbschaftsteuer. Der Bedachte muss das Vermächtnis als vom Beschwerten erhalten versteuern.

> HINWEIS
>
> Ziel des Gesetzgebers war es, mit § 6 Abs. 4 ErbStG die an sich Steuern mindernde sog. Jastrow'sche Klausel zu umgehen. Diese Klausel besagt, dass in einem sog. Berliner Testament (§ 2269 BGB) bestimmt wird, dass denjenigen Kindern, die keinen Pflichtteil fordern, als Erwerb vom erstversterbenden Elternteil ein Vermächtnis im Werte des Pflichtteils zufallen soll, das erst mit dem Tod des überlebenden Elternteils fällig wird.

1.9.1.2 Nachvermächtnis

Ordnet der Erblasser ein Nachvermächtnis an, gibt er dem Vermächtnisnehmer auf, den Vermächtnisgegenstand nach einer gewissen Zeit an den Nachvermächtnisnehmer weiter zu übertragen (§ 2191 BGB). § 6 Abs. 4 ErbStG sieht vor, dass die Grundsätze der Besteuerung der Nacherbschaft sinngemäß auch für die Besteuerung des Nachvermächtnisses gelten. Gleiches gilt im Übrigen für Auflagen des Erblassers.

1.9.2 Schenkungen unter Lebenden

Die Steuerpflichtigkeit von Schenkungen nach dem Erbschaft- und Schenkungsteuergesetz richtet sich nach § 7 ErbStG.

Erforderlich ist jedoch, dass es beim Erwerber objektiv zu einer Bereicherung gekommen ist.

1.9.3 Die Erbschaftsteuer der Ehegatten

Die eherechtlichen Auswirkungen auf das Erbrecht und die dafür zur Verfügung stehenden Gestaltungsmöglichkeiten haben gleichzeitig erbschaftsteuerrechtliche Auswirkungen.

1.9.3.1 Die steuerlichen Folgen des Ehegattentestaments

Die wechselseitige Einsetzung der Ehegatten als Erben und die gleichzeitige Einbeziehung Dritter in die letztwillige Verfügung kann in Form der Einheits- oder der Trennungslösung erfolgen, ausführlich dazu siehe Kapitel V 1.5.3.

1.9.3.1.1 Einheitslösung

Im Zweifel haben die Ehegatten die Einheitslösung (»Berliner Testament«) gewählt: Der überlebende Ehegatte wird als Vollerbe und der Dritte als Schlusserbe eingesetzt.

Der Nachlass unterliegt daher im Ergebnis einer doppelten Besteuerung: Einmal bei Eintritt des ersten Erbfalls, in dem der Nachlass des verstorbenen Ehegatten auf den Überlebenden übergeht, und schließlich beim Übergang auf die nächste Generation nach dem Tod des Letztversterbenden. Diese doppelte steuerliche Auswirkung kann nur im Rahmen des § 27 ErbStG abgemildert werden, wenn für Personen der Steuerklasse I von Todes wegen Vermögen anfällt (= Schlusserben), das in den letzten 10 Jahren vor dem Erwerb bereits von Personen dieser Steuerklassen (= überlebender Ehegatte) erworben worden ist.

Da beim ersten Erbfall, also dem Erstversterben eines Ehegatten, die Abkömmlinge bei der Einheitslösung nicht bedacht sind, sondern regelmäßig erst beim zweiten Erbfall, nämlich dem Versterben des letzten Ehegatten, kann das als Schlusserbe eingesetzte Kind den Freibetrag nur bezüglich des zweiten Erbfalls geltend machen, aber nicht bezüglich des ersten. Da die Kinder einen Freibetrag in Höhe von 400.000 € haben, kann sich dies erheblich auf die erbschaftsteuerliche Belastung auswirken.

1.9.3.1.2 Trennungslösung

Auch bei der Trennungslösung, bei welcher der überlebende Ehegatte als Vorerbe und der Dritte als Nacherbe eingesetzt wird, wird der Anfall doppelt besteuert (§ 6 ErbStG). Sowohl der Anfall der Vorerbschaft als auch der der Nacherbschaft sind steuerlich zu berücksichtigen. Auch bei dieser Lösung können Freibeträge der Kinder, wenn sie nur als Nacherben eingesetzt sind, verfallen und so zu einer erheblichen Erhöhung der Erbschaftsteuer führen, zumal der Nacherbfall steuerlich als Erwerb vom Vorerben gewertet wird und somit nur einmal Freibeträge ausgenutzt werden können.

1.9.3.2 Zugewinngemeinschaft

Nach § 5 ErbStG ist der Zugewinn, egal nach welcher Methode er berechnet wird, steuerfrei. Es ist daher sowohl unerheblich, ob die Ehe durch Tod oder Scheidung beendet wird, oder ob für den Zugewinnausgleich die erbrechtliche oder die güterrechtliche Lösung gewählt werden.

1.9.3.3 Fortgesetzte Gütergemeinschaft

Die in Gütergemeinschaft lebenden Ehegatten können durch Ehevertrag vereinbaren, dass die Gütergemeinschaft nach dem Tod des erstversterbenden Ehegatten zwischen dem Überlebenden und den Abkömmlingen fortgesetzt wird (fortgesetzte Gütergemeinschaft).

§ 4 Abs. 1 ErbStG sieht für diesen Fall vor, dass der Anteil des verstorbenen Ehegatten am Gesamtgut so behandelt wird, wie wenn er ausschließlich den anteilsberechtigten Abkömmlingen angefallen wäre. Die fortgesetzte Gütergemeinschaft wird also steuerlich wie ein steuerpflichtiger Erwerb von Todes wegen behandelt.

1.9.3.4 Ehebedingte Zuwendungen

Ehebedingte Zuwendungen sind Vermögensübertragungen unter Ehegatten oder durch Dritte, meist Schwiegereltern, auf die Ehegatten zur Förderung und dem Erhalt der Ehe. Mangels korrespondierender Willenserklärungen über die Unentgeltlichkeit werden sie zivilrechtlich nicht als Schenkungen behandelt, steuerlich gem. § 7 Abs. 1 Nr. 1 ErbStG jedoch schon. Ausgenommen von der Schenkungsteuer ist nur die Zuwendung eines Familienwohnheims unter Lebenden (§ 13 Abs. 1 Nr. 4 a ErbStG).

Vermögensverschiebungen zwischen Ehegatten auf Grund von wechselseitigen Verträgen oder auf Grund einer gesetzlichen Verpflichtung sind ebenfalls schenkungsteuerfrei.

TIPP

Bei Ehegatten weist die Besteuerung erhebliche Besonderheiten auf, die in erster Linie von dem Güterstand abhängen. Vor der Berechnung der Erbschaftsteuer als Erstes immer den Güterstand klären!

1.9.4 Das Vererben von Immobilien

Das ErbStG unterscheidet nicht zwischen der Vererbung von beweglichen Sachen oder von Grundstücken. Immobilien fallen daher zweifellos unter die Erbschaftsteuer. Die Schwierigkeiten ergeben sich in der Praxis jedoch aus der Frage, wie die Grundstücke wertmäßig anzusetzen sind (vgl. Kapitel VIII 1.7.2). Begünstigungen gibt es lediglich bei dem sog. Familienheim (§ 13 Abs. 1 Nr. 4a–c ErbStG).

1.9.5 Teilungsanordnungen und Vorausvermächtnisse

Bei mehreren Erben erfolgt die Verteilung des Nachlasses nach den vom Erblasser bestimmten Erbquoten. Eine Teilungsanordnung nach § 2048 BGB ist anders als das Vorausvermächtnis nach § 2051 BGB zu Gunsten eines Erben unbeachtlich, da die Teilungsanordnung lediglich eine Anordnung für die nach dem Erbfall, also nach dem maßgeblichen Stichtag, erfolgende Erbauseinandersetzung der Erbengemeinschaft darstellt. Sie beeinflusst nicht die Erbquote der einzelnen Erben.

Der Erblasser kann also durch die Aufnahme einer Teilungsanordnung in seine letztwillige Verfügung den Nachlass nach seinem Willen aufteilen und zugleich beide Erben steuerrechtlich profitieren lassen.

Zusätzlich kann bei der Einsetzung mehrerer Erben jeweils ein Freibetrag geltend gemacht werden, sodass sich insgesamt die Erbschaftsteuerbelastung mindert.

Dies gilt auch, wenn eine Generation an Abkömmlingen übersprungen wird, da auch die Enkel Abkömmlinge sind und daher Freibeträge geltend machen können.

1.9.6 Die Erbengemeinschaft und ihre Auseinandersetzung

Hinterlässt der Erblasser mehrere Erben, so wird der Nachlass gemeinschaftliches Vermögen der Erben (§ 2032 BGB). Unerheblich ist dabei, ob der Erblasser eine Teilungsanordnung getroffen hat. Diese hat nur Auswirkungen auf die Auseinandersetzung der Erbengemeinschaft.

Soweit mehrere Erben den Nachlass in Erbengemeinschaft erwerben, ist er ihnen gem. § 39 Abs. 2 Nr. 2 AO anteilig entsprechend ihren Erbquoten zuzurechnen. Für die steuerliche Belastung des einzelnen Erben ist also allein die Erbquote entscheidend. Unerheblich sind wiederum Teilungsanordnung oder die Erbauseinandersetzung selbst.

Bei der Auseinandersetzung der Erbengemeinschaft ist der individuelle Erwerb jedes Miterben, der entsprechend seiner Quote Anteile des Nachlasses erlangt, grundsätzlich nur insoweit entgeltlich, als der Wert der erlangten Gegenstände den Wert seines durch die Erbquote repräsentierten Anteils übersteigt und er dafür einen Ausgleich durch Zahlung leistet. Soweit Ausgleichszahlungen geleistet werden, unterliegen diese der Einkommensteuer. Eine erbschaftsteuerrechtliche Relevanz hat die Auseinandersetzung der Erbengemeinschaft nicht. Sind Ausgleichszahlungen zu leisten, stellen sie Anschaffungskosten des Veräußerers und einkommensteuerpflichtige Gewinne des Empfängers nach § 17 EStG dar.

Jeder Erbe hat den Teil des Nachlasses erbschaftsteuerrechtlich zu versteuern, der seiner Erbquote nach dem Testament entspricht.

2 Einkommensteuer

Der Erblasser wie auch die Erben unterliegen nicht nur der Erbschaft- und Schenkungsteuer, sondern auch der Einkommensteuer. Aber auch die von einem Erblasser verfassten Vermächtnisse und Auflagen haben einkommensteuerrechtlichen Bezug und sollen deshalb im Folgenden näher betrachtet werden.

2.1 Einkommensteuer des Erblassers

Mit dem Tod des Erblassers erlischt grundsätzlich die Einkommensteuerpflicht des Erblassers. Ihm werden alle Einkünfte zugerechnet, die ihm bis zu dem Zeitpunkt seines Todes angefallen sind.

Hat der Erblasser Gewinnermittlungsauskünfte etwa aus einem land- und forstwirtschaftlichen Betrieb, aus einem Gewerbetrieb oder einer selbständigen bzw. freiberuflichen Tätigkeit, sind diese entsprechend aufzuteilen, wenn das für die Gewinnermittlung maßgebliche Wirtschaftsjahr noch nicht beendet ist. Bei Einkünften aus Gewerbebetrieb empfiehlt es sich, eine Zwischenbilanz zu erstellen.

Bei der Gewinnermittlung nach § 4 Abs. 3 EStG ist ebenfalls zeitanteilig aufzuteilen. Bei den Überschusseinkünften kommt es hingegen im Wesentlichen darauf an, ob die Einkünfte zu Lebzeiten des Erblassers oder nach dessen Tod geflossen sind.

Für das Jahr, in dem der Erblasser gestorben ist, kann der überlebende Ehegatte zwischen einer Zusammenveranlagung und einer getrennten Veranlagung wählen (§ 26 EStG). Dieses Wahlrecht setzt aber voraus, dass das Ehepaar zum Zeitpunkt des Todes verheiratet war, nicht dauernd voneinander getrennt lebte und beide Ehegatten der unbeschränkten Steuerpflicht im Veranlagungsjahr unterlagen.

Eine Einzelveranlagung des Erblassers kommt demnach in der Regel nicht in Betracht, außer der Überlebende heiratet im selben Jahr wieder und wird dann zusammen mit seinem neuen Ehegatten veranlagt. Doch auch in diesem Fall steht dem Erblasser der Splitting-Tarif zu.

2.2 Einkommensteuer des Erben

Von der zivilrechtlichen Seite aus gesehen ist der Erbe Gesamtrechtsnachfolger des Erblassers. Dieser Grundsatz ist auch auf das Einkommensteuerrecht zu übertragen. Das heißt, der Erbe tritt in jeder Hinsicht in die Rechtsstellung des Erblassers ein.

HINWEIS

Mit dem Tode des Erblassers treten der bzw. die Erben in die Rechtsposition des Erblassers ein. Das bedeutet, dass mit diesem Zeitpunkt alle Einkünfte und Verbindlichkeiten des Erblassers den Erben zuzurechnen sind. Der Erbe muss deshalb dringend darauf achten, diese Einkünfte in seiner Steuererklärung mit anzugeben!

Auch dessen Verbindlichkeiten, Pflichtteilsanspruch und vom Erblasser angeordnete Vermächtnisse und Auflagen sind nun vom Erben zu erfüllen bzw. stehen diesem zu.

Der Erbanfall selbst unterliegt bei den Erben nicht der Einkommensteuer, da er keiner der sieben Einkunftsarten zuzurechnen ist und bereits unter die Erbschaft- und Schenkungsteuer fällt.

2.2.1 Einkünfte des Erben

Dadurch dass die Einkünfte des Erblassers nun bei dessen Erben anfallen, wird deren Charakter nicht verändert. Allerdings müssen aber auch weiterhin alle Voraussetzungen, die mit der betreffenden Einkunftsart verbunden sind, erfüllt sein.

Die sieben Einkunftsarten des Einkommensteuergesetzes sind:

- Einkünfte aus Gewerbebetrieb (inkl. Veräußerung einer wesentlichen Beteiligung) gem. § 15 EStG,
- Einkünfte aus freiberuflicher Tätigkeit gem. § 18 EStG,
- Einkünfte aus nichtselbständiger Tätigkeit gem. § 19 EStG,
- Einkünfte aus Land- und Forstwirtschaft gem. § 13 EStG,
- Einkünfte aus Kapitalvermögen gem. § 20 EStG,
- Einkünfte aus Vermietung und Verpachtung gem. § 21 EStG,
- sonstige Einkünfte gem. § 22 EStG.

2.2.1.1 Einkünfte aus Gewerbebetrieb

Rühren Einkünfte noch aus der Tätigkeit des Erblassers als Gewerbetreibender her, hat auch der Erbe Einkünfte aus Gewerbebetrieb. Liegt im Nachlass des Erblassers ein Gewerbebetrieb, sind die Einkünfte daraus dem Erben als eigene Einkünfte zuzurechnen.

Der Erwerb des Betriebes selber ist ein unentgeltlicher Vorgang. Mit dem Erbfall wird der Erbe auch automatisch Unternehmer, unabhängig davon, ob er den Betrieb fortführt oder nicht. Selbst Gewinn und Verlust aus dem Verkauf eines geerbten Unternehmens sind beim Erben Gewinn und Verlust aus Gewerbebetrieb.

Veräußert der Erbe den Betrieb, hat er den Veräußerungsgewinn zu versteuern, gleichgültig ob er den Betrieb gleich nach dem Erbfall veräußert oder zunächst weiterführt. Darunter fällt vor allem nicht nur der Verkauf des sog. lebenden Unternehmens, sondern auch die Veräußerung einzelner Wirtschaftsgüter des Betriebes sowie die Entnahme einzelner Wirtschaftsgüter in das Privatvermögen. Lediglich wenn der Erbe einen Teilbetrieb, das heißt einen Teil des Unternehmens, der für sich allein überlebensfähig ist und vom gesamten Betrieb getrennt geführt werden kann, verkauft, liegt eine Veräußerung eines Teilgewerbebetriebes nach § 16 EStG vor.

Wird der gesamte Gewerbebetrieb jedoch verkauft, muss der Erlös als Einkünfte aus Gewerbebetrieb nach § 16 EStG versteuert werden. Dieser Gewinn ist aber bis zu einem Betrag von 45.000 € befreit, sofern der Veräußerer das 55. Lebensjahr vollendet hat. Die gleiche Behandlung widerfährt auch dem Erben bei der Betriebsaufgabe.

2.2.1.2 Veräußerung einer wesentlichen Beteiligung

Die Veräußerung einer wesentlichen Beteiligung wird steuerlich genauso behandelt wie die eines Gewerbebetriebes und gehört steuerrechtlich auch zu den Einkünften aus Gewerbebetrieb. Zwar handelt es sich hierbei streng genommen um Einkünfte aus Kapitalvermögen, aber es werden bei der Veräußerung einer wesentlichen Beteiligung an einer Kapitalgesellschaft gewerbliche Einkünfte fingiert.

Als wesentlich ist eine Beteiligung anzusehen, wenn der Eigentümer der Beteiligung mindestens 1 % des Grund- bzw. Stammkapitals der Gesellschaft in seinem Eigentum hält. Als wesentliche Beteiligung ist es auch anzusehen, wenn der Anteilsinhaber innerhalb von fünf Jahren 1 % des Gesellschaftskapitals besessen hat. Tritt der Erbe als Rechtsnachfolger des Erblassers in dessen rechtliche Position ein, gilt für ihn ebenfalls die eben erwähnte Fünf-Jahres-Frist des § 17 EStG.

Veräußert der Erbe hingegen die Beteiligung innerhalb dieser fünf Jahre, so ist der Mehrgewinn gegenüber den Anschaffungskosten zu versteuern.

Beispiel:

Anton Achter hat 1995 eine Beteiligung an der Messerschmidt AG gekauft und zwar in Höhe von 150.000 € (3 % des Grundkapitals). 1997 erliegt Anton einem Herzinfarkt. Sein alleiniger Erbe ist sein Sohn Berthold. Würde nun Berthold im Jahre 1999 die Beteiligung verkaufen, müsste er die Beteiligung versteuern. Wartet er hingegen bis zum Jahr 2001, unterliegt der Erlös aus der Veräußerung nicht der Besteuerung nach § 17 EStG.

Erben jedoch mehrere Personen eine solche wesentliche Beteiligung und wird diese unter den Erben aufgeteilt, kann es passieren, dass die einzelnen Beteiligungen unter die 1-%-Grenze sinken. Einkommensteuerrechtlich wird in solch einem Fall die Beteiligung eines jeden Erben als wesentliche behandelt, sodass der Erbe erst nach fünf Jahren ab Erbanfall diese Beteiligung verkaufen darf, wenn er steuerfrei ausgehen will.

2.2.1.3 Einkünfte aus freiberuflicher Tätigkeit

Verstirbt eine freiberuflich tätige Person, etwa ein Rechtsanwalt, führt dies weder zur Aufgabe des Betriebes noch geht das Betriebsvermögen des freiberuflichen Erblassers in das Privatvermögen des Erben über. Die Erben erzielen keine Einkünfte aus einer ehemaligen Tätigkeit des Erblassers nach § 24 Nr. 2 EStG, sondern erzielen Einkünfte aus eigener freiberuflicher Tätigkeit kraft eigener Verwirklichung.

Fraglich ist aber oft, unter welche Einkunftsart diese Einkünfte fallen. Wird etwa die Kanzlei des Erblassers von einem berufsfremden Erben durch einen qualifizierten Vertreter kraft Auftrags oder Geschäftsbesorgung weitergeführt, erzielen die Erben Einkünfte aus Gewerbebetrieb. Erzielen die Erben lediglich aus der Abwicklung der freiberuflichen Tätigkeit des Erblassers Einkünfte, sind diese als Einkünfte aus selbständiger Tätigkeit zu versteuern.

2.2.1.4 Einkünfte aus nichtselbständiger Tätigkeit

Ein Arbeitsverhältnis kann grundsätzlich nach dem Tode des Angestellten nicht weitergeführt werden, da dieses mit dem Tode des Angestellten endet. Einkünfte aus nichtselbständiger Tätigkeit nach dem Tod des Angestellten stellen daher nachträgliche Bezüge des Angestellten oder etwaige Tantiemen oder Provisionen dar.

Einkünfte aus nichtselbständiger Tätigkeit, die der Erbe als Rechtsnachfolger des Erblassers bezieht, sind dem Erben in der gleichen Einkunftsart zuzurechnen.

2.2.1.5 Einkünfte aus Land- und Forstwirtschaft

Grundsätzlich hat der Erbe eines Land- oder Forstwirtschaftsbetriebes wie der Erblasser die Einkünfte, die daraus erzielt werden, als Einkünfte aus Land- und Forstwirtschaft zu versteuern. Als Rechtsnachfolger hat der Erbe die Buch- bzw. Anschaffungswerte fortzuführen.

2.2.1.6 Einkünfte aus Kapitalvermögen

Erbt der Erbe Kapitalvermögen, so hat er die daraus entstehenden Dividenden und Zinsen, die ihm nach dem Erbfall zugutekommen, als Einkünfte aus Kapitalvermögen zu versteuern, unabhängig davon, ob diese einen Zeitraum betreffen, in dem der Erblasser noch lebte, oder nicht.

2.2.1.7 Einkünfte aus Vermietung und Verpachtung

Der Erbe von vermieteten oder verpachteten Immobilien hat die Mieten bzw. die Pacht, die nach dem Tode des Erblassers erzielt werden, als Einkünfte aus Vermietung und Verpachtung zu versteuern. Er hat zudem die Anschaffungs- bzw. Herstellungskosten des Erblassers zu übernehmen und aufgrund des unentgeltlichen Erwerbs dessen Werte fortzuführen.

Allerdings kann er im Gegenzug als Rechtsnachfolger des Erblassers seine kompletten Reparaturaufwendungen im Jahr der Aufwendung als Werbungskosten absetzen.

2.2.1.8 Sonstige Einkünfte der Erben

Neben den bereits besprochenen Einkünften können vereinzelt auch andere Einkünfte auftreten, die im Einkommensteuerrecht unter die Kategorie »Sonstige Einkünfte« fallen:

- Renten:
  Handelt es sich um eine Versorgungsrente, die der überlebende Ehegatte bis zu dessen Tode weiter erhält, so wird der Ertragsanteil der Rente neu nach dem Lebensalter des Überlebenden berechnet und als Grundlage für die Einkommensteuer verwendet.
  Im Falle einer Veräußerungsrente muss zwischen betrieblicher und privater Rente unterschieden werden: Geht eine betriebliche Rente, die dem Erblasser zustand, im Wege des Erbfalls auf den Erben über, so erzielt der Erbe sonstige Einkünfte im Sinne des Einkommensteuergesetzes. Bei der privaten Veräußerungsrente wird hingegen der für die Einkommensteuer maßgebliche Ertragsanteil auf Grundlage des Lebensalters des überlebenden Ehegatten berechnet.
- Abfindungen:
  Abfindungen, die dem Erblasser auf Grundlage seiner früheren Tätigkeit zustehen, werden beim Erben als Einkünfte aus der betreffenden Tätigkeit des Erblassers behandelt.
- Veräußerungsgeschäfte:
  Bei Veräußerungsgeschäften ist vor allem der Zeitpunkt der Anschaffung der betroffenen Gegenstände maßgeblich. Die Spekulationsfrist beginnt mit Anschaffung des Gegenstandes und wird nur als Veräußerungsgeschäft besteuert, wenn der Erbe innerhalb von zehn Jahren bei Grundstücken bzw. von zwölf Monaten bei Wertpapieren (bis 2008; ab 2009 Abgeltungsteuer) und sonstigem beweglichem Vermögen diese Gegenstände veräußert.

2.2.2 Sonderausgaben

Zum einen findet bei Verlusten des Erblassers, die im Jahre seines Todes bei dessen Veranlagung nicht ausgeglichen wurden, im Rahmen der Veranlagung des Erben ein Verlustausgleich statt. Kann der Verlust in dem Veranlagungsjahr des Todes des Erblassers nicht ausgeglichen werden, muss der Verlust beim Erben vorgetragen werden als dessen Rechtsnachfolger.

Die Geltendmachung weiterer Sonderausgaben hängt vom Einzelfall ab: Hat der Erbe etwa mit Annahme der Erbschaft Auflagen und/oder Verbindlichkeiten übernommen, kann er diese nicht als Sonderausgaben in seiner Einkommensteuererklärung ausweisen. Entstehen ihm aber Kosten im Zusammenhang mit einer Rentenlast oder einer dauernden Last, kann er diese unter Umständen als Sonderausgaben geltend machen.

2.2.3 Außergewöhnliche Belastungen

Um eine Ausgabe als außergewöhnliche Belastung geltend machen zu können, muss das laufende Einkommen durch eine unvorhergesehene, zwangsläufige außergewöhnliche Ausgabe belastet sein. Die Kosten, die aufgrund des Erbfalles zustande kommen, sind aus dem Nachlass zu bezahlen, nicht vom Erben selbst. Das gilt insbesondere für die Beerdigungskosten.

Für den Fall, dass die Nachlasssumme die anfallenden Kosten nicht deckt, kann der Erbe die Kosten aber auch nur insoweit geltend machen, als sie die zumutbare Eigenbelastung übersteigen (§ 33 Abs.3 EStG).

Sonderausgaben und außergewöhnliche Belastungen sind zwar nur in seltenen Fällen geltend zu machen, aber dennoch nicht unter den Tisch fallen zu lassen. Achten Sie darauf, jede Möglichkeit auszunutzen, die Ihnen das Steuerrecht bietet!

2.3 Einkommensteuerrechtliche Behandlung von Vermächtnissen, einer Erbengemeinschaft und einer Testamentsvollstreckung

Einkommensteuerliche Besonderheiten ergeben sich vor allem bei Bestehen von Vermächtnissen und Erbengemeinschaften sowie bei Anordnung der Testamentsvollstreckung.

2.3.1 Vermächtnis

Das Vermächtnis stellt eine vom Erblasser angeordnete Verbindlichkeit dar. Erwirbt der Erbe einen Erbschaftsgegenstand, der mit einem Vermächtnis belastet ist, hat der Erbe diesen unentgeltlich erworben. Das gilt auch für den Fall, dass der Erbe das Vermächtnis nicht aus den Mitteln des Nachlasses, sondern aus seinem eigenen Vermögen bestreitet. Der Erbe hat sich demnach – solange er das Vermächtnis nicht an den Vermächtnisnehmer herausgegeben hat – die Einkünfte daraus zurechnen zu lassen.

Der Vermächtnisnehmer erhält sein Vermächtnis nicht mehr – wie früher vertreten – unmittelbar vom Erblasser, sondern vom Erben. Dies hat zur Folge, dass der Vermächtnisnehmer die Einkünfte aus dem ihm zugewandten Vermächtnis erst versteuern muss, wenn ihm der Erbe sein Vermächtnis herausgegeben hat und nicht schon mit dem Erbfall.

Bei der Besteuerung des Vermächtnisses gibt es – allein aufgrund der Vielfalt von Vermächtnissen – viele Sonderfälle und Besonderheiten zu beachten. Die Betrachtung der einzelnen Vermächtnisformen und deren genaue Besteuerung sind stark einzelfallabhängig und daher hier nicht in diesem Rahmen vernünftig darzustellen.

2.3.2 Erbengemeinschaft

Die Erbengemeinschaft stellt eine Gesamthandsgemeinschaft dar, die entsteht, wenn mehrere Erben vorhanden sind. Der Nachlass steht dann den Erben zur gesamten Hand zu, sodass den einzelnen Erben eine entsprechend ihrem Erbteil anteilige Quote am Nachlass zu steht, jedoch keine einzelnen Nachlassgegenstände. Die Erbengemeinschaft hat keine eigene Rechtspersönlichkeit.

Vor diesem Hintergrund ist es die notwendige Konsequenz, dass die Einkünfte aus der Erbengemeinschaft auf alle Erben entsprechend ihrer Erbquote verteilt werden. Für den Fall, dass mehrere Erben an derselben Einkunftsquelle beteiligt sind, werden diese Einkünfte gesondert für alle Beteiligten vom Finanzamt festgestellt.

2.3.3 Testamentsvollstreckung

Wenn eine Testamentsvollstreckung angeordnet ist und die Erben dadurch in ihrer Verfügungsgewalt über den Nachlass eingeschränkt sind, bleiben diese dennoch Eigentümer der Erbmasse. Die Einkünfte daraus sind grundsätzlich dem bzw. den Erben zuzurechnen. Dies ist selbst dann der Fall, wenn der Erbe über seine Erträge nicht verfügen kann, da der Testamentsvollstrecker diese nicht aus der Hand gibt und immer wieder für den Erben neu anlegt.

Komplizierter wird es, wenn sich im Nachlass ein Gewerbebetrieb befindet. In solch einem Fall kann der Erbe, aber auch der Testamentsvollstrecker Unternehmer sein. Maßgeblich für die Beurteilung, wem die Einkünfte zuzurechnen sind, ist die Gestaltung der tatsächlichen Verhältnisse, das heißt, wer das Risiko des Betriebes letztendlich trägt:

- Führt zwar der Testamentsvollstrecker das Unternehmen, tut er dies aber im Namen der Erben und auf deren Risiko, sind die Erben als Mitunternehmer anzusehen. Somit sind den Erben die Einkünfte aus Gewerbebetrieb zuzurechnen.
- Geht das Unternehmen des Erblassers hingegen in das Treuhandeigentum des Testamentsvollstreckers über, führt dieser den Betrieb nach außen hin unter eigenem Namen, hat er sich damit auch die Einkünfte daraus zurechnen zu lassen.

Kapitel IX

Vorsorgeverfügungen im privaten und unternehmerischen Bereich

1 Einleitung

Wer denkt, mit einem Testament bereits ausreichend abgesichert zu sein, irrt. Neben erbrechtlichen Verfügungen sind auch die sog. Vorsorgeverfügungen von größter Bedeutung und unverzichtbar. Zur Verdeutlichung hierzu der folgende Fall.

Beispiel:

Ron Schnell, erfolgreicher Unternehmer, hatte mit Hilfe anwaltlicher Berater ein perfektes Testament gemacht. Bei der Einweihung eines neuen Fabrikgebäudes fiel ihm ein Dachziegel auf den Kopf und machte ihn schlagartig zum Pflegefall. Ron Schnell erlangte nie wieder dauerhaft das Bewusstsein, konnte weder sprechen noch sich sonst irgendwie artikulieren; auch war nicht sicher, ob er andere Personen auch nur teilweise verstehen konnte. Er lebte fortan, angeschlossen an eine Reihe von Maschinen, auf der Intensivstation eines Krankenhauses. Seine Frau Rita war mit der eingetretenen Situation überfordert. Ein sofort einberufenes Gespräch zwischen ihr, Rons Rechtsanwalt, Rons Steuerberater und Rons Banker ergab, dass Ron Schnell zwar ein perfektes Testament gemacht hatte, das aber in der jetzigen Situation zu nichts nutze war. Denn Ron Schnell war nicht tot, sondern lebendig. Alle Verfügungen, die seine Frau und seine Mitarbeiter im Unternehmen in der jetzigen Situation gebraucht hätten, hatte Ron Schnell komplett vergessen.

Dieser Fall zeigt: Selbst wenn Sie mit einem Testament einen großen Schritt in Richtung Vorsorge gemacht haben, sind dennoch weitere wichtige Vorsorgevorkehrungen zu treffen. Ein Testament, Erbvertrag oder sonstige Regelungen für den Fall des Todes nützen in einer Situation wie der von Ron Schnell nichts, da diese erst nach dem Ableben greifen. Dies zu wissen ist der erste Schritt für eine erfolgreiche und umfassende Vorsorge. Auch handelt es sich bei der Geschichte von Ron Schnell nicht um einen Einzelfall. Man denke dabei zum Beispiel an den Fall des berühmten mehrfachen Formel-1-Weltmeisters, der aufgrund eines Skiunfalls und einer damit einhergehenden schweren Kopfverletzung auf nicht absehbare Zeit und mit nicht absehbaren Genesungsprognosen ins Koma versetzt werden musste.

Im Folgenden werden daher die unverzichtbaren Absicherungsmöglichkeiten, die ein jeder wahrnehmen sollte, aufgezeigt. Dies sind die General- und Vorsorgevollmacht, die Betreuungsverfügung sowie die Patientenverfügung, generell bezeichnet als die sog. Vorsorgeverfügungen. Bei der Materie der Vorsorgeverfügungen handelte es sich lange Zeit um ein Tabuthema, bei welchem die speziellen Regelungsmöglichkeiten, die Vorsorgeverfügungen bieten, zum einen gesetzlich kaum geregelt und zum anderen auch in der Bevölkerung weitestgehend unbekannt waren. Inzwischen stellen sich immer mehr Menschen die Frage: »Wie sieht die passende Vorsorge aus für den Fall, dass ich selbst nicht mehr fähig bin eigene Entscheidungen zu treffen?«

Wir haben gegenüber unseren Ehegatten, Kindern, Lebensgefährten und nicht zuletzt gegenüber uns selbst die Pflicht, für den Fall der eigenen Geschäftsunfähigkeit vorzusorgen. Aber auch gegenüber Mitarbeitern, Angestellten und Geschäftspartnern besteht eine solche Verpflichtung. Dieser Themenkomplex betrifft somit neben dem klassischen Unternehmer auch jede Privatperson. So überrascht es (wie im vorangehenden Beispiel Rita Schnell) so manchen Ehepartner, dass er nicht automatisch für Bankgeschäfte, Entscheidungen der Gesundheitsfürsorge oder sonstige Angelegenheiten des plötzlich handlungsunfähigen Partners vertretungsberechtigt ist. Zwar besteht in einem solchen Fall die Möglichkeit, sich vom Betreuungsgericht als Betreuer für den Ehegatten bestellen zu lassen. Dies nimmt jedoch eine nicht zu unterschätzende Zeit in Anspruch und führt, bis die Betreuerbestellung tatsächlich erfolgt ist, dazu, dass in der Zwischenzeit für den betroffenen Ehepartner niemand handeln kann. Auch kann es im schlimmsten Fall dazu kommen, dass das Gericht eine fremde Person als Betreuer bestellt.

Gleiches gilt, wenn nicht sogar noch in viel umfangreicheren Maße, bei Unternehmern. So stellt sich oft erst dann, wenn der Unternehmer aufgrund von plötzlicher Krankheit oder eines Unfalls nicht mehr in der Lage ist, selbst Entscheidungen zu treffen geschweige denn die Führung des Unternehmens fortzusetzen, die Frage, ob das Unternehmen noch erfolgreich fortgeführt werden kann und wenn ja, durch wen. Die Vermeidung solcher Probleme erfolgt durch sog. Vorsorgeverfügungen: Mit den Vorsorgeverfügungen kann jede Person vorab selbst bestimmen, wer ihre Angelegenheiten im Fall der Fälle regeln soll und die bevollmächtigte Person kann ohne Verzögerung unmittelbar für den Vollmachtgeber tätig werden. Im Folgenden werden die unterschiedlichen Vorsorgeverfügungen erläutert und sowohl notwendige Regelungen für die jeweilige Person als Unternehmer wie auch als Privatperson aufgezeigt.

Hinweis für Ehegatten, Kinder und Geschwister:
Viele Menschen glauben, dass sie als Ehegatte, Kind oder Geschwister eines z. B. verunfallten und im Koma liegenden Menschen automatisch für diesen handeln und entscheiden dürfen. Dies ist ein weit verbreiteter Irrtum, der sich tragisch auswirken kann!

Beispiel:

Der 55-jährige Georg wird, als er die Straße überqueren will, von einem Auto erfasst und mit dem Kopf auf den Asphalt geschleudert. Er liegt im Koma und hat außerdem schwerere Verletzungen. Es müssen schnell medizinische Entscheidungen getroffen werden. Georgs Frau Lisa ist beruflich unterwegs. An ihrer Stelle eilen die beiden volljährigen Kinder von Georg sowie seine Eltern ins Krankenhaus. Da aber keines der Familienmitglieder eine Vorsorgevollmacht noch eine Patientenverfügung vorweisen kann, erhalten Georgs Eltern und seine Kinder keinerlei Mitspracherecht bei den ärztlichen Entscheidungen, ja sie haben noch nicht einmal das

Recht, über den genauen gesundheitlichen Zustand von Georg informiert zu werden! Stunden später kommt Georgs Frau Lisa eingeflogen. Zu ihrem Entsetzen werden auch ihr von den Ärzten mit Hinweis auf deren Schweigepflicht keine vollständigen Informationen über Georgs Gesundheitszustand gegeben und ihr auch kein Mitentscheidungsrecht ärztliche Maßnahmen betreffend eingeräumt, da auch Lisa keine Vorsorgevollmacht und keine Patientenverfügung von Georg vorweisen kann. Die Familie ist ebenso entsetzt wie ratlos.
Den Rat hätte sich Georg vorher selbst einholen müssen. Er selbst ist für das jetzige Desaster der Familie verantwortlich. Der entsprechende Rechtsrat hätte richtigerweise gelautet: In Deutschland, aber auch in Österreich, der Schweiz und anderen Ländern ist das System der Vorsorgeverfügungen – auch wenn diese im Einzelnen stark voneinander abweichen – sehr formalisiert. D.h., dass es für die Angehörigen nicht ausreicht, mit Georg verheiratet, eines seiner Kinder oder Geschwister oder Eltern zu sein. Solange die Familie keine schriftlichen Vorsorgeverfügungen vorweisen kann, muss sie weder informiert noch angehört werden. Das Argument (u. a.): Georg hätte ja eventuell seine Familie bewusst ausschließen wollen und es könnte beispielsweise einen Freund oder den Hausarzt geben, der die schriftliche ausschließliche Vorsorgevollmacht und Patientenverfügung für Georg besitzt.
Fazit: Auch wenn es die Ehefrau/der Ehemann, die Kinder, Geschwister oder Eltern sind: Mindestens eine Person muss in einer Vorsorgevollmacht und einer Patientenverfügung schriftlich bevollmächtigt sein.
Ausnahme, auf die Sie sich aber bitte nicht verlassen sollten: Ron Schnell hatte einen Freund, der vor einem halben Jahr von einem Auto angefahren worden ist und seitdem gelähmt und schwer bewusstseinsgetrübt im Rollstuhl sitzt. Diese Situation hatte Ron zwar nicht auf die Idee gebracht, seiner Frau oder seinen Kindern eine Vorsorgevollmacht und Patientenverfügung zu erteilen, er hatte sich aber über das Schicksal seines Freundes über Wochen hinweg aufgeregt und mit seiner Familie, aber auch mit Freunden immer wieder leidenschaftlich darüber diskutiert und festgestellt, dass er, Ron, so etwas nie erleben wolle, er wolle dann lieber in Ruhe sterben dürfen als das Schicksal seines Freundes zu teilen. Als ihm dann tatsächlich ein halbes Jahr später das gleiche passierte, ließ sein Anwalt entsprechende eidesstattliche Versicherungen seiner Familie und seiner Freunde ausfertigen, aus denen sich einstimmig ergab, dass Ron den Tod einem Leben im Koma und im Rollstuhl vorziehen würde. Ganz ausnahmsweise wurde der vielfach vor Zeugen geäußerte Wunsch von Ron sowohl vom Gericht als auch von der Klinik akzeptiert und den entsprechenden Entscheidungen zugrunde gelegt.

2 Die Funktionen der verschiedenen Vorsorgeverfügungen

2.1 Einleitung

Das alte Motto »Wer nichts macht, kann auch nichts falsch machen« ist in Fällen wie dem vorliegenden ausnahmsweise nicht richtig. Hier gilt: Wer nichts macht, macht alles falsch. Wenn ein Mann wie Ron Schnell für den Fall eines Unfalls etc. keine Vorsorge getroffen hat, gibt es niemanden, der für ihn seine privaten und geschäftlichen Angelegenheiten besorgen kann. Selbst seiner Frau sind die Hände gebunden, da er sie nicht zu seiner Bevollmächtigten bestimmt hat.

Auf entsprechenden Antrag, z. B. der Ehefrau oder des Prokuristen, wird das Amtsgericht (dort speziell das Betreuungsgericht) für den verunglückten Ron Schnell einen gesetzlichen Betreuer ernennen. Das kann möglicherweise Rita Schnell sein, das kann möglicherweise – für die Firmenangelegenheiten – der Prokurist sein, es kann aber auch sein, dass das Gericht völlig fremde Personen einsetzt, d. h. Personen, die dem Gericht als zuverlässig bekannt sind. Nachteil der Einsetzung solcher Personen ist, dass sie weder den Betroffenen noch sein Unternehmen kennen, d. h. mit der Situation in aller Regel überfordert sind und im Zweifel die falschen Entscheidungen treffen. Außerdem muss der gesetzliche Betreuer für jede größere Angelegenheit die eigenen Entscheidungen vom Betreuungsgericht absegnen lassen. Das kann ebenfalls zu gravierenden Problemen führen, wie die Fortführung unseres Beispiels zeigt.

Beispiel:

Der Unternehmer Ron Schnell war in einem schnelllebigen Geschäft, dem Vertrieb von Halbleiterprodukten, tätig. Er hat noch einen Bruder, der zwar vom Geschäft keine Ahnung hat, aber durch seine finanziellen Möglichkeiten Ron unter die Arme gegriffen hatte und daher 50 % der Anteile an Rons Firma hält. Wenn nun eine Gesellschafterversammlung einberufen wird, in der weitreichende Beschlüsse über die Zukunft der Unternehmensfortführung gefasst werden, dann müsste der Betreuer (z. B. der Prokurist von Ron) diese Beschlüsse der Gesellschafterversammlung vom Betreuungsgericht absegnen lassen. Der Rechtspfleger oder der Richter wird aber in aller Regel vom Geschäft mit Halbleitern so gut wie nichts verstehen, dementsprechend wird er sich zunächst ein Gutachten erstellen lassen, um dann den Gesellschafterbeschluss gutzuheißen oder zu verwerfen. Bis das Gutachten eingetroffen ist, vergeht ein halbes Jahr. Bis dahin ist die Firma vielleicht bereits insolvent.

Eine gesetzliche Betreuung sowie die Einsetzung fachfremder und mit der Familie und dem Unternehmen nicht vertrauter Personen können sowohl für die Familie als auch für das Unternehmen eine Katastrophe bedeuten, wie der dargestellte Sachverhalt verdeutlicht.

Dementsprechend ist es ein absolutes Muss, dass jede Privatperson (für den privaten Bereich) und jeder Unternehmer (Letzterer zusätzlich für den geschäftlichen Bereich) Vorsorge treffen, damit Fälle wie der eben genannte, bei dem innerhalb kürzester Zeit Unternehmen zerstört werden, nicht eintreten können. Glücklicherweise gibt es probate Mittel, solchen Situationen vorzubeugen. Mit Vorsorgeverfügungen wird das Szenario für den »Fall der Fälle« geregelt: Was ist bei plötzlicher Krankheit, bei plötzlichem geistigen Totalausfall des Unternehmers und/oder des Familienoberhauptes zu tun? Was in gesundheitlicher, was in geschäftlicher Hinsicht? Was finanziell? Wer soll sich um was kümmern? Und wie erreicht man, dass all das, was sich die Familie und der Unternehmer vorab ausgedacht haben, von der Umgebung respektiert und umgesetzt wird?

2.2 Die Vorsorgevollmacht

Am individuellsten lassen sich Vorbeugungsmaßnahmen durch eine sog. »Vorsorgevollmacht« realisieren. Mit der Vorsorgevollmacht kann jeder von uns im Voraus eine Person seiner Wahl und seines Vertrauens als Vertreter für den Fall bestimmen, dass er eines Tages seine Geschäfts- und Handlungsfähigkeit verlieren sollte. Die Vorsorgevollmacht kann sowohl einer einzelnen Person als auch mehreren Vertrauten erteilt werden. So hätte Ron Schnell für seine familiären Angelegenheiten seine Frau, für die Angelegenheiten seines Unternehmens seinen Prokuristen einsetzen können. Er hätte also zwei Vorsorgevollmachten erteilen können und zwei verschiedene Personen hätten sich um verschiedene Bereiche kümmern können.

Um für alle Eventualitäten vorzusorgen, müssen Vorsorgevollmachten grundsätzlich alle Lebensbereiche umfassen. Das sind z. B. für die Besorgung von Vermögensangelegenheiten die Geschäftsführer-Vertretung, die Bevollmächtigung zur gerichtlichen und außergerichtlichen Vertretung und auf der persönlichen Seite die Bevollmächtigung zur Einwilligung in ärztliche Maßnahmen, das Aufenthaltsbestimmungsrecht (Krankenhaus oder Sanatorium?) etc. Wegen dem Erfordernis, alle denkbaren Lebensbereiche zu erfassen, ist eine Vorsorgevollmacht in aller Regel gleichzeitig eine Generalvollmacht. Dabei zeigt allerdings schon das Wort »Generalvollmacht« die damit verbundene Gefahr auf: Mit einer einmal dem Prokuristen oder der Ehefrau gegebenen Generalvollmacht kann der Bevollmächtigte tatsächlich auch »alles machen, was er will«. Wie man diese Gefahr sinnvoll einschränkt, wird im Folgenden erläutert.

An dieser Stelle soll zunächst einmal eine Vorsorgevollmacht abgebildet werden, damit den darauf folgenden Ausführungen ein konkretes Beispiel zugrunde liegt. Dabei ist das folgende Beispiel nicht als allgemein verbindlich zu verstehen; es enthält auch nicht sämtliche Regelungen. Es gibt aber Anhaltspunkte und zeigt beispielhaft die Bereiche auf, die üblicherweise mit einer Vorsorgevollmacht geregelt werden können. Da dies aber nur ein Beispiel ist, ist dringend davon abzuraten, es einfach für den Eigengebrauch zu kopieren. Hierbei können nur Fehler gemacht werden. Wichtig ist vielmehr, dass anhand dieses Beispiels deutlich wird, für welche Bereiche Regelungsbedarf besteht. Ein Fachmann kann dann individuell beraten und eine individuelle Vorsorgevollmacht erstellen.

Beispiel:

I.

»Herr ...., geb. am............., wohnhaft ....,

– nachstehend als »Vollmachtgeber« bezeichnet –

erteilt hiermit folgender Person, nämlich

Frau ...., geb. am .... in ...., wohnhaft ....,

– nachstehend »die Bevollmächtigte« genannt –

Vollmacht,

den Vollmachtgeber in allen persönlichen Angelegenheiten, auch in Gesundheitsangelegenheiten und bei der Aufenthaltsbestimmung sowie in allen Vermögens-, Steuer- und sonstigen Rechtsangelegenheiten in jeder denkbaren Richtung, bei denen eine Stellvertretung gesetzlich zulässig ist, zu vertreten.

Die nachstehenden Aufzählungen sind ausdrücklich beispielhaft und sollen keine Einschränkung der Vollmacht bewirken.
Die Vollmacht beinhaltet hinsichtlich der Vermögensangelegenheiten insbesondere auch

..
[hier können beispielhaft Tätigkeitsbereiche, in denen die Vollmacht gelten soll, aufgezählt werden]

In persönlichen Angelegenheiten ist die Bevollmächtigte insbesondere auch ermächtigt

1. *zur Wahrnehmung aller Angelegenheiten der Gesundheitsfürsorge, vor allem zu Einwilligungen, Nichteinwilligungen und Widerrufen von Einwilligungen in Untersuchungen des Gesundheitszustandes, Heilbehandlungen oder ärztliche Eingriffe, auch dann, wenn die begründete Gefahr besteht, dass der Vollmachtgeber aufgrund der Maßnahme (bzw. deren Unterlassung oder Abbruch) stirbt oder einen schweren und länger andauernden gesundheitlichen Schaden erleidet (§ 1904 Abs. 1 und Abs. 2 BGB),*

2. *zur Einholung aller Informationen von den den Vollmachtgeber behandelnden Ärzten und zur Einsicht in die Krankenunterlagen des Vollmachtgebers; zu diesem Zweck entbindet der Vollmachtgeber die ihn behandelnden Ärzte von der Schweigepflicht,*
3. *zur Bestimmung des Aufenthalts des Vollmachtgebers einschließlich der Befugnis zu seiner Unterbringung, auch soweit sie mit Freiheitsentziehung verbunden ist (§ 1906 Abs. 1 BGB),*
4. *zur Einwilligung in ärztliche Maßnahmen, die dem natürlichen Willen des Vollmachtgebers widersprechen (ärztliche Zwangsmaßnahmen, einschließlich § 1906 Abs. 3 BGB), weil der Vollmachtgeber aufgrund psychischer Krankheit oder geistiger oder seelischer Behinderung die Notwendigkeit der Maßnahme nicht erkennen kann oder nicht nach dieser Einsicht handeln kann,*
5. *zur Entscheidung über freiheitsentziehende oder freiheitsbeschränkende Maßnahmen durch mechanische Vorrichtungen, Medikamente oder auf andere Weise (§ 1906 Abs.4 BGB).*

Die Bevollmächtigte ist auch beauftragt und ermächtigt, meinem in einer Patientenverfügung niedergelegten Willen Geltung zu verschaffen.

II.

Vorstehende Vollmacht erlischt weder durch den Tod des Vollmachtgebers noch durch den Umstand, dass der Vollmachtgeber geschäftsunfähig wird.
Die Bevollmächtigte ist in Vermögensangelegenheiten von den Beschränkungen des § 181 BGB befreit.
Die Bevollmächtigte kann in Vermögensangelegenheiten Untervollmacht erteilen. Untervollmacht darf unter der Befreiung von den Beschränkungen des § 181 BGB nicht erteilt werden.
Die Vollmacht in persönlichen Angelegenheiten ist nicht übertragbar; Untervollmacht darf in persönlichen Angelegenheiten nicht erteilt werden.
Die Vollmacht ist widerruflich.

III.

Im Innenverhältnis darf die Bevollmächtigte von der Vollmacht nur dann und nur insoweit Gebrauch machen, als der Vollmachtgeber selbst an der Besorgung der entsprechenden Angelegenheit verhindert ist oder ihn für die Besorgung der entsprechenden Angelegenheit beauftragt hat.
Der Vollmachtgeber ist sich bewusst, dass trotz dieser internen Vereinbarung in Geschäften mit Dritten die Bevollmächtigte nach außen hin als vertretungsberechtigte Person auftreten kann, wenn sie die vorliegende Vollmachtsurkunde vorlegt.«
Datum, Ort, Unterschrift

Eine solche umfassende Vorsorgevollmacht hat den Vorteil, dass der Unternehmer/die Privatperson so gut wie jegliche Einflussnahme des Betreuungsgerichtes vermeidet. Je präziser und umfassender die Vorsorgevollmacht, desto geringer die Einflussmöglichkeit des Gerichtes. Letzteres ist, wenn funktionierende Familien- und Unternehmensstrukturen vorhanden sind, eher hinderlich.

2.3 Die Betreuungsverfügung

Beispiel:

Ron Schnell hatte auch eine recht eigensinnige Schwester Susanne Unmut, geborene Schnell, die ihre Schwägerin von Herzen hasste. In der festen Überzeugung, dass ihre Schwägerin Rita das beträchtliche Vermögen ihres verunglückten Bruders in kürzester Zeit verprassen würde, beantragte Susanne beim Betreuungsgericht eine amtliche (gesetzliche) Betreuung für ihren Bruder mit dem Ziel, dass das Betreuungsgericht die Vorsorgevollmacht, die Rita Schnell in Händen hatte, einziehen und an deren Stelle einen gesetzlichen Betreuer einsetzen solle, der sich fortan um Ron Schnells sämtliche privaten wie geschäftlichen Angelegenheiten kümmern solle. Dieser vom Gericht einzusetzende gerichtliche Betreuer solle – so beantragte Susanne Unmut – sie selbst sein.
Mit diesem Antrag auf eine gesetzliche Betreuung wollte Susanne Unmut die General- und Vorsorgevollmacht ihrer Schwägerin unterlaufen. Dieser clevere Schachzug hätte unter gewissen Umständen auch Erfolg gehabt, wenn sie ihrer Schwägerin tatsächlich hätte nachweisen können, dass diese zur Ausübung der Vollmacht für ihren Ehemann unfähig sei. Dies wäre beispielsweise der Fall, wenn Rita mehrfach wegen finanzieller Untreue vorbestraft wäre.

Da derartige Manöver »anteilnehmender« Verwandter keine Seltenheit und vorhersehbar sind, wäre es Ron Schnell zu raten gewesen, als weitere Absicherung eine sog. Betreuungsverfügung zugunsten seiner Frau zu erstellen. Eine solche Betreuungsverfügung wird – da sie in aller Regel nur für den »Fall der Fälle« erteilt wird – mit in den Text der Vorsorgevollmacht aufgenommen, beispielsweise in einer Form wie der folgenden. Aus dieser Formulierung ergibt sich noch einmal ausdrücklich, dass die Vollmacht der gesetzlichen Betreuung vorgeht.

Beispiel:

»Die (vorstehende) Vollmacht dient der Vermeidung einer Betreuung und geht der Anordnung einer Betreuung vor. Sie ist unabhängig von dem Nachweis über das Vorliegen einer Betreuungssituation zu verwenden. Sie beruht auf der mit der Bevollmächtigten getroffenen Vereinbarung, dass sie sich im Falle der Betreuungsbedürftigkeit des Vollmachtgebers um seine Angelegenheiten kümmert und vor allem die vorgenannten Maßnahmen für ihn durchführen wird.
Soweit trotz der erteilten Vollmacht und des erteilten Auftrags die Betreuung des Vollmachtgebers durch einen gerichtlich bestellten Betreuer erforderlich werden sollte, bestimmt der Vollmachtgeber bereits heute, dass in diesem Fall die obengenannte Bevollmächtigte zu seinem gesetzlichen Betreuer zu bestellen ist.«
Datum, Ort, Unterschrift

Klarzustellen ist nochmals, dass die Betreuungsverfügung in aller Regel nur als eine zusätzliche Absicherungsmöglichkeit zur Vorsorgevollmacht in Betracht kommt und keine echte

Alternative zu dieser darstellt. Vorteil der Vorsorgevollmacht gegenüber der bloßen Betreuungsverfügung ist nämlich, dass die Vorsorgevollmacht zum einen kein betreuungsgerichtliches Verfahren voraussetzt und außerdem der Vorsorgebevollmächtigte anders als der Betreuer nicht unter betreuungsgerichtlicher Aufsicht steht und damit nicht gegenüber dem Gericht zur regelmäßigen Rechenschaftsablegung (z. B. durch Abgabe eines Jahresberichtes über das Vermögen des Betreuten) verpflichtet ist. Diese Überwachung kostet nicht nur Zeit, sondern kann auch gegenüber dem langjährigen Ehepartner einen latenten Misstrauensbeweis und damit eine persönliche Erniedrigung darstellen. Die Abfassung einer Vorsorgevollmacht ist daher in 99 Prozent aller Fälle der vorzugswürdige Weg und die Betreuungsverfügung eine zusätzliche Absicherungsmaßnahme (siehe Susanne Unmut).

Es gibt allerdings eine Personengruppe, für welche die Erteilung einer Betreuungsverfügung anstelle einer Vorsorgevollmacht zu empfehlen ist. Das sind die Menschen, die keinen Partner und keine Verwandten oder Freunde haben, auf den bzw. die sie sich sicher verlassen können.

Beispiel:

Die 75-jährige Frau Schmidt hat keine Kinder, ihre Verwandten und Freunde sind bereits verstorben. Die einzige Bezugsperson ist eine nette, 20 Jahre jüngere Nachbarin, die gelegentlich zu der alten Dame zum Nachmittagskaffee kommt. Frau Schmidt ist von der Freundlichkeit der jüngeren Frau angetan und möchte dieser Frau für den Fall ihrer Pflegebedürftigkeit eine Vorsorgevollmacht erteilen.
Nun ist es aber so, dass Frau Schmidt von der jüngeren Frau so gut wie nichts weiß, außer, dass sie vor zwei Jahren ins gleiche Haus gezogen ist. Sie kennt weder deren Familie noch deren Geschichte, sie hat keine Möglichkeit, die Aussagen der Frau über ihren Beruf etc. zu verifizieren. Mit der Vorsorgevollmacht würde sich die alte Dame der jüngeren Frau vollständig ausliefern. Die jüngere Frau könnte – bewusst oder unbewusst (vielleicht ist sie gutmütig, kann aber mit Geld nicht umgehen) – das Vermögen der alten Dame in kürzester Zeit vernichten und die alte Dame wäre um ihre Altersersparnisse gebracht.

Lösung:

All diese Unsicherheiten sollten im vorliegenden Fall dadurch vermieden werden, dass die alte Dame der jüngeren Frau keine Vorsorgevollmacht erteilt, sondern eine Betreuungsverfügung. Damit würde die jüngere Frau in dem Moment, in dem die Dame geschäftsunfähig wird, vom Gericht als gesetzliche Betreuerin eingesetzt. Dies hätte den Vorteil, dass die alte Dame eine Person als gesetzliche Betreuerin hätte, die sie persönlich kennt und mit der sie sich wohlfühlt. Gleichzeitig hätte die Betreuungsverfügung aber den Vorteil, dass die Tätigkeit der gesetzlichen Betreuerin regelmäßig durch das Betreuungsgericht überprüft und insbesondere die Vermögensverwaltung überwacht wird.
Wenn die alte Dame diese weitgehende Kontrolle durch das Betreuungsgericht vermeiden will, hat sie eine weitere Möglichkeit. Anstatt die jüngere Frau als ihre gesetzliche Betreuerin

vorzuschlagen, kann Frau Schmidt auch eine wenig bekannte Konstruktion wählen: Sie ernennt die jüngere Frau doch zu ihrer Vorsorgebevollmächtigten, lässt diese aber durch einen sog. Kontrollbevollmächtigten (d. h. durch eine weitere Person) kontrollieren. Wie dies im Einzelnen organisiert wird, siehe 3.1.4.4.

Die Konstruktion mit dem Kontrollbevollmächtigten hat den Vorteil, dass der Bevollmächtigte nicht ohne Kontrolle ist und dennoch diese Kontrolle keine gerichtliche (mit den damit verbundenen Umständlichkeiten), sondern eine private ist. Der Nachteil ist, dass der Kontrollbevollmächtige auch eine Person sein muss, die das Vertrauen des Bevollmächtigenden genießt. Wenn eine solche zweite Person nicht in Sicht ist, muss dann möglicherweise doch ein vom Gericht bestellter sog. Kontrollbetreuer eingesetzt werden.

2.4 Die Patientenverfügung

2.4.1 Die Patientenverfügung im Allgemeinen

Die Patientenverfügung als dritter Teilbereich der Vorsorgeverfügungen betrifft allein den gesundheitlichen Bereich. Die Patientenverfügung ist eine Anweisung an den jeweiligen behandelnden Arzt für den Fall, dass der Verfügende selbst aufgrund von Bewusstlosigkeit oder Bewusstseinstrübung seinen Willen nicht mehr äußern kann. Durch die Patientenverfügung kann der Vollmachtgeber regeln, welche ärztlichen Eingriffe, Heilbehandlungen oder Untersuchungen er wünscht oder untersagt. Die Patientenverfügung tritt somit als eigene Verfügung neben die Vorsorgevollmacht und sollte in einem gesonderten Dokument verfasst und gegebenenfalls beim Hausarzt hinterlegt werden.

Die Grundüberlegung zur Patientenverfügung besteht in Folgendem: Aufgrund der in den letzten Jahrzehnten eingetretenen medizinischen Fortschritte ist es heute möglich, Menschen, die infolge eines Unfalls oder ihres hohen Alters nur noch mit modernster Technik (z. B. im Koma liegend) weiter »leben« können, die Möglichkeit zu geben, selbst darüber zu entscheiden, ob sie in solch einer Situation lieber sterben als weiterleben wollen.

Noch lange Zeit nach dem Zweiten Weltkrieg war dieses Thema in Deutschland ein gesellschaftliches Tabu. Erst im Jahre 2009 beschloss der Deutsche Bundestag ein Gesetz, aufgrund dessen Menschen mittels Patientenverfügung selbst entscheiden dürfen, ob sie in bestimmten Situationen (Unfall, Krankheit etc.) lieber sterben als weiterleben wollen. Die gesetzliche Möglichkeit für eine Patientenverfügung gibt es in Deutschland somit gerade einmal acht Jahre. Die Personen, die eine Patientenverfügung verfassen, können sowohl Ehepartner als auch Kinder und Lebensgefährten, d. h. ganz bestimmte und präzise genannte Personen, für den Fall ermächtigen, dass sie (beispielsweise aufgrund eines Unfalls) nicht mehr selbst in der Lage sind zu entscheiden. In diesem Fall dürfen die genannten Personen über die Frage einer medizinischen Weiterversorgung oder über deren Einstellung selbst entscheiden.

Seit 2009 ist es in Deutschland also grundsätzlich möglich, selbst oder aber über selbst benannte Dritte über den Abbruch oder die Weiterführung medizinischer Maßnahmen und somit auch über die Frage des eigenen Todes zu bestimmen.

Allerdings hat sich der Deutsche Bundestag damals nicht dazu durchringen können, eine allgemein verbindliche Formulierung für die sog. Patientenverfügung zu verabschieden. Dementsprechend gibt es heute eine Vielzahl von Patientenverfügungs-Formularen, die als Grundlage für die Erstellung einer individuellen Patientenverfügung dienen können.

2.4.2 Verschärfte Anforderungen an Patientenverfügungen seit Juli 2016

Im Kern geht es bei einer Patientenverfügung um die Frage, ob und inwieweit lebensverlängernde Maßnahmen im Vorfeld des Sterbens gewollt sind oder nicht. Dementsprechend beschränkten sich viele der Patientenverfügungs-Formulare bisher darauf, Formulierungen zu verwenden wie beispielsweise die, dass im Ernstfall **»keine lebenserhaltenden Maßnahmen«** gewünscht werden. Durch diese Klausel sollte es möglich werden, im bereits begonnenen Sterbeprozess z. B. die künstliche Ernährung eines Patienten mittels einer Sonde (und damit seine Lebenserhaltung) abbrechen sowie Wiederbelebungsmaßnahmen unterlassen zu können.

Mit Beschluss vom 06.07.2016 hat der BGH die eben genannte Musterformulierung für zu ungenau erklärt. Er stützte sich dabei auf die Begründung, dass der Wortlaut nicht genau und detailliert genug sei, um den behandelnden Ärzten wie auch den entscheidungsbevollmächtigten Angehörigen eine ausreichende Grundlage für eine Entscheidung zu geben.

Mit anderen Worten: **Durch die BGH-Entscheidung dürfte ein Großteil der bisher erstellten Patientenverfügungen im Kern unwirksam sein!**

So reicht allein die Anweisung in einer Patientenverfügung, »den Abbruch lebenserhaltender Maßnahmen im Falle des Sterbens zu wünschen«, dem BGH nach der genannten Rechtsprechung nicht mehr aus. Vielmehr verlangt der BGH, dass die Situation und Maßnahmen im Einzelnen konkret aufgeführt werden. Dies gilt ausdrücklich unter dem Hinweis, dass zwar die eigene Krankengeschichte natürlich nicht vorhergesagt werden kann, aber gleichzeitig die bloße Nennung »Unterlassung von lebenserhaltenden Maßnahmen« eben nicht hinreichend konkret und damit rechtlich unwirksam ist.

Diese Entscheidung des BGH hat zu großer Verunsicherung bei allen geführt, die in der Vergangenheit eine Patientenverfügung errichtet haben bzw. sich aktuell mit dem Gedanken tragen, eine solche zu errichten, aber auch bei denen, die mit der Abfassung der Verfügung betraut sind wie beispielsweise Rechtsanwälte und Notare. Das Urteil wirft zahlreiche Fragen auf, insbesondere: »Ist meine Patientenverfügung ausreichend und wird sie später von den Ärzten Beachtung finden?« »Was soll ich ggf. zusätzlich in meine Patientenverfügung aufnehmen? Reichen meine bisher verwendeten Musterformulierungen noch aus, oder muss ich genauer – und wenn ja, dann wie – differenzieren, um den Ärzten und den von mir entscheidungsbevollmächtigten Angehörigen ausreichende Sicherheit zu geben?«

Ohne die Prüfung der vorstehenden Fragen und die gegebenenfalls erforderliche Erstellung einer neuen oder stark abgewandelten Patientenverfügung besteht die Gefahr, dass der Betroffene trotz seiner Patientenverfügung auch dann weiterleben muss, wenn er dies eigentlich gerade ausdrücklich gar nicht mehr will.

2.4.3 Inhalt der Patientenverfügung nach der neuen Rechtsprechung des BGH

Das Urteil des BGH macht es notwendig, dass jeder, der eine Patientenverfügung bereits verfasst hat, sich erneut beraten lassen muss, ob seine Patientenverfügung überhaupt noch rechtswirksam ist bzw. welche Änderungen und Ergänzungen er vornehmen muss. Personen, die noch keine Patientenverfügung errichtet haben, können sich nicht mehr an den im Internet auffindbaren Mustern orientieren, sondern sollten sich unbedingt individuell beraten lassen.

Da das Urteil des BGH Fragen aufgeworfen und aber nur teilweise beantwortet hat, gibt es bisher und in absehbarer Zeit keine allgemein gültigen Formulare, sondern der Einzelne muss sich individuell beim Spezialisten beraten lassen. Möglicherweise reicht eine Änderung und/oder Ergänzung bereits aus, möglicherweise muss die Verfügung ganz neu gemacht werden.

In unserem Nachbarland Österreich ist die Beratung durch einen Rechtsanwalt oder Notar und einen Arzt Pflicht; haben diese Personen nicht durch ihre Unterschrift bestätigt, dass sie denjenigen, für den die Patientenverfügung gelten soll, umfassend beraten haben, so ist die Patientenverfügung unwirksam (dazu noch weiter unten). Bei uns in Deutschland ist dies noch nicht soweit. Die BGH-Entscheidung führt jedoch dazu, dass bei der Erstellung der Patientenverfügung eine Beratung durch einen spezialisierten Anwalt dringend zu empfehlen ist. Bei den medizinischen Einzelheiten, die jetzt in jeder Patientenverfügung geregelt werden müssen, steht der (Haus-)Arzt zur Verfügung und zur Seite.

Der (Haus-)Arzt kann dem Einzelnen auch helfen, wenn er aufgrund einer etwaigen persönlichen und besonderen Erkrankung an eine weitere Behandlungssituation oder Behandlungsmaßnahme denkt; der (Haus-)Arzt wird dann die entsprechenden Formulierungen empfehlen.

Natürlich können in einer Patientenverfügung auch bestimmte ärztliche Maßnahmen ausdrücklich ausgeschlossen werden, wie künstliche Ernährung (»weder über eine Sonde durch den Mund, die Nase oder die Bauchdecke noch über die Vene«), Wiederbelebungsmaßnahmen, Bluttransfusionen oder künstliche Beatmung (z. B. unter der Voraussetzung, dass Medikamente zur Linderung der Luftnot verabreicht werden).

Dabei bietet es sich an, eine Begründung für den Ausschluss dieser Maßnahmen zu geben, wie beispielsweise schlechte Erfahrungen im Krankenhaus oder das bestehende hohe Alter.

Auch kann in der Patientenverfügung festgelegt werden, wem der behandelnde Arzt Auskunft erteilen darf. Dies kann vor allem bei Personen, die nicht verheiratet, aber Lebensgefährten sind, notwendig sein, damit der Lebensgefährte tatsächlich Auskunft über den medizinischen Zustand des Kranken erhält.

Weiter ist es zu empfehlen, in die Patientenverfügung einen Passus aufzunehmen, durch den die Ehepartner, die Kinder oder sonstige nahestehende Personen dazu ermächtigt werden, im Falle der Bewusstlosigkeit oder Bewusstseinstrübung des Verfügenden für diesen Entscheidungen zu treffen. Sollte nämlich zu dem Zeitpunkt, in dem der Verfügende selbst nicht mehr entscheiden kann, nicht eindeutig feststehen, ob ärztliche Maßnahmen wie z. B. eine Operation tatsächlich zur Genesung des Verfügenden oder aber lediglich zur

Lebensverlängerung ohne Aussicht auf Besserung des Zustandes führen, wird der Arzt im Zweifel die Maßnahme vornehmen müssen, selbst wenn sie mit einem hohen Maß an Schmerzen verbunden und die Chancen für eine Genesung gleich Null sein sollten.

In einem solchen Fall kann der zu der Vertretung Bevollmächtigte dem tatsächlichen Willen des Verfügenden Geltung verschaffen und ggf. die Einwilligung zu einer solchen Operation verweigern. Natürlich sollte der Vollmachtgeber die Vertrauensperson zuvor über seine besonderen Wünsche hinsichtlich eines würdevollen Lebensendes im Krankheitsfall genau informieren. Diese Informationen und Instruktionen sollte der Verfügende in der Patientenverfügung schriftlich und so präzise wie möglich geben. Dann kann nämlich der Bevollmächtigte (in der Regel sind das der Ehepartner, Lebenspartner oder Geschwister) seine Entscheidung (z. B. »mein Bruder soll nicht mehr operiert werden«) nachdrücklicher und überzeugender (weil in der Patientenverfügung bereits vom Verfügenden selbst dokumentiert) vertreten und durchsetzen.

Dabei sollte jedoch sichergestellt werden, dass die in der Patientenverfügung bevollmächtigten Personen die gleichen Personen sind wie diejenigen, die in der Vorsorgevollmacht genannt sind, da es sonst zu Konflikten zwischen verschiedenen bevollmächtigten Personen kommen kann. Daneben ist zu beachten, dass die Bevollmächtigung in der Patientenverfügung eine von der Vorsorgevollmacht unabhängige Bevollmächtigung darstellt. Das bedeutet praktisch Folgendes: Wenn eine Bevollmächtigung aufgehoben werden soll, dann muss der Vollmachtgeber sowohl die Vorsorgevollmacht als auch die Patientenverfügung widerrufen und diese Verfügungen auch wieder zurückfordern. Andernfalls bleibt die Bevollmächtigung in der Patientenverfügung weiterhin bestehen. Was den Widerruf der Patientenverfügungs-Vollmacht betrifft, so gelten die im nächsten Kapitel gemachten Ausführungen zum »Widerruf der Vorsorgevollmacht« hier ebenso für die Patientenverfügungs-Vollmacht.

Da eine Patientenverfügung, wie bereits oben erwähnt, grundsätzlich nach individuellen Wertvorstellungen und Behandlungswünschen des Betroffenen für den Fall der Entscheidungsunfähigkeit erstellt werden muss, gibt es kein allgemein gültiges und allumfassendes Muster. Eine solche Patientenverfügung könnte allerdings wie folgt aussehen (auch hier ist der Text nur als Anregung und Übersicht zu verstehen; die eigene Patientenverfügung ist nach den jeweiligen persönlichen Bedürfnissen individuell zu gestalten!):

Beispiel:

Patientenverfügung

»Für den Fall, dass ich, ..., geb. am ....…..., wohnhaft

......................., nicht mehr einwilligungsfähig bin, also insbesondere aufgrund von Bewusstlosigkeit oder Bewusstseinstrübung durch Krankheit, Unfall oder sonstige Umstände nicht mehr in der Lage bin, meinen Willen zu äußern, verfüge ich:

I.
Geltungsbereich

Solange eine realistische Aussicht auf Erhaltung eines erträglichen Lebens besteht, erwarte ich ärztlichen und pflegerischen Beistand unter Ausschöpfung der angemessenen Möglichkeiten.

Diese Patientenverfügung soll jedoch gelten, wenn eine der folgenden Situationen medizinisch eindeutig festgestellt werden kann:

Hinweis: Die per Stichpunkt (»Kästchen«) aufgezählten Sätze können allesamt angekreuzt werden, Sie können auch nur einzelne davon auswählen. Bitte teilen Sie uns daher mit, für welche der aufgezählten Situationen Ihre Patientenverfügung gelten soll, dann passen wir den Text entsprechend für Sie an

☐ *Wenn ich mich unabwendbar im unmittelbaren Sterbeprozess befinde.*

und/oder

☐ *Wenn ich mich im Endstadium einer unheilbaren, tödlich verlaufenden Krankheit befinde, selbst wenn der Todeszeitpunkt noch nicht absehbar ist.*

Erläuterung: Die vorstehend beschriebenen Situationen sind die Grundfälle, für die die meisten Menschen eine Patientenverfügung verfassen möchten. Sie können die Patientenverfügung jedoch auch für die folgenden Situationen verfassen und ergänzen:

und/oder

☐ *Wenn infolge einer Gehirnschädigung meine Fähigkeit, Einsichten zu gewinnen, Entscheidungen zu treffen und mit anderen Menschen in Kontakt zu treten, nach Einschätzung zweier erfahrener Ärztinnen oder Ärzte aller Wahrscheinlichkeit nach unwiederbringlich erloschen ist, selbst wenn der Todeszeitpunkt noch nicht absehbar ist. Dies gilt für direkte Gehirnschädigung, z. B. durch Unfall, Schlaganfall oder Entzündung, ebenso wie für indirekte Gehirnschädigung, z. B. nach Wiederbelebung, Schock oder Lungenversagen. Es ist mir bewusst, dass in solchen Situationen die Fähigkeit zu Empfindungen erhalten sein kann und dass ein Aufwachen aus diesem Zustand nicht ganz sicher auszuschließen, aber unwahrscheinlich ist.*

Erläuterung: Gemeint sind damit Gehirnschädigungen, die dazu führen, dass man keine Einsicht mehr gewinnen kann, keine Entscheidungen mehr treffen kann und nicht länger mit anderen Menschen in Kontakt treten kann. Es geht um Zustände von Dauerbewusstlosigkeit oder um wachkomaähnliche Krankheitsbilder, bei denen es zu einem vollständigen oder weitgehenden Ausfall der Großhirnfunktion kommt. In dieser Situation sind zwar die lebenswichtigen Körperfunktionen (Atmung, Darm- oder Nierentätigkeit) weiterhin funktionsfähig, man hat jedoch die Fähigkeit zum bewussten Denken, zu gezielten Bewegungen oder zur Kontaktaufnahme verloren. Jedenfalls ist eine sichere Aussage darüber, ob es eines Tages eine (eingeschränkte) Besserung gibt (was grundsätzlich möglich, wenngleich selten ist), nicht möglich. Wenn man sich also dessen bewusst ist und auch erkennt, dass selbst die Einschätzung zweier erfahrener Ärzte nicht stets fehlerfrei sein wird, kann man diesen Punkt ankreuzen.

und/oder

☐ *Wenn ich infolge eines weit fortgeschrittenen Hirnabbau-Prozesses (z. B. durch eine Demenzerkrankung) auch mit ausdauernder Hilfestellung nicht mehr in der Lage bin, Nahrung und Flüssigkeit auf natürliche Weise zu mir zu nehmen.*

Erläuterung: Gemeint ist damit insbesondere die fortgeschrittene Demenz. Es geht also um eine Krankheit und nicht um einen Sterbeprozess. Bei dieser Erkrankung verliert man mehr und mehr die Fähigkeit, Einsichten zu gewinnen und verbal mit der Umwelt zu kommunizieren, während jedoch die Empfindungsfähigkeit beibehalten bleibt.
Durch das Ankreuzen dieses Punktes entscheiden Sie darüber, ob bzw. wie während der Krankheit auftretende Probleme behandelt werden sollen. Wird eine Behandlung durchgeführt, kann damit ein Zustand aufrechterhalten oder herbeigeführt werden, in dem viele Menschen nicht am Leben gehalten werden möchten. Das Unterlassen einer Behandlung kann hingegen zum Tod führen.
Wenn Sie also wünschen, dass in diesem Krankheitsstadium gewisse ärztliche Maßnahmen unterlassen werden, um den Sterbeprozess zu beschleunigen, sollten Sie diesen Punkt ankreuzen.

und/oder

☐ *Wenn … (eigene Beschreibung)*

____

____

____

____

____

__________________________.

Sollte ich mich in einer vergleichbaren Krankheitssituation befinden, die hier nicht ausdrücklich aufgeführt ist, so soll die nachfolgende Patientenverfügung dafür ebenfalls vollumfänglich gelten.

II.
Behandlung

In den soeben genannten Situationen wünsche ich eine Behandlung nach den nachstehenden Maßgaben:

Hinweis: Die per Stichpunkt (»Kästchen«) aufgezählten Sätze stellen jeweils Alternativen dar, d. h., pro Gliederungspunkt kann stets nur ein Stichpunkt angekreuzt werden. Bitte senden Sie uns das angekreuzte Exemplar zurück, sodass wir die nicht gewählten Alternativen sowie die Erläuterungen und Hinweise unsererseits aus der Verfügung herausnehmen und die Patientenverfügung für Sie fertigstellen können. Sie erhalten dann von uns mehrere Exemplare, die Sie dann unterschreiben können

1. Grundsatz
In den oben beschriebenen Situationen wünsche ich,

☐ *dass alles medizinisch Mögliche und Sinnvolle getan wird, um mich am Leben zu halten.*

oder

☐ dass alle lebenserhaltenden und lebensverlängernden Maßnahmen unterlassen werden. Hunger und Durst sollen auf natürliche Weise gestillt werden, gegebenenfalls mit Hilfe bei der Nahrungs- und Flüssigkeitsaufnahme. Ich wünsche fachgerechte Pflege von Mund und Schleimhäuten sowie menschenwürdige Unterbringung, Zuwendung, Körperpflege und das Lindern von Schmerzen, Atemnot, Übelkeit, Angst, Unruhe und anderer belastender Symptome.
Erläuterung: Dieser Punkt enthält keine klare Anweisung, vielmehr geht es um die Mitteilung allgemeiner Richtlinien für die künftige Behandlung.

2. Schmerz- und Symptombehandlung
In den oben beschriebenen Situationen wünsche ich eine fachgerechte Schmerz- und Symptombehandlung.

☐ Bei der Behandlung wünsche ich jedoch keine bewusstseinsdämpfenden Mittel zur Schmerz- und Symptombehandlung.
Die unwahrscheinliche Möglichkeit einer ungewollten Verkürzung meiner Lebenszeit durch schmerz- und symptomlindernde Maßnahmen nehme ich in Kauf.

oder

☐ Bei der Behandlung wünsche ich jedoch keine bewusstseinsdämpfenden Mittel zur Schmerz- und Symptombehandlung.
Die unwahrscheinliche Möglichkeit einer ungewollten Verkürzung meiner Lebenszeit durch schmerz- und symptomlindernde Maßnahmen nehme ich jedoch nicht in Kauf.

oder

☐ Wenn alle sonstigen medizinischen Möglichkeiten zur Schmerz- und Symptomkontrolle versagen, wünsche ich auch den Einsatz von bewusstseinsdämpfenden Mitteln zur Schmerz- und Symptombehandlung.
Die unwahrscheinliche Möglichkeit einer ungewollten Verkürzung meiner Lebenszeit durch schmerz- und symptomlindernde Maßnahmen nehme ich in Kauf.

oder

☐ Wenn alle sonstigen medizinischen Möglichkeiten zur Schmerz- und Symptomkontrolle versagen, wünsche ich auch den Einsatz von bewusstseinsdämpfenden Mitteln zur Schmerz- und Symptombehandlung.
Die unwahrscheinliche Möglichkeit einer ungewollten Verkürzung meiner Lebenszeit durch schmerz- und symptomlindernde Maßnahmen nehme ich jedoch nicht in Kauf.

3. Künstliche Ernährung und Flüssigkeitszufuhr
In den oben beschriebenen Situationen wünsche ich,
☐ dass eine künstliche Ernährung und/oder eine künstliche Flüssigkeitszufuhr begonnen oder weitergeführt wird, wenn damit mein Leben verlängert werden kann.

oder

☐ dass eine künstliche Ernährung und/oder eine künstliche Flüssigkeitszufuhr nur bei palliativmedizinischer Indikation zur Beschwerdelinderung erfolgt.

Erläuterung: Palliativmedizin ist die medizinische Fachrichtung, die sich primär um die Beschwerdelinderung und Aufrechterhaltung der Lebensqualität bei Patientinnen und Patienten mit unheilbaren Erkrankungen kümmert. Eine palliativmedizinische Indikation setzt daher immer das Ziel der Beschwerdelinderung und nicht das Ziel der Lebensverlängerung voraus.

oder

☐ weder künstliche Ernährung (unabhängig von der Form der künstlichen Zuführung) noch künstliche Flüssigkeitszufuhr.

4. Antibiotika
In den oben beschriebenen Situationen wünsche ich

☐ die Gabe von Antibiotika, sofern dies mein Leben verlängern kann.

oder

☐ die Gabe von Antibiotika in Fällen von palliativmedizinischer Indikation, also lediglich zur Beschwerdelinderung.

oder

☐ keine Gabe von Antibiotika.

5. Blut/Blutbestandteile
In den oben beschriebenen Situationen wünsche ich

☐ die Gabe von Blut oder Blutbestandteilen, sofern dies mein Leben verlängern kann.

oder

☐ die Gabe von Blut oder Blutbestandteilen in Fällen von palliativmedizinischer Indikation, also lediglich zur Beschwerdelinderung.

oder

☐ keine Gabe von Blut oder Blutbestandteilen.

6. Wiederbelebung
In den oben beschriebenen Situationen wünsche ich

☐ Wiederbelebungsversuche.

oder

☐ die Unterlassung von Wiederbelebungsversuchen.

7. Künstliche Beatmung
In den oben beschriebenen Situationen wünsche ich

☐ eine künstliche Beatmung, falls dies mein Leben verlängern kann.

oder

☐ *keine künstliche Beatmung. Dies gilt jedoch nur unter der Voraussetzung, dass ich Medikamente zur Linderung der Luftnot erhalte, selbst wenn es sich um bewusstseinsdämpfende Medikamente handelt und/oder hierdurch eine Lebensverkürzung nicht auszuschließen ist.*

8. Dialyse
In den oben beschriebenen Situationen wünsche ich

☐ *eine Dialyse, falls dies mein Leben verlängern kann.*

oder

☐ *keine Dialyse.*

9. Organspende

☐ *Ich stimme einer Entnahme meiner Organe nach meinem Tod zu Transplantationszwecken zu (ggf.: Ich habe einen Organspendeausweis ausgefüllt). Komme ich nach ärztlicher Beurteilung bei einem sich abzeichnenden Hirntod als Organspender in Betracht und müssen dafür ärztliche Maßnahmen durchgeführt werden, die ich in meiner Patientenverfügung ausgeschlossen habe, dann geht die von mir erklärte Bereitschaft zur Organspende vor.*

oder

☐ *Ich stimme einer Entnahme meiner Organe nach meinem Tod zu Transplantationszwecken zu. Komme ich nach ärztlicher Beurteilung bei einem sich abzeichnenden Hirntod als Organspender in Betracht und müssen dafür ärztliche Maßnahmen durchgeführt werden, die ich in meiner Patientenverfügung ausgeschlossen habe, dann gehen die Bestimmungen in dieser Patientenverfügung vor.*

oder

☐ *Ich lehne eine Entnahme meiner Organe nach meinem Tod zu Transplantationszwecken ab.*

10. Obduktion

☐ *Mit der Obduktion meines Körpers bin ich einverstanden.*

oder

☐ *Mit der Obduktion meines Körpers bin ich nicht einverstanden.*

11. Behandlungsort/Beistand
Ich möchte

☐ *zum Sterben ins Krankenhaus verlegt werden.*

oder

☐ *wenn möglich zu Hause bzw. in vertrauter Umgebung sterben.*

oder

☐ *wenn möglich in einem Hospiz sterben.*

Ich wünsche Beistand durch

☐ *folgende Person(en): ....*

und/oder

☐ *einen Vertreter der folgenden Kirche/Weltanschauungsgemeinschaft: ....*

und/oder

☐ *einen hospizlichen Beistand.*

III.
Weitere Bestimmungen

1. Hinweis an die behandelnden Ärzte
Zur Entlastung meiner behandelnden Ärzte weise ich darauf hin, dass auch in der juristischen Literatur überwiegend die Sterbehilfe durch Einstellung der Intensivbehandlung oder durch das Abstellen des Atemgerätes bei irreversibler Bewusstlosigkeit oder Decerebration für zulässig gehalten wird.
Zur eigenen Absicherung sei meinen Ärzten empfohlen, diesen Patientenbrief zu den Krankenunterlagen zu nehmen und im Krankenblatt zu vermerken, dass eine Intensivtherapie oder Reanimation angesichts des Befundes nur noch der nutzlosen Sterbeverlängerung gedient hätte.

2. Verzicht auf ärztliche Einwilligung
Ich verzichte durch meine Unterschrift ausdrücklich auf eine besondere ärztliche Aufklärung über meinen Zustand und die Herbeiführung einer besonderen Einwilligung. Etwas anderes soll nur dann gelten, wenn Anhaltspunkte dafür bestehen, dass ich die vorstehend niedergelegte Erklärung aufgrund ärztlicher Aufklärung widerrufen würde.
Erläuterung bzw. Hinweis: Eine Patientenverfügung, die eine Einwilligung in eine ärztliche Maßnahme beinhaltet, ist nur wirksam, wenn vorher eine ärztliche Aufklärung ergangen ist oder wenn ein Aufklärungsverzicht erklärt wurde. Wäre – anders als hier – nicht ein solcher Verzicht erklärt, könnte der Arzt die Patientenverfügung lediglich als Indiz für den mutmaßlichen Willen werten und könnte schlussendlich zu einem anderen Ergebnis kommen, d. h. er könnte sich über die Patientenverfügung hinwegsetzen.

3. Zu benachrichtigende Person(en)
Zu benachrichtigen ist als Person/sind als Personen meines besonderen Vertrauens:

....

4. Vollmacht
Hiermit bevollmächtige ich die oben genannte(n) Person(en) zu meiner Vertretung bei allen Erklärungen in Gesundheitsangelegenheiten, also

- *zur Wahrnehmung aller Angelegenheiten der Gesundheitsfürsorge, vor allem zu Einwilligungen, Nichteinwilligungen und Widerrufen von Einwilligungen in Untersuchungen des Gesundheitszustandes, Heilbehandlungen oder ärztliche Eingriffe, auch dann, wenn die begründete Gefahr besteht, dass ich aufgrund der Maßnahme (bzw. deren Unterlassung oder Abbruch) sterbe oder einen schweren und länger dauernden gesundheitlichen Schaden erleide (§ 1904 Abs. 1 und Abs. 2 BGB),*

- *zur Einholung aller Informationen von den behandelnden Ärzten und zur Einsicht in die Krankenunterlagen; zu diesem Zweck entbinde ich die mich behandelnden Ärzte gegenüber der/den oben genannte(n) Person(en) von der Schweigepflicht.*

Zunächst ist mein Ehemann alleine entscheidungsbefugt, ersatzweise meine Kinder gemeinsam. Sollten sich meine Kinder nicht einig sein, entscheidet das älteste meiner Kinder.
Die Vollmacht ist jederzeit ohne besondere Form widerruflich.

5. Anweisungen an den Betreuer/Bevollmächtigten
Mein Bevollmächtigter bzw. Betreuer hat meinem in dieser Patientenverfügung genannten Willen Ausdruck und Geltung zu verschaffen.
Die von Ärzten vorgeschlagenen Maßnahmen sind gemeinsam zu erörtern, ggf. (wenn dies ohne Zeitverzögerung möglich ist) auch unter Hinzuziehung der nahen Angehörigen und sonstigen Vertrauenspersonen.
Sollte der Geltungsbereich dieser Patientenverfügung nicht einschlägig sein, es sich also um eine nicht genannte Lebens- und Behandlungssituation handeln, so soll der Bevollmächtigte bzw. der Betreuer unter Berücksichtigung meines mutmaßlichen Willens eigenständig entscheiden. Diese Feststellung soll sich den in dieser Patientenverfügung getroffenen Bestimmungen orientieren, d. h., wenn ich hier Behandlungen ablehne, wird dies auch in ähnlichen Fällen von mir gewünscht sein.

IV.
Widerruf, Verbindlichkeit der Patientenverfügung

Diese Patientenverfügung ist so lange gültig, bis ich sie widerrufe.

☐ *Solange ich die Patientenverfügung nicht widerrufen habe, wünsche ich nicht, dass mir in der konkreten Anwendungssituation eine Änderung meines Willens unterstellt wird, insbesondere nicht aufgrund etwaiger Gesten, Blicke oder anderer Äußerungen.*

oder

☐ *Solange ich die Patientenverfügung nicht widerrufen habe, wünsche ich nicht, dass mir in der konkreten Anwendungssituation eine Änderung meines Willens unterstellt wird, insbesondere nicht aufgrund etwaiger Gesten, Blicke oder anderer Äußerungen. Wenn aber die behandelnden Ärzte, das Behandlungsteam, mein Bevollmächtigter/Betreuer aufgrund meiner Gesten, Blicke oder anderer Äußerungen die Auffassung vertreten, dass ich entgegen den Festlegungen in meiner Patientenverfügung doch behandelt oder nicht behandelt werden möchte, dann ist möglichst im Konsens aller Beteiligten zu ermitteln, ob die Festlegungen in meiner Patientenverfügung noch meinem aktuellen Willen entsprechen. Bei unterschiedlichen Meinungen soll in diesen Fällen der Auffassung von .... besondere Bedeutung zukommen.*

V.
Schlussbemerkungen

Mir ist bekannt, dass ich die Patientenverfügung jederzeit ändern und/oder widerrufen kann. Ich bin mir über den Inhalt und über die Konsequenzen der in dieser Patientenverfügung getroffenen Entscheidungen bewusst.«

Datum, Ort, Unterschrift

2.4.4 Sonderfall: Patientenverfügung für Menschen mit geistiger Behinderung

Während die Vorsorgevollmacht neben der Volljährigkeit die Geschäftsfähigkeit der verfügenden Person für die Rechtsgültigkeit der Verfügung voraussetzt (siehe IX 3.1.1.1), bedarf eine Patientenverfügung gemäß § 1901a Abs. 1 Satz 1 BGB neben der Volljährigkeit lediglich der sog. Einwilligungsfähigkeit des Verfügenden. Dabei ist Einwilligungsfähigkeit das natürliche Einsicht- und Steuerungsvermögen des Patienten (bei ärztlichen Behandlungsmaßnahmen also die Fähigkeit, Bedeutung und Tragweite der ärztlichen Maßnahme zu erfassen) und somit die ausreichende Verstandesreife, nicht hingegen die formale Geschäftsfähigkeit. Dies ist der Grund, warum eine Patientenverfügung anders als die sonstigen Vorsorgeverfügungen grundsätzlich auch von Menschen mit geistiger Behinderung verfasst werden kann. Voraussetzung für die Einwilligungsfähigkeit der Person ist jedoch, dass sie die Bedeutung und Tragweite der Verfügung erkennt, den Inhalt der Verfügung im Großen und Ganzen tatsächlich versteht und vor allem die Regelungen in der Patientenverfügung tatsächlich wünscht. Gerade bei umfassender Betreuung ist es daher notwendig und besonders empfehlenswert, dass die Person mit geistiger Behinderung den Inhalt einer Patientenverfügung mit den Angehörigen und dem jeweiligen Hausarzt ausführlich durchspricht. Anschließend sollte der Hausarzt schriftlich bestätigen, dass die Patientenverfügung dem Patienten mit geistiger Behinderung erläutert wurde und dieser die in der Patientenverfügung getroffenen Regelungen verstanden hat. Diese schriftliche Bestätigung/Erklärung des Hausarztes sollte der Patientenverfügung beigelegt werden.

Beispiel:

»Ich, Herr/Frau ...., der Hausarzt von Herrn/Frau XY, geschäftsansässig in

..., habe heute mit Herrn/Frau XY in Anwesenheit von deren/dessen Eltern die Patientenverfügung für Herrn/Frau XY genau durchgesprochen. Ich habe den sicheren Eindruck gewonnen, dass Herr/Frau XY sehr gut verstanden hat, was eine Patientenverfügung ist, wozu sie dient und welche Folgen sie hat.«
Datum, Ort, Unterschrift

Bisher ist in der Rechtsprechung noch nicht endgültig geklärt, ob eine Patientenverfügung nicht auch durch den Betreuer des Betroffenen und zwar als Vertreter des Betreuten unterschrieben werden darf. Obwohl die Gültigkeit einer solchen Patientenverfügung zu bezweifeln ist, da eine Patientenverfügung wohl als eine höchstpersönliche Handlung anzusehen ist – also eine solche, die nur von der sie betreffenden Person selbst vorgenommen werden darf –, gibt es diesbezüglich bisher keine dies untersagende Rechtsprechung. Daher kann zur Sicherheit empfohlen werden, zwei Patientenverfügungen zu verfassen: Eine, in der die Person mit geistiger Behinderung selbst unterschreibt, und eine weitere, in der der Betreuer für diese unterschreibt. In beiden Varianten sollte aber auf jeden Fall der Hausarzt durch seine Unterschrift bestätigen, dass die Patientenverfügung mit dem Verfügenden durchgesprochen und von diesem verstanden wurde.

Die Patientenverfügung eines Menschen mit geistiger Behinderung ist damit grundsätzlich zulässig, wenn der Betroffene den Inhalt der Verfügung tatsächlich versteht und dessen Umsetzung wünscht.

2.4.5 Zusammenfassung: Die zehn wichtigsten Tipps zur Patientenverfügung

1. Funktion kennen

Zunächst müssen Sie wissen, was eine Patientenverfügung leisten kann. Sie ist eine Anweisung an den behandelnden Arzt für den Fall, dass der Verfügende selbst aufgrund von Bewusstlosigkeit oder Bewusstseinstrübung seinen Willen nicht mehr äußern kann. In dieser Verfügung kann der Patient also regeln, welche Behandlungen oder Eingriffe er wünscht – oder eben dem Arzt ausdrücklich untersagt.

2. Tätig werden

Jeder, der bestimmte Vorstellungen über die ärztliche Behandlung in einem Notfall hat, sollte eine Patientenverfügung verfassen. Im Fokus steht dabei die Frage, ob der Patient lebenserhaltende Maßnahmen ablehnt oder ob er solche wünscht, und wenn Letzteres zutrifft, welche Maßnahmen er möchte und welche nicht. Denn die Ärzte sind an sich dazu verpflichtet, das Leben des Patienten so lange wie möglich mit allen zur Verfügung stehenden Mitteln zu erhalten – auch wenn sich der Zustand des Patienten dadurch nicht verbessert. Dadurch bleibt im ungünstigsten Fall jemand, der hirntot ist, trotzdem jahrelang künstlich durch Schläuche am Leben erhalten. Hat eine Person keine schriftliche Patientenverfügung verfasst, so werden auf unabsehbare Zeit alle zur Verfügung stehenden lebenserhaltenden Maßnahmen durchgeführt.

3. Mehr als nur Medizin

Die Patientenverfügung soll Details der Behandlung regeln. Trotzdem sollte man darüber hinaus denken: Man kann in der Patientenverfügung auch festlegen, wem der behandelnde Arzt Auskunft erteilen darf. Dies ist nicht nur wichtig für unverheiratete Paare, sondern genauso für Ehepartner, Kinder, Eltern und die sonstigen nächsten Angehörigen.

4. Entscheider bestimmen

Es ist möglich, den Ehepartner, die Kinder oder andere nahestehende Personen dazu zu ermächtigen, für einen selbst im Falle der Bewusstlosigkeit Entscheidungen zu treffen. Das kann vor allem dann wichtig werden, wenn die Regelungen in der Patientenverfügung den eingetretenen Fall nicht genau beschreiben. Denn auch bei noch so genauer Beschreibung aller denkbaren Fälle können selbstverständlich stets nicht vorhergesehene, atypische Situation auftreten. In einer solchen können dann – anstelle des Patienten – seine Angehörigen die Entscheidung treffen, wenn sie namentlich in der Patientenverfügung benannt und bevollmächtigt sind.

5. Alt-Verfügungen kontrollieren

Achtung: Im Juli 2016 ist eine Entscheidung des BGH ergangen, infolge derer ein Großteil der bisherigen Patientenverfügungen und die verwendeten Standardtexte für Patientenverfügungen zu allgemein formuliert und damit unwirksam sein dürften. Diese Patientenverfügungen sind aufgrund dieser Entscheidung im Ernstfall wertlos, weil sie nicht angewendet werden dürfen.

6. Kompetente Beratung

Die spezialisierten Anwaltskanzleien haben bereits auf diese Entscheidung des BGH reagiert und bieten neu vorformulierte Patientenverfügungen an. Diese Patientenverfügungen sind wesentlich detaillierter (und damit auch wesentlich länger) und leider auch komplizierter als die bisherigen Mustertexte. Der Vorteil: Der Patient kann sich darauf verlassen, dass seine Weisungen von den Ärzten respektiert werden müssen.

7. Genau abwägen

In einer Patientenverfügung geht es um Leben und Tod. Deshalb sollte man seine Patientenverfügung nicht nur unterschreiben, sondern auch genau wissen, was darin steht und sich Gedanken darüber gemacht haben, in welcher Situation man welche Maßnahmen (nicht) in Anspruch nehmen möchte.

8. Hilfe annehmen

Die richtigen Entscheidungen zu treffen, ist keine leichte Angelegenheit. Nicht nur ein Gespräch mit dem Rechtsanwalt kann hier hilfreich sein, sondern auch eines mit dem Hausarzt einerseits, weil dieser den medizinischen Formulierungen den letzten Feinschliff geben kann. Andererseits kann der Hausarzt auch eine entscheidende Rolle spielen, wenn es tatsächlich zum Ernstfall kommen sollte. Es kann daher sinnvoll sein, schreiben deshalb als neben der Bevollmächtigung der nächsten Angehörigen auch der Einschätzung des Hausarztes in der Patientenverfügung besondere Bedeutung zuzusprechen (z. B. durch die Formulierung *»Beim Vorliegen zwei unterschiedlicher ärztlicher Einschätzungen soll der Einschätzung meines Hausarztes besondere Bedeutung zukommen.«).*

9. Auf Vertraute setzen

Eine Patientenverfügung ist nur so gut wie »das Personal«, das für ihre Ausführung zuständig sein soll. Deshalb ist es wichtig, die entscheidungsbefugten Personen in der Patientenverfügung festzulegen. Lebenspartner, Ehegatten, Kinder und der Hausarzt kommen hierfür infrage. Wenn dann im Ernstfall entfernte Verwandte den Willen des Patienten nicht respektieren, müssen die bevollmächtigten Personen und Ärzte durchsetzungsfähig sein.

10. Worst Case

Der Worst Case tritt ein, wenn jemand keine Patientenverfügung abgefasst hat, wobei er immer deutlich gemacht hat, dass er nicht lebensverlängernd behandelt werden möchte. Dann wird sein nicht schriftlich festgehaltener Wunsch nämlich nur dann berücksichtigt, wenn das in diesem Fall anzurufende Betreuungsgericht den Willen des Betroffenen entsprechend auslegt. Dies führt dazu, dass die Entscheidungsbefugnis letztlich in die Hand eines fremden Dritten gegeben wird.

3 Einzelfragen zur Vorsorgevollmacht im privaten und unternehmerischen Bereich

3.1 Einleitung

Aus der Abgrenzung der verschiedenen Vorsorgeverfügungen ergibt sich, dass jede der eben genannten Vorsorgeverfügungen akut werden kann und daher unbedingt verfasst werden muss. Am bedeutendsten für die Absicherung im unternehmerischen sowie im privaten Bereich ist dabei die Vorsorgevollmacht. Diese ist die einzige Verfügung, durch welche der Bevollmächtigte unmittelbar nach Eintritt der Geschäftsunfähigkeit des Vollmachtgebers tätig werden und durch die eine gerichtliche Bestellung eines gesetzlichen Betreuers im Voraus ausgeschlossen werden kann.

3.1.1 Voraussetzungen für eine gültige Vorsorgevollmacht

Voraussetzungen für eine gültige Vorsorgevollmacht sind die Geschäftsfähigkeit des Vollmachtgebers und die richtige Form.

3.1.1.1 Geschäftsfähigkeit

Bei einer Vorsorgevollmacht handelt es sich um eine einseitige Willenserklärung. Sie kann grundsätzlich von jeder Person erstellt werden. Voraussetzung für die Wirksamkeit ist lediglich die Geschäftsfähigkeit des Vollmachtgebers. Geschäftsfähigkeit liegt vor, wenn der Vollmachtgeber das 18. Lebensjahr vollendet hat (bei Minderjährigen ist zusätzlich eine Genehmigung der Eltern und gegebenenfalls auch des Familiengerichts notwendig). Des Weiteren darf sich der Vollmachtgeber gemäß dem Gesetzeswortlaut des § 104 Nr.2 BGB nicht »in einem die freie Willensbestimmung ausschließenden Zustand krankhafter Störung der Geistestätigkeit« befinden. Diese schwer verständliche Wendung soll heißen, dass die Person bei Ihrer Erklärung zu einer freien Willensbildung in der Lage sein muss und ihre Entscheidung von vernünftigen Erwägungen abhängig machen kann. Die Geschäftsfähigkeit eines Volljährigen wird durch das Gesetz generell vermutet. Die Behauptung, dass eine Person nicht geschäftsfähig sei, muss, gegebenenfalls mittels Gutachten, eindeutig nachgewiesen werden.

Heikel wird es dann, wenn die Geschäftsfähigkeit des Vollmachtgebers in Zweifel steht. Das ist beispielsweise dann der Fall, wenn der Vollmachtgeber schon betagt ist und erste Anzeichen von Demenz erkennbar sind. So etwa, wenn der 75-jährige Unternehmer sich zwar noch fit fühlt, seine Umgebung aber bereits deutliche Zeichen von geistigem Abbau feststellt.

Beispiel (Variante des Falls von Ron Schnell):

Der Unternehmer Ron Schnell ist ein genialer Ingenieur, kann sich aber von seiner Arbeit und seinem Unternehmen nicht trennen. Zwischenzeitlich ist er 78 Jahre alt. Sein Arzt sagt ihm, dass er bereits den einen oder anderen »geistigen Aussetzer« hat. Konsequenterweise wechselt Ron Schnell den Arzt. Auf Anraten seiner Ehefrau macht er schließlich eine Vorsorgevollmacht, die er, da es auch um Grundstücke und um die Einsetzung eventueller neuer Geschäftsführer geht, notariell beglaubigen lässt. Drei Monate später erleidet er einen Schlaganfall und wird geschäftsunfähig.
In seiner Vorsorgevollmacht hatte Ron Schnell bestimmt, dass sein älterer Sohn die Geschäfte weiterführen solle. Er solle auch sein Vorsorgebevollmächtigter sein. Sein anderer Sohn fühlt sich zu Unrecht von der Geschäftsführung ausgeschlossen und ficht die Vorsorgevollmacht des Vaters mit dem Argument an, dass dieser bereits bei Abfassung der Vorsorgevollmacht nicht mehr geschäftsfähig gewesen sei. Damit ist die Frage, wer nach dem Willen des Vaters die Firma weiterführen soll, offen. Es entsteht ein langjähriger Rechtsstreit, der die Familie und das Unternehmen ruiniert.

Lösung:

In dem Rechtsstreit geht es zunächst einmal um die Frage, ob die Vorsorgevollmacht noch wirksam gegeben werden konnte oder nicht. Hierzu gibt es verschiedene Aussagen: Der frühere Arzt sagt vor Gericht aus, dass er Ron Schnell mehrfach darauf hingewiesen habe, dass er nicht mehr durchgehend geschäftsfähig sein. Der Notar hingegen hatte in die Vollmachtsniederschrift hineingeschrieben, dass er sich davon überzeugt habe, dass Ron Schnell noch geschäftsfähig sei. Das nützt aber Ron Schnell nichts, denn der jüngere Sohn bietet einen Psychiater an, der anhand der Krankenunterlagen der vergangenen Jahre feststellt, dass Ron Schnell zum Zeitpunkt der Vollmachtserteilung nicht mehr geschäftsfähig war.
Damit stehen dem Notar, der von der Geschäftsfähigkeit von Ron Schnell überzeugt war, zwei Ärzte – davon ein Psychiater – gegenüber. In diesem Fall heißt es (in der Sprache der Skatspieler): »Psychiater sticht Notar«. Damit ist die Vollmacht, die Ron Schnell erteilt hat, unwirksam.

Psychiater, die sich auf die Frage der Geschäftsfähigkeit in der Vergangenheit spezialisiert haben, gibt es tatsächlich und sie entscheiden oft gewaltige Prozesse, nicht zuletzt auch in Erbstreitigkeiten (z. B. »War der Verstorbene zum Zeitpunkt der Abfassung seines Testamentes noch geschäftsfähig oder nicht?«). Bei wirklich professioneller Beratung hätte sich Ron Schnell, bevor er zum Notar ging, von einem Psychiater gründlich untersuchen lassen und sich von ihm ein Gutachten erstellen lassen müssen, in dem der Psychiater (möglichst am gleichen Tag, an dem der Notartermin stattfand) bestätigt hätte, dass er voll geschäftsfähig sei.

Natürlich muss auch der Bevollmächtigte geschäftsfähig und zur Erfüllung der ihm durch die Vorsorgevollmacht übertragenen Aufgaben geeignet sein.

3.1.1.2 Form

Die Erteilung der Vorsorgevollmacht bedarf grundsätzlich keiner besonderen Form und könnte daher sogar mündlich erteilt werden. Die schriftliche Abfassung der Vorsorgevollmacht ist jedoch schon deshalb dringend zu empfehlen, da nur so eine Nachweisbarkeit im Rechtsverkehr garantiert werden kann. Dabei ist die Verfügung, anders als ein Testament, nicht handschriftlich abzufassen. Es reicht vielmehr, wenn die Vollmacht eigenhändig unterschrieben wird. Zwingend vorgeschrieben ist die schriftliche Abfassung lediglich für den Fall, dass die Vollmacht auch zur Regelung von gefährlichen ärztlichen Eingriffen und freiheitsentziehenden Maßnahmen verwendet werden soll (§§ 1904 Abs. 5, 1906 Abs. 5 BGB).

Eine weitere unbedingt zu berücksichtigende Formvorschrift ergibt sich, wenn die Vorsorgevollmacht auch zu Verfügungen über Immobilienvermögen berechtigen soll. In diesem Fall bedarf die Vorsorgevollmacht nämlich entweder der notariellen Beglaubigung der Vollmachtsunterschrift oder der notariellen Beurkundung der Vollmacht, da das Grundbuchamt nach § 29 I 2 GBO Änderungen des Grundbuchs nur bei Einhaltung einer der beiden notariellen Formen zulässt.

Der Unterschied zwischen den beiden notariellen Formen der notariellen Beurkundung und notariellen Beglaubigung ist, dass bei der notariellen Beglaubigung der Notar lediglich bestätigt (beglaubigt), dass die vor ihm geleistete Unterschrift auf der Vorsorgevollmacht tatsächlich vom Vollmachtgeber stammt. Bei der notariellen Beurkundung muss die Vorsorgevollmacht hingegen durch den Notar dem Vollmachtgeber vorgelesen und vom Vollmachtgeber in Anwesenheit des Notars eigenhändig unterzeichnet werden.

Ob die Vorsorgevollmacht, die auch zu Grundstücksgeschäften berechtigen soll, notariell beurkundet oder beglaubigt ist, ist gleichgültig. Wichtig ist nur, dass eine von beiden notariellen Formen eingehalten ist.

Es gibt auch weitere gesetzliche Regelungen, bei denen eine notarielle Form notwendig ist: So etwa bei Vollmachten im unternehmerischen Bereich, wenn die Vollmacht den Bevollmächtigten zu Anmeldungen im Handelsregister berechtigen soll (§ 12 II HGB). Dies sind beispielsweise die Fälle, in denen der Unternehmer wünscht, dass der Bevollmächtigte einen neuen Geschäftsführer ins Handelsregister eintragen lässt, sobald der Unternehmer geschäftsunfähig ist. Die notarielle Form der Bevollmächtigung ist dann, zumindest insoweit, als es die Handelsregisteranmeldungen betrifft, notwendig.

3.1.2 Erteilung und Geltungszeitpunkt der Vollmacht

Um den in der Einleitung geschilderten Fall einer durch Unfall hervorgerufenen Geschäftsunfähigkeit tatsächlich abzusichern und die Bestellung einer Betreuung zu verhindern, ist zwingend eine Vorsorgevollmacht zu erteilen, die ab dem Moment der Unterschriftsleistung sofort in vollem Umfang wirksam ist.

Aber wer gibt schon gerne eine Generalvollmacht, die den Bevollmächtigten ab sofort zum Generalbevollmächtigten macht? Natürlich wäre es jedem von uns am liebsten, wenn die Vollmacht erst dann wirksam werden würde, wenn man tatsächlich geschäftsunfähig wird. Deshalb hätte natürlich auch der Unternehmer Ron Schnell am liebsten den Passus aufgenommen: »Meine Ehefrau für meine privaten Dinge und mein Prokurist für die geschäftlichen Dinge sollen aber erst dann Vorsorgebevollmächtigte sein, d. h. für mich handeln dürfen, wenn ich geschäftsunfähig geworden bin.« Solche und ähnliche Formulierungen finden sich in vielen Vorsorgevollmachten. Die Frage ist nur, zu welchen Konsequenzen solche Vorsichtsmaßnahmen führen.

3.1.2.1 Erteilung unter einer Bedingung

Mit der Erteilung einer Vorsorgevollmacht ist die Gefahr des Missbrauchs durch den Bevollmächtigten verbunden. Um zu verhindern, dass der Bevollmächtigte die Vollmacht gegen den Willen des Vollmachtgebers verwenden kann, wird teilweise empfohlen, die Vollmacht nur unter der Bedingung zu erteilen, dass der Vollmachtgeber seine Angelegenheiten ganz oder teilweise nicht mehr selbst besorgen kann. Diese Feststellung der Geschäftsunfähigkeit wäre im Fall von Ron Schnell zwar leicht getroffen. Die Verwendung einer solchen Vollmacht wird allerdings im Rechtsverkehr trotzdem nur sehr eingeschränkt möglich sein: Denn wie soll eine dritte Person prüfen und zuverlässig feststellen können, ob die Bedingung, unter der die Vollmacht erteilt wurde, immer noch gegeben ist? Es müsste stets ein aktuelles Krankenzeugnis mitgereicht werden. Welche Bank wird sich aber auf ein Krankenzeugnis verlassen, wenn sie befürchten muss, dass ihr vielleicht eine Woche später ein Gegengutachten ins Haus flattert? Die Bank wird also nichts tun, was wiederum die Auszahlung von Löhnen und Gehältern und somit die Existenz eines Unternehmens gefährdet.

Noch unsicherer wird diese Bedingung, wenn beispielsweise eine psychische Erkrankung oder Demenz vorliegt. Auch diese müsste regelmäßig durch Gutachten nachgewiesen werden. Keine Bank wird größere Auszahlungen tätigen oder gar notwendige Kredite vergeben, wenn sie befürchten muss, dass die Unterschrift des Bevollmächtigten wertlos ist, weil die Vollmacht nicht wirksam ist. Da wird die Bank erst einmal ein zweites und vielleicht auch ein drittes Gutachten verlangen oder von vornherein jegliches Engagement kategorisch ausschließen. In der Praxis ist die Aufnahme einer Bedingung in die Vorsorgevollmacht daher nicht zu empfehlen, es ist vielmehr dringend davon abzuraten. Wie aber kann man sich vor einem Missbrauch der Vollmacht schützen?

3.1.2.2 Zeitpunkt der Aushändigung der Vollmacht

Das Risiko einer missbräuchlichen Verwendung der Vorsorgevollmacht kann der Vollmachtgeber dadurch verringern, dass er die Vorsorgevollmacht in seinen Unterlagen verwahrt und erst dann aushändigt, wenn es ihm so schlecht geht, dass der oder die Bevollmächtigte für den Vollmachtgeber aktiv werden muss. Solange der Vollmachtgeber gesund ist, besteht kein Grund, die Vorsorgevollmacht auszuhändigen. Der Vollmachtgeber sollte den Bevollmächtigten allerdings von der Existenz der Vorsorgevollmacht in Kenntnis setzen, damit er diese zu gegebener Zeit auch einsetzen kann. Ron Schnell hätte beispielsweise die Vollmacht bei seinen Unterlagen oder bei seinem Rechtsanwalt verwahren können. Sehr empfehlenswert ist auch die Hinterlegung der Originalvollmacht beim Hausarzt. Der Hausarzt kann am ehesten beurteilen, ob bzw. wann der Vollmachtgeber geschäftsunfähig geworden ist. Ron Schnell hätte also die Vollmachten für seine Frau und seinen Prokuristen auch seinem Hausarzt übergeben können, mit der Auflage, die Vollmachten – erst – dann den beiden Personen auszuhändigen, wenn er selbst geschäftsunfähig geworden ist.

Natürlich müssen die Bevollmächtigten wissen, wo sich die Original-Vorsorgevollmacht befindet und unter welchen Voraussetzungen sie diese ausgehändigt erhalten. Und natürlich muss ein Unternehmer – noch mehr als eine reine Privatperson – eine Vielzahl von Instruktionen geben für den Fall, dass er in Folge eines Unfalls geschäftsunfähig wird. Diese Instruktionen muss der Prokurist kennen. Er muss auch wissen, wo sich diese befinden. Diese Instruktionen müssen aber nicht im Einzelnen in dieser Vollmacht aufgeführt sein. Es genügt, wenn sie im Bürosafe in einer Art »Notfallkoffer« zusammengestellt sind (siehe hierzu 3.3) auf die der Prokurist, die Rechtsanwälte, Wirtschaftsprüfer, Steuerberater etc. Zugriff nehmen und sich sehr kurzfristig informieren können.

TIPP

Wer einen Bevollmächtigten einsetzt, ohne diesen vorher instruiert zu haben, riskiert, dass der Bevollmächtigte bei Eintritt des Ernstfalles das Amt ablehnt. Aber auch dann, wenn der Bevollmächtigte sich für die Übernahme einer solchen eventuellen Tätigkeit zur Verfügung stellt, sollte mindestens eine weitere Person als Ersatzbevollmächtigter in die Vorsorgevollmacht mit aufgenommen werden.

3.1.2.3 Beschränkung im Innenverhältnis

Darüber hinaus besteht die Möglichkeit, die Verwendungsmöglichkeit der Vorsorgevollmacht gegenüber dem Bevollmächtigten im Innenverhältnis zu beschränken. Innenverhältnis bedeutet dabei die Beziehung zwischen dem Vollmachtgeber und dem Bevollmächtigten untereinander. Bestimmungen im Innenverhältnis wirken allerdings nur zwischen der Person des Bevollmächtigten und dem Vollmachtgeber, nicht gegenüber Dritten. Daher kann auch bei einer Beschränkung im Innenverhältnis der Bevollmächtigte mit der Vollmacht nach außen gegenüber Dritten uneingeschränkt tätig werden. Zu beachten ist jedoch, dass er sich beim Handeln gegen den im Innenverhältnis erklärten Willen des Vollmachtgebers gegenüber dem Vollmachtgeber schadensersatzpflichtig macht. Ob der Bevollmächtigte dann genügend Vermögen hat, um einen eventuell entstehenden Schaden zu ersetzen, ist eine ganz andere Frage.

3.1.2.4 Vollmacht über den Tod hinaus

Aufgrund der Gestaltungsfreiheit der Vorsorgevollmacht steht es dem Vollmachtgeber frei, die Geltungsdauer der Vollmacht beliebig zu bestimmen, sodass die Vorsorgevollmacht auch als transmortale Vollmacht, d. h. mit über den Tod hinausgehender Wirkung gestaltet werden kann. Eine solche transmortale Vollmacht ist in der Praxis als Übergangslösung bis zum Abschluss des oftmals langwierigen Erbscheinverfahrens gebräuchlich, um die Handlungsfähigkeit des Bevollmächtigten über den Nachlass und die notwendige wirtschaftliche Kontinuität bei der Nachlassverwaltung zu gewährleisten. Ohne eine ausdrückliche Benennung als transmortale Vollmacht erlischt die Vorsorgevollmacht mit dem Tod des Vollmachtgebers. Eine transmortale Vollmacht ist also auch trotz bester Regelungen im Testament stets empfehlenswert. Sowohl die Erteilung eines Erbscheins, die Ausstellung eines Testamentsvollstreckerzeugnisses als auch die Bestimmung eines Nachfolgers im Unternehmen kann eine gewisse Zeit, manchmal Wochen oder sogar Monate, in Anspruch nehmen. In der Übergangszeit würde ohne transmortale Vollmacht Handlungsunfähigkeit bestehen.

Auch im Fall von Ron Schnell und seiner Frau Rita wäre eine solche Vollmacht über den Tod hinaus zu empfehlen gewesen. Im Falle des Todes wäre Ron Schnell zwar durch sein Testament gut vorbereitet aus dem Leben geschieden, seine Ehefrau Rita jedoch wäre ohne die über den Tod hinausreichende Vollmacht zunächst wiederum ohne schriftliche Legitimation zum rechtsgeschäftlichen Handeln für Ron Schnell dagestanden. Sie hätte warten müssen, bis sie einen Erbschein bekommen hätte, eine Prozedur, die sich auch in einfach gelagerten Fällen normalerweise über Wochen hinzieht. Erst dann hätte sie auf Konten, die auf den alleinigen Namen von Ron Schnell lauteten, zugreifen können.

3.1.3 Umfang der Vorsorgevollmacht

Eine Vorsorgevollmacht kann verschiedene Bereiche umfassen. Der Bevollmächtigte kann durch sie beispielsweise zur Vermögenssorge, zur Personenfürsorge oder auch zur Bestimmung über den Aufenthaltsort des Vollmachtgebers berechtigt werden. Dabei kann der Vollmachtgeber selbst die Reichweite der Vollmacht frei bestimmen sowie die Bevollmächtigung für die verschiedenen Bereiche auch auf verschiedene Personen aufteilen. Allerdings sollte die Vorsorgevollmacht bzw. sollten die Vorsorgevollmachten, um eine Betreuerbestellung durch das Gericht auszuschließen, allumfassend sein und folglich sämtliche Bereiche abdecken, die Aufgabenbereich eines gesetzlichen Betreuers sein können.

Bei der Formulierung und Ausgestaltung der Vorsorgevollmacht in den verschiedenen Bereichen gibt es einige Voraussetzungen, die beachtet werden müssen.

3.1.3.1 Personenfürsorge

Im Bereich der Personenfürsorge muss zum Beispiel der Bevollmächtigte aufgrund der am 27.02.2013 in Kraft getretenen Gesetzesänderung der §§ 1904 und 1906 BGB bei bestimmten ärztlichen Eingriffen sowie freiheitsentziehenden Maßnahmen ausdrücklich schriftlich und unter Nennung der Maßnahmen vom Vollmachtgeber zur Entscheidung in diesen Bereichen ermächtigt worden sein. Darüber hinaus bedürfen freiheitsentziehende Maßnahmen zusätzlich einer betreuungsgerichtlichen Genehmigung. Über sonstige ärztliche Eingriffe kann der Bevollmächtigte grundsätzlich ohne gerichtliche Genehmigung bestimmen, wenn der Arzt und der Bevollmächtigte sich über den Willen des Vollmachtgebers einig sind. Auch hier gilt: Je individueller und genauer sich der Vollmachtgeber in seiner Vorsorgevollmacht ausgedrückt hat, desto weniger ist der Bevollmächtige später in seinen Handlungen für den Vollmachtgeber von Genehmigungen des Betreuungsgerichtes abhängig.

3.1.3.2 Vermögensfürsorge

Eine Vollmachterteilung in vermögensrechtlichen Angelegenheiten kann vollumfassend erteilt oder auf bestimmte Aufgaben beschränkt sein. Aber auch hier gilt: Soll die Vollmacht die Anordnung einer Betreuung vermeiden, so muss sie den gesamten Vermögensbereich abdecken.

Bei der Erteilung einer umfassenden Vollmacht stellt sich regelmäßig die Frage, ob es in diesem Fall sinnvoller ist, zulässige Rechtshandlungen beispielhaft aufzuzählen oder die umfassende Bevollmächtigung abstrakt zu formulieren. Eine rein abstrakte Formulierung würde beispielsweise lauten:

> **Beispiel:**
>
> »Der Vollmachtgeber erteilt dem Bevollmächtigten Vollmacht, ihn in allen Vermögens-, Steuer- und sonstigen Rechtsangelegenheiten in jeder denkbaren Richtung, bei denen eine Stellvertretung gesetzlich zulässig ist, zu vertreten.«

Vorteil einer beispielhaften Aufzählung gegenüber einer abstrakten Formulierung ist die bessere Akzeptanz z. B. durch Banken, aber auch, dass die Vollmacht anschaulicher und für einen Laien verständlicher ist. Nachteil einer solchen Aufzählung ist, dass die Vollmachtberechtigung durch die beispielhafte Aufzählung der Vollmachtsbereiche auf diese Bereiche beschränkt wirken könnte. Bei einer teilweisen beispielhaften Aufzählung ist daher darauf zu achten, dass aus der Formulierung eindeutig hervorgeht, dass die Aufzählungen ausdrücklich beispielhaft sind und keine Einschränkung der Vollmacht bewirken.

Beispielhaft aufgeführt werden können v.a.:

- die Bevollmächtigung zu Vermögenserwerben und -veräußerungen;
- Vornahme aller Geschäfte gegenüber Banken, die mit der Kontoführung im Zusammenhang stehen wie Kontenerrichtungen, -verfügungen und -auflösungen sowie zur Verfü-

gung über die jeweiligen Guthaben durch Überweisungen, Barabhebungen und Schecks sowie die Entgegennahme von Kontoabrechnungen, Kontoauszügen und Ähnliches;
- Kreditaufnahmen (u. U. limitiert auf bestimmte Beträge);
- Regelung von Versorgungsangelegenheiten (Pension, Rente usw.);
- Führung von Prozessen als Kläger oder Beklagter;
- Abschluss von Vereinbarungen mit Kliniken, Alters- und Pflegeheimen und Bestellung von Sicherungshypotheken zu diesem Zwecke, auch für den Sozialhilfeträger;
- Entscheidungen über Art und Umfang der Beerdigung;
- Inbesitznahme und Verwaltung des Nachlasses;
- Haushaltsauflösung und Verfügung über das Inventar sowie
- die Entgegennahme und das Öffnen der für den Vollmachtgeber bestimmten Postsendungen.

Im Bereich der Vermögensfürsorge kann es sinnvoll sein, die Rechte des Bevollmächtigten zu Schenkungen auszuschließen oder zumindest auf typische Anstandsschenkungen entsprechend der Regelung bei einer amtlichen Betreuung zu beschränken. Solche Anstandsschenkungen sind beispielsweise Schenkungen zum Geburtstag, zu Weihnachten, zur Taufe u. a. Eine Beschränkung von Schenkungen ist vor allem bei der Berechtigung des Bevollmächtigten zu Insichgeschäften (siehe 3.1.4.1) ratsam, da für den Fall, dass sich der Bevollmächtigte selbst beschenken darf, das Missbrauchsrisiko besonders hoch ist.

3.1.4 Weitere Regelungsmöglichkeiten in der Vorsorgevollmacht

3.1.4.1 Insichgeschäfte

Der Vollmachtgeber kann darüber hinaus die General- und Vorsorgevollmacht noch dadurch erweitern, dass er die bevollmächtigte Person zu sog. Insichgeschäften berechtigt, also zu Geschäften zwischen dem Vollmachtgeber (vertreten durch den Bevollmächtigten) und dem Bevollmächtigten selbst, oder aber zwischen ihm als Vollmachtgeber (vertreten durch den Bevollmächtigten) und einer anderen, vom Bevollmächtigten ebenfalls vertretenen Person. Das Gesetz verbietet in § 181 BGB zum Schutz des Vollmachtgebers solche Insichgeschäfte. Allerdings kann der Vollmachtgeber durch ausdrückliche Erlaubnis in seiner Vollmacht auf diesen Schutz verzichten: Er kann also den Bevollmächtigten von der Beschränkung des § 181 BGB befreien. Eine solche Befreiung würde beispielsweise im Fall einer Wohnungsauflösung der bevollmächtigten Person ermöglichen, selbst Gegenstände zu erwerben. Jedoch ist darauf hinzuweisen, dass durch eine solche weitere Bevollmächtigung die Gefahr des Missbrauchs der Vollmacht erhöht wird.

3.1.4.2 Untervollmachten

Der Bevollmächtigte kann des Weiteren vom Vollmachtgeber dazu berechtigt werden, Untervollmachten zu erteilen. Dies würde im Falle des Ehepaares Schnell bedeuten, dass Rita als Bevollmächtigte ihrerseits berechtigt wäre, einem Dritten eine Vollmacht zu erteilen, mit der der Dritte für Ron Schnell tätig werden dürfte, obwohl er nicht direkt von diesem beauftragt wurde. Eine solche Regelung kann sinnvoll sein.

Beispiel:

Angenommen, der Unternehmer Ron Schnell hätte ausschließlich seiner Frau eine Vorsorge-/Generalvollmacht »für alle Bereiche« gegeben. Da Rita Schnell geschäftlich unerfahren war, hätte sie die Vollmacht, was das Geschäftliche betrifft, gerne an den Prokuristen weitererteilt. Sie hätte also gerne eine sog. Untervollmacht erteilt. Dies kann sie aber nur dann tun, wenn ihr Mann Ron sie auch zur Erteilung von Untervollmachten berechtigt hätte. Im vorliegenden Fall wäre dies sehr sinnvoll gewesen.

Die Frage, ob und ggf. wie man Untervollmachten erteilt bzw. nicht erteilt, eventuell nur beschränkt erteilt etc., und welche rechtlichen und wirtschaftlichen Konsequenzen dies im konkreten Fall haben kann, ist Gegenstand einer guten individuellen Beratung durch den Spezialisten.

Ob die Erteilung einer General- und Vorsorgevollmacht das Recht des Bevollmächtigten zur Erteilung von Untervollmachten ohne ausdrückliche Ermächtigung des Vollmachtgebers, d. h. »automatisch« mit umfasst, ist streitig. Zumindest im Bereich der Gesundheitsfürsorge ist die Erteilung einer Untervollmacht ohne eine ausdrückliche Ermächtigungsregelung hierzu grundsätzlich nicht automatisch eingeschlossen, da besonders in diesem persönlichen Bereich die Erteilung an das besondere Vertrauensverhältnis zwischen den Beteiligten geknüpft ist. Im Bereich der Vermögensangelegenheiten hängt es hingegen von einer individuellen Auslegung der jeweiligen Vollmacht ab, ob die Berechtigung zur Erteilung von Untervollmachten von der Vollmacht mit umfasst ist. Da es gesetzlich hierzu keine ausdrücklichen Regelungen gibt, sollte die Frage, ob Untervollmachten zulässig sein sollen, in der Vorsorgevollmacht besonders, d. h. ausdrücklich, geregelt werden.

3.1.4.3 Mehrere Bevollmächtigte

Darüber hinaus muss sich der Vollmachtgeber überlegen, wen er mit der Vorsorgevollmacht berechtigen möchte. Dabei besteht auch die Möglichkeit, mehrere Personen zu ermächtigen. Die Benennung mehrerer Bevollmächtigter kann bereits deshalb sinnvoll sein, weil man damit auch für den Fall vorsorgt, dass einer der benannten Bevollmächtigten selbst nicht mehr geschäftsfähig ist bzw. vorverstirbt. Auch ist eine solche Einsetzung mehrerer Bevollmächtigter zu empfehlen, wenn gewünscht ist, dass sich die verschiedenen Bevollmächtigten gegenseitig kontrollieren können.

Dabei gibt es drei Möglichkeiten der Einsetzung mehrerer Bevollmächtigter. Zum einen die Einsetzung mehrerer Personen hintereinander: Die erstgenannte Person ist alleinvertretungsbefugt. Nur wenn sie wegfällt (beispielsweise durch Tod), kommt die zweite Person zum Zug, die auch wiederum allein bevollmächtigt ist, usw.

Die zweite Möglichkeit ist die Einsetzung von zwei oder mehreren Personen, die jedoch nur gemeinschaftlich tätig werden dürfen. Das bedeutet, dass alle Entscheidungen nur gemeinsam getroffen werden dürfen.

Die dritte Möglichkeit ist die Einsetzung mehrerer Personen, die nebeneinander berechtigt sind, sodass jeder Bevollmächtigte einzeln handeln kann.

Nachteil einer nur gemeinschaftlichen Einsetzung von Bevollmächtigten in dem Sinne, dass sie nur gemeinschaftlich tätig werden können, ist die Gefahr, dass die Bevollmächtigten eines Tages in Streit geraten. Dies könnte nämlich dazu führen, dass keine gemeinsamen Entscheidungen und damit keine Entscheidungen für den Vollmachtgeber mehr möglich sind. Vorteil dieser Regelung ist hingegen der besondere, aus dem Vier-Augen-Prinzip resultierende Schutz vor einem Vollmachtmissbrauch.

Aber auch bei der Einsetzung mehrerer Bevollmächtigter nebeneinander, können diese gegenseitig ihre Entscheidungen blockieren, indem die eine Person die Entscheidung des anderen widerruft. Daher ist es bei der Vollmachterteilung nebeneinander (jeder darf allein handeln) sinnvoll, im Innenverhältnis zwischen dem Vollmachtgeber und den Bevollmächtigten ein Rangverhältnis zu vereinbaren, nach dem z. B. zunächst nur einer der Bevollmächtigten entscheiden soll und erst nach dessen Wegfall der andere. Allerdings ist hierbei zu beachten, dass eine solche Vereinbarung keinen Einfluss auf die Vertretungsberechtigung nach außen hat, sodass beide weiterhin nach außen als alleiniger Vertreter auftreten und auch gegenseitig ihre Entscheidungen blockieren können. Hierzu wieder der Fall unseres Unternehmers Ron Schnell (Variante).

Beispiel:

Ron Schnell hatte zwei Söhne, die er zu gemeinsamen Nachfolgern seines Unternehmens machen wollte. Er setzte daher beide Söhne als General- und Vorsorgebevollmächtigte nebeneinander für sich ein und plante bereits die Übertragung des Unternehmens auf beide. Eine schriftliche Vorsorgevollmacht wurde an jeden der Söhne ausgehändigt und die Söhne wurden in die Geschäfte des Unternehmens eingeführt. Dann geschah das, womit Ron Schnell nicht gerechnet hatte: Bereits nach wenigen Monaten zerstritten sich die beiden Söhne bis aufs Blut und es stellte sich die Frage, ob eine gemeinsame Unternehmensführung in Zukunft überhaupt noch möglich sein würde. Ron hatte die Befürchtung, dass sein Unternehmen unter den Streitereien der beiden Söhne leiden oder gar untergehen könnte.

Lösung:

Zum einen wurde eine Änderung der inzwischen getroffenen erbrechtlichen Unternehmensnachfolge notwendig, aber auch eine Änderung der Vorsorgevollmacht: Denn mit der den beiden Söhnen erteilten Vorsorgevollmacht (»beide nebeneinander«) konnte jeder der beiden Söhne allein Entscheidungen treffen und für die Gesellschaft und auch für und gegen den Vater Ron handeln. Andererseits konnte jeder von beiden die Handlungen des jeweils anderen Bruders widerrufen und im schlimmsten Fall so das gesamte Unternehmen lahmlegen.
Nun hätte Ron zwar grundsätzlich die Möglichkeit gehabt, die Vollmachtsurkunde, die jeden der beiden Söhne einzeln zur Vertretung berechtigte, einem der beiden Söhne wegzunehmen. Allerdings wären in der beim anderen Sohn verbliebenen Vollmachtsurkunde weiterhin beide

Söhne genannt gewesen, sodass der Sohn ohne Vollmachtsurkunde jedes Rechtsgeschäft, welches der andere Bruder getätigt hätte, ebenfalls hätte widerrufen können, da er nach Vorlage durch den Bruder gemäß dem Text der Vorsorgevollmacht ebenfalls zum Handeln legitimiert gewesen wäre (denn er stand ja in der Vollmachtsurkunde weiterhin namentlich drin). Auch eine oben benannte Beschränkung im Innenverhältnis, welche zwischen dem Vollmachtgeber und den Bevollmächtigten ein Rangverhältnis vereinbart (»Zunächst ist nur der eine Sohn ermächtigt, erst nach dessen Wegfall der andere.«), hätte nichts geändert, da eine solche Vereinbarung keinen Einfluss auf die Vertretungsberechtigung nach außen hat. Beide hätten also nach außen weiterhin uneingeschränkt als Vertreter auftreten können.
Einzige Möglichkeit für Ron Schnell war es daher, die Vollmachten von beiden Söhnen herauszuverlangen und anschließend eine General- und Vorsorgevollmacht allein auf den einen Sohn lautend zu erteilen. Er hätte auch die Möglichkeit gehabt, zwei voneinander getrennte Vorsorgevollmachten, in denen jeder der Söhne einzeln genannt wird, zu verfassen. Das hätte folgenden Vorteil gehabt: Er hätte zunächst dem einen Sohn die ausschließlich auf diesen lautende Vollmachtsurkunde ausgehändigt. Die andere Vollmachtsurkunde, auf den anderen Sohn lautend, hätte er seinem Anwalt oder einer anderen Vertrauensperson ausgehändigt mit dem Auftrag, diese Vollmacht dem anderen Sohn nur für den Fall auszuhändigen, dass der erste Sohn – beispielsweise durch Geschäftsunfähigkeit oder Tod – wegfällt.

3.1.4.4 Kontrollbevollmächtigter

Ein Kontrollbevollmächtigter ist eine Person, die vom Vollmachtgeber bestimmt und bevollmächtigt wird, den Bevollmächtigten in seinem Handeln zu kontrollieren und zu überwachen. In Teilen der Literatur wird dieser Kontrollbevollmächtigte auch als Unterstützungsbevollmächtigter bezeichnet. Da man grundsätzlich nur Personen als Vorsorgebevollmächtigte bestellen sollte, denen man umfassend vertraut, taucht an dieser Stelle häufig die berechtigte Frage auf: »Wieso sollte ich einen zusätzlichen Kontrollbevollmächtigten bestellen, der meinen Bevollmächtigten kontrolliert?« Um diese Frage zu klären, schauen wir uns nochmals den Beispielfall von Ron Schnell und seiner Schwester Susanne Unmut an.

Beispiel:

Susanne Unmut hat mit allen Mitteln versucht, Rita, die Frau ihres verunglückten Bruders, vor dem Betreuungsgericht zu diskreditieren, die Wirksamkeit der Vorsorgevollmacht zu beseitigen und anschließend selbst Betreuerin ihres Bruders zu werden. Schlussendlich ist es Susanne Unmut allerdings nicht gelungen, die Geltung der Vorsorgevollmacht zu beseitigen, sodass keine Betreuerbestellung erfolgte. Sie hat es jedoch geschafft, dass der Betreuungsrichter Zweifel an der Redlichkeit von Rita Schnell und deren Eignung zur Verwaltung des sehr beträchtlichen Vermögens von Ron Schnell bekam. Der Richter ordnete daher eine sog. Kontrollbetreuung an, um die Geschäfte, welche die Bevollmächtigte Rita für ihren Mann tätigte, zu überwachen. Fortan musste Rita einer vom Gericht bestellten, fremden Person auf deren Anfrage Einsicht in sämtliche Bankunterlagen geben und Auskunft über diese erteilen. Weiter konnte diese Kontrollperson die Geschäfte, die Rita für ihren Ehemann abschloss, überprüfen und gegebenenfalls widerrufen.

Susanne Unmut hatte es also mit ihren Vorwürfen zwar nicht geschafft, ihre eigene Betreuerbestellung durchzusetzen, jedoch Rita in ihren Rechten als Bevollmächtigte massiv eingeschränkt und damit indirekt auch das Unternehmen von Ron Schnell einer gerichtlichen Kontrolle unterstellt. Letzteres führte dazu, dass alle wichtigen Unternehmensentscheidungen fortan gerichtlich kontrolliert und damit zeitlich und sachlich behindert wurden. Die Kontrollbetreuung über das Unternehmen von Ron Schnell wurde in kürzester Zeit zu einer ernsthaften Bedrohung für das Unternehmen.

Lösung:

Dieser Situation hätte Ron Schnell vorbeugen können. Dazu hätte er allerdings überhaupt erst einmal wissen müssen, dass es die Möglichkeit bzw. die Gefahr der gerichtlichen Einsetzung eines Kontrollbetreuers gibt und welche Befugnisse dieser hat. Außerdem hätte er wissen müssen, dass und wie man einen gerichtlich bestellten Kontrollbetreuer durch einen (von Ron Schnell) selbst benannten Kontrollbevollmächtigten hätte vermeiden können.

Wie bereits angedeutet ist der Kontrollbetreuer (auch Vollmachtsbetreuer oder Überwachungsbetreuer genannt) ein durch das Gericht bestellter Betreuer, dessen Aufgabe es ist, den Bevollmächtigten (in unserem Fall Rita Schnell) bei seinen Tätigkeiten für den Vollmachtgeber (Ron Schnell) zu überwachen. Diese Form der gerichtlichen Betreuung unterscheidet sich von allen anderen Betreueraufgabenkreisen, da sie (wie bei Rita Schnell) trotz Vorliegens einer privaten Vorsorgevollmacht zusätzlich als deren Ergänzung gerichtlich angeordnet werden kann, während ansonsten Vorsorgevollmachten der Betreuung stets vorgehen und diese ausschließen.

Die Möglichkeit des Gerichtes, einen Kontrollbetreuer zu bestellen, entsteht nach der Entscheidung des BGH vom 30.03.2011 (Az: XII ZB 537/10, NJW 2011, 2137 ff.) erst dann, wenn der Vollmachtgeber geschäftsunfähig geworden ist und daher den Bevollmächtigten nicht mehr selbst kontrollieren kann. Als weitere Voraussetzung müssen jedoch zusätzlich entweder die zu besorgenden Geschäfte von besonderer Schwierigkeit und/oder von besonderem Umfang sein oder aber wie im Beispielsfall gegen die Redlichkeit oder die Tauglichkeit des Bevollmächtigten Bedenken bestehen. Ob diese Voraussetzungen vorliegen, hat das Betreuungsgericht zu beurteilen.

HINWEIS

Die Kontrollbetreuung scheidet allerdings aus (BGH vom 30.03.2011, a. a. O.), wenn entweder mehrere Personen in der Vorsorgevollmacht benannt sind, da diese sich dann gegenseitig kontrollieren können, oder aber wenn der Vollmachtgeber für diesen Fall einen Unterstützungs- oder auch Kontrollbevollmächtigten eingesetzt hat.

Im Fall von Ron Schnell hätte dieser also neben seiner Ehefrau Rita für den Fall, dass z. B. volljährige Kinder vorhanden sind, diese ebenfalls als Vorsorgebevollmächtigte einsetzen können. Vor Gericht hätte Rita dann damit argumentieren können, dass ihre Kinder und sie sich gegenseitig kontrollieren. Gäbe es hingegen keine Kinder oder würden diese nicht als Bevollmächtigte in Frage kommen, so hätte Ron Schnell eine andere Person oder aber mehrere andere Personen seines Vertrauens als Kontrollbevollmächtige/n einsetzen müssen, um die Gefahr einer gerichtlichen Kontrollbetreuung zu vermeiden. Als Kontrollbevollmächtigte kommen beispielsweise – bei entsprechendem Vertrauensverhältnis – Personen wie der Steuerberater, der Wirtschaftsprüfer, der Anwalt von Ron Schnell oder der Beiratsvorsitzende oder Aufsichtsratsvorsitzende des Unternehmens in Betracht.

Vorteil eines Kontrollbevollmächtigten gegenüber der amtlichen Bestellung als Kontrollbetreuer ist zum einen, dass bei dem Kontrollbevollmächtigten ein betreuungsgerichtliches Verfahren entfällt, welches bei der Kontrollbetreuerbestellung notwendig ist. Zum anderen hat die Kontrollbevollmächtigung den Vorzug, dass der Vollmachtgeber die Person des Kontrollbevollmächtigten selbst bestimmen kann, während als Kontrollbetreuer vom Gericht ebenso gut irgendeine fremde Person bestellt werden kann, die anschließend den Ehegatten, das Kind etc. kontrolliert und überwacht. Gerade bei umfangreichem Vermögen, bei Unternehmen oder auch bei unübersichtlichen Vermögensverhältnissen sollte der Bevollmächtigende (Ron Schnell) zu Zeiten, in denen er voll geschäftsfähig ist, Personen als Kontrollbevollmächtigte auswählen, die sein Vermögen, sein Unternehmen und vielleicht sogar seine Geschäftspartner kennen und die außerdem mit seiner Frau Rita konstruktiv zusammenarbeiten und diese konstruktiv überwachen und unterstützen könnten. Eine Kontrollbetreuung kann insoweit auch sinnvoll sein, wenn der Vollmachtgeber seinem Bevollmächtigten grundsätzlich die Vertretung zutraut, jedoch trotzdem beispielsweise in den Bereichen Steuern, Finanzen und/oder Buchhaltung diesem einen Unterstützer zur Seite stellen möchte.

Dabei darf allerdings nicht übersehen werden, dass auch der oder die Kontrollbevollmächtigte/n von dem Bevollmächtigten Auskunft verlangen und im schlimmsten Fall sogar die Vorsorgevollmacht widerrufen kann/können, wenn Anhaltspunkte für einen Missbrauch bestehen. Die Einsetzung eines Kontrollbevollmächtigten sollte daher nur erfolgen, wenn die Gefahr besteht, dass die Integrität des Bevollmächtigten angezweifelt werden könnte oder dieser mit Vertretung des Vollmachtgebers allein überfordert wäre.

Anders formuliert: Die Einsetzung eines Kontrollbevollmächtigten sollte dann erfolgen, wenn nach Rücksprache mit im Vorsorgevollmachtsrecht erfahrenen Fachleuten die Gefahr, dass das Betreuungsgericht von sich aus einen – fremden – Kontrollbetreuer einsetzt, nicht ausgeschlossen werden kann. In einem solchen Fall ist es dann ungleich besser, selbst einen Kontrollbevollmächtigten der eigenen Wahl einzusetzen.

3.1.4.5 Widerruf der Vorsorgevollmacht

Eine Vorsorgevollmacht kann, genauso wie sie erteilt werden kann, auch jederzeit durch den Vollmachtgeber widerrufen werden. Zwingend ist in diesem Fall jedoch, dass der Vollmachtgeber neben dem Widerruf – der sowohl mündlich als auch schriftlich erfolgen kann – sowohl das Original als auch weitere Ausfertigungen der Vollmacht von dem Bevollmächtigten herausverlangt. Der Grund für die Notwendigkeit eines solchen Vorgehens ist, dass sich der Bevollmächtigte durch die Vollmachtsurkunde gegenüber Dritten legitimieren, also diesen gegenüber nachweisen kann, dass er Bevollmächtigter ist. Ein Dritter darf sich daher bei Vorlage einer Vollmacht auf deren Gültigkeit verlassen, wenn ihm nicht bekannt ist, dass die Vollmacht widerrufen wurde. Sollte der Vollmachtgeber also davon Kenntnis haben, dass die Vollmacht bereits gegenüber Dritten verwendet wurde, so sollte er neben dem Widerruf gegenüber dem Bevollmächtigten zusätzlich diesen Dritten gegenüber anzeigen, dass die Vollmacht widerrufen wurde.

Von der Möglichkeit, die Vollmacht jederzeit zu widerrufen, gibt es eine Ausnahme, nämlich die Zeit nach dem Eintritt des Vorsorgefalls: Die allumfassende Vorsorgevollmacht wird mit Eintritt der Geschäftsunfähigkeit faktisch unwiderruflich. Könnte nämlich ein Vollmachtgeber im Zustand der Geschäftsunfähigkeit, in dem er selbst keine wirksame Vollmacht mehr erteilen kann, die Vollmacht außer Kraft setzen, würde dadurch sein mit voller Geschäftsfähigkeit getroffener Wille unterlaufen. Der Widerruf der Vollmacht setzt daher den gleichen geistigen Zustand wie dessen Erteilung und damit die volle Geschäftsfähigkeit des Vollmachtgebers voraus (siehe 3.1.1.1). Mit Eintritt seiner Geschäftsunfähigkeit kann der Vollmachtgeber seine Vollmacht selbst nicht mehr widerrufen.

Die Vollmacht kann in diesem Fall generell nur noch vom Betreuungsgericht für unwirksam erklärt werden, wenn dieses festgestellt hat, dass ein wichtiger Grund für die Aufhebung der Vollmacht vorliegt (so zum Beispiel bei Veruntreuung des Vermögens durch den Bevollmächtigten).

Hat der Vollmachtgeber allerdings zwei oder mehrere Personen als Bevollmächtigte bestellt, kann die Vollmacht im Vorsorgefall grundsätzlich auch von einem jeden der Bevollmächtigten gegenüber dem anderen jederzeit ohne Grund widerrufen werden. Ein solcher Widerruf muss durch einen Bevollmächtigten zwingend erklärt werden, wenn ein hinreichender Verdacht der Veruntreuung oder eines sonstigen Vollmachtsmissbrauchs durch den anderen Bevollmächtigten besteht.

Wie groß daneben die Versuchung eines Vorsorgebevollmächtigten ist, den anderen Vorsorgebevollmächtigen durch Vollmachtswiderruf von der Vertretung »auszuschließen«, um anschließend die alleinige Vertretung des Vollmachtgebers übernehmen zu können, ist eine Frage des Einzelfalls. Eine Konstellation, in der ein solcher missbräuchlicher Widerruf erfolgen könnte, ist die unseres Unternehmers Ron Schnell.

Beispiel:

Ron Schnell hatte seine beiden Söhne nebeneinander als Bevollmächtigte eingesetzt (siehe 3.1.4.3), die sich in der Folge jedoch zerstritten haben. In dieser Situation könnte der eine Sohn nach Eintritt der Geschäftsunfähigkeit von Ron Schnell auf die Idee kommen, die Vollmachtserteilung an den anderen Sohn zu widerrufen, um so alleiniger Bevollmächtigter seines Vaters zu werden. Ein solcher Widerruf wäre grundsätzlich zulässig und wirksam. Der andere Sohn könnte jedoch gegen den Widerruf wiederum vorgehen und diesen durch das Betreuungsgericht mit der Begründung für unwirksam erklären lassen, dass der Vollmachtswiderruf durch den Bruder ohne Vorliegen eines nachvollziehbaren Widerrufgrundes einen offensichtlichen Missbrauch der eigenen Vollmacht darstellen würde. Sollte hingegen tatsächlich ein Widerrufsgrund, wie zum Beispiel die Veruntreuung des Vermögens von Ron Schnell vorliegen, wäre der Widerruf natürlich wirksam.

Lösung:

Um einen Widerruf sicher auszuschließen und dem eben aufgeführten Streit zuvorzukommen, könnte Ron Schnell auf die Idee kommen, eine unwiderrufliche Vollmacht zu erteilen. Eine unwiderrufliche Vollmacht ist – wie dies bereits aus dem Wortlaut zu schließen ist – grundsätzlich nicht aufhebbar. Dies ist allerdings nicht ganz korrekt. Richtigerweise kann eine solche Vollmacht natürlich ausnahmsweise bei Vorliegen eines wichtigen Grundes (zum Beispiel Veruntreuung) doch widerrufen werden. Ohne einen solchen wichtigen Grund ist ein Widerruf hingegen nicht möglich.

Die Erteilung einer unwiderruflichen Vollmacht ist im Rechtsverkehr grundsätzlich möglich. Dies gilt jedoch nicht für Vorsorgevollmachten: Gerade zum Schutz des Vollmachtgebers wird die Erteilung einer unwiderruflichen, vollumfänglichen General- und Vorsorgevollmacht nach deutschem Recht grundsätzlich für sittenwidrig erachtet, da sich der Vollmachtgeber ansonsten in vollem Umfang der Fremdbestimmung des Bevollmächtigten unterwerfen würde. Die Vereinbarung der Unwiderruflichkeit ist also nur bei Erteilung von Spezialvollmachten, wie zum Beispiel einer Bankvollmacht zulässig, nicht hingegen bei einer alle Rechtsgeschäfte umfassenden Vorsorgevollmacht. Sollte Ron Schnell trotzdem eine unwiderrufliche General- und Vorsorgevollmacht erteilen, wäre er und auch seine Bevollmächtigten an die Unwiderruflichkeit nicht gebunden. Eine umfassende Vorsorgevollmacht ist daher jederzeit aufhebbar.

Der Vollmachtgeber hat daher die Vor- und Nachteile der Bevollmächtigung mehrerer Personen vor Erteilung abzuwägen, wobei die Vorteile mit Ausnahme des besonderen Einzelfalles des Unternehmers Ron Schnell und seinen Söhnen grundsätzlich überwiegen werden. Die Vor- und Nachteile sind in 3.1.4.3 aufgeführt.

Eine weitere Widerrufsmöglichkeit zwar nicht durch den Vollmachtgeber selbst, jedoch durch seine Erben, besteht bei einer über den Tod hinausreichenden Vollmacht nach dem Tod des Vollmachtgebers. Danach können die Erben, als Rechtsnachfolger des verstorbenen Vollmachtgebers, die Vollmacht widerrufen.

Folgende Punkte sind bei der Abfassung einer vollumfänglichen Vorsorgevollmacht zu beachten:

- Schriftliche Abfassung der Vorsorgevollmacht (ggf. notarielle Form, z. B. für Grundstücksgeschäfte),
- Vollumfänglichkeit der Vollmacht und damit Vollmachterteilung für alle regelbaren Bereiche,
- Ggf. Erteilung der Vollmacht an mehrere Personen,
- Ausgestaltung als über den Tod hinausgehende (transmortale) Vollmacht,
- Verbindung mit Betreuungsverfügung,
- Berechtigung zu Insichgeschäften,
- Regelungen im Innenverhältnis (Rangverhältnis unter Bevollmächtigten; Zeitpunkt der Berechtigung zum Tätigwerden),
- Auswahl des/der Bevollmächtigten (Vollmacht nur an Personen erteilen, denen man uneingeschränkt vertraut).

3.1.4.6 Zusammenfassung: Die zehn wichtigsten Tipps zur Vorsorgevollmacht

1. Funktion kennen

Bevor Sie eine Vorsorgevollmacht erstellen, sollten Sie sich klarmachen, dass Sie zur Vermeidung einer Betreuung eine Generalvollmacht, also eine umfassende Vollmacht, ausstellen müssen. Mit dieser General- und Vorsorgevollmacht kann jedermann im Voraus eine Person seiner Wahl und seines Vertrauens als Vertreter für den Fall der eigenen Handlungsunfähigkeit bestimmen.

2. Das richtige Personal

Personalentscheidungen sind immer die wichtigsten Entscheidungen – besonders bei einer Generalvollmacht. Denn der Bevollmächtigte kann schalten und walten, wie er will, wenn er die Vorsorgevollmacht im Original in der Hand hat. Deshalb setzt die Erteilung einer General- und Vorsorgevollmacht ein besonderes Vertrauensverhältnis voraus.

3. Kontrolle einbauen

Um wirklich hilfreich zu sein, muss eine Vorsorgevollmacht tatsächlich alle Lebensbereiche uneingeschränkt umfassen. Doch selbst wenn man eine solche vertrauenswürdige Person zur Hand hat, möchte man die Handlungen des Bevollmächtigten vielleicht doch kontrollieren lassen. Der Königsweg: Sie können dem Vorsorgebevollmächtigten einen Kontrollbevollmächtigten (auch »Unterstützungsbevollmächtigter« genannt) zur Seite stellen – insbesondere dann, wenn man dem Vorsorgebevollmächtigten allein die Aufgabe nicht zu 100 Prozent zutraut. Die Aufgabe des Kontrollbevollmächtigten: Er kontrolliert zum Beispiel regelmäßig die Buchhaltung und die Handlungen des Bevollmächtigten. Dabei kann der Vollmachtgeber die Aufgaben des Kontrollbevollmächtigten individuell benennen und die Kontrolle entweder auf alle Bereiche oder auf einige wesentliche Dinge beschränken.

4. Das richtige Team

Auch hier ist die Personalauswahl entscheidend. Der Kontrollbevollmächtigte (auch Unterstützungsbevollmächtigter genannt) sollte natürlich mit einem wachen Auge auf die Handlungen des Vorsorgebevollmächtigten schauen. Aber wenn sich die beiden nicht gut verstehen, können sie sich auch gegenseitig im Weg stehen.

5. Konkret formulieren

Machen Sie möglichst genaue Angaben darüber, was sie sich von dem Bevollmächtigten erwarten. Es handelt sich hier quasi um eine Gebrauchsanweisung für den Vorsorgebevollmächtigten. Je konkreter die Anweisungen sind, desto besser kann der Vorsorgebevollmächtigte agieren und der Kontrollbevollmächtigte seine Funktion ausführen.

6. Verantwortung teilen

Die Verantwortung des Vorsorgebevollmächtigten lässt sich auch auf mehrere Schultern verteilen. Das bietet sich besonders in komplizierteren Fällen an. So kann ein Unternehmer beispielsweise seiner Frau eine Vollmacht für die privaten Angelegenheiten erteilen, für die Angelegenheiten seines Unternehmens kann er dagegen seinen Prokuristen einsetzen.

7. Ersatzmann suchen
Benennen Sie in der Vorsorgevollmacht einen Ersatzbevollmächtigten. Den sollte man immer haben. Der eigentliche Bevollmächtigte könnte schließlich abspringen – oder gar sterben. Andersherum ist es natürlich auch jederzeit möglich, die Vorsorgevollmacht zu widerrufen und einen anderen Bevollmächtigten einzusetzen.

8. Kopie aushändigen
Achtung: Der Bevollmächtigte kann auch schon vor Eintreten der Geschäftsunfähigkeit die Vollmacht nutzen. Im Zweifel ist es daher besser, dem Vorsorgebevollmächtigten lediglich eine Kopie der Vorsorgevollmacht auszuhändigen (mit der der Bevollmächtigte nichts anfangen kann), ihm aber gleichzeitig mitzuteilen, wo sich das Original befindet. Eine Möglichkeit: Der Hausarzt erhält das Original und gibt es den Freunden/Bevollmächtigten erst dann, wenn nach seiner Einschätzung die Geschäftsunfähigkeit eingetreten ist. Wichtig dabei ist, dass derjenige, der die Generalvollmacht verwahrt, nicht die gleiche Person ist, die bevollmächtigt ist.

9. Wer niemanden hat
Wer niemanden hat, dem er vollkommen vertraut, sollte eher auf das Instrument der gesetzlichen Betreuung zurückgreifen. Bei der Betreuungsverfügung überwacht das Betreuungsgericht die Handlungen des Betreuers. Bei der Vorsorgevollmacht ist der Staat dagegen außen vor, d. h., dass der Bevollmächtigte nicht von staatlichen Stellen überwacht wird (wohl aber möglicherweise durch den Kontrollbevollmächtigten, siehe oben Ziffer 2.3).

10. Die Absicherung
Für den Fall, dass alle Stricke reißen, sollten auch Menschen, die eine Vorsorgevollmacht verfasst haben, eine zusätzliche Betreuungsverfügung als Absicherung erstellen.

3.2 Unternehmensvorsorge: Vorsorgevollmacht des Unternehmers

3.2.1 Einleitung

Es gibt verschiedene Ereignisse, die den Bestand eines Unternehmens beeinflussen und/oder gefährden können. So zum Beispiel die wirtschaftliche Entwicklung durch falsche unternehmerische Entscheidungen, Wirtschaftskrisen, Schwankungen des Währungskurses etc. Aber auch Ereignisse aus dem persönlichen Bereich des Unternehmers, des Gesellschafters oder des Geschäftsführers können den Bestand des Unternehmens tangieren und gefährden. Private und trotzdem für den unternehmerischen Bereich besonders relevante Ereignisse sind insbesondere das Versterben des Unternehmers und/oder die Ehescheidung. Aus diesem Grund werden Nachteile für das Unternehmen, die sich aus diesen Ereignissen ergeben können, in Gesellschafterverträgen sowie Ehe- und Erbverträgen berücksichtigt und abgesichert (betreffend die erbrechtliche Gestaltung siehe Kapitel VII). Anders sieht dies bei vorübergehendem oder dauerhaftem Ausfall des Unternehmers aufgrund geistiger und/oder körperlicher Gebrechen aus. Die Vertretung in solchen Fällen ist, wenn überhaupt, meist nur rudimentär durch bekannte Instrumente wie Prokura geregelt. Dies reicht jedoch vor allem für kleine und mittelständische Unternehmen, die stark von der Unternehmerpersönlichkeit abhängig sind, erfahrungsgemäß zur Sicherung des Fortbestands weder kurz- noch langfristig aus. Zur Verdeutlichung hier eine Variante des Beispiels Unternehmer Ron Schnell.

Beispiel:

Ron Schnell ist alleiniger Gesellschafter und Geschäftsführer der Schnell-GmbH. Seine Frau und seine Kinder sind nicht in den Geschäftsbetrieb eingebunden. Bei der Jungfernfahrt mit seinem nagelneuen Porsche rast Schnell mit 240 km/h gegen die Leitplanke. Aufgrund des Airbags überlebt Ron Schnell, wird allerdings mit schwersten Verletzungen ins Krankenhaus verbracht und ist mehrere Monate nicht ansprechbar.
Folge dieses Unfalls ist, dass Ron Schnell seinem Unternehmen für unbestimmte Zeit nicht mehr zur Verfügung steht. Er kann weder seine Gesellschafterrechte persönlich ausüben, noch können irgendwelche Beschlüsse im Unternehmen gefasst werden. Das Unternehmen ist mit dessen Ausfall führungslos geworden und hat kein Vertretungsorgan (Geschäftsführer) mehr. Es fehlt das Know-how und die Kompetenz von Ron Schnell im Unternehmen. Die laufenden Geschäfte können im schlimmsten Fall nicht fortgeführt, fällige Rechnungen nicht bezahlt werden.

Folge der Geschäftsunfähigkeit von Ron Schnell ist, wie bei jedem anderen Geschäftsunfähigen auch, dass – wenn keine anderweitigen Vorkehrungen getroffen wurden – zunächst ein Betreuer bestellt werden muss. Das gerichtliche Verfahren bis zur tatsächlichen Betreuerbestellung ist vor allem sehr zeitaufwendig, da eine Betreuerbestellung selten ohne ein Sachverständigengutachten erfolgen kann und ein geeigneter Betreuer erst einmal gefunden werden muss. Eine Regelung der Vertretung des alleinigen geschäftsführenden Gesellschafters kann daher Monate in Anspruch nehmen. Zwischenzeitlich kann es im Unternehmen in dieser Phase zu enormen Verlusten bis hin zum Bankrott des Unternehmens kommen. Aber auch wenn ein Betreuer bestellt wurde, bedürfen alle wichtigen Entscheidungen des Betreuers, die das Unternehmen betreffen, der Zustimmung des Betreuungsgerichts.

Eine katastrophale Vorstellung für jeden Unternehmer.

Das obige Beispiel zeigt, dass gerade im geschäftlichen Bereich für Einzelunternehmer und Einzelgeschäftsführer ein erhöhter Regelungsbedarf besteht. Aber auch bei Gesellschaften mit mehreren Gesellschaftern kann der Ausfall eines Gesellschafters wegen Geschäftsunfähigkeit sehr problematisch werden. So ist beispielsweise an einen geschäftsunfähigen Gesellschafter eine wirksame Zustellung der Ladung zur Gesellschafterversammlung nicht möglich. Eine Gesellschafterversammlung ist damit nicht rechtswirksam durchführbar. Etwaige Beschlüsse wären nichtig. Erst einmal muss für eine wirksame Vertretung des Geschäftsfähigen gesorgt werden: ein Vorsorgebevollmächtigter oder ein gesetzlicher Betreuer muss eingesetzt werden.

Allerdings wird eine Betreuung grundsätzlich nur angeordnet, wenn keine Vorsorgevollmacht des Geschäftsunfähigen vorliegt. Durch eine Vorsorgevollmacht kann also der Gefahr der vollständigen Lahmlegung des Unternehmens begegnet werden.

Die wichtigste Devise an dieser Stelle lautet: »Man muss geeignete Vorkehrungen treffen, wenn sie noch nicht notwendig sind, um Absicherung zu haben, wenn man sie braucht.« Ein Unternehmer, ganz gleich, ob Alleingesellschafter oder sonstiger Einzelunternehmer, muss daher zwingend Regelungen treffen, um die Risiken, die eine eventuelle Geschäftsunfähigkeit für das Unternehmen bedeuten, zu minimieren.

3.2.2 Regelungsbedarf

Es ist zwischen einzelnen Gruppen von Unternehmern zu unterscheiden. Was die Größe betrifft, so gibt es solche mit kleinen, mittelständischen und großen Unternehmen in Form von Kapitalgesellschaften, Personengesellschaften und auch Einzelkaufleute. Auch Freiberufler sind Unternehmer, die einzeln oder gemeinschaftlich auftreten; für sie gelten teilweise zusätzliche oder Sonderregelungen auf Grund der berufsrechtlichen Beschränkungen, sodass nicht jede Person die Stelle des Vollmachtgebers einnehmen kann. Die Gruppen setzen alle in unterschiedlichem Maße Vorkehrungen für den Vorsorgefall voraus.

Wie bereits allgemein ausgeführt, verleiht die Vorsorgevollmacht als vollumfassende Vollmacht dem Bevollmächtigten uneingeschränkte Vollmacht nach außen hin, und zwar sowohl im privaten als auch im unternehmerischen Bereich. Allerdings ist es in einem Fall wie dem des Unternehmers Ron Schnell, der seine Familie nicht in das Unternehmen eingebunden hat, möglicherweise sinnvoll, die Vorsorgevollmacht für den privaten Bereich von der für den unternehmerischen Bereich zu trennen. Im privaten Bereich kann Rita Schnell, die von den Geschäften ihres Mannes wenig Ahnung hat, zusammen mit den Söhnen eingesetzt werden. Im unternehmerischen bzw. geschäftlichen Bereich kann der Unternehmer einen Mitgesellschafter oder eine sonstige Person, die sich im Unternehmen auskennt und der er vertraut, als Bevollmächtigten einsetzen. Eine weitere Möglichkeit besteht darin, zwar seine Ehefrau oder seine Söhne auch für den unternehmerischen Bereich einzusetzen, ihnen jedoch fachkompetente Berater an die Seite zu stellen.

Bei der Vollmachteinsetzung im unternehmerischen Bereich sind einige Besonderheiten zu beachten. So kann zum Beispiel ein Freiberufler, also etwa ein Steuerberater, ein Arzt, ein Rechtsanwalt, ein Apotheker etc. aus berufsrechtlichen Gründen nur von einer Person, die selbst denselben Berufsstand innehat, vertreten werden. Aber auch gesellschafts- und handelsrechtliche Vorschriften oder Regelungen in Satzungen können Einschränkungen enthalten, welche Personen tatsächlich zur Vertretung in welchen Bereichen bevollmächtigt werden dürfen. Daher bedarf die Erstellung einer Vorsorgevollmacht im beruflichen und unternehmerischen Bereich einer besonderen und umfassenden, auf den einzelnen Unternehmer bezogenen Beratung und Vorbereitung.

Neben der Erteilung der Generalvollmacht können auch Handlungsvollmachten, Prokura und teilweise auch Organvertretungen (betreffend Geschäftsführung, Vorstand) zur Regelung des Unternehmens für den Vorsorgefall erteilt werden.

Als wichtigste Punkte sind im Bereich der unternehmerischen Vorsorge zu klären:

1. die Auswahl der zu bevollmächtigenden Person/en,
2. die ausreichende Information der ausgewählten Person/en sowie
3. die tatsächliche Organisation.

3.2.3 Person des Bevollmächtigten

Besondere Sorgfalt muss natürlich der Auswahl der zu bevollmächtigenden Person gewidmet werden. Als Bevollmächtigte bieten sich vor allem bereits ins Unternehmen integrierte Familienangehörige oder Mitgesellschafter an. Aber auch noch nicht im Unternehmen tätige Familienangehörige können grundsätzlich als Bevollmächtigte eingesetzt werden. Allerdings sollte dies nur unter der Voraussetzung erfolgen, dass der Vollmachtgeber ihnen zur Erfüllung dieser Aufgabe kompetente, mit dem Unternehmen vertraute Berater zur Seite stellt. Diese kompetenten Personen können zum Bespiel leitende Mitarbeiter im Unternehmen, Anwälte, Wirtschaftsprüfer oder Steuerberater sein.

Da dem Bevollmächtigten durch die Generalvollmacht alle Dispositionsmöglichkeiten – auch die über das Betriebsvermögen als Ganzes – gegeben werden, muss der Vollmachtgeber dieser Person erhebliches Vertrauen entgegenbringen. Wichtigste Voraussetzungen für die Eignung als Bevollmächtigter sind also dessen Integrität, besondere Fachkenntnis sowie geschäftliche Gewandtheit. All diese Kompetenzen in einer Person zu finden, ist relativ schwierig, sodass es oft sinnvoll sein kann, die verschiedenen Bereiche auf mehrere Personen aufzuteilen. Dabei ist – um auf das Beispiel des Unternehmers Schnell mit den streitenden Söhnen zurückzukommen – zu beachten, dass diese Personen gut zusammenarbeiten und sich nicht gegenseitig bei ihrer Tätigkeit boykottieren.

Besonders ist bei der Auswahl der Person des Vorsorgebevollmächtigten zu prüfen, ob diese tatsächlich geeignet und darüber hinaus bereit ist, diese doch sehr zeitaufwendige und verantwortungsvolle Aufgabe, die auch notwendige Fachkenntnisse voraussetzt, zu übernehmen. Bei der Übernahme der Tätigkeit als Vorsorgebevollmächtigter für einen Unternehmer handelt es sich nämlich keinesfalls um einen bloßen Gefälligkeitsdienst eines Freundes. Eine solche Tätigkeit ist vielmehr ein » Full-time-Job«. Auch dürfen die haftungsrechtlichen Gefahren, in die sich der Bevollmächtigte bei der Übernahme der Lenkung des Unternehmens begibt, nicht unterschätzt werden. Aus diesem Grund besteht auch die absolute Notwendigkeit, das gesamte Ausmaß der Vollmachterteilung mit der ausgewählten Person genauestens zu erörtern, dabei auch auf die mit der Aufgabe verbundene Verantwortung hinzuweisen und zu prüfen, ob der Bevollmächtigte sich der Verantwortung zu Recht gewachsen fühlt. Dabei sollte man dem Bevollmächtigten, gerade wenn dieser selbst nicht Mitinhaber des Unternehmens oder Familienangehöriger ist, einen gewissen finanziellen Anreiz zur Übernahme der eventuellen Vertretung bieten, indem man eine entsprechend wohlwollende Vergütung der Tätigkeit vereinbart.

3.2.4 Organisation

Die Organisation der Vertretung eines Geschäftsunfähigen im unternehmerischen Bereich erfolgt am zweckmäßigsten mit der Erstellung einer Handlungsanweisung an den oder die Bevollmächtigten. Solche Anweisungen haben grundsätzlich keine Wirkungen nach außen und gelten damit auch nicht gegenüber Dritten, sondern nur im Verhältnis zwischen Vollmachtgeber und Bevollmächtigten. Sie stellen gewissermaßen einen Leitfaden für den Bevollmächtigten dar, der gleichzeitig die Haftung des Bevollmächtigten bei seiner Tätigkeit einschränkt.

In seiner Handlungsanweisung sollte der Vollmachtgeber zunächst eine Zukunftsprognose für den Fall seines Ausscheidens aufstellen, in der die möglichen Entwicklungen des Unternehmens berücksichtigt werden. Um eine Vertretung bestmöglich vorzubereiten, muss der Unternehmer dabei vor allem klären, ob das Unternehmen ohne ihn überhaupt fortgeführt werden kann.

Sollte die Antwort hierauf »Ja« lauten, muss der Unternehmer – egal welche Person oder welche Personen er bevollmächtigt – dieser/diesen klare Anweisungen an die Hand geben, nach denen das Unternehmen geführt werden soll. So muss zum Beispiel klargestellt werden, wer Verträge mit Kunden, Lieferanten oder sonstigen Geschäftspartnern abschließen kann und soll, wer Überweisungen zur Zahlung von Rechnungen, Steuern und Löhnen tätigen und wer die strategischen Entscheidungen im Unternehmen treffen soll.

Es ist weiter in groben Zügen festzulegen, was im Falle der Geschäftsunfähigkeit des Unternehmers kurz-, mittel- und langfristig zu erledigen ist.

Darüber hinaus ist auch die familiäre Situation zu berücksichtigen, beispielsweise, zu welchem Zeitpunkt ein Kind bereit und/oder in der Lage ist, die Unternehmensleitung zu übernehmen. Auch ist aufzuführen, welche Personen in welcher Situation zurate gezogen werden sollen. So z. B. der Steuerberater, Anwalt, Wirtschaftsprüfer, Banker.

Sollte die Frage, ob das Unternehmen auch ohne den Vollmachtgeber fortgeführt werden kann, mit »Nein« beantwortet werden müssen, da der Betrieb zum Beispiel allein oder überwiegend an die Person des Vollmachtgebers gebunden ist, stehen natürlich andere Ziele im Vordergrund. Die Anweisung sollte in diesem Fall zunächst für eine bestimmte Übergangszeit Regelungen treffen, in der eine Rückkehr des Vollmachtgebers ins Unternehmen noch möglich ist. Weiter sollte aber vor allem auch das Vorgehen bei der Veräußerung oder Liquidation des Unternehmens nach Ablauf dieser Übergangszeit geklärt werden, um eine Insolvenz des Unternehmens zu verhindern.

Formel für Handlungsanweisung:

- Festlegen der Unternehmensfortführung, -übertragung, -umwandlung, des Unternehmensverkaufs oder der Liquidation,
- Festlegen der kurz-, mittel- und langfristigen Unternehmensziele.

3.2.5 Konkrete Ausgestaltung

Die Vorsorgevollmacht eines Unternehmers sollte stets in notarieller Form erfolgen (siehe 3.1.1.2), weil die notarielle Form der Vollmacht zwingende Voraussetzung für die Vornahme einiger Rechtsgeschäfte ist, so zum Beispiel bei der Verfügung über Immobilien und GmbH-Geschäftsanteile als auch für wirksame Anmeldung zum Handelsregister.

Für die weitere Ausgestaltung der Unternehmervollmachten gelten die obigen Ausführungen zur Mehrfachbevollmächtigung, Unterbevollmächtigung etc. als verschiedene Gestaltungsmöglichkeiten entsprechend.

3.2.5.1 Kapitalgesellschaften am Beispiel der GmbH

Wie umfassend die Vorsorgevollmacht eines GmbH-Gesellschafters zu gestalten ist und welche Besonderheiten er in diesem Bereich berücksichtigen muss, hängt von der Frage ab, welche Stellung der Gesellschafter im Unternehmen einnimmt. So kann es sein, dass der GmbH-Gesellschafter die Gesellschaft allein führt, er kann sich aber auch mit einer untergeordneten Nebenrolle begnügen. Je stärker ein Unternehmen von einem einzigen Gesellschafter abhängig ist, desto wichtiger ist es, dass dieser eine Vorsorgeregelung trifft.

Bei einer GmbH eines alleinigen Gesellschafters, der gleichzeitig als alleiniger Geschäftsführers fungiert, sind bei der Erteilung seiner Vorsorgeverfügungen zwei zu regelnde Aufgabenkreise zu berücksichtigen: Zum einen die Vertretung betreffend die Wahrnehmung seiner Gesellschafterrechte, zum anderen die Regelung betreffend die Geschäftsführung der Gesellschaft.

3.2.5.1.1 Gesellschafterrechte

Die Wahrnehmung seiner Gesellschafterrechte, also seiner Kontroll- und Verwaltungsrechte innerhalb der GmbH (wichtigstes Verwaltungsrecht ist das Stimmrecht in der Gesellschafterversammlung), kann der Vollmachtgeber mittels Vorsorgevollmacht vollumfänglich sowohl einem am Unternehmen unbeteiligten Dritten als auch – falls vorhanden – einem Mitgesellschafter übertragen. Es genügt hierfür grundsätzlich die Textform, also die einfache schriftliche Abfassung der Vollmacht (§ 47 III GmbHG). Wie weit das Bestimmungsrecht des Bevollmächtigten bei umfassender Vertretungsmacht innerhalb der GmbH in der Praxis tatsächlich geht, hängt natürlich von der Anzahl der Gesellschaftsanteile, die der Vollmachtgeber am Unternehmen hält, ab. Hiernach richtet sich auch dessen Einfluss in der Gesellschafterversammlung. Während also beispielsweise unser alleiniger Gesellschafter Ron Schnell die Entscheidungen in der Gesellschafterversammlung allein treffen kann, kann ein Gesellschafter mit nur wenigen Gesellschaftsanteilen höchstens Minderheitsrechte wie etwa die Einberufung der Gesellschafterversammlung, die Aufnahme bestimmter Tagesordnungspunkte betreffend die Versammlung oder etwaige Auskunfts- und Einsichtsrechte etc. allein ausüben.

Durch eine umfassende Vorsorgevollmacht kann somit ein Mehrheitsgesellschafter die Kontrolle des Geschäftsführers, die Möglichkeit von dessen Abberufung und die Bestellung eines neuen Geschäftsführers, bis hin zur Entscheidung über eine Kapitalerhöhung etc. auf einen anderen übertragen. Der Gesellschafter hat allerdings auch stets die Möglichkeit, dem Bevollmächtigten lediglich einzelne Rechte – wie zum Beispiel seine Stimmrechte in der Gesellschafterversammlung (also eine einfache Stimmrechtsvollmacht) – zu übertragen. Um eine gerichtliche Betreuerbestellung zu vermeiden, sollte die Vollmacht in diesem Bereich jedoch umfassend und nicht auf eine einfache Stimmrechtsvollmacht beschränkt sein.

Bevor eine Vorsorgevollmacht betreffend die Ausübung der Gesellschafterrechte tatsächlich erteilt wird, muss der Unternehmer zunächst zwingend überprüfen, ob der Gesellschaftsvertrag Einschränkungen enthält, die eine Vertretung durch Dritte verbieten oder einschränken. Eine solche einschränkende Formulierung in einem Gesellschaftsvertrag könnte wie folgt lauten:

Beispiel:

»Die Gesellschafter sind berechtigt, sich in der Gesellschafterversammlung durch einen anderen Gesellschafter oder durch eine zur Berufsverschwiegenheit verpflichtete Person der rechtsberatenden, steuerberatenden oder wirtschaftsprüfenden Berufe vertreten zu lassen.«

Soll nun zum Beispiel ein Familienangehöriger, der weder Gesellschafter ist noch zu der Gruppe der zur Berufsverschwiegenheit verpflichteten Personen gehört, zur Ausübung der Gesellschafterrechte bevollmächtigt werden, so müsste bei Vorliegen der vorstehenden oder einer ähnlichen Klausel zunächst der Gesellschaftsvertrag entsprechend angepasst werden. Sobald der Gesellschaftsvertrag einer Vertretung nicht mehr im Wege steht, kann die Vollmacht zur Ausübung aller Gesellschafterrechte ermächtigen.

Darüber hinaus gilt natürlich die wichtige Voraussetzung, dass der Bevollmächtigte vorab umfassend über das Unternehmen informiert ist. Des Weiteren sollte der Vollmachtgeber mit dem Bevollmächtigten genau besprechen, wie in bestimmten Situationen verfahren werden soll, wie etwa hinsichtlich der Veräußerung von Gesellschafteranteilen, der Liquidation der Gesellschaft oder der Auswahl eines neuen Geschäftsführers. Dabei müssen natürlich auch die Rechte der anderen Mitgesellschafter – sofern vorhanden – ausreichend berücksichtigt werden.

3.2.5.1.2 Geschäftsführung

Sollte der Vollmachtgeber nicht nur Gesellschafter, sondern, wie Ron Schnell, auch alleiniger Geschäftsführer der GmbH sein, führt dessen Ausfall aufgrund von Krankheit, Demenz, Unfall etc. neben der persönlichen Handlungsunfähigkeit des Gesellschafters auch zur Handlungsunfähigkeit und Führungslosigkeit des Unternehmens. Daher ist eine Vollmachterteilung in diesem Bereich besonders wichtig. Aber gerade eine vollumfängliche Vertretungsregelung eines alleinigen Geschäftsführers durch eine Vorsorgevollmacht kann zu Problemen führen.

Der Grund hierfür ist, dass eine die Geschäftsführung eines Unternehmens betreffende Vollmachtübertragung nach höchstrichterlicher Rechtsprechung nur eingeschränkt möglich ist, da die gesellschaftsrechtlichen Kompetenzen des Geschäftsführers nicht vollständig mittels Vollmacht auf einen Dritten übertragen werden dürfen. Vielmehr müssen die organschaftlichen Kernbefugnisse bei dem Geschäftsführer verbleiben. Organschaftliche, also nicht übertragbare Rechte des Geschäftsführers sind solche, die die unmittelbare Vertretung der GmbH als Rechtspersönlichkeit betreffen, so zum Beispiel die Erteilung von Prokura, der Antrag auf Eröffnung des Insolvenzverfahrens § 15 InsO, jegliche Anmeldungen der Firma zum Handelsregister, die Einberufung der Gesellschafterversammlung (wobei es ein paar Ausnahmen gibt, in denen eine Einberufung auch ohne den Geschäftsführer möglich ist) und Ähnliches.

Insoweit kann der alleinige geschäftsführende Gesellschafter zwar eine Generalhandlungsvollmacht oder auch Prokura erteilen, allerdings keine sämtliche Geschäftsführerkompetenzen umfassende Generalvollmacht und Vorsorgevollmacht. Eine umfassende Vorsorgevollmacht wird, sollte der Vorsorgefall tatsächlich eintreten, entweder in eine Generalhandlungsvollmacht umgedeutet oder aber gerichtlich gänzlich für unwirksam erklärt werden. Sollte der Geschäftsführer also eine Vorsorgevollmacht erteilen wollen, so muss diese Vollmacht, um ein mögliches Risiko betreffend die gerichtliche Anerkennung zu vermeiden, den Bereich der organschaftlichen Kernbefugnisse des Geschäftsführers ausdrücklich ausklammern. Die Vorsorgevollmacht umfasst in diesem Bereich dann die gleichen Rechte wie eine Generalhandlungsvollmacht.

Die Generalhandlungsvollmacht (und damit auch die die organschaftlichen Kernkompetenzen ausschließende Vorsorgevollmacht) berechtigt zu sämtlichen Rechtsgeschäften, die in dem Geschäftsbetrieb einer GmbH üblich sind und die nicht auf die unmittelbare Vertretung der GmbH, sondern lediglich auf ein Handeln in Vollmacht des Geschäftsführers gerichtet sind (BGH vom 18.07.2002, Az: III ZR 124/01, NJW-RR 2002, 1325). Die Erteilung der Vorsorgevollmacht als auch die Generalhandlungsvollmacht stellen damit sicher, dass alle gewöhnlichen Geschäfte des Betriebes vorübergehend fortgeführt werden können. Der Unterschied zwischen einer einfachen Generalhandlungsvollmacht und der Vorsorgevollmacht im gesellschaftsrechtlichen Bereich ist, dass die Generalhandlungsvollmacht lediglich die Vertretung in dem Bereich der Geschäftsführung regelt, während die Vorsorgevollmacht zusätzlich weitere Kompetenzen, wie beispielsweise die Ausübung der Stimmrechte in der Gesellschafterversammlung (siehe 3.2.5.1.1), gibt.

Durch die Einsetzung des Bevollmächtigten als Vorsorgebevollmächtigten unter Ausschluss der organschaftlichen Kernbefugnisse, als Generalhandlungsbevollmächtigter oder als Prokurist wird jedoch das Problem, dass das Unternehmen eines alleinigen Geschäftsführers mit dessen Ausfall handlungsunfähig ist, nicht endgültig geklärt. Es können lediglich vorübergehend Geschäfte weiterbetrieben werden. Sollte der Geschäftsführer also längere Zeit ausfallen, muss die Gesellschafterversammlung tätig werden und einen neuen Geschäftsführer bestimmen. In unserem Beispiel der Ein-Mann-GmbH des alleinigen Gesellschafters und Geschäftsführers Ron Schnell könnte eine Vertretung wie folgt aussehen:

Aufgrund der Vorsorgevollmacht von Ron Schnell, die einerseits den Bevollmächtigten zur Ausübung aller Gesellschafterrechte berechtigt (siehe 3.2.5.1.1) und andererseits eine Generalhandlungsvollmacht betreffend den Bereich der Geschäftsführung gibt, kann dessen Bevollmächtigter zunächst vorübergehend die laufenden Geschäfte weiter betreiben und anschließend einen neuen Geschäftsführer bestimmen (und zwar allein, da Ron Schnell alle Geschäftsanteile hält und damit in der Gesellschafterversammlung allein entscheiden kann).

Der Bevollmächtigte muss sich allerdings nicht selbst zum Geschäftsführer bestimmen. Unter Umständen kann es sogar vorteilhaft sein, die beiden Positionen, also zum einen die Vertretung bezüglich der Gesellschafterrechte und zum anderen bezüglich des Geschäftsführeramtes, voneinander zu trennen, um dadurch eine zusätzliche Kontrollfunktion zu erhalten. Ferner kann der Vollmachtgeber die Entscheidung, wer Geschäftsführer im Vorsorgefall werden soll, bereits in seinen Handlungsanweisungen an den Bevollmächtigten (siehe 3.2.4) festlegen oder dies mit dem Bevollmächtigten vorab besprechen. Sollte der Vollmachtgeber jedoch wünschen, dass der Vorsorgebevollmächtigte – zumindest auch – sich selbst zum Geschäftsführer bestimmen kann, muss die Vorsorgevollmacht zwingend eine Befreiung von § 181 BGB (siehe 3.1.4.1) oder aber eine ausdrückliche Befugnis, sich selbst zum Geschäftsführer bestellen zu können, enthalten.

Bei einer Gesellschaft mit mehreren Geschäftsführern ist die Erteilung einer Generalhandlungsvollmacht und auch die Bestellung eines den Vollmachtgeber ersetzenden Geschäftsführers nicht zwingend notwendig, wenn eine gesellschaftsvertragliche Regelung besteht, dass jeder Geschäftsführer auch allein, also ohne Zustimmung eines anderen Geschäftsführers, in allen Bereichen der Geschäftsführung für die Gesellschaft handeln kann. Die Gesellschaft wird in diesem Fall nicht führungslos.

Neben den eben genannten Vertretungslösungen gibt es noch weitere Möglichkeiten, der Führungslosigkeit des Unternehmens bei Geschäftsunfähigkeit des alleinigen Geschäftsführers vorzubeugen:

So könnte Ron Schnell beispielsweise jederzeit neben sich einen zweiten Geschäftsführer berufen. Diese Lösung bietet sich besonders in den Fällen an, in denen zum Beispiel ein Sohn das Unternehmen früher oder später fortführen und auch das Amt des Geschäftsführers übernehmen soll. Durch diesen Eintritt des Sohnes als Zweitgeschäftsführer wird zum einen eine lückenlose Unternehmensfortführung sichergestellt und zum anderen dem »Junior« frühzeitig die Möglichkeit gegeben, sich in dem Unternehmen zu etablieren und Verantwortung zu übernehmen. Zu beachten ist hierbei, dass durch die Bestellung eines zweiten Geschäftsführers zusätzliche Kosten, wie zum Beispiel für die notwendige Abänderung des Gesellschaftervertrages, entstehen können.

Eine weitere Möglichkeit, um die Führungslosigkeit zu vermeiden, besteht darin, den Bevollmächtigten oder eine dritte Person als Geschäftsführer unter einer aufschiebenden Bedingung – nämlich des Ausfalls des Vollmachtgebers – zu bestellen. Dabei muss der Vollmachtgeber, solange er geschäftsfähig ist, diese Regelung zum Handelsregister anmelden. Vorteil dieser Regelung ist, dass – anders als bei einer Bestellung nach dem tatsächlichen Ausfall des Geschäftsführers – kein gesonderter Beschluss der Gesellschafterversammlung für die Bestellung erforderlich wird, sondern die Bestellung im Falle des Eintritts der Handlungsunfähigkeit des Unternehmers »automatisch« erfolgt.

Aber auch in einer Gesellschaft, in der der Vollmachtgeber der Geschäftsführer ist, aber nicht die Mehrheit der Stimmen hält, da neben diesem weitere Mitgesellschafter mit insgesamt gleich vielen oder mehr Geschäftsanteilen vorhanden sind, ist eine Regelung vorab möglich. Der Vollmachtgeber kann etwa von der Gesellschafterversammlung im Voraus eine Verpflichtungserklärung einholen, in der sich die Gesellschafter bereit erklären, im Krisenfall (also dem Ausfall des Vollmachtgebers) den auserwählten Bevollmächtigten als Geschäftsführer zu bestellen.

Für welche der eben genannten Regelungsmöglichkeiten sich der geschäftsführende Gesellschafter schließlich entscheiden sollte, hängt von den Umständen im Unternehmen im Einzelnen und den zur Verfügung stehenden Personen ab.

3.2.5.2 Personengesellschaften

Bei Personengesellschaften, also zum Beispiel bei der GbR, der OHG, der KG oder der Partnerschaftsgesellschaft, ergeben sich die geringsten Gestaltungsmöglichkeiten betreffend den Vorsorgefall (zu den verschiedenen Personengesellschaften siehe auch Kapitel VII 3). Der Grund hierfür ist, dass im Bereich der Personengesellschaften grundsätzlich das Verbot der Fremdorganisation besteht. Danach ist es nicht zulässig, dass Dritte in die innere Organisation der Gesellschaft eingreifen oder Mitgliedsrechte ausüben. Durch Vertretungsregelungen können demnach zwar Geschäftsaufgaben von dem Vollmachtgeber, der persönlich haftender Gesellschafter ist, auf gesellschaftsfremde Dritte delegiert werden, es muss jedoch sichergestellt sein, dass dem persönlich haftenden Gesellschafter selbst die endgültige Entscheidungsbefugnis über Fragen der Geschäftsführung sowie seine originären Gesellschaftsaufgaben verbleiben. Eine vollumfängliche Rechteübertragung ist daher – wie bei der GmbH auch – nicht möglich.

Die besondere Einschränkung bei der Vollmachtgestaltung im Bereich einer Personengesellschaft ergibt sich allerdings hauptsächlich daraus, dass Organschaftsrechte nicht mit einfachem Bestellungsakt auf einen beliebigen Dritten übertragen werden können, wie dies beispielsweise bei der GmbH möglich ist (bei der GmbH gilt das Prinzip der sog. Fremdorganschaft, wonach eine dritte Person, die selbst nicht Gesellschafter ist, durch Beschluss der Gesellschafterversammlung Geschäftsführer und damit Organ der Gesellschaft werden kann). Vielmehr resultiert das Organschaftsrecht in der Personengesellschaft allein aus der Stellung als persönlich haftender Gesellschafter und kann daher nur von diesem ausgeübt werden (Prinzip der Selbstorganschaft). Organe der Personengesellschaft und damit persönlich haftende Gesellschafter sind bei einer GbR und einer OHG alle Gesellschafter, bei einer KG grundsätzlich nur die Komplementäre (nicht hingegen die beschränkt haftenden Kommanditisten). Für den bevollmächtigten Dritten gibt es damit grundsätzlich nur eine Möglichkeit, Organbefugnisse zu erhalten, nämlich wenn er selbst persönlich haftender Gesellschafter ist oder wird. Hieraus würde dann allerdings, wie sich bereits aus dem Begriff »persönlich haftender Gesellschafter« schließen lässt, eine persönliche Haftung des Bevollmächtigten resultieren. Eine solche Haftungsübernahme ist dem Bevollmächtigten jedoch nicht zu empfehlen, da er mit Eintritt als persönlich haftender Gesellschafter auch mit seinem gesamten privaten Vermögen haften würde. Gerade aufgrund des Ausfalls des Vollmachtgebers kann die Zukunft des Unternehmens jedoch unsicher sein und daher ein besonders hohes Risiko bei einer Haftungsübernahme bestehen.

Sollte der Gesellschafter wünschen, dass ihn bei seinem längerfristigen Ausfall ein persönlich haftender Mitgesellschafter vertritt oder sogar seine Anteile übernimmt, oder aber, dass ein Dritter als sein Nachfolger in die Gesellschaft aufgenommen wird, ist dies im Gesellschaftsvertrag entsprechend zu regeln. Zur Aufnahme bestimmter Klauseln wie beispielsweise einer Nachfolgeklausel gelten ähnliche Formulierungen wie für den Erbfall (siehe hierzu Kapitel VII 3.2).

HINWEIS

Eine Möglichkeit, im Vorsorgefall eine dritte Person als Vertreter zu bestimmen, ohne dass dieser selbst persönlich haftender Gesellschafter werden muss, ist die Umwandlung der Personengesellschaft in eine Kapitalgesellschaft, also etwa in eine GmbH, oder aber die Aufnahme einer GmbH als persönlich haftendenden Gesellschafter, sodass eine GmbH und Co. KG entsteht.

3.2.5.3 Freiberufler/Selbständige

Freiberufler wie beispielsweise Apotheker, Anwälte, Ärzte, Steuerberater etc. unterliegen grundsätzlich berufsrechtlichen Beschränkungen, sodass nicht jede beliebige Person den Vollmachtgeber als Berufsträger vertreten und dessen Platz einnehmen kann. Fällt daher beispielsweise ein Arzt durch einen Unfall für ungewisse Zeit in seiner Praxis aus, kann diesen nur ein Arzt desselben Fachgebiets in seiner Praxis vertreten und die aktuelle Patientenbetreuung fortführen. Der Vollmachtgeber tut daher gut daran, für den Vorsorgefall einen geeigneten Kollegen als möglichen Vertreter zu benennen und diesen mit den entsprechenden Vollmachten auszustatten. Dabei ist zu beachten, dass bei Vertragsärzten bei einer Vertretungsdauer von mehr als einer Woche die Vertretung der Ärztekammer angezeigt werden muss und eine Vertretung bei einem unmittelbar zeitlich zusammenhängenden Ausfall höchstens für eine Dauer von zwölf Monaten zulässig ist. Sollte der Vollmachtgeber selbst keinen zum Beispiel befreundeten Kollegen derselben Fachrichtung als Vertreter bestimmen, wird der die Vertretung übernehmende Arzt durch die Ärztekammer oder in anderen Berufen durch die jeweils zuständige Berufskammer bestimmt. Dabei kann dann auch ein unbekannter oder vielleicht sogar verhasster Kollege als Vertreter bestellt werden. Nur durch entsprechende Vorsorge und Regelung durch den Vollmachtgeber kann sichergestellt werden, dass der Vertreter auch der Vertreter der eigenen Wahl ist.

Im verwaltenden Praxisbereich – also dem Bereich, der die Abschlüsse von Mietverträgen für die Räumlichkeiten, die schuldrechtlichen Beziehungen zu den Angestellten und Banken etc. betrifft – gibt es keine durch das Berufsrecht festgelegten Vertretungsregeln. In diesem Bereich kann daher ein Familienangehöriger oder eine sonstige Vertrauensperson, die selbst kein Berufsträger ist, mittels Vorsorgevollmacht zur Verwaltung berechtigt werden. Dadurch wird sichergestellt, dass die Praxis bzw. die Kanzlei durch die notwendigen Grundgeschäfte (Überweisung von Miete und Gehalt) am Laufen gehalten wird.

Eine Betriebsfortführung wird im Vorsorgefall einer der genannten Berufsträger in aller Regel ausscheiden, wenn der Vollmachtgeber nicht einen Familienangehörigen hat, der die berufsrechtliche Qualifikation zur Fortführung der Praxis oder Kanzlei mitbringt. In allen anderen Fällen kann allenfalls an die Verpachtung an einen geeigneten Berufsträger gedacht werden. Der Vollmachtgeber sollte sich also überlegen, an wen bei seinem Ausfall die Praxis verkauft bzw. verpachtet werden könnte und seinen Angehörigen entsprechende Anweisungen und Vorgehensweisen für den Vorsorgefall an die Hand geben.

3.2.5.4 Einzelunternehmen

Ein Einzelunternehmen ist meist ein von einem im Handelsregister eingetragenen Kaufmann betriebenes Handelsgeschäft. Anders als bei den Kapital- und Personengesellschaften kann der Einzelkaufmann mittels Vorsorgevollmacht jede Person vollumfänglich zu seinem Vertreter bestimmen. Eine Vertretung ist daher in allen Bereichen des Einzelunternehmens möglich. Zu beachten ist bei der Bevollmächtigung jedoch, dass sich der Vollmachtgeber als eingetragener Kaufmann mit der Vollmachterteilung selbst einem erheblichen finanziellen Risiko aussetzt. Dies ergibt sich daraus, dass ein eingetragener Kaufmann, anders als zum Beispiel der Gesellschafter einer GmbH, persönlich und damit mit seinem gesamten Vermögen – und damit auch seinem privaten Vermögen – haftet. Sollte also beispielsweise der Bevollmächtigte durch falsche Investitionen oder Entscheidungen das Unternehmen zugrunde richten, haftet der Vollmachtgeber für sämtliche dem Unternehmen entstehende Verbindlichkeiten, die dem Unternehmen durch die Entscheidungen des Bevollmächtigten entstanden sind (Schulden etc.), persönlich und unbeschränkt mit seinem gesamten Vermögen. Inwieweit ein haftungsrechtlicher Rückgriff auf den Bevollmächtigten in diesem Fall möglich ist, hängt von dem Verschulden und der Liquidität des Bevollmächtigten ab.

Um dieses erhebliche finanzielle Risiko für das Privatvermögen des Vollmachtgebers und damit auch für die Lebensgrundlage seiner Familie zu vermeiden, sollte das Unternehmen nach dem Ausfall des Einzelkaufmanns aufgrund von Krankheit, Demenz etc. in eine GmbH oder eine GmbH & Co. KG umgewandelt werden. Dadurch wird sichergestellt, dass der Vollmachtgeber nicht mit seinem Privatvermögen haftet und dass dessen Privatvermögen bei Fehlinvestitionen durch den Bevollmächtigten geschützt ist.

Sollte der Unternehmer eine solche Umwandlung des Einzelunternehmens in eine Kapitalgesellschaft wünschen, sollte er seinem Bevollmächtigen eine Handlungsanweisung geben. Diese könnte wie folgt lauten:

Beispiel:

»Für den Fall, dass ich, Herr ...., aufgrund von Krankheit, Unfall oder sonstigen Umständen nicht mehr in der Lage, bin mein unter der Firma .... betriebenes Einzelunternehmen fortzuführen, soll Herr/Frau ....als mit notariell beglaubigter Vollmacht vom ..... bevollmächtigte Person folgende Maßnahmen vornehmen:

1. *Das Einzelunternehmen soll in eine Kommanditgesellschaft umgewandelt werden, wobei die Komplementärstellung durch eine GmbH übernommen wird.*
2. *Alleingesellschafter der GmbH soll Herr/Frau .... werden.*
3. *Meine Kinder ..... sollen zu gleicher Quote beteiligte Kommanditisten werden. Sollte sich eines der Kinder eines Tages aufgrund seiner Ausbildung zur Übernahme des Unternehmens eignen, kann Herr/ Frau ...... diese Teile der Komplementär-GmbH dem betreffenden Kind als Allein- oder Mitgesellschafter übertragen.*

4. *Sollte die Weiterführung des Unternehmens, aus welchem Grund auch immer, nicht möglich sein, so hat der Bevollmächtigte das Unternehmen bestmöglich zu veräußern. Sofern dies nicht möglich ist, ist eine Liquidation durchzuführen. Eine Entscheidung über die Veräußerung bzw. Liquidation kann der Bevollmächtigte jedoch nur gemeinsam mit meinem Steuerberater Herrn ...... sowie Herrn/Frau .... treffen.«*

Datum, Ort, Unterschrift

Sollte der Unternehmer trotz der eben genannten Gefahren eine Weiterführung des Betriebs in der bisherigen Form des Einzelunternehmens bevorzugen, kann er alternativ zur Vorsorgevollmacht oder auch ergänzend zu dieser weiteren Personen Generalhandlungsvollmachten oder Prokura erteilen. Dadurch werden Personen, die zwar nicht die umfassenden Rechte eines Vorsorgebevollmächtigten erhalten sollen, aber im geschäftlichen Bereich aufgrund ihrer Unternehmenskenntnisse handeln können sollen, zur Vertretung im unternehmerischen Bereich berechtigt.

Hierbei bietet sich vor allem die Erteilung der Prokura an. Die Prokura ist eine weitreichende Vollmacht für den geschäftlichen Bereich des Vollmachtgebers, die im Handelsregister eingetragen wird (vgl. §§ 48 ff. HGB) und zu sämtlichen Handlungen, die das Handelsgeschäft als solches betreffen, berechtigen. Ausgenommen von diesen weitreichenden Befugnissen des Prokuristen sind jedoch die sog. Grundlagen- und Prinzipalgeschäfte. Zu diesen Geschäften ist der Prokurist nicht berechtigt. Grundlagengeschäfte sind dabei insbesondere die Belastung und Veräußerung von Grundstücken, die Veräußerung des Betriebes, der Antrag auf Insolvenz, die Änderung der Rechtsform oder die Abänderung des Unternehmensgegenstandes. Prinzipalgeschäfte sind originäre Geschäfte des Kaufmanns wie die Erstellung von Handelsbilanzen, Anmeldungen zum Handelsregister oder die Erteilung der Prokura selbst.

Zu Regelungen des Einzelunternehmers im Erbfall siehe Kapitel VII 2.

3.3 »Notfallkoffer«

Die beste Vorsorge durch den Unternehmer kann allerdings nicht fruchten, wenn der Bevollmächtigte nicht auf die notwendigen geschäftlichen Dokumente zur Führung des Unternehmens zurückgreifen kann, weil diese entweder nicht auffindbar sind oder erst zusammengesucht werden müssen. Der tatsächlich reibungslose Übergang ist nur möglich, wenn der Unternehmer die wichtigsten Unterlagen zur Unternehmensführung vorab zusammenstellt und an einem sicheren, aber für den Bevollmächtigten zugänglichen Platz verwahrt. Dies könnte beispielsweise ein sog. »Notfallkoffer« im Bürosafe sein, denkbar ist aber auch eine digitale Version. Die Aufbewahrung in einem Banksafe ist nur geeignet, wenn der Zugang zu diesem gewährleistet ist.

Notfallkoffer

Der »Notfallkoffer« hat das Ziel und den Zweck, dass sich beim Ausfall des Geschäftsführers/ Unternehmers die vorgesehenen Ersatzleute innerhalb von ein bis zwei Tagen komplett in das Unternehmen und Zahlen einlesen und einarbeiten sowie ein aktionsfähiges Team bilden können. Je mehr Überlegungen des Unternehmers ihnen hierfür schriftlich zur Verfügung stehen (Zielvorstellungen, Alternativen, Anweisungen), desto besser.
Wichtig sind die folgenden Unterlagen, die individuell ergänzt werden können:

A. Welche Personen sind zu informieren?
Hier geht es um die komplette Angabe sämtlicher Kontaktadressen mit Telefon, Mobiltelefon, E-Mail usw.

1. Familienmitglieder:
-
-
-

2. Gesellschafter:
-
-
-

3. Vorstandsmitglieder, Beiratsmitglieder, Aufsichtsratsmitglieder:
-
-
-

4. Leitende Mitarbeiter: Geschäftsführer, Prokuristen, Abteilungsleiter:
-
-
-

5. Berater: Rechtsanwalt, Steuerberater, Wirtschaftsprüfer:
-
-
-

6. Besonders wichtige Geschäftspartner:
-
-
-

B. Organigramm des Unternehmens
1. Organisationsübersicht
2. Wer ist Geschäftsführer? Wer hat Prokura:
-
-
-

3. Welche Person leitet welche Abteilung und ist wofür zuständig?
-
-
-

4. Auswärtige Niederlassungen und die dafür zuständigen Kontaktpersonen in der Unternehmenszentrale und vor Ort in den Niederlassungen:
-
-
-

5. Finanzübersicht: Aktuelle Zahlen, Aufstellung über das gesamte Betriebsvermögen:
-
-
-

6. Die wichtigsten Ansprechpartner bei den Banken:
-
-
-

C. Handlungsanweisungen an sämtliche Funktionsträger des Unternehmens:
1. Handlungsanweisungen an den/die Geschäftsführer/in
2. An Prokuristen
3. An die Buchhaltung
4. An die betreuenden Mitarbeiter der engagierten Banken
5. Anweisungen an sonstige Mitarbeiter

D. Kopien der wichtigsten Verträge und unter Umständen Originale von Vorsorgevollmachten etc.:
1. Gesellschaftsverträge
2. Arbeitsverträge
3. Mietverträge/Leasingverträge
4. Versicherungsverträge
5. Kreditverträge
6. Kopien der letzten drei Jahresabschlüsse
7. Verträge mit Schlüsselkunden
8. Protokolle der Gesellschafterversammlungen der letzten zwei Jahre
9. Aufstellungen sämtlicher erteilter Vollmachten im Unternehmen, Beifügung aller sämtlicher Vollmachten, zumindest in Kopie
10. Vorsorgevollmachten/Betreuungsverfügungen und Patientenverfügungen
11. Testament

E. Sonstige wichtige Verzeichnisse
1. Kundenverzeichnisse
2. Einzugsermächtigungen/Daueraufträge:
-
-
-

3. Ablaufbeschreibungen:
   -
   -
   -
4. ggf. notwendige Betriebsgeheimnisse
5. Sämtliche Zugangsdaten und Passwörter

F. Anweisung an die Geschäftsführung (namentliche Benennung der Personen, die tätig werden sollen):

1. Wer informiert die Mitarbeiter?
2. Wer bestimmt faktisch, wie es (vorläufig) weitergeht? Hierbei handelt es sich um dringende Geschäftsführungsmaßnahmen und Anweisungen, die noch vor der ersten Gesellschafterversammlung getroffen werden müssen?
3. Anweisung und am besten schriftliche Unterlage für ein Schreiben oder eine Rede an die Mitarbeiter:
   - Wie kann den Mitarbeitern signalisiert werden, dass es reibungslos weitergeht?
   - Wie können die Mitarbeiter motiviert werden?
   - Wie kann der Abgang von Mitarbeitern aus Angst vor Stagnation der Firma verhindert werden?
   - Welche Mitarbeiter müssen unmittelbar in den Übergangsprozess eingebunden werden (insbesondere Stichwort: Know-how)?

G. Die vorstehenden Regelungen und Unterlagen sind durch die jeweils individuell notwendigen Informationen und Unterlagen zu ergänzen.

Hierbei handelt es sich natürlich nicht um eine abschließende Aufzählung. Es soll lediglich ein Gefühl dafür vermittelt werden, welche besondere Bedeutung der Zusammenstellung eines solchen Notfallkoffers zukommt und an welche wichtigen Unterlagen in jedem Fall gedacht werden muss. Gerade weil jedes Unternehmen anders strukturiert ist, muss eine Zusammenstellung auf das jeweilige Unternehmen individuell abgestimmt erfolgen. Der Unternehmer sollte sich hierfür ausreichend Zeit nehmen.

4 Vorsorgevollmacht und Patientenverfügung im internationalen Vergleich und in ihrer Anwendung in verschiedenen Staaten

Die Frage, ob eine in Deutschland verfasste Vorsorgeverfügung auch im Ausland anerkannt wird, stellt sich vor allem dann, wenn man beabsichtigt, seinen gewöhnlichen Aufenthalt ins Ausland zu verlegen, wenn man mehrere Wohnsitze in verschiedenen Ländern hat oder wenn man Auslandsvermögen besitzt und/oder viel reist.

Beispiel:

Ron Schnell hat mit seinem Unternehmen international expandiert. Der Hauptsitz seines Unternehmens befand sich weiterhin in Deutschland, Produktionsstätten und Tochtergesellschaften hatte er aber auch in Österreich, Spanien und Brasilien. Da er und seine Frau Rita privat reisefreudig waren, hatten sie in Deutschland, Österreich, Spanien und Rio zwischenzeitlich Wohnungen, in denen sich Ron und Rita abwechselnd aufhielten, meistens über mehrere Wochen hinweg, während Ron seine Geschäfte vor Ort vorantrieb. Als Ron bei einem Skiunfall in Österreich einen schweren Schädelbruch erlitt und im österreichischen Krankenhaus schwerwiegende medizinische Entscheidungen getroffen werden mussten, legte seine Frau Rita den Klinikärzten Rons Vorsorgevollmacht wie auch seine Patientenverfügung vor, in denen Ron beide Male Rita bevollmächtigt hatte, für ihn, Ron, zu entscheiden. Die Klinikärzte erklärten der fassungslosen Rita, dass weder die deutsche Vorsorgevollmacht noch die deutsche Patientenverfügung von den österreichischen Ärzten anerkannt werden könnten. Wutentbrannt ließ Rita ihren Ron nach Deutschland ausfliegen, wo sie auf der Grundlage der deutschen Vorsorgevollmacht und Patientenverfügung für ihn Entscheidungen treffen konnte. Als Ron drei Monate später wieder einigermaßen in Form war, kam das Ehepaar schnell zu der Erkenntnis, dass ihnen so etwas nie wieder passieren dürfe. Was, so fragten sie sich, war hier schiefgelaufen? Hatten sich die österreichischen Ärzte geirrt? Hätten sie die deutschen Verfügungen anerkennen müssen? Und wie wäre es gewesen, wenn Ron in einem der anderen Länder, in denen sie sich regelmäßig aufhielten, nämlich Spanien oder Brasilien, einen schweren Unfall mit der Folge der Geschäftsunfähigkeit gehabt hätte: Gelten deutsche Vorsorgevollmachten und Patientenverfügungen nur in Deutschland? Oder müssen andere Staaten diese deutschen Verfügungen anerkennen? Oder muss das Ehepaar Schnell für jedes Land/für jeden Staat eine eigene Vorsorgevollmacht und eine eigene Patientenverfügung erstellen?

Eine Antwort auf diese Frage ist leider nicht so schnell gegeben, wie man sich das wünschen würde. Dies beruht darauf, dass es bisher weder im EU-Inland noch im Verhältnis zum EU-Ausland einheitliche Regelungen betreffend die grenzüberschreitende Geltung von Vorsorgevollmachten gibt. Man muss daher zunächst prüfen, welche unterschiedlichen rechtlichen Anforderungen an Form und Inhalte einer Vorsorgevollmacht in den verschiedenen Staaten gestellt werden. Sind die Vorschriften in den beiden betroffenen Ländern gleich oder sehr ähnlich, wird die Vollmacht wohl bereits nach den im anderen Land geltenden Vorschriften anerkannt. Hat das andere Land jedoch andere Voraussetzungen für die Verfügung oder gibt es in dem Land keine Regelung zu den Vorsorgevollmachten, ist ein zweiter Schritt vorzunehmen. Es ist dann zu prüfen, ob zwischen den einzelnen Staaten ein Abkommen über eine einheitliche Handhabung und Regelung für die Anerkennung von Vorsorgeverfügungen besteht.

Beispiel Österreich:

Rein formal hatten die österreichischen Ärzte tatsächlich das Recht, der deutschen Vorsorgevollmacht und der deutschen Patientenverfügung von Ron Schnell die rechtliche Anerkennung für Österreich zu versagen. Denn tatsächlich sind die Anforderungen, die in Österreich sowohl an eine Vorsorgevollmacht als auch an eine Patientenverfügung gestellt werden, viel strenger als in Deutschland: Während es in Deutschland genügt, dass – vereinfacht gesagt – der Vollmachtgeber ein relativ allgemein gehaltenes Formular unterschreibt, so ist in Österreich die Prozedur, die zu einer wirksamen Vorsorgevollmacht und/oder Patientenverfügung führt, viel anspruchsvoller: Sowohl bei der österreichischen Vorsorgevollmacht als auch bei der österreichischen Patientenverfügung muss sich der Vollmachtgeber von einem Notar oder einem Rechtsanwalt und auch von einem Arzt beraten lassen. Für die Erstellung einer Vorsorgevollmacht und einer Patientenverfügung ist also die Einhaltung einer gesetzlich vorgeschriebenen Form notwendig. Der Vollmachtgeber muss die genannten Personen (Notar, Rechtsanwalt und Arzt) um einen gemeinsamen Termin ersuchen. Dann wird der Text der Vorsorgeverfügungen formell verhandelt, d. h., es werden die Inhalte, auch die verschiedenen möglichen Alternativen für die Texte, diskutiert und der für den Vollmachtgeber am besten passende Inhalt erarbeitet. Anschließend muss nicht nur der Vollmachtgeber, sondern auch der Notar oder Rechtsanwalt sowie der Arzt unterschreiben und erklären, dass sie den Vollmachtgeber beraten haben.
Da Rita Schnell nichts dergleichen für die deutschen Vorsorgeverfügungen ihres Mannes Ron vorweisen konnte, erfüllten die deutschen Vorsorgeverfügungen schon rein formal nicht die Erfordernisse für eine Anerkennung nach österreichischem Recht.

Für die meisten anderen Staaten gilt im Prinzip das Gleiche: Jeder Staat hat seine eigenen Erfordernisse für die Gültigkeit von Vorsorgeverfügungen aufgestellt. Daher müssen Ron und Rita Schnell grundsätzlich für jedes Land eine Vorsorgevollmacht und Patientenverfügung nach den Regeln des jeweiligen Landes erstellen bzw. erstellen lassen. Sie haben dann in ihrem Fall von vier Ländern jeweils eine Vorsorgevollmacht und eine Patientenverfügung, nämlich für Deutschland, Österreich, Spanien und für Brasilien.

Internationale Abkommen gibt es kaum: Zwischen den Ländern Deutschland, Frankreich, Schottland und der Schweiz gilt seit 01.01.2009 das Übereinkommen über den internationalen Schutz Erwachsener (ESÜ). Durch dieses Übereinkommen wird zwischen den genannten Vertragsstaaten das für die Vorsorgevollmachten anzuwendende Recht einheitlich festgelegt. Danach kann nach Art. 15 Abs. 2 ESÜ der Vollmachtgeber eine Rechtswahl zugunsten seines Heimatrechts – also des Landes, dessen Staatsangehörigkeit der Vollmachtgeber hat –, oder zugunsten seines früheren gewöhnlichen Aufenthalts, oder zugunsten des Staates, in dem sich sein Vermögen befindet, treffen. Hat der Vollmachtgeber mehrere Staatsbürgerschaften, kann er eine von diesen wählen. Wird eine Rechtswahl nicht getroffen, gilt im Verhältnis zwischen den Ländern Deutschland, Frankreich, Schweiz und Schottland das Recht des Landes, in dem der Vollmachtgeber bei Erteilung seinen gewöhnlichen Aufenthalt (dauerhaften Wohnsitz) hat und in dem er sich aufhält.

Im Verhältnis zu anderen Ländern gilt das Abkommen aufgrund fehlender Ratifizierung oder fehlenden Inkrafttretens nicht. In diesen Ländern muss weiterhin aufgrund des Internationalen Privatrechts des jeweiligen Landes entschieden werden. Daher ist in den Staaten, in den kein Übereinkommen besteht, explizit zu prüfen, ob die Vorsorgevollmacht im jeweiligen Staat anerkannt wird.

Diese explizite Prüfung muss auch im Fall von Ron Schnell erfolgen. Nach österreichischem internationalem Privatrecht kann Ron Schnell als Deutscher eine Rechtswahl zugunsten des deutschen Stellvertretungsrechts treffen. Mit dieser Rechtswahl gilt für ihn auch in Österreich grundsätzlich das deutsche Stellvertretungsrecht. Allerdings gibt es auch hier wiederum Einschränkungen. So besteht die Wahlmöglichkeit zugunsten des deutschen Rechts nicht, wenn die Vollmacht zur Verfügung über Grundstücke berechtigen soll.

Das Beispiel von Ron Schnell zeigt die Komplexität der einfach wirkenden Frage, ob eine Vorsorgevollmacht auch in einem bestimmten anderen Land Anwendung findet oder nicht. Um diese Frage umfassend und mit Rechtssicherheit zu klären, ist die Auskunft eines erfahrenen Fachmannes notwendig.

Im Allgemeinen gilt Folgendes: Zunächst muss der Vollmachtgeber klären, in welchen Ländern die Vollmacht gelten soll. Nach dieser Feststellung ist mit rechtlicher Beratung durch einen Anwalt zu prüfen, ob eine oder gegebenenfalls mehrere verschiedene Vorsorgevollmachten nebeneinander für die einzelnen Staaten zu erteilen sind. Weiter kann es hierbei empfehlenswert sein, bei gewöhnlichem Aufenthalt außerhalb des deutschsprachigen Raumes die Vorsorgevollmacht in die jeweilige Landessprache übersetzen zu lassen.

Kapitel X

Internationales Privatrecht im Erbrecht – die EuErbVO und sonstige Rechtsquellen

1 Einführung

Die Entwicklung der Europäischen Union zum größten Binnenmarkt der Welt, die Einführung des Euros als gemeinsamer Währung und die Öffnung der Landesgrenzen haben für die Bürger der Europäischen Union seit langem eine Erleichterung der Mobilität und damit gleichzeitig eine zunehmende »Europäisierung« zur Folge. Immer mehr Personen begeben sich – wenn auch nur vorübergehend – zum Leben und Arbeiten oder auch für den Lebenspartner ins Ausland, gehen dort geschäftliche und/oder persönliche Beziehungen ein und bleiben unter Umständen endgültig in der neu gewonnenen Heimat. Der Anteil ausländischer Staatsangehöriger in Deutschland beträgt im Bundesdurchschnitt ca. 9 % (in Großstädten bis zu 20 %). Zudem erfolgen etwa 15 % der Eheschließungen heutzutage mit einem ausländischen Partner.

Auch das Vermögen vieler Personen verteilt sich daher oftmals auf mehrere Länder, sei es durch vorhandene Auslandskonten, ausländische Immobilien oder auch bestehende Beteiligungen an ausländischen Unternehmen.

Je nachdem, an welchem Ort eine Person im Zeitpunkt ihres Versterbens ihren Lebensmittelpunkt hatte und in welchen Ländern zu diesem Zeitpunkt ihr Vermögen belegen war, stellen sich im Erbfall für die Erben mehrere Fragen:

- Nach welchem Recht beurteilen sich die Rechte und Pflichten, die die Erben, Pflichtteilsberechtigten, der Testamentsvollstrecker und die anderen beteiligten Personen an dem Nachlassvermögen haben?
- Welche Gerichte sind für Entscheidungen in grenzüberschreitenden Erbangelegenheiten zuständig?
- Muss über Vermögen, das in unterschiedlichen Staaten belegen ist, auch in unterschiedlichen Staaten entschieden werden?
- Werden gerichtliche und behördliche Entscheidungen darüber in einem anderen Land überhaupt anerkannt?

Diese Fragen sollten sich allerdings nicht erst bei Eintritt des Erbfalles stellen. Um seinen Lieben spätere Streitigkeiten mit ausländischen Behörden sowie vermeintlichen Anspruchsberechtigten zu ersparen, sollte sich der Erblasser, der Vermögen in verschiedenen Ländern oder aber selbst einen gewöhnlichen Aufenthalt in einem anderen Land hat, mit den Konsequenzen seines Todes genauso wie mit der Vorsorge zu Lebzeiten beschäftigen. Dabei sind zunächst zwei grundlegende Überlegungen anzustellen:

- In welchem Land möchte ich mein Leben (schwerpunktmäßig) verbringen?
- In welchen Ländern befindet sich mein Vermögen?

Kommt er dabei zu dem Ergebnis, dass sein Lebensmittelpunkt und sein Vermögen einen Bezug zu anderen Ländern aufweisen, die von seiner eigenen Staatsangehörigkeit abweichen, sind die Überlegungen weiterzuführen:

- Muss ich überhaupt ein **Testament** errichten? Und wenn ja, nach welchem Recht soll ich es gestalten?
- Welches Recht bietet mir und den Personen, die ich bedenken möchte, die meisten Vorteile?

Die juristische Antwort auf diese Fragen könnte nicht typischer sein: **Es kommt darauf an.** Je nachdem, zu welchen Staaten der Betroffene und sein Vermögen einen Bezug haben, kommen unterschiedliche Vorschriften zur Anwendung. Auch innerhalb der Europäischen Union gelten weder für die Vorsorge zu Lebzeiten (vgl. hierzu Kapitel IX), noch im Erbrecht einheitliche Vorschriften. Es gibt kein sog. »Europäisches Einheitsrecht«. Vielmehr hat nach wie vor jeder Mitgliedstaat seine eigenen Vorschriften, die im Einzelnen sehr vom Recht anderer EU-Mitgliedstaaten abweichen können. Dies gilt erst recht für sog. »Drittstaaten«, d. h. für Staaten, die keine EU-Mitgliedstaaten sind.

Abhängig von den Interessen des Erblassers und den Gestaltungsmöglichkeiten, die die jeweils anwendbaren Rechtsordnungen dabei vorsehen, kann und sollte der Erblasser genau festlegen, welchem Recht er seine Erbfolge unterstellen will. Soweit er kann (nicht jede Rechtswahl ist erlaubt), kann er damit seinem Erben teilweise Nachteile ersparen bzw. große Vorteile verschaffen.

Setzt sich der Erblasser mit diesen Fragen nicht bereits zu Lebzeiten auseinander, können die im Erbfall entstehenden Probleme katastrophale Ausmaße annehmen. So kann es passieren, dass Testamente oder Erbverträge, die der Erblasser nach dem Recht eines Staates wirksam errichtet hat, nach dem Recht eines anderen Staates unwirksam sind, weil sie nicht den dortigen Formerfordernissen entsprechen oder deren Inhalt nach dortigem Recht unwirksam ist.

Auch wenn die getroffenen Verfügungen nicht unwirksam sind, besteht die Gefahr, dass deren Inhalt in einer anderen Rechtsordnung umgedeutet wird, weil dieses Recht die angeordneten Rechtsinstitute nicht kennt oder aber dieses Recht in der anderen Rechtsordnung eine vollkommen andere rechtliche Bedeutung hat. Dies kann zum Beispiel beim Vermächtnis eine Rolle spielen: Während das deutsche Recht das Vermächtnis gemäß § 2174 BGB ausschließlich als Damnationslegat versteht (der Vermächtnisnehmer erhält nur einen schuldrechtlichen Anspruch gegen den/die Erben), kennen andere Rechtsordnungen, z. B. das französische Recht, sog. Vindikationslegate (der Vermächtnisnehmer erhält hier bereits unmittelbar eine dingliche Berechtigung an einem Nachlassgegenstand). Nicht zu wissen, welchem Recht die eigene Rechtsnachfolge von Todes wegen unterliegt, kann Streitigkeiten und Unsicherheiten unter allen Beteiligten sowie den beteiligten Behörden hervorrufen.

Darüber hinaus besteht das Risiko, dass in verschiedenen Ländern unterschiedliche Entscheidungen über dasselbe Nachlassvermögen ergehen oder dass ein Staat die Entscheidung eines anderen Staates nicht anerkennt. Über Jahre geführte Rechtsstreitigkeiten können damit dann ergebnislos bleiben. Die Zeit und die Kosten, die die Beteiligten dabei investieren müssen, stehen häufig in keinem Verhältnis zu dem, was sie am Ende aus dem Nachlass erhalten. Aufgrund der langen Verfahrensdauer in manchen Staaten kann es zudem geschehen, dass die Auseinandersetzung des Nachlasses allein durch Zeitablauf über viele Jahre »torpediert« wird.

Sprachliche Barrieren können diese Probleme zusätzlich verschärfen. In den meisten Fällen ist eine grenzübergreifende Korrespondenz erst dann möglich, wenn ein Übersetzer bzw. Dolmetscher mit Rechtskenntnissen eingeschaltet wurde – mit der Folge, dass die Angelegenheit zusätzlich verkompliziert wird.

Durch die Einführung der Europäischen Erbrechtsverordnung (EuErbVO) hat der europäische Gesetzgeber versucht, diese Probleme durch Regelungen zur gerichtlichen Zuständigkeit, zum anwendbaren Erbrecht sowie zur Anerkennung und Vollstreckung und durch Schaffung eines einheitlichen Europäischen Nachlasszeugnisses zu verringern. In den nachfolgenden Abschnitten wird ein Überblick über diese Regelungen gegeben und erklärt, wie die Behandlung internationaler Erbfälle ab dem 17.08.2015 innerhalb der EU-Mitgliedstaaten erfolgt.

Soweit ein Erbfall jedoch Bezug zu einem Staat aufweist, der nicht zu den EU-Mitgliedstaaten gehört, in denen die Verordnung in Kraft getreten ist (sog. Drittstaaten), können trotzdem nach wie vor deren Vorschriften zur Anwendung kommen, und es stellen sich weitere Probleme. Auch diese Situationen werden in den nachfolgenden Abschnitten dargestellt.

Eine lebzeitige Auseinandersetzung mit den Problemen internationaler Erbfälle ist heutzutage für jedermann so gut wie unumgänglich, denn egal, ob man sich selbst als Weltbürger oder als an einem Ort verwurzelt glaubt, die oben bereits aufgeworfenen Fragen können einen unerwartet schnell beschäftigen, ob in Bezug auf die eigene Erbfolge, als Erbe oder Vermächtnisnehmer. Hat der Erblasser die Antworten auf diese Fragen bereits vorbereitet, erspart dies den Angehörigen meist eine Menge Kopfzerbrechen und vor allem auch Geld und Zeit.

2 Grenzüberschreitender Erbfall

Was versteht man überhaupt unter einem grenzüberschreitenden Erbfall? Die Antwort darauf fällt schwer, weil so viele unterschiedliche Situationen darunterfallen können. Eine allgemeine Definition kann in etwa so lauten: jeder Erbfall, bei dem der Aufenthaltsort von der Staatsangehörigkeit des Erblassers im Zeitpunkt seines Todes abweicht oder aber bei dem ein Teil des Vermögens in einem anderen Staat belegen ist als in dem, dessen Staatsangehörigkeit der Erblasser im Zeitpunkt seines Todes innehatte.

Die wesentlichen Bestandteile, die aus einem Sachverhalt einen grenzüberschreitenden Sachverhalt machen, sind:

- Auslandsvermögen,
- vom Aufenthalts-/Wohnort abweichende Staatsangehörigkeit (u. U. auch doppelte Staatsangehörigkeit).

Sobald die Staatsangehörigkeit vom tatsächlichen Wohn- und Aufenthaltsort abweicht, sind aus der Sicht eines deutschen Gerichts wiederum zwei Konstellationen zu unterscheiden:

- Deutscher mit Aufenthalt/Wohnsitz im Ausland oder
- Staatsangehöriger eines anderen Staates mit Aufenthalt/Wohnsitz in Deutschland.

So kann beispielsweise bereits ein deutscher Staatsangehöriger, der sein ganzes Leben stets nur in Deutschland verbracht hat, bei seinem Tod einen grenzüberschreitenden Erbfall verursachen, wenn zu seinem Nachlass – jedenfalls teilweise – auch sog. Auslandsvermögen gehört, d. h. Vermögen, das nicht in demselben Staat belegen ist, in dem der Nachlass abgewickelt wird.

2.1 Auslandsvermögen

Ein grenzüberschreitender Sachverhalt aufgrund von Auslandsvermögen des Erblassers kann etwa so aussehen:

Beispiel:

Marius Müller ist deutscher Staatsangehöriger. Er lebt seit seiner Geburt in seinem Heimatort Garmisch-Partenkirchen. Vor einigen Jahren hat er von seiner Großtante Cäcilie eine Wohnung auf Mallorca geerbt, in der er seitdem seinen Sommerurlaub verbringt. Als Marius Müller stirbt, wird er von seinen beiden Kindern Horst und Ute aufgrund gesetzlicher Erbfolge beerbt. Er hinterlässt die Wohnung auf Mallorca, ein Haus in Garmisch-Partenkirchen und Bar- und Sparvermögen bei der Kreissparkasse Garmisch-Partenkirchen. Die Erben geraten über die Frage, wer die Wohnung auf Mallorca erhalten soll, in Streit.

Wie sich an dem Beispielfall zeigt, kann auch ein vermeintlich einfacher Sachverhalt bereits vielfältige Probleme aufwerfen. Die Fragen, die sich im internationalen Zusammenhang mit dem Erbfall des Marius Müller stellen, sind zahlreich:

- Das Gericht welchen Staates ist für die Entscheidung über die Streitigkeit zuständig? Sind es unter Umständen die Gerichte mehrerer Staaten?
- Nach welchem Recht wird Marius Müller beerbt?
- Gilt für die Wohnung auf Mallorca dasselbe Recht wie für das sonstige Vermögen?
- Gilt für die Erbenstellung, sowie für die Rechte und Pflichten von Horst und Ute als Erben ein anderes Recht als für den sachenrechtlichen Eigentumsübergang?
- Genügt es, wenn Horst und Ute zu ihrer Legitimation als Erben auf Mallorca einen deutschen Erbschein vorlegen?

Da das Auslandsvermögen in Spanien belegen ist und sowohl Spanien als auch Deutschland Mitgliedstaaten der EU sind, in denen die EuErbVO anwendbar ist, hängt die Beantwortung dieser Fragen entscheidend davon ab, zu welchem Zeitpunkt Marius Müller gestorben ist.

Liegt der Todeszeitpunkt vor dem 17.08.2015, so sind aus der Sicht eines deutschen Gerichts die Vorschriften des Einführungsgesetzes zum Bürgerlichen Gesetzbuch (EGBGB) in ihrer damaligen Fassung anzuwenden. Ist der Erbfall ab dem 17.08.2015 eingetreten, so beantworten sich diese Fragen anhand der EuErbVO. Gemäß der EuErbVO gilt Folgendes:

- Da der gewöhnliche Aufenthalt des Erblassers im Zeitpunkt seines Versterbens in Deutschland lag, sind gemäß Art. 4 EuErbVO deutsche Gerichte für Entscheidungen über den Nachlass einheitlich zuständig. Die Gerichte anderer Länder der Mitgliedstaaten haben sich in diesem Fall für unzuständig zu erklären (Art. 15 EuErbVO).
- Das deutsche Gericht hat gemäß Art. 21 Abs. 1 EuErbVO auch grundsätzlich **deutsches** Recht hinsichtlich des **gesamten** Nachlasses anzuwenden.
- Dies gilt auch für die Bestandteile des Vermögens, die im Ausland belegen sind (Nachlasseinheit). Insbesondere die Wohnung auf Mallorca wird daher nach den Vorschriften der EuErbVO nach deutschem Recht vererbt. Durch diese Regelung der EuErbVO soll vermieden werden, dass unterschiedliche Vermögensgegenstände des Erblassers nach unterschiedlichen Rechtsordnungen vererbt werden (Nachlassspaltung).
- Von der Erbenstellung zu unterscheiden ist jedoch der Eigentumsübergang, der dem sog. Sachenrechtsstatut unterliegt. Dieses richtet sich nach Art. 43 EGBGB nach der

sog. *lex rei sitae*-Regel. Es gilt demnach das Recht des Belegenheitsortes, mithin mallorquinisches Sachenrecht.

- Damit sich die Kinder bei den spanischen Behörden als Erben legitimieren können, ist es einerseits denkbar, dass sie einen deutschen Erbschein vorlegen. Gemäß Art. 62 Abs. 2, 3 EuErbVO ist die Beantragung eines Europäischen Nachlasszeugnisses nicht verpflichtend, und es können weiterhin auch nationale Erbnachweise vorgelegt werden. Der deutsche Erbschein ist in diesem Fall mindestens zu übersetzen und mit einer Apostille zu versehen. Aufgrund der unterschiedlichen Voraussetzungen der einzelnen Mitgliedstaaten an die Erstellung eines Erbnachweises kann es jedoch nach wie vor – und nach Einführung eines Europäischen Nachlasszeugnisses sogar erst recht – dazu kommen, dass ausländische Behörden in der Praxis den Erbennachweis durch einen deutschen Erbschein nicht anerkennen und dann ein ganz neues Nachlassverfahren am ausländischen Belegenheitsort durchgeführt werden muss.

2.2 Aufenthalt/Wohnsitz im Ausland

Ein grenzüberschreitender Sachverhalt kann sich jedoch auch in anderen Situationen ergeben. Die wachsende Mobilität vieler Personen wirkt sich nicht nur auf deren Vermögensverhältnisse, sondern auch auf die persönlichen Beziehungen aus. Immer häufiger treten Fälle auf, in denen eine Person ihr Heimatland verlässt, um sich privat oder beruflich in einem anderen Land dauerhaft niederzulassen. In diesem Fall stellen sich dieselben Fragen wie bei einem Erbfall mit Auslandsvermögen.

Beispiel:

Agathe Alt, deutsche Staatsangehörige, verbringt ihren Sommerurlaub auf der italienischen Insel Stromboli, wo sie am Fuß des Vulkanes auf den Fremdenführer Luigi Lupo, einen italienischen Staatsangehörigen, trifft. Hin und weg von dem Charme der Insel und dem Fremdenführer lässt sie in ihrer Heimat Deutschland alles stehen und liegen, heiratet Luigi und lebt mit diesem in seinem Haus am Hafen. Ihr eigenes Haus in Deutschland behält sie. Im Jahre 2016 bricht der Vulkan aus, wobei Agathe verstirbt. Agathe wird von Luigi sowie ihren Kindern Gino-Franz und Vito-Max nach gesetzlicher Erbfolge beerbt.

In diesem Fall stellen sich wieder die Fragen, welches Gericht oder gar welche Gerichte über die Angelegenheit entscheiden sollen und nach welchem Recht der Nachlass vererbt wird. Fraglich ist ebenfalls, ob das anzuwendende Erbrecht einheitlich auf alle Nachlassgegenstände anwendbar ist (Nachlasseinheit), oder ob auf verschiedene Nachlassgegenstände in unterschiedlichen Ländern auch unterschiedliche Rechtsordnungen, hier deutsches und italienisches Recht, anzuwenden sind (sog. Nachlassspaltung).

Nachdem die Erblasserin ihren gewöhnlichen Aufenthalt von Deutschland nach Italien verlegt hat, sind für Entscheidungen über die Rechtsnachfolge von Todes wegen nach

Art. 4 EuErbVO italienische Gerichte zuständig. Dass die Erblasserin deutsche Staatsangehörige war, ist für die Zuständigkeit irrelevant. Eine ergänzende oder alternative Zuständigkeit deutscher Gerichte gibt es nicht.

Da die Erblasserin kein Testament errichtet und damit auch keine Rechtswahl zugunsten des deutschen Erbrechts getroffen hatte (dazu weiter unten) und keine Anhaltspunkte für eine engere Verbindung zu einem anderen Staat vorliegen, bestimmt sich das anwendbare materielle Erbrecht somit nach Art. 21 Abs. 1 EuErbVO. Danach wenden italienische Gerichte ihr eigenes Recht an. Dies gilt grundsätzlich für sämtliche Streitigkeiten und Verfahren, die sich auf die Rechtsnachfolge von Todes wegen erstrecken, und unabhängig davon, welches Vermögen die Erblasserin außerhalb des Forumstaates Italien hatte (Forumstaat ist der Staat des international zuständigen Gerichts). Auch Entscheidungen über die Erbfolge hinsichtlich der in Deutschland belegenen Immobilie unterliegen damit dem italienischen Recht.

Davon zu unterscheiden ist die Situation, in der ein ausländischer Staatsangehöriger mit gewöhnlichem Aufenthalt in Deutschland verstirbt.

Beispielabwandlung:

Agathe Alt, deutsche Staatsangehörige, verbringt wiederum ihren Sommerurlaub auf der italienischen Insel Stromboli, sie lernt den Fremdenführer Luigi Lupo, einen italienischen Staatsangehörigen, kennen und heiratet diesen. Aber diesmal verlegt Luigi seinen Wohnsitz anschließend zu Agathe nach Gütersloh, behält aber sein Haus am Hafen in Stromboli. Er verstirbt unerwartet einige Jahre später am 31.12.2015 in Deutschland an einem Herzinfarkt. Luigi hinterlässt Agathe und die beiden gemeinsamen Kinder. Ein Testament hat Luigi nicht errichtet.

Auch in dieser Abwandlung liegt ein Erbfall mit grenzüberschreitendem Sachverhalt vor, der eine Beantwortung der oben aufgeführten Fragen erforderlich macht.

In diesem Fall verhält sich die Situation spiegelbildlich zum oberen Fall der verstorbenen Agathe Alt. Der Erblasser Luigi hat in letzterem Beispiel seinen gewöhnlichen Aufenthalt von Italien nach Deutschland verlegt. Damit sind deutsche Gerichte gemäß Art. 4 EuErbVO ausschließlich international zuständig.

Da der Erblasser wiederum keine Rechtswahl getroffen hat und keine Anhaltspunkte für eine engere Verbindung zu einem anderen Staat vorliegen, bestimmt sich das anwendbare materielle Erbrecht nach Art. 21 Abs. 1 EuErbVO. Demnach wenden deutsche Gerichte auch hier das Recht des gewöhnlichen Aufenthaltes an. Dieser befand sich im Zeitpunkt des Versterbens in Deutschland. Der italienische Erblasser wird daher nach deutschem Recht beerbt. Das deutsche Recht gilt umfassend für alle Fragen im Zusammenhang mit der Rechtsnachfolge von Todes wegen. Einzelne Vermögensbestandteile sind nicht ausgenommen. Auch das Haus in Italien wird daher nach deutschem Recht vererbt.

3 Das Kollisionsrecht nach der EuErbVO

Die Europäische Erbrechtsverordnung gilt seit dem 17.08.2015 für grenzüberschreitende Erbfälle in den meisten Mitgliedstaaten der Europäischen Union (mit Ausnahme von Dänemark, Irland und des Vereinigten Königreichs). Wie die obigen Beispielfälle aufzeigen, regelt die Verordnung sowohl, welche Gerichte für die Entscheidung internationaler Erbfälle zuständig sind, als auch, welches Recht sie dabei zugrunde legen müssen. Des Weiteren enthält sie Regelungen zur Einführung eines einheitlichen Europäischen Nachlasszeugnisses als Erbnachweis, der in allen Mitgliedstaaten, in denen die Verordnung in Kraft getreten ist, anerkannt wird.

Die Regelungen der EuErbVO lösen die bis dato geltenden Regelungen des deutschen Rechts endgültig ab. Dadurch sind die bis zum 16.08.2015 zur Ermittlung des anwendbaren Rechts bei grenzüberschreitendem Bezug maßgeblichen Vorschriften der Zivilprozessordnung (ZPO) und des Gesetzes über das Verfahren in Familiensachen und Angelegenheiten der freiwilligen Gerichtsbarkeit (FamFG) zur Ermittlung der internationalen Zuständigkeit sowie des bereits genannten EGBGB auf Erbfälle ab dem 17.08.2015 nicht länger anwendbar.

Im Gegensatz zur alten Rechtslage stellen deutsche Gerichte damit nicht länger auf die Staatsangehörigkeit ab, sondern nur noch auf den gewöhnlichen Aufenthalt. Dies kann sowohl positive als auch negative Auswirkungen für die Interessen des Erblassers und der Erben haben. Ein Vorteil der neuen Regelung besteht in jedem Fall darin, dass die Zuständigkeit und das anwendbare Recht in Zukunft in der Regel übereinstimmen werden. Dies macht die Rechtsnachfolge von Todes wegen insgesamt übersichtlicher. Umgekehrt können die neuen Regelungen jedoch zur Folge haben, dass der Erblasser – soweit er keine Rechtswahl zugunsten seines Heimatrechtes trifft – bei Verlegung seines gewöhnlichen Aufenthalts ins Ausland seine Erben vor erhebliche Probleme stellt, da auf einmal auf die gesamte Rechtsnachfolge von Todes wegen das Recht des Aufenthaltsstaates anwendbar ist.

Mit der EuErbVO tritt ebenfalls das **Internationale Erbrechtsverfahrensgesetz (IntErbRVG)** in Kraft. Dieses enthält Vorschriften zur örtlichen Zuständigkeit zur Ergänzung der nationalen Vorschriften, präzisiert das Verfahren für die Vollstreckung ausländischer Entscheidungen und regelt die Erteilung des Europäischen Nachlasszeugnisses, die Anerkennung öffentlicher Urkunden und weitere wichtige verfahrensrechtliche Fragen.

3.1 Anwendbarkeit der EuErbVO

Damit die Vorschriften der EuErbVO zum Tragen kommen, muss deren Anwendungsbereich eröffnet sein. Die Voraussetzungen dafür lassen sich in verschiedene Bereiche aufteilen:

3.1.1 Zeitlicher Anwendungsbereich (Intertemporaler Anwendungsbereich)

Die EuErbVO ist nur anwendbar auf Erbfälle, bei denen der Erblasser am 17.08.2015 oder später verstorben ist (Art. 83 Abs. 1 EuErbVO). Muss sich ein deutsches Gericht mit einem Erbfall befassen, bei dem der Erblasser vor dem 17.08.2015 verstorben ist, so kann es nicht die Vorschriften der EuErbVO anwenden, sondern muss die »alten« Vorschriften aus ZPO, FamFG und EGBGB heranziehen.

3.1.2 Personaler Anwendungsbereich

Die EuErbVO wird nur in den Mitgliedstaaten der Europäischen Union angewandt und auch dort nicht überall. Wie sich aus den Erwägungsgründen (82) und (83) der EU-Erbrechtsverordnung ergibt, ist die Verordnung für Dänemark, Irland und das Vereinigte Königreich nicht in Kraft getreten. Dänische oder britische Gerichte wenden die Verordnung daher genauso wenig an wie amerikanische oder schweizerische Gerichte. In den übrigen 25 Mitgliedstaaten der Union gilt die Verordnung hingegen **unmittelbar** gemäß Art. 288 AEUV. Die Verordnung ist demzufolge als **innerstaatliches Recht** zu behandeln und geht den bis dato bestehenden nationalen IPR-Normen vor.

3.1.3 Sachlicher Anwendungsbereich

Die Verordnung umfasst in sachlicher Hinsicht die Rechtsnachfolge von Todes wegen. Der sachliche Anwendungsbereich ist durch Art. 1 EuErbVO geregelt.

Das Vorliegen eines grenzüberschreitenden Sachverhalts ist dabei selbst keine ausdrücklich geschriebene Voraussetzung der Norm, sondern ergibt sich aus den Umständen selbst. Denn wer beispielsweise als deutscher Staatsangehöriger mit Lebensmittelpunkt in Deutschland und ausschließlich in Deutschland belegenem Vermögen verstirbt, für den ist deutsches Erbrecht und Prozessrecht anzuwenden.

Um zu ermitteln, ob der sachliche Anwendungsbereich der Verordnung überhaupt eröffnet ist, wird gemäß Art. 1 EuErbVO eine zweistufige Prüfung durchgeführt:

In einem ersten Schritt ist zu prüfen, ob der Streitgegenstand im Einzelfall überhaupt eine »Rechtsnachfolge von Todes wegen« im Sinne des Unionsrechts darstellt. Hierzu können die Begriffsbestimmungen aus Art. 3 Abs. 1 Buchst. a und Art. 23 EuErbVO zur Hilfe herangezogen werden.

EXKURS

Im Gegensatz zu den Vorschriften des nationalen Rechts eines Staates sind die EU-rechtlichen Begriffe und Definitionen nicht nach dem Rechtsverständnis und den gängigen Definitionen des jeweiligen nationalen Rechts auszulegen. Vielmehr hat eine sog. »autonome Auslegung« nach dem Verständnis des EU-Gesetzgebers und dem gemeinsamen Verständnis aller Mitgliedstaaten zu erfolgen. Problematisch ist dies besonders an Stellen, an denen es keine einheitlichen Vorgaben gibt, weil EU-rechtliche Maßgaben zur Auslegung fehlen und das nationale Recht der Mitgliedstaaten keine einheitliche Auslegung zulässt. Jeder Mitgliedstaat hat neben dem EU-Recht auch sein nationales Erbrecht, das im Einzelfall stark von dem Recht anderer Staaten abweichen kann. Da es noch kein internationales Einheitsrecht gibt und auch keine unionsrechtlichen Rechtsquellen, aus denen man eine Definition ableiten könnte, bleibt abzuwarten, wie die Rechtsprechung des EuGH in der Zukunft die verschiedenen Begriffe der EuErbVO auslegen wird.

In einem zweiten Schritt ist der Katalog des Art. 1 Abs. 2 EuErbVO daraufhin zu prüfen, ob nicht eine Ausnahme vom Anwendungsbereich gegeben ist. Dies kann beispielsweise der Fall sein, wenn der Personenstand und die Familienverhältnisse (Abs. 2 Buchst. a)), das eheliche Güterrecht (Abs. 2 Buchst. d)) oder lebzeitige Unterhaltspflichten (Abs. 2 Buchst. e)) betroffen sind. Auch Rechte und Vermögenswerte unter Lebenden unterfallen nicht der EuErbVO (vgl. Abs. 2 Buchst. g)), sondern der Rom I-VO.

EXKURS

Besonderheiten bestehen auch bei Verträgen zugunsten Dritter auf den Todesfall. Während das Deckungsverhältnis (Auftragsverhältnis zwischen dem Anweisenden und dem Angewiesenen, z. B. einer Bank) stets als schuldrechtlicher Vertrag zu qualifizieren und damit nach der Verordnung Nr. 593/2008 des Europäischen Parlaments und des Rates vom 17.06.2008 über das auf vertragliche Schuldverhältnisse anzuwendende Recht (Rom I-VO) zu beurteilen ist, kann das Valutaverhältnis (Zuwendungsverhältnis zwischen dem Anweisenden und dem Leistungsempfänger) der EuErbVO unterfallen. Bei Schenkungen kommt es darauf an, ob diese vor oder nach dem Todesfall vollzogen werden sollen. Erfolgt die Vollziehung zu Lebzeiten, liegt eine Schenkung vor, die der Rom I-VO unterliegt, während bei einer Vollziehung der Schenkung nach dem Versterben die EuErbVO zur Anwendung kommt.

3.1.4 Der räumlich-persönliche Anwendungsbereich

Der räumlich-persönliche Anwendungsbereich der Verordnung geht weit über die Europäische Union hinaus. Bei den Vorschriften der Verordnung handelt es sich um sog. *lois uniformes* (einheitliche Gesetze). Sie gelten aus Sicht der betroffenen Gerichte auch im Verhältnis zu Drittstaaten. Die Gerichte der **Mitgliedstaaten im Geltungsbereich der Ver-**

ordnung wenden diese daher auch dann an, wenn der Sachverhalt ausschließlich **Bezüge zu anderen Staaten hat, in denen die Verordnung selbst nicht in Kraft getreten** ist.

> **Beispiel:**
>
> Hertha Wälchli, eine schweizerische Staatsangehörige mit letztem gewöhnlichen Aufenthalt in München, wird nach ihrem Tod am 18.08.2016 von ihrem Sohn Urs als Alleinerben beerbt. Die Erbeinsetzung hat die Erblasserin in einem Testament vorgenommen, in dem sie ausdrücklich die Anwendung schweizerischen Rechts für ihre Erbfolge gewählt hat. Ihr anderes Kind Thea hat sie im selben Testament enterbt. Thea möchte von Urs ihren Pflichtteil ausgezahlt bekommen. Sie klagt gegen ihn vor dem Landgericht München.

In diesem Fall ist bereits fraglich, ob das Landgericht München international zuständig sein kann. Außerdem ist zu klären, welches Recht das Gericht anwenden muss, um das Bestehen des Pflichtteilsanspruchs zu beurteilen. Beide Fragen sind aus Sicht des deutschen Gerichts nach der EuErbVO zu beurteilen. Der Anwendungsbereich der EuErbVO ist eröffnet: Deutschland ist ein Mitgliedstaat der Europäischen Union, in dem die Verordnung in Kraft getreten ist. Darüber hinaus ist die Verordnung auch zeitlich anwendbar, denn die Erblasserin ist nach dem 17.08.2015 verstorben. Auch die sachliche Anwendbarkeit ist zu bejahen, da es sich um einen grenzübergreifenden Sachverhalt in Hinblick auf die Rechtsnachfolge von Todes wegen handelt. Die Schweiz ist kein Mitglied der Europäischen Union, sondern ein sog. Drittstaat. Die Verordnung ist jedoch auch im Verhältnis zu Drittstaaten anzuwenden, da es sich gemäß Art. 20 EuErbVO um universell anwendbares Recht handelt (*loi uniforme*).

3.2 Internationale Zuständigkeit der Gerichte

3.2.1 Grundlegende Prinzipien des unionsrechtlichen Zuständigkeitsrechts

Die Zuständigkeitsregelungen der EuErbVO werden grundsätzlich von drei Leitlinien durchzogen: Das zuständige Gericht soll nach Möglichkeit auch sein eigenes Recht anwenden können (Gleichlauf von *forum* und *ius*). Der gesamte Erbfall soll nach Möglichkeit in einem Staat abgewickelt werden. Dies bedeutet, dass das zuständige Gericht über den **gesamten Nachlass** entscheidet, egal in welchen Staaten die Nachlassgegenstände belegen sind und **ohne zwischen beweglichem und unbeweglichem Vermögen zu unterscheiden.** Den Staat, dessen Gerichte für die Angelegenheit international zuständig sind, bezeichnet man auch als **Forumstaat.** Die Privatautonomie der Parteien ist aus diesem Grund ausgesprochen eingeschränkt. Eine Gerichtsstandsvereinbarung ist nur nach Art. 5 EuErbVO in Hinblick auf das nach Art. 22 EuErbVO gewählte Recht möglich. Der gefundene Gerichtsstand ist ausschließlich, sodass – innerhalb des räumlichen Anwendungsbereichs der Verordnung – keine unterschiedlichen internationalen Gerichtsstände auftreten können. Diese Leitlinien können jedoch nur innerhalb des Anwendungsbereichs der Verordnung ihre Wirkung entfalten. Im Verhältnis zu **Drittstaaten** können daher weiterhin Abweichungen zwischen der Zuständigkeit und dem anwendbaren Recht auftreten (Auseinanderstreben von Zuständigkeit und anwendbarem Recht). Ebenso möglich ist es, dass sich für denselben Streitgegenstand die Gerichte mehrerer Staaten für zuständig erklären (überschneidende Entscheidungszuständigkeit).

3.2.2 Rechtsquellen

Die internationale Zuständigkeit oder internationale »Entscheidungszuständigkeit« der mitgliedstaatlichen Gerichte wird durch die Art. 4 ff. EuErbVO geregelt. Durch diese Vorschriften werden die nach altem Recht maßgeblichen Vorschriften der §§ 27 ff. ZPO und §§ 343 ff. FamFG für die Bestimmung der internationalen Zuständigkeit endgültig abgelöst.

Neben den Vorschriften des IntErbRVG bleibt die Bestimmung der sachlichen, örtlichen und funktionalen Zuständigkeit jedoch nach wie vor dem nationalen Recht der Mitgliedstaaten überlassen. Insoweit behalten die §§ 27 ff. ZPO und §§ 343 ff. FamFG ihre Wirkung.

Eine generelle Verpflichtung zu einer Vorprüfung der internationalen Zuständigkeit gibt es nicht, wenn dem Gericht keine Anhaltspunkte für einen grenzüberschreitenden Sachverhalt vorliegen. Sobald dem Gericht Anhaltspunkte für einen grenzüberschreitenden Sachverhalt bekannt werden, muss es jedoch seine internationale Zuständigkeit prüfen.

Gericht im Sinne der Verordnung ist gemäß Art. 3 Abs. 2 EuErbVO *»jedes Gericht und alle sonstigen Behörden und Angehörigen von Rechtsberufen mit Zuständigkeiten in Erbsachen, die gerichtliche Funktionen ausüben …«*. Hierunter können auch Notare fallen, wenn sie gerichtliche Funktionen ausüben. Bei den deutschen Notaren ist dies spätestens nach Abschaffung der baden-württembergischen Nachlassgerichte bei den Notaren nicht mhr der Fall.

3.2.3 Verfahren

Die Art. 4 ff. EuErbVO gelten im Grundsatz sowohl für **streitige** als auch für **unstreitige Verfahren.** Insbesondere umfasst sind Streitigkeiten um Nachlassverwaltung, Testamentsvollstreckung und sonstige Aufgaben des Nachlassgerichts.

Umstritten ist, ob die Art. 4 ff. EuErbVO auch auf Streitigkeiten aus Erbauseinandersetzungsverträgen sowie Aufgebotsverfahren und mitgliedstaatlichen Erbnachweisverfahren (in Deutschland das Erbscheinsverfahren) anwendbar sind.

Die internationale Zuständigkeit für das Europäische Nachlasszeugnis wird durch Art. 64 EuErbVO in Verbindung mit Art. 4, 7, 10 und 11 EuErbVO bestimmt.

3.2.4 Grundsatz: letzter gewöhnlicher Aufenthalt im Forumstaat

Die internationale Zuständigkeit wird in erster Linie durch Art. 4 EuErbVO festgelegt. Demnach sind die Gerichte des Mitgliedstaates zuständig, in dem der Erblasser im Zeitpunkt seines Todes seinen **gewöhnlichen Aufenthalt** hatte. Der gewöhnliche Aufenthalt ist nicht gleichzusetzen mit der deutschen materiell-rechtlichen Definition des Wohnsitzes einer Person und auch nicht mit dem Begriff des *domicile* aus dem angloamerikanischen Rechtskreis. Es handelt sich vielmehr um einen eigenständigen Begriff, der nach dem gemeinsamen Rechtsverständnis aller Mitgliedstaaten autonom auszulegen ist. Es ist auch nicht möglich, die Bedeutung des Begriffs wörtlich aus anderen EU-Verordnungen zu übertragen. Wie sich aus dem Erwägungsgrund Nr. 27 der Verordnung ergibt, soll im Rahmen der EuErbVO ein einheitliches Verständnis des Begriffes gelten. Eine Hilfe zur Auslegung ist in den Erwägungsgründen Nr. 23 bis 25 enthalten, eine ausdrückliche Definition findet sich in der Verordnung oder den Erwägungsgründen jedoch nicht. Bis der Begriff des gewöhnlichen Aufenthalts gesetzlich definiert wird, ist die Rechtsprechung der nächsten Jahre zu diesem Begriff entscheidend.

Zum heutigen Zeitpunkt besteht auf mitgliedstaatlicher Ebene bereits soweit Einigkeit, dass sich der Begriff des gewöhnlichen Aufenthalts nach einer **umfassenden Gesamtbeurteilung der Lebensumstände** des Erblassers in den Jahren vor seinem Tod und im Zeitpunkt seines Todes beurteilt. Der gewöhnliche Aufenthalt kann sich vom vorübergehenden oder schlichten Aufenthalt einer Person unterscheiden. Eine Mindestdauer des Aufenthaltes in dem Land, dessen Recht anzuwenden ist, sieht die EuErbVO jedoch nicht vor. Bei Zweifeln oder Uneinigkeit über den gewöhnlichen Aufenthalt des Erblassers müssen die Parteien darüber vortragen. Indizien für den gewöhnlichen Aufenthalt können beispielsweise sein:

- der Hauptwohnsitz des Erblassers;
- der Ort, an dem der Erblasser seine familiären und freundschaftlichen Beziehungen pflegt;
- nicht allein, sondern nur zusätzlich zu einem der obigen Kriterien: der Schwerpunkt der beruflichen Tätigkeit.

Ob darüber hinaus auch subjektive Kriterien, insbesondere ein sog. äußerlich erkennbarer Bleibewille (*animus manendi*), erforderlich sind, ist bislang umstritten.

Beispiel:

Heinrich Huber ist deutscher Staatsangehöriger, befindet sich im Ruhestand und lebt in München. Dort leben auch seine Kinder und seine Freunde. Die kalten Wintermonate verbringt er jedoch seit vier Jahren stets in seinem Haus auf Ibiza, in das er sich meistens Anfang November zurückzieht und von wo er erst Ende März wieder nach Deutschland zurückkehrt. Spanisch spricht er nicht, auch sein soziales Umfeld auf der Insel ist eher eingeschränkt und erstreckt sich auf einige flüchtige Bekannte. Er ist zudem Eigentümer eines Chalets in Kitzbühel, das regelmäßig von seinen Kindern zum Skifahren genutzt wird. Heinrich Huber verstirbt am 20.01.2017 in seinem Haus auf Ibiza. Welches Gericht ist international zuständig?

Im Falle des Heinrich Huber kommen mehrere Staaten in Betracht, in denen er seinen gewöhnlichen Aufenthalt begründet haben könnte. Dennoch ist nach einer umfassenden Abwägung davon auszugehen, dass der gewöhnliche Aufenthalt des Erblassers in Deutschland lag. Es sind somit gemäß Art. 4 EuErbVO **deutsche Gerichte international zuständig.**

Ein gewöhnlicher Aufenthalt in Österreich ist von vorneherein zu verneinen, da sich der Erblasser dort nicht selbst aufgehalten hat. Die bloße Tatsache, dass der Erblasser Vermögen in einem Staat hatte, begründet keinen gewöhnlichen Aufenthalt (auch wenn es sich dabei um Immobilienvermögen handelt). Gegen eine Begründung des gewöhnlichen Aufenthalts in Spanien spricht, dass der Erblasser trotz seiner regelmäßigen »Überwinterung«, die immerhin fünf Monate im Jahr betrug, sein soziales Umfeld in Deutschland aufrechterhalten hat. Die meiste Zeit des Jahres hat er sich dort aufgehalten, hatte seine Familie und seine engen Freunde in Deutschland und war in seinem Winterdomizil auf Ibiza auch sonst nicht weiter verwurzelt.

Beispiel:

Carlo Cannolo, italienischer Staatsangehöriger, ist Koch in Rom und betreibt dort ein eigenes Restaurant. Nachdem sein Lokal in Rom immer mehr internationale Gäste anzieht und er als internationaler Sternekoch berühmt werden will, beschließt er, ein zweites Lokal in Paris zu eröffnen. Hierzu verlegt er Anfang 2014 seinen gewöhnlichen Aufenthalt für unbestimmte Zeit von Rom nach Paris. Die Leitung seines Restaurants in Rom überträgt er einem Geschäftspartner. Seine Frau und Kinder bleiben in Rom, weil die Kinder dort zur Schule gehen. Carlo lernt während seiner Zeit in Paris kaum französisch und umgibt sich auch dort hauptsächlich mit seinen Angestellten, die ebenfalls italienische Staatsangehörige sind. Alle zwei Monate fährt Carlo nach Hause, um nach dem Rechten zu sehen. Am 20.08.2016 verstirbt Carlo bei einem Unfall, ohne ein Testament erstellt zu haben. Welches Gericht ist international zuständig zur Entscheidung über die Rechtsnachfolge von Todes wegen?

Auch in diesem Fall ist zur Ermittlung der internationalen Zuständigkeit primär Art. 4 EuErbVO heranzuziehen. Demnach bestimmt sich die internationale Zuständigkeit nach dem gewöhnlichen Aufenthalt des Erblassers im Zeitpunkt seines Versterbens. Der gewöhnliche Aufenthalt ist hier nach wie vor in dem Heimatstaat des Erblassers, also Italien, zu sehen. Dies ergibt sich aufgrund der folgenden Einzelfallabwägung: Der Erblasser hatte sich zwar auf unbestimmte Zeit ins Ausland begeben und seinen ehemaligen gewöhnlichen Aufenthalt in seinem Heimatstaat aufgegeben, um seiner beruflichen Tätigkeit nachzugehen. Seinen sozialen und familiären Mittelpunkt hatte er jedoch nach wie vor in seinem Heimatstaat. Er hatte keine Sprachkenntnisse seines neuen Wohnsitzstaates erworben, und sein soziales Umfeld beschränkte sich ebenfalls größtenteils auf Angehörige seines Heimatstaates. Regelmäßig begab er sich zu Besuch in seinen Heimatstaat. Außer seiner geschäftlichen Tätigkeit hatte er daher keine Verbindung zu seinem Wohnsitzstaat, auch wenn der dortige Aufenthalt auf unbestimmte Zeit ausgelegt war. Entsprechend Erwägungsgrund Nr. 24 der EuErbVO reicht es nicht aus, wenn der Erblasser seinen Aufenthalt allein aus beruflichen Gründen in einen anderen Mitgliedstaat verlegt, während alle anderen Kriterien nach wie vor auf einen gewöhnlichen Aufenthalt in einem anderen Mitgliedstaat hinweisen.

3.2.5 Ausnahmen vom Grundsatz

In anderen Fällen kann die internationale Zuständigkeit eines Gerichts nur im Ausnahmefall begründet werden.

Hat der Erblasser gemäß Art. 22 EuErbVO eine Rechtswahl zugunsten seines Staatsangehörigkeitsrechts getroffen, können die Parteien ebenfalls vereinbaren, dass für Entscheidungen in Erbsachen ausschließlich die Gerichte dieses Mitgliedstaats zuständig sein sollen (Art. 5 EuErbVO).

Andernfalls können die Gerichte eines anderen Mitgliedstaates als des Aufenthaltsstaates nur zuständig werden, wenn der Erblasser gemäß Art. 22 EuErbVO für die Rechtsnachfolge von Todes wegen sein Staatsangehörigkeitsrecht gewählt hat und

- ein davor angerufenes Gericht nach Art. 6 EuErbVO seine **Unzuständigkeit erklärt** hat oder
- die Verfahrensparteien eine **Gerichtsstandsvereinbarung** im Sinne von Art. 5 EuErbVO getroffen haben oder
- die Verfahrensparteien die Zuständigkeit des angerufenen Gerichts **ausdrücklich anerkannt** haben (Art. 7 EuErbVO).

Hatte der Erblasser seinen letzten gewöhnlichen Aufenthalt in einem sog. **Drittstaat,** also einem Staat, in dem die EuErbVO selbst nicht anwendbar ist, bestimmt sich die internationale Zuständigkeit der Mitgliedstaaten nach Art. 10 EuErbVO.

Demnach sind mitgliedstaatliche Gerichte nur zuständig, wenn der Erblasser im Zeitpunkt seines Todes die Staatsangehörigkeit dieses Mitgliedstaats besaß. Alternativ sind die Gerichte auch international zuständig, wenn er seinen vorhergehenden gewöhnlichen Aufenthalt in dem betreffenden Mitgliedstaat hatte, sofern dieser nicht länger als fünf Jahre zurückliegt.

Soweit die Voraussetzungen von Art. 10 EuErbVO nicht vorliegen, ist jedoch auch **ausnahmsweise** eine gegenständlich beschränkte Zuständigkeit des Belegenheitsortes für einzelne Vermögensgegenstände des Erblassers möglich, die sich in einem Mitgliedstaat befinden. Dies ist der einzige Fall, in dem die EuErbVO eine beschränkte Zuständigkeit erlaubt. Hatte der Erblasser seinen letzten gewöhnlichen Aufenthalt in einem der Mitgliedstaaten, ist eine gegenständlich beschränkte Zuständigkeit niemals möglich.

Andernfalls sieht Art. 11 EuErbVO eine Notzuständigkeit (*forum necessitatis*) für den Fall vor, dass kein Gericht eines Mitgliedstaates aufgrund anderer Vorschriften zuständig sein sollte. In diesem Fall können die mitgliedstaatlichen Gerichte ausnahmsweise entscheiden, wenn sich ein Verfahren in einem Drittstaat entweder als unzumutbar oder unmöglich erweist. Voraussetzung für die Begründung der Notzuständigkeit ist wiederum ein ausreichender Bezug zu dem angerufenen Mitgliedstaat.

3.3 Ermittlung des anwendbaren Rechts

3.3.1 Grundsatz: letzter gewöhnlicher Aufenthalt

Die allgemeine Kollisionsnorm des Art. 21 EuErbVO legt fest: Für die Bestimmung des anwendbaren Rechts gilt dasselbe Prinzip wie auch bei der internationalen Zuständigkeit. Es kommt grundsätzlich auf den gewöhnlichen Aufenthalt des Erblassers im Zeitpunkt seines Versterbens an. Die Auslegung des Begriffs ist dieselbe wie im Rahmen der internationalen Zuständigkeit. Demzufolge ermittelt sich der **gewöhnliche Aufenthalt** aus einer Gesamtabwägung der Lebensumstände und sozialen Kriterien des Erblassers. Bestimmt sich die internationale Zuständigkeit nach der Generalklausel von Art. 4 EuErbVO, so ist das anwendbare Recht das Recht des Gerichtsstands.

Bei regelmäßigen Aufenthalten des Erblassers in verschiedenen Staaten muss abgegrenzt werden, wo der Schwerpunkt seiner Interessen lag.

3.3.2 Ausnahme: offensichtlich engere Verbindung

Ausnahmsweise greift abweichend vom Grundsatz gemäß Art. 21 Abs. 2 EuErbVO das Recht des Staates, zu dem der Erblasser die **engere Verbindung** hatte. Dies mag nur in Ausnahmefällen zu bejahen sein. Möglicherweise fehlt es bereits an der Begründung eines gewöhnlichen Aufenthaltes, wenn der Erblasser eine sehr enge Verbindung zu einem anderen Staat aufweist. Hat der Erblasser seinen gewöhnlichen Aufenthalt unter Abwägung aller erheblichen Kriterien tatsächlich im Ausland, so kann sich eine wesentlich engere Verbindung zu einem anderen Staat ergeben, wenn folgende Kriterien erfüllt sind:

- Familie und soziales Umfeld des Erblassers befinden sich in einem anderen Staat oder stammen aus einem anderen Staat.
- Das Vermögen des Erblassers befindet sich gänzlich oder größtenteils in einem anderen Staat.
- Der Erblasser hat den Großteil seines Lebens in einem anderen Staat verbracht und seinen gewöhnlichen Aufenthalt erst vor ganz kurzer Zeit von dort in den Staat verlegt, in dem er verstorben ist.

Die vorstehend aufgeführten Kriterien sind zum heutigen Zeitpunkt jedoch weder von der Rechtsprechung bestätigt noch abschließend. Es bleibt der Entwicklung der Rechtsprechung überlassen, welche Kriterien sich an dieser Stelle wirklich durchsetzen werden und ob die Rechtsprechung davon ausgehen wird, dass die einzelnen Kriterien alternativ oder kumulativ vorliegen müssen.

3.3.3 Rechtswahl

Der Erblasser hat gemäß Art. 22 EuErbVO die Möglichkeit, durch eine Verfügung von Todes wegen das Recht seiner Staatsangehörigkeit als anwendbares Recht zu wählen. Die Rechtswahl kann entweder ausdrücklich getroffen werden oder sich konkludent aus dem Inhalt der letztwilligen Verfügung ergeben (Art. 22 Abs. 2 EuErbVO). Die Wahl eines anderen Rechts als dem der Staatsangehörigkeit ist nicht möglich. Hat eine Person im Zeitpunkt der Rechtswahl oder im Zeitpunkt des Todes mehrere Staatsangehörigkeiten, so kann sie zwischen dem Recht eines dieser Staaten wählen (Art. 22 Abs. 1 Satz 2 EuErbVO). Die Wahl mehrerer Rechtsordnungen oder die Wahl eines Rechts für einen Teil der Erbfolge ist hingegen nicht möglich.

Für die Rechtswahl ist es unerheblich, ob der Erblasser Staatsangehöriger eines Mitgliedstaates oder eines Drittstaates ist. Auch das Recht eines Drittstaates ist wählbar.

Beispiel:

Heinrich Huber hat nach Eintritt ins Rentenalter seinen gewöhnlichen Aufenthalt von Deutschland nach Ibiza verlegt. Auf der Terrasse seiner Wohnung auf Ibiza schreibt er am 01.01.2017 sein Testament. Welchem Recht unterliegt die Rechtsnachfolge von Todes wegen, wenn Heinrich Huber auf Ibiza verstirbt?

Soweit Heinrich Huber keine weiteren Bestimmungen trifft, unterliegt seine Rechtsnachfolge von Todes wegen gemäß Art. 21 Abs. 1 EuErbVO vollumfänglich spanischem Recht (und hier wiederum dank der in Spanien existierenden interlokalen Rechtsspaltung dem für Ibiza maßgeblichen Recht, vgl. Art. 36 EuErbVO), da dies das Recht seines gewöhnlichen Aufenthaltes darstellt.

Trifft Heinrich Huber in seinem Testament jedoch gemäß Art. 22 EuErbVO eine Rechtswahl zugunsten seines Staatsangehörigkeitsrechts, also des deutschen Rechts, so unterliegt seine Rechtsnachfolge von Todes wegen vollumfänglich deutschem Recht.

3.3.4 Sonderanknüpfungen

Für sog. Teilfragen einer erbrechtlichen Angelegenheit enthält die Verordnung Spezialvorschriften zur Anknüpfung.

So gilt nach Art. 24 Abs. 1 bzw. 25 Abs. 1 EuErbVO für Verfügungen von Todes wegen bzw. für Erbverträge, dass die Zulässigkeit und die materielle Wirksamkeit (sowie beim Erbvertrag zusätzlich die Bindungswirkungen und das Recht für die Auflösung) dem Recht unterliegen, das nach Art. 21 Abs. 1 EuErbVO auf die Rechtsnachfolge von Todes wegen anzuwenden gewesen wäre, wenn der Erblasser im Zeitpunkt der Errichtung verstorben wäre. Dies führt dazu, dass eine inhaltlich wirksame Verfügung jedenfalls nicht zu einem späteren Zeitpunkt unwirksam werden kann, wenn der Erblasser seinen gewöhnlichen Aufenthalt in einen anderen Staat verlegt.

Welche Kriterien im Einzelnen zu der Verfügung von Todes wegen gehören, bestimmt Art. 26 EuErbVO genauer.

Für die Form letztwilliger Verfügungen gilt Art. 27 EuErbVO. Ähnlich wie nach alter Rechtslage (Art. 26 EGBGB) tritt die Vorschrift in den Staaten, in denen das Haager Testamentsformübereinkommen (HTestFÜ) in Kraft getreten ist, gemäß Art. 75 Abs. 1 UA 2 EuErbVO hinter den Vorschriften des HTestFÜ zurück.

3.3.5 Art der Verweisung

Wie überall im Internationalen Privatrecht (IPR) ist auch im internationalen Erbrecht zwischen Sachnormverweisungen und Gesamtverweisungen zu unterscheiden. Sachnormverweisungen führen zu einer direkten Anwendung des materiellen Erbrechts eines Staates. Bei einer Verweisung auf deutsches Recht kommen dann direkt die Vorschriften der §§ 1922 ff. BGB zur Anwendung. Gesamtverweisungen dagegen führen erst einmal zu einer Prüfung der Vorschriften des Internationalen Privatrechts des jeweiligen Staates.

Innerhalb der Mitgliedstaaten der EuErbVO wäre eine Gesamtverweisung überflüssig, da dies nur zur erneuten Anwendung derselben Vorschrift (der EuErbVO) führen würde – mit demselben Ergebnis. Aus diesem Grund sind die Vorschriften der EuErbVO unbedingt **Sachnormverweisungen**, soweit sie zur Anwendung des **Rechts eines Mitgliedstaates** führen.

Kommt es aber nach den Vorschriften der EuErbVO zur Anwendung des **Rechts eines Drittstaates,** so handelt es sich um **Gesamtverweisungen,** und es ist unbedingt das Kollisionsrecht des Drittstaates (z. B. schweizerisches oder kanadisches Recht) zu prüfen.

Beispiel:

Hertha Wälchli, schweizerische Staatsangehörige, wohnhaft in München, verstirbt in Deutschland. Ihre Tochter Thea verklagt ihren Sohn Urs vor dem Landgericht München, das seine Zuständigkeit bejaht. Welches Recht muss das Gericht anwenden?

Das deutsche Gericht hat gemäß Art. 21 Abs. 1 EuErbVO das Recht des letzten gewöhnlichen Aufenthaltes der Erblasserin anzuwenden. Dies ist deutsches Recht. Es kommt somit zu einer Sachnormverweisung auf die Normen des deutschen BGB.

Beispiel:

Hertha Wälchli, schweizerische Staatsangehörige, wohnhaft in München, verstirbt in Deutschland. Ihre Tochter Thea verklagt ihren Sohn Urs in Zürich. Das dortige Gericht bejaht seine prozessuale Zuständigkeit. Welches Recht kommt zur Anwendung?

Das schweizerische IPRG sieht in Art. 91 vor, dass der Nachlass eines schweizerischen Staatsbürgers mit letztem Wohnsitz im Ausland dem Recht unterliegt, auf das das Kollisionsrecht des Wohnsitzstaates verweist. Der Wohnsitzstaat der Erblasserin war Deutschland. Es kommt also zu einer Gesamtverweisung auf die Vorschriften der EuErbVO und damit – ohne Rechtswahl – zur Anwendung von Art. 21 Abs. 1 EuErbVO. Demnach ist der gewöhnliche Aufenthalt der Erblasserin im Zeitpunkt ihres Versterbens maßgeblich. Dieser liegt in Deutschland. Anwendbar ist somit **deutsches materielles** Erbrecht.

Sieht das Recht des Drittstaates eine sog. Rückverweisung (*renvoi*) auf das Recht des Forumstaates vor, so wird die Rückverweisung gemäß Art. 34 EuErbVO angenommen, damit kein ewiges »Hin und Her« der Rechtsordnungen entsteht. Ebenso verhält es sich, wenn das Recht des Drittstaates auf das Recht eines weiteren Drittstaates weiterverweist. Nur in Ausnahmefällen sieht Art. 34 Abs. 2 EuErbVO vor, dass Rück- und Weiterverweisungen unbeachtlich bleiben sollen.

3.3.6 Umfang des Erbstatuts

Der Inhalt, den das Erbstatut abdeckt, ergibt sich einerseits aus Art. 23 EuErbVO, andererseits aus dem Anwendungsbereich der EuErbVO, Art. 1 und 3.

Einzelne Teilfragen können aber herausfallen und sind nach anderen Vorschriften gesondert anzuknüpfen. Dies ist insbesondere der Fall bei

- güterrechtlichen Vorfragen: Hier ist gesondert nach dem Güterrechtsstatut anzuknüpfen, das sich noch nach Art. 15 EGBGB bestimmt;
- dinglichen Rechtsverhältnissen: Hier muss zum Anwendungsbereich des Sachenrechtstatuts abgegrenzt werden (Art. 43 EGBGB);
- Rechtsgeschäften auf den Todesfall: Beim Vertrag zugunsten Dritter unterliegt nur das Valutaverhältnis grundsätzlich der EuErbVO, das Deckungsverhältnis unterliegt der Rom I-VO;
- Schenkungen von Todes wegen: Diese fallen nur unter das Erbstatut, wenn die Schenkung nach dem Eintritt des Todes vollzogen werden soll;
- Gesellschaftsrecht: Die erbrechtliche Zulässigkeit einer rechtsgeschäftlichen Nachfolgeklausel bestimmt sich nach dem Erbstatut. Fragen zum Fortbestand einer Gesellschaft nach dem Tod eines Gesellschafters bestimmen sich nach dem Gesellschaftsstatut.

3.3.7 Grenzen der Verweisung

Steht einer Person gemäß einer Verfügung von Todes wegen ein bestimmtes dingliches Recht zu und kennt der Staat, dessen Recht Anwendung findet, dieses dingliche Recht in seiner eigenen Rechtsordnung selbst nicht, so ordnet Art. 31 EuErbVO eine Anpassung des dinglichen Rechts an. Anstelle des dinglichen Rechts, das angeordnet wurde, soll demnach das Recht des Anwendungsstaats zum Tragen kommen, das diesem am ehesten entspricht.

Beispiel:

François du Montmartre bestimmt in seinem Testament, für das er das Recht seiner französischen Staatsangehörigkeit gewählt hat, dass sein Neffe Henry sein Haus in der Lüneburger Heide erhalten soll. Er bezeichnet Henry im Testament als »Vermächtnisnehmer«. Erben sind seine Kinder Thierry und Marie. Kann sich Henry aufgrund des Vermächtnisses nach französischem Recht unmittelbar als Eigentümer in das deutsche Grundbuch eintragen lassen?

Nach französischem Recht würde das Vermächtnis als sog. Vindikationslegat dinglich wirken. Dies ist nach deutschem Recht jedoch nicht möglich, weil der Vermächtnisnehmer im deutschen Recht nur einen schuldrechtlichen Anspruch gegen den/die Erben hat (sog. Damnationslegat). Ein deutsches Gericht, das darüber zu entscheiden hat, muss daher das dingliche Vermächtnis in ein lediglich schuldrechtliches Vermächtnis umdeuten. Dies bedeutet aber nicht, dass auf die Rechtsnachfolge von Todes wegen anstelle des französischen Rechts, das der Erblasser in seinem Testament gewählt hat, deutsches Recht anzuwenden ist. Das Gericht hat in einem solchen Fall trotzdem auf die gesamte Rechtsnachfolge von Todes wegen französisches Recht anzuwenden und nur bezüglich **der Wirkungen** des Vermächtnisses gem. Art. 31 EuErbVO zu unterstellen, dass diese mit den Wirkungen eines Vermächtnisses nach deutschem Recht übereinstimmen.

Ergibt sich bei der Anwendung eines bestimmten materiellen Erbrechts ein Ergebnis, das zu den Grundgedanken und den Gerechtigkeitsvorstellungen des deutschen Rechts in einem so großen Widerspruch steht, dass dieses Ergebnis im konkreten Fall untragbar scheint (sog. *ordre public*-Verstoß), so darf das Gericht die entsprechende Vorschrift des jeweiligen Rechts unangewendet lassen und diese Lücke durch ergänzende Vorschriften dieses fremden Rechts (der sog. *lex causae*) schließen. Sollte dies nicht möglich sein, so schließt das zuständige Gericht die Lücke unter Anwendung seines eigenen Rechts (der sog. *lex fori*).

3.4 Anerkennung und Vollstreckung

Durch die EuErbVO soll auch das Anerkennungs- und Vollstreckungsverfahren in den einzelnen Mitgliedstaaten vereinfacht werden.

Gemäß Art. 39 EuErbVO erfolgt die Anerkennung von Entscheidungen der Gerichte in Erbangelegenheiten (z. B. ein Urteil auf Zahlung des Pflichtteils) innerhalb der Mitgliedstaaten ohne besonderes Verfahren.

Eine Entscheidung wird gemäß Art. 40 EuErbVO nur dann explizit nicht anerkannt,

- wenn sie gegen den *ordre public* verstößt,
- wenn dem Beklagten verfahrenswesentliche Schriftstücke nicht zugegangen sind, sodass er sich nicht verteidigen konnte,
- wenn es in dem Anerkennungsstaat eine Entscheidung der dortigen Gerichte gibt, die der anzuerkennenden Entscheidung widerspricht, oder

- wenn es eine frühere widersprüchliche Entscheidung eines anderen Staates gibt, die die Voraussetzungen der Anerkennung erfüllt.

Die Vollstreckung findet im Rahmen eines Verfahrens nach Art. 43 ff. und 61 EuErbVO statt. Die Voraussetzungen des Verfahrens sind mit denen des vereinfachten Verfahrens der Verordnung Nr. 1215/2012 über die gerichtliche Zuständigkeit und die Anerkennung und Vollstreckung von Entscheidungen in Zivil- und Handelssachen (EuGVVO oder Brüssel Ia-VO) nahezu identisch.
Der Vollstreckungsschuldner wird erst in das Verfahren eingebunden, wenn er seine Einwendungen in Form einer Beschwerde hervorbringt (Art. 50 EuErbVO).

3.5 Europäisches Nachlasszeugnis

Mit dem Europäischen Nachlasszeugnis (ENZ) hat der Europäische Gesetzgeber ein Instrument geschaffen, das den Nachweis der Erben-, Testamentsvollstrecker-, Nachlassverwalter- oder ggf. die Vermächtnisnehmerstellung auf internationaler Ebene erleichtern und beschleunigen soll.

Nach alter Rechtslage (vor dem 17.08.2015) gab es kein internationales Dokument, durch das sich dies nachweisen ließ. Vielmehr war es in vielen Fällen notwendig, in dem jeweiligen Staat ein eigenes Verfahren einzuleiten, um über das im Ausland belegene Vermögen einen eigenen Nachweis zur Berechtigung als Erbe oder Testamentsvollstrecker etc. zu erlangen. Dies führte sowohl zu einer deutlich längeren Verfahrensdauer als auch zu organisatorischen und sprachlichen Problemen.

Durch Einführung der Art. 62 ff. EuErbVO wurde dieser internationale Nachweis eingeführt, der die bisherigen Schwierigkeiten – jedenfalls zwischen den beteiligten Mitgliedstaaten – aus dem Weg räumen soll. Das ENZ gilt jedoch ausdrücklich nur im Verhältnis der Mitgliedstaaten untereinander. Im Verhältnis zu Drittstaaten bleibt es bei der bisherigen Verfahrensweise, wenn nicht der jeweilige Drittstaat das ENZ als ausländische Urkunde anerkennt.

Das ENZ hat keine ausschließliche Wirkung. Wie aus Art. 62 Abs. 2, 3 EuErbVO hervorgeht, bleiben auch nationale Nachweise nach wie vor wirksam und können in den anderen Mitgliedstaaten vorgelegt werden. Da bei der Vorlage nationaler Erbscheine im Ausland bislang jedoch oftmals Anerkennungsprobleme aufgetreten sind, ist nicht zu erwarten, dass sich dies angesichts der Einführung des internationalen ENZ ändern wird.

Es ist vielmehr zu erwarten, dass viele Behörden und Institutionen ausländischer Mitgliedstaaten zukünftig immer häufiger auf die Vorlage eines ENZ bestehen werden.

Das ENZ gilt gemäß Art. 69 Abs. 1 und Art. 62 EuErbVO in allen Mitgliedstaaten der EuErbVO, ohne dass es eines besonderen Anerkennungsverfahrens bedarf. Es entfaltet in all diesen Staaten Rechtsscheinwirkung (Art. 69 Abs. 2 bis 4 EuErbVO).

Berechtigt zur Beantragung des ENZ sind Erben, Testamentsvollstrecker, Nachlassverwalter und Vermächtnisnehmer, soweit sie durch das Legat zur dinglichen Teilhabe am Nachlass berechtigt sind. Dies ist nur der Fall in Rechtsordnungen, die ein sog. Vindikationslegat kennen, wie z.B. das französische Recht. Das deutsche Recht räumt dem Vermächtnisnehmer demgegenüber nur einen schuldrechtlichen Anspruch ein, sog. Damnationslegat. Ein Vermächtnisnehmer kann daher bei Anwendung deutschen Erbrechts vom ENZ keinen Gebrauch machen.

Der zulässige Inhalt des ENZ ergibt sich aus Art. 68 EuErbVO. Er ist deutlich weiter gefasst als der deutsche Erbschein. So hat das ENZ unbedingt Angaben zu den Umständen zu enthalten, aus denen sich die Rechte und Befugnisse der Erben, Vermächtnisnehmer, Testamentsvollstrecker oder Nachlassverwalter herleiten (Art. 68 Buchst. j) EuErbVO). Stehen den Beteiligten besondere Rechte zu, oder sind sie in ihrer Rechtsstellung auf besondere Weise beschränkt, so muss das ENZ hierzu ebenfalls Angaben enthalten.

Gemäß Art. 69 Abs. 2 EuErbVO wird vermutet, dass die dem ENZ zugrunde liegenden Tatsachen und Rechtsfolgen richtig sind sowie dass keine außer den im ENZ ausdrücklich aufgeführten Bedingungen und Beschränkungen der Rechte bestehen. Eine Eigentumsvermutung zugunsten des Erblassers geht aber wie im deutschen Recht nicht daraus hervor.

Die Leistung an einen Scheinberechtigten hat befreiende Wirkung, soweit der Leistende keine grob fahrlässige Unkenntnis hatte (Art. 69 Abs. 2 EuErbVO). Gemäß Art. 69 Abs. 4 EuErbVO gilt der Rechtsschein auch für Verfügungen.

Das ENZ hat dieselbe Wirkung wie eine Urkunde des Mitgliedstaates, in dem es eingesetzt wird (Art. 69 Abs. 5 EuErbVO).

Der Antrag auf Ausstellung eines ENZ ist anhand des Formblattes IV (Anhang 4 zur Durchführungs-VO EU Nr. 1329/2014) in dem Mitgliedstaat zu stellen, der nach Art. 4, 7, 10 oder 11 EuErbVO zuständig ist (Art. 64 EuErbVO).

Wird das ENZ erstellt, erhalten die Berechtigten eine je sechs Monate gültige Abschrift (Art. 70 Abs. 3 EuErbVO).

Gegen die Versagung bzw. die Ausstellung des ENZ kann Beschwerde eingelegt werden (Art. 72 EuErbVO i.V.m. § 43 IntErbRVG).

4 Das Kollisionsrecht außerhalb des Anwendungsbereichs der EuErbVO

Die Vorschriften der EuErbVO sind jedoch nicht anwendbar, wenn der Anwendungsbereich der Verordnung nicht eröffnet ist. Dies kann entweder sein, weil sich der Erbfall vor dem 17.08.2015 ereignet hat, oder aber, wenn die Gerichte eines sog. Drittstaates mit der Entscheidung über eine Nachlassangelegenheit angerufen werden. In dem ersten Fall ist die EuErbVO zeitlich noch nicht anwendbar, und im zweiten Fall kommt die EuErbVO auch nach dem 17.08.2015 nicht zur Anwendung, weil diese Staaten ihr eigenes internationales Privatrecht anwenden. Als Drittstaat bezeichnet man alle Staaten, die keine Mitgliedstaaten der Europäischen Union sind, bzw. Mitgliedstaaten, in denen die EuErbVO ausdrücklich nicht in Kraft getreten ist. Unter den Begriff Drittstaat fallen also nicht nur Staaten außerhalb der Europäischen Union wie die Schweiz oder die Vereinigten Staaten von Amerika, sondern auch das Vereinigte Königreich, Irland und Dänemark.

4.1 Völkerrechtliche Regelungen

Deutsche Gerichte haben auch für Fälle, in denen der Erblasser **nach** dem Inkrafttreten der EuErbVO verstorben ist, stets zu prüfen, ob nicht anstelle der Verordnung eine vorrangige staatsvertragliche Regelung zur Anwendung kommt. Solche Sonderregeln sind beispielsweise der deutsch-türkische Konsularvertrag vom 28.05.1929, das deutsch-iranische Niederlassungsabkommen vom 17.02.1929 oder der deutsch-sowjetische Konsularvertrag vom 25.04.1958.

Im Verhältnis zu Staaten wie der Türkei, dem Iran oder den Nachfolgestaaten der Sowjetunion kommt es daher auch heute und nach dem Inkrafttreten der EuErbVO zur Anwendung der vorrangigen Staatsverträge.

Der – damit nach wie vor maßgebliche – deutsch-türkische Konsularvertrag enthält beispielsweise folgende Kollisionsregel:

§ 14 der Anlage zu Art. 20 des Konsularvertrags (Nachlassabkommen):
(1) Die erbrechtlichen Verhältnisse bestimmen sich in Ansehung des beweglichen Nachlasses nach den Gesetzen des Landes, dem der Erblasser zum Zeitpunkt seines Todes angehörte.

(2) Die erbrechtlichen Verhältnisse in Ansehung des unbeweglichen Nachlasses bestimmen sich nach den Gesetzen des Landes, in dem dieser Nachlass liegt, und zwar in der gleichen Weise, wie wenn der Erblasser zur Zeit seines Todes Angehöriger dieses Landes gewesen wäre.

Der Staatsvertrag unterstellt die Rechtsnachfolge von Todes wegen grundsätzlich dem **Staatsangehörigkeitsprinzip**, während er jedoch das Immobilienvermögen dem Recht des **Belegenheitsortes** unterstellt. Für türkische Staatsangehörige mit einem Grundstück außerhalb der Türkei sowie für ausländische Staatsangehörige mit einem Grundstück in der Türkei kann es somit nach wie vor zur gleichzeitigen Anwendung zweier Rechte auf unterschiedliche Nachlassbestandteile (= **Nachlassspaltung**) kommen.

4.2 Die Rechtslage für Altfälle vor dem 17.08.2015

Mit der Geltung der EuErbVO verlieren die Regelungen der Art. 25 ff. EGBGB ihren Anwendungsbereich. Die Regelungen der EuErbVO sind sog. *lois uniformes*. Dies bedeutet, dass sie auch zur Anwendung kommen, wenn sie auf das Recht eines Staates verweisen, der kein Mitgliedstaat der EU ist, in dem die EuErbVO anwendbar ist.

Die einzigen Fälle, in denen deutsche Gerichte die Art. 25 ff. EGBGB in ihrer Fassung vor dem 17.08.2015 daher noch anwenden müssen, sind die grenzüberschreitenden Erbfälle, in denen der Erblasser vor dem 17.08.2015 verstorben ist. Da sich die Anzahl dieser Fälle in der Zukunft immer weiter verringern wird, werden die alten Vorschriften daher nachfolgend vor allem der Vollständigkeit halber dargestellt.

4.2.1 Internationale Zuständigkeit

Die internationale Zuständigkeit deutscher Gerichte war bereits vor dem 17.08.2015 stark umstritten und auf gesetzlicher Ebene mehreren Änderungen unterworfen.

Über viele Jahre hinweg gab es keine explizite Regelung der internationalen Zuständigkeit der Nachlassgerichte im deutschen Recht. Es galt der sog. **»strenge Gleichlaufgrundsatz«**. Demnach betrachteten sich deutsche Gerichte stets nur dann als zuständig, wenn deutsches materielles Erbrecht zur Anwendung gelangte.

Nach Jahren zahlloser Ungereimtheiten und umfassender Kritik an diesem Zustand wurde im Rahmen der FGG-Reform schließlich der § 105 FamFG eingeführt, der die internationale Zuständigkeit deutscher Gerichte von deren örtlicher Zuständigkeit abhängig machte.

Die örtliche Zuständigkeit der Nachlassgerichte ist in § 343 FamFG geregelt. Nach der vor dem 17.08.2015 geltenden Fassung war das Gericht zuständig, in dessen Bezirk der Erblasser zum Zeitpunkt seines Todes seinen Wohnsitz oder seinen Aufenthalt hatte. Für den Nachlass eines deutschen Erblassers mit Wohnsitz und Aufenthalt im Ausland war das

Amtsgericht Schöneberg in Berlin zuständig, das die Sache jedoch aus wichtigem Grund an ein anderes Nachlassgericht weiterverweisen konnte.

Auch im Falle, dass ein Ausländer mit Vermögen im Inland, aber ohne dortigen Aufenthalt und Wohnsitz verstarb, begründete § 343 Abs. 3 FamFG für dessen gesamtes Nachlassvermögen eine internationale Zuständigkeit deutscher Gerichte (nicht nur für das in Deutschland belegene Vermögen, sondern für sämtliches Vermögen des Erblassers).

Durch die neue Fassung des § 343 FamFG seit dem 17.08.2015 wird nun nicht mehr die internationale, sondern nur noch die örtliche Zuständigkeit geregelt. Die internationale Zuständigkeit bestimmt sich nun – auch bei Fällen mit Bezug zu Drittstaaten – ausschließlich nach den Art. 4 ff. EuErbVO.

§ 343 FamFG bestimmt die örtliche Zuständigkeit deutscher Gerichte nun ebenfalls nicht mehr durch Anknüpfung an den Wohnsitz bzw. letzten Aufenthalt, sondern an den **gewöhnlichen Aufenthalt** des Erblassers. Mit der neuen Fassung von § 343 FamFG, die zeitgleich mit der EuErbVO in Kraft getreten ist, hat auch der nationale Gesetzgeber somit das unionsrechtliche Prinzip des gewöhnlichen Aufenthalts für die Bestimmung der örtlichen Zuständigkeit übernommen.

4.2.2 Maßgebliche Kollisionsnorm: Art. 25 EGBGB

Soweit der Erblasser vor dem 17.08.2015 verstorben ist und keine vorrangigen staatsvertraglichen Regelungen greifen, wird das anwendbare Recht **nach wie vor** gemäß Art. 25 EGBGB nach dem Staatsangehörigkeitsprinzip ermittelt. Demnach unterliegt die Rechtsnachfolge von Todes wegen dem Recht des Staates, dem der Erblasser im Zeitpunkt seines Todes angehörte. Es erfolgt somit eine indirekte Anknüpfung an das Personalstatut des Erblassers, das wiederum nach Art. 5 Abs. 1 Satz 1 und 2 sowie Art.5 Abs. 2 EGBGB ermittelt wird.

Für im Inland belegene Gegenstände konnte der Erblasser zudem gemäß Art. 25 Abs. 2 EGBGB deutsches Recht wählen.

4.2.2.1 Staatsangehörigkeitsprinzip

War der Erblasser deutscher Staatsangehöriger, kommt grundsätzlich deutsches materielles Erbrecht zur Anwendung. War der Erblasser dagegen ausschließlich Angehöriger eines anderen Staates, so kommt nach Art. 25 EGBGB das Recht dieses Staates zur Anwendung. Bei Doppelstaatlern entscheidet die sog. effektive Staatsangehörigkeit. Darunter versteht man den Staat, mit dem der Erblasser am engsten verbunden war, was anhand der Umstände des Einzelfalls zu ermitteln ist. Für den Fall, dass der Erblasser sowohl deutscher als auch Staatsangehöriger eines anderen Staates war, ist aus der Perspektive deutscher Gerichte die deutsche Staatsangehörigkeit maßgeblich (Art. 5 Abs. 1 Satz 2 EGBGB). Bereits an dieser Stelle besteht das Risiko widersprüchlicher internationaler Entscheidungen, wenn die Gerichte des anderen Heimatstaates des Erblassers ebenfalls ihr eigenes Recht anwenden würden und dieses Recht für den Sachverhalt andere Rechtsfolgen vorsieht.

Bei der Verweisung gemäß Art. 25 EGBGB handelt es sich um eine sog. Gesamtverweisung. Kommt demnach das Recht eines anderen Staates zur Anwendung, muss zunächst das IPR dieses Staates hinzugezogen und geprüft werden, ob das fremde Recht die Verweisung annimmt. Nimmt dieses die Verweisung an, so kommt dessen materielles Erbrecht zur Anwendung. Verweist das IPR des Staatsangehörigkeitsstaates jedoch auf das Recht eines anderen Staates, kommt es zu einer sog. Rück- oder Weiterverweisung.

4.2.2.2 Häufige Folge: (teilweise) Nachlassspaltung

Insbesondere in Bezug auf Immobilienvermögen sind nach der alten Rechtslage Sonderverweisungen auf das Recht des Belegenheitsstaates (also auf das Recht des Staates, in dem sich das jeweilige Vermögen befindet) häufig.

Dies führt im Zusammenspiel mit anderen Staaten oft zu einer teilweisen Nachlassspaltung: Hinsichtlich des beweglichen Nachlasses des Erblassers gilt nach alter Rechtslage dann teilweise das Staatsangehörigkeitsrecht, während bezüglich des Immobilienvermögens oft das Recht des Belegenheitsortes gilt.

Beispiel:

François du Montmartre war französischer Staatsangehöriger. Er lebte viele Jahre bis zu seinem Tod in Deutschland und besaß in der Lüneburger Heide ein großes Anwesen. Grundbesitz im Ausland hatte er nicht. Ein Testament hat er ebenfalls nicht errichtet. Seit seinem Tod am 01.01.2014 ist das zuständige deutsche Nachlassgericht nun mit der Frage befasst, nach welchem Recht der Erblasser beerbt wurde.

In diesem Fall ist das anwendbare Erbrecht anhand mehrerer Schritte zu erörtern. Zunächst bestimmt Art. 25 Abs. 1 EGBGB a. F. das Staatsangehörigkeitsrecht zum anwendbaren Recht. Demnach unterliegt die Rechtsnachfolge von Todes wegen französischem Recht.

Da es sich bei der Verweisung nach Art. 25 Abs. 1 EGBGB um eine Gesamtnormverweisung handelt, ist durch einen Blick in das französische internationale Privatrecht zu prüfen, ob dieses die Verweisung annimmt. Das französische Recht wiederum nimmt die Verweisung grundsätzlich an, verweist aber bezüglich des in Deutschland belegenen Grundstücks zurück auf deutsches Recht. Als Folge kommt es zu einer Nachlassspaltung: Deutsches Recht gilt für das in Deutschland belegene Grundstück und französisches Recht für den beweglichen Nachlass, egal an welchem Ort sich dieser befindet.

5 Anerkennung und Vollstreckung in Drittstaaten

Die Anerkennung und Vollstreckung drittstaatlicher Entscheidungen stellt sich sowohl vor als auch nach der Einführung der EuErbVO als problematisch dar. Die Regelungen der Verordnung haben zum Ziel, die Anerkennung und Vollstreckung in den betroffenen Mitgliedstaaten zu erleichtern. Die alten Probleme bleiben im Verhältnis zu Drittstaaten, wie beispielsweise der Schweiz oder den Vereinigten Staaten von Amerika (USA), jedoch nach wie vor bestehen.

Außerhalb der EuErbVO erfolgt die Anerkennung und Vollstreckung ausländischer Entscheidungen durch deutsche Gerichte nach den §§ 328, 722 ff. ZPO sowie §§ 108 ff. FamFG. Demnach wird die Zwangsvollstreckung aus einem ausländischen Urteil in Deutschland nur betrieben, wenn ein Vollstreckungsurteil vorliegt, in dem die Zulässigkeit der Vollstreckung ausgesprochen wird (§ 722 Abs. 1 ZPO in Verbindung mit § 110 FamFG). Die Anerkennung ist dabei eine Voraussetzung der Vollstreckbarkeitserklärung.

6 Was Erblasser mit Vermögen in Drittstaaten bedenken müssen

Eine andere Frage ist, wie sich ein deutscher Erblasser verhalten soll, wenn das Risiko besteht, dass die Gerichte eines Drittstaates, in dem ein Teil seines Vermögens belegen ist, die Entscheidung der deutschen Gerichte nicht anerkennen werden. Dies kann dazu führen, dass die Gerichte verschiedener Staaten zu der Auffassung kommen, dass unterschiedliche Rechtsordnungen zur Anwendung kommen. Auf diese Weise können in zwei Staaten Gerichte Entscheidungen mit gegensätzlichem Inhalt erlassen. Die Entscheidung eines deutschen Gerichts über im Ausland belegenes Immobilienvermögen wird von dem Belegenheitsstaat in der Regel nicht anerkannt, wenn dieser Staat selbst bestimmt, dass die Rechtsnachfolge von Todes wegen bei Grundstücken dem Recht des Belegenheitsortes folgt.

Beispiel:

Margot Bauer hat ein Haus in Stuttgart, ihrem gewöhnlichen Aufenthalt, und eine Villa in Florida. Sie möchte gerne ihr Testament erstellen, ist sich aber nicht sicher, ob sie mit einem deutschen Testament auch die Villa in Florida nach deutschem Recht vererben kann oder ob hierfür ein Testament nach US-amerikanischem Recht erforderlich ist. Außerdem ist sie unsicher, ob die Behörden im US-Bundesstaat Florida einen deutschen Erbschein akzeptieren werden, oder ob die Erben die Eigentumsumschreibung erst nach Durchführung eines Nachlassverfahrens vor Ort vornehmen lassen können.

Das anwendbare Recht für die **Zulässigkeit** und die **materielle Wirksamkeit des Testaments** wird aus Sicht eines deutschen Gerichts nach Art. 24 i. V. m. Art. 21 Abs. 1 EuErbVO bestimmt. Demnach kommt das Recht des gewöhnlichen Aufenthaltes zur Anwendung. Der gewöhnliche Aufenthalt befindet sich in Deutschland, sodass aus Sicht des deutschen Gerichts für die inhaltliche Wirksamkeit des Testaments deutsches Recht maßgeblich ist.

Das für die **Rechtsnachfolge von Todes wegen** anwendbare Recht bestimmt sich nach Art. 21 Abs. 1 EuErbVO. Solange der gewöhnliche Aufenthalt im Zeitpunkt des Todes nach wie vor Deutschland ist, unterliegt die Rechtsnachfolge von Todes wegen für den gesamten Nachlass deutschem Recht.

Zudem besteht die Möglichkeit, dass die Erblasserin für ihre Rechtsnachfolge von Todes wegen ihr **Staatsangehörigkeitsrecht wählt** (Art. 22 EuErbVO). Dies hätte zur Folge, dass aus Sicht eines deutschen Gerichts für den gesamten Nachlass, gleichgültig an welchem Ort die Erblasserin zum Zeitpunkt ihres Todes ihren gewöhnlichen Aufenthaltsort hat, deutsches Recht zur Anwendung kommt.

Ein deutsches Gericht wird die Rechtsnachfolge von Todes wegen bei Vorliegen einer dieser Voraussetzungen **umfassend deutschem Recht** unterstellen. Dies gilt auch für die Villa in Florida.

Die Erben von Margot Bauer werden jedoch unter Umständen bei der **Anerkennung** einer deutschen Entscheidung Probleme im Belegenheitsstaat Florida bekommen, denn in Florida gilt die EuErbVO nicht. Es handelt sich bei den USA aus Sicht der Mitgliedstaaten der Verordnung um einen sog. Drittstaat.

Die Behörden in Florida erkennen weder einen deutschen Erbschein an, noch ein Europäisches Nachlasszeugnis. Um die Eigentumsüberschreibung vor Ort zu erwirken, muss daher ein neues Nachlassverfahren in Florida durchgeführt werden. Das zuständige Gericht vor Ort legt dabei ausschließlich sein eigenes Recht zugrunde.

Wie in vielen Rechtsgebieten gibt es in den USA kein einheitliches Erbrecht, sondern eigene materielle und verfahrensrechtliche Vorschriften eines jeden Bundesstaats. Dies bezeichnet man als »interlokale Rechtsspaltung«. Das Recht Floridas unterstellt die Rechtsnachfolge von Todes wegen für Immobilien dem Recht des Belegenheitsortes. Die Villa in Florida wird somit nach dortigem Recht vererbt.

Nach diesem Prinzip kommt es daher nach dem Recht des Bundesstaates Florida zu einer **Nachlassspaltung** zwischen dem Erbrecht für die in Florida belegene Immobilie und dem Erbrecht für den restlichen Nachlass. Während das in Deutschland belegene Vermögen der Erblasserin auch aus der Sicht amerikanischer Gerichte nach deutschem Recht zu beurteilen ist, unterliegt das Immobilienvermögen in Florida aus Sicht eines dortigen Gerichts dem dortigen Recht.

Ein Testament, das nach deutschen Vorschriften formell und inhaltlich wirksam ist, ist nicht automatisch auch nach ausländischem Recht wirksam. Vielmehr sind die formellen und inhaltlichen Vorgaben des Belegenheitsrechts ausschlaggebend für die Frage, ob ein ausländisches Gericht das Testament für wirksam erachtet. Ein Testament, mit dem die Erblasserin die Immobilie in Florida wirksam an eine bestimmte Person vererben möchte, sollte daher den dortigen Vorschriften entsprechen. Andernfalls besteht die Gefahr, dass das amerikanische Gericht ein nach deutschem Recht wirksames Testament als unwirksam betrachtet und die gesetzliche Erbfolge anwendet.

Ungewünschte und widersprüchliche Ergebnisse kann die Erblasserin daher nur vermeiden, wenn sie sich bereits zu Lebzeiten umfassend über die Rechtsordnungen deutschen und amerikanischen Rechts informiert und ihre Verfügungen von Todes wegen so gestaltet, dass ihre Interessen **nach dem Recht beider Staaten** gewahrt werden.

7 Fazit und Ausblick

Aufgrund der deutlichen Zunahme der internationalen Erbfälle in den letzten Jahren hat die internationale Nachlassplanung sehr hohe praktische Bedeutung erlangt. Immer mehr Personen sind von der Situation betroffen, und die Tendenz ist weiterhin steigend. Das Inkrafttreten der EuErbVO und die Einführung eines Europäischen Nachlasszeugnisses haben die Nachlassabwicklung innerhalb der Mitgliedstaaten bereits zum heutigen Zeitpunkt in der Praxis erheblich vereinfacht. Dennoch sind nach wie vor zahlreiche Dinge ungeklärt, und es gibt viele Meinungsverschiedenheiten über die Auslegung und über die praktische Umsetzung der Vorschriften in den einzelnen Mitgliedstaaten.

Insbesondere im Verhältnis zu Drittstaaten führt die EuErbVO auch nach wie vor zu keiner Vereinfachung der Rechtslage. Um den zahlreichen Problemen vorzubeugen, die die Beteiligten im Rahmen eines grenzüberschreitenden Erbfalles sonst auf sich nehmen müssen, sollte man sich – seinen Angehörigen zuliebe – unbedingt beraten lassen.

Stichwortverzeichnis